— 全国高等职业教育康复治疗技术专业新形态规划教材 —

人体运动学基础

（供康复治疗技术、中医康复技术、体育保健与康复等专业使用）

主　编　李　渤　黄　翠

中国协和医科大学出版社

北　京

内容提要

本教材是“全国高等职业教育康复治疗技术专业新形态规划教材”之一，系根据本套教材的编写指导思想和原则要求，结合专业培养目标和本课程要求的教学目标编写而成，内容涵盖了人体运动学概述、人体解剖学，以及正常形态功能学等相关章节内容。此外，本教材还增加了丰富的数字资源，包括教学视频、微课、课件、思维导图、岗位对标考试等知识点总结、能力测试等，丰富了教材内容，增强了线上和线下教学的联动性，以提升学生学习的主动性和积极性。

本教材主要供康复治疗技术、中医康复技术、体育保健与康复等专业使用，也可作为康复治疗技术专业从业人员的参考书。

图书在版编目（CIP）数据

人体运动学基础 / 李渤, 黄翠主编. -- 北京：中国协和医科大学出版社, 2025. 7. -- (全国高等职业教育康复治疗技术专业新形态规划教材). ISBN 978-7-5679-2637-0

Ⅰ. G804

中国国家版本馆CIP数据核字第2025ZH7650号

主　　编　李　渤　黄　翠
策划编辑　魏亚萌
责任编辑　魏亚萌　赵艺萌
封面设计　邱晓俐
责任校对　张　麓
责任印制　黄艳霞
出版发行　**中国协和医科大学出版社**
（北京市东城区东单三条9号　邮编100730　电话010-65260431）
网　　址　www.pumcp.com
印　　刷　三河市龙大印装有限公司
开　　本　889mm×1194mm　1/16
印　　张　20.5
字　　数　530千字
版　　次　2025年7月第1版
印　　次　2025年7月第1次印刷
定　　价　78.00元

全国高等职业教育康复治疗技术专业新形态规划教材建设指导委员会

主任委员 殷忠勇（江苏医药职业学院）

副主任委员 （按姓氏笔画排序）

王　衍（沧州医学高等专科学校）

李　渤（聊城职业技术学院）

张　建（天津生物工程职业技术学院）

赵金奎（滨州职业学院）

袁俊斎（濮阳医学高等专科学校）

夏立平（江苏护理职业学院）

郭树榜（菏泽医学专科学校）

委　　员 （按姓氏笔画排序）

王　静　王木林　刘　尊　刘婷婷　刘慧霞

孙立华　苏东岳　李　旭　李延辉　邹　颖

张永静　陈　进　陈文莉　陈正平　金　星

郑永亮　郝福春　耿姣姣　徐　娟　郭新庆

黄　翠　阎小芹　董新春　智　娟

全国高等职业教育康复治疗技术专业
新形态规划教材数字教材建设指导委员会

主任委员 张光宇（中国医学科学院北京协和医院）

陆建霞（江苏医药职业学院）

委　　员（按姓氏笔画排序）

王　静　王木林　刘　尊　刘婷婷　刘慧霞
孙立华　苏东岳　李　旭　李　渤　李延辉
邹　颖　张永静　张争辉　陈　进　陈文莉
陈正平　金　星　郑永亮　郝福春　袁　莉
耿姣姣　徐　娟　郭新庆　黄　翠　崔颜宏
阎小芹　董新春　智　娟

编者名单

主　　编 李　渤　黄　翠

副 主 编 王守福　王　维

编　　者（按姓氏笔画排序）

王　维（沧州医学高等专科学校）

王守福（菏泽医学专科学校）

李　渤（聊城职业技术学院）

李　静（廊坊卫生职业学院）

张彦龙（锡林郭勒职业学院）

张超峰（江苏医药职业学院）

陈　硕（菏泽医学专科学校）

顾晓萌（潍坊护理职业学院）

黄　翠（廊坊卫生职业学院）

数字教材编者名单

主　　编 黄　翠　李　渤

编　　者（按姓氏笔画排序）

王　维（沧州医学高等专科学校）

李　渤（聊城职业技术学院）

李　静（廊坊卫生职业学院）

张超峰（江苏医药职业学院）

黄　翠（廊坊卫生职业学院）

出版说明

随着我国人口老龄化加速、慢性病患病率上升及全民健康意识增强，康复治疗技术已成为现代医疗体系的重要支柱。《“健康中国2030”规划纲要》提出，要加强康复等急需紧缺专业人才培养培训，加大康复治疗师等健康人才培养培训力度。当前，我国康复治疗师缺口高达数十万人，专业人才培养迫在眉睫。同时，智能康复设备、数字疗法等新技术的应用，要求从业者兼具传统康复技能与数字化工具操作能力。在此背景下，职业教育作为技术技能人才培养的主阵地，亟需建设适应产业升级、符合岗位需求的新型教材体系，为培养高层次、专业化人才奠定基础。

本套教材以实践科学发展观为指导思想，以服务教学、指导教学、规范教学、适应我国医学教育改革为宗旨，立足高等职业教育教学实际，以胜任能力培养为目标，使课程设置与理论实践紧密衔接，突出教材内容的实用性、先进性、科学性和通用性。本套教材为新形态教材，具体体现为：体现教育改革精神与职业教育特色；注重产教融合，突出实践教学；以实际操作技能为导向，融入新技术、新方法；融合思政，强化价值引领；以学生为中心，丰富模块设计；纸质教材与数字教材融合；教材编写在贯彻职业教育理念的同时，亦充分体现现代化的教育思想和方法，以全面提升学生的创新精神、人文素养、胜任能力等综合素质，培养适应医疗卫生体制改革的复合型和应用型人才。

同时，本套教材的编写遵循教材编写的基本规律，秉持“三基、五性、三特定”的原则，注重基础理论、基本知识和基本技能的培养，内容深度和广度适应全国高等职业教育的需求。教材编写以康复治疗技术专业的培养目标为导向，着重培养学生的职业技能，满足职业岗位需求、学生学习需求和社会需求。教材内容涵盖了康复治疗领域工作岗位所需的知识、技能和素质，帮助学生全面理解工作岗位，培养学生科学的临床思维和学习方法，以满足社会对学生知识和技能的要求，强调培养学生的创新能力、信息获取技能和终身学习能力，确保教材的启发性。在编写过程中，我们充分考虑到高等职业教育的多样性，确保教材既能适应不同院校的需求，又能满足学生毕业时的知识和技能要求。

本套教材涵盖康复评定技术、运动疗法技术、作业治疗技术等17门课程，定位清晰、特色鲜明，具有以下特点。

一、构建高质量、互动性强的创新形态教材体系

本系列教材为创新形态教材，教材所有内容，均实现数字化呈现；同时，为纸质教材提供配套教学视频、微课、思维导图、教学课件、在线练习等丰富教学资源，学生可直接获取与教材内容相关联的课程资源；支持多媒体资源嵌入与实时更新；配套的数字教材平台，支持在线教学、资源共享、数据分析等功能，实现教学全流程数字化管理，满足多样化教学需求。这种创新的学习方式，不仅提高了教学效果，也丰富了学习体验，使学习更加便捷，提升了学生的学习积极性和主动性。

二、强化价值引领，助推专业教育与思政教育相融合

本套教材以专业知识为载体，以思政教育为引领，深度挖掘专业课程蕴含的思政资源，巧妙融入教材内容，全方位助推专业教育与思政教育深度交融，培育德技兼修人才。在教材编写中，我们注重以康复案例为切入点，将社会主义核心价值观、医者仁心的职业精神、中华优秀传统文化等思政元素自然融入专业知识点。引导学生树立正确的职业价值观，具备社会责任感，在实践教学环节强化人文关怀培养，使学生在掌握专业技能的同时，自觉践行“健康所系，性命相托”的医者担当。

三、体现教育改革精神与职业教育特色

本套教材深入贯彻国家职业教育改革精神，坚持以人为本、能力为重，强调实践操作和技能培训，注重培养学生的职业素养和实际工作能力。内容贴近职业实践，力求使学生能够顺利进入职业领域，成为胜任基层医疗机构或康复治疗相关岗位的高级技术型专业人才。编写过程中，我们注重教材内容与实际工作岗位匹配，确保教材内容符合基层实际工作的需求。

四、注重产教融合，突出实践教学

高等职业教育强调产教深度融合，创新培养模式，这是职业教育的重要发展方向。本套教材的建设始终把提高人才培养质量放在首位，密切联系实际，突出实践教学，将专业内容设置与行业需求对接；推动教学与行业技术发展同步，使课程内容与职业标准对接；完善职业教育教学过程机制，使教学过程与实际工作过程对接。

五、贴合考试，对接行业需求

本教材严格遵循《国家职业教育改革实施方案》及职业教育规划教材建设要求，以康复治疗师职业标准为核心，将岗位技能、职业技能竞赛、职业资格考试内容有机融入教材，实现“岗课赛证”融通，助力学生无缝对接行业需求。

六、以学生为中心，丰富模块设计

考虑到职业教育学生的年龄和学习特点，本套教材的模块设置丰富多样，包括案例导入、思维导图、考试知识点总结、习题等模块。这种结构不仅有助于学生理解和记忆知识点，还能提高学生的学习兴趣和学习效果。每个模块设计精细，既有理论讲解，又有实践应用，旨在全面提升学生的综合素质。

希望本套教材的出版，能够推动高质量康复治疗技术专业人才的培养，促进我国康复治疗专业领域的教材建设与教育发展，为促进我国康复事业的发展和保障人民健康作出积极贡献。

前　言

"人体运动学基础"作为康复治疗技术的核心基础学科，深刻揭示了人体运动功能的内在规律，为各类功能障碍的评估与干预提供科学依据。本课程融合力学、解剖学与生理学原理，系统解析人体运动的时空特征（包括运动方式、范围、速度及力量）及其内在关联机制，对培养康复治疗师的临床思维与实践能力具有重要作用。

康复治疗技术人才的培养是践行"健康中国2030"战略的关键环节。为适应高等职业教育"德技并修、工学结合"的培养需求，本教材遵循"三对接"原则——课程内容对接临床岗位、能力标准对接行业规范、知识体系对接技术发展，重构理论实践融合的教学体系。

教材内容设计贯彻"基础理论凝练核心、专业知识聚焦临床、实践技能强化应用"理念。以国际功能、残疾和健康分类为主线，通过典型临床任务驱动知识整合；在内容架构上，着力推动基础理论与现代康复技术深度融合，全面落实课程思政育人目标。同时，本教材还加入了数字融合资源，包括教学课件、重点知识、思维导图等，方便学生自主学习。

本教材供康复治疗技术、中医康复技术、体育保健与康复等专业使用，也可作为康复治疗技术专业从业人员的参考书。

本教材由全国多所院校协作完成，在此，向所有为本教材作出贡献者表示感谢。期待本教材助力培养"懂原理、精评估、能创新"的新时代康复治疗师，推动康复治疗技术专业化发展。

由于编者水平所限，书中疏漏之处在所难免，恳请广大师生指正，以臻不断完善。

编　者

2025 年 4 月

目　录

第一章 总　　论

教学课件

微课：人体运动学总论

学 习 目 标

素质目标

（1）具备多学科交叉的系统思维。

（2）具备生物力学与工程技术融合的创新意识。

（3）具备强化跨学科整合素养。

知识目标

（1）掌握：运动学和动力学核心原理、组织生物力学特性及运动控制三级理论体系。

（2）熟悉：理解运动链功能障碍的病理机制与代偿策略的生物力学作用规律。

（3）了解：人体运动学与康复治疗技术的衔接逻辑及临床转化标准。

能力目标

（1）能进行复杂运动的三维解析，能精准识别功能障碍的生物力学特征。

（2）能进行临床技术转化。

· 核心知识拆解 ·

人体运动学是一门综合性学科，它结合了解剖学、生理学、生物力学、心理学等多个领域的知识，研究人体运动的规律和机制。学习人体运动学具有重要的理论和实践意义，不仅有助于提升个人健康素养，还能为从事相关职业打下坚实的理论基础。

第一节　人体运动学概述

一、人体运动学的基本概念

人体运动学（kinesiology）是整合功能解剖学、神经肌肉生理学等学科知识，运用运动学与动力学的研究方法，系统探究人体运动行为及其控制规律的应用学科。作为康复医学的核心基础学科，其聚焦于人体运动功能的变化特征与调控机制，通过揭示运动产生、调控及代偿的生物学原理，为运动功能障碍的康复治疗建立科学依据。

在学科研究过程中，需要准确辨析以下关键概念。

1. 运动学 作为力学的重要分支，运动学（kinematics）侧重于从几何角度描述物体的时空变化规律。该学科采用质点或刚体模型研究运动轨迹、速度、加速度等时空参数，并延伸至弹性体、流体等变形体的运动分析，其特点在于剥离物体的物理属性及受力因素，专注运动本身的数学描述。

2. 动力学 动力学（kinetics）则着力于揭示力与运动之间的互动关系，构建了双向研究范式：既分析已知运动状态下的受力情况，也探究已知力作用下的运动特征。相较于运动学，动力学更关注物理系统的内在作用机制。

3. 运动生物力学 作为交叉应用学科，运动生物力学（sports biomechanics）通过建立刚体假设简化人体模型（忽略肌组织形变对质量分布的影响），运用运动学与动力学原理解析人体机械运动规律。其研究重点在于外力与肌力耦合作用下，各肢体节段间的运动协调关系及整体运动表现，而不涉及神经调控与肌骨系统的内部作用机制。

二、人体运动学的内容

人体运动学系统阐述与人体运动相关的五大知识模块：组织生物力学、运动解剖学、运动生理生化、运动控制分析及运动障碍机制。

1. 组织生物力学 在整合物理学与组织胚胎学知识的基础上，通过典型运动案例分析生物力学核心参数。重点解析力和力矩的矢量特征、线和角速度的运动学表征、功和重心的能量学意义，并建立运动轴面、开闭链运动、等长/等速收缩等生物力学模型。进阶内容包含运动负荷下的力学方程推导，以及骨、软骨、肌腱等组织在不同应力状态下的力学响应特性。

2. 运动解剖学 聚焦骨肌系统的运动功能解剖，通过三维空间建模解析肌肉起止点的动态空间关系。重点揭示关节运动轴与肌力作用线的相对位置变化规律；肌纤维走向与关节活动幅度的耦合关系；韧带应力分布与关节稳定性的生物力学关联。建立从静态解剖结构到动态运动功能的转化认知体系。

3. 运动生理生化 从多系统整合视角探究运动适应性机制：心血管系统的氧运输优化、神经肌肉系统的兴奋-收缩耦联、骨骼肌的能量代谢重构等生理过程。在分子层面解析运动应激引发的代谢组学变化，包括糖脂代谢网络调控、线粒体生物合成诱导、氧化还原平衡维持等生化适应机制，建立运动-代谢-健康的科学联系。

4. 运动控制分析 基于神经生理学原理，阐释运动程序编码（中枢模式发生器）、运动执行调控（反射回路整合）、运动学习优化（突触可塑性）三级控制体系。运动分析方法学涵盖运动学参数采集、动力学建模、肌电信号解析等技术模块，通过建立运动障碍评估矩阵（时序偏差、空间误差、能量损耗），实现功能障碍的定量诊断与代偿策略设计。

5. 运动障碍机制 基于前序知识体系，系统解析创伤、退变、神经损伤等病理因素引发的运动链功能障碍。通过案例教学展示：软组织黏弹性改变导致的运动协调障碍、骨关节对合异常引发的运动轨迹偏离、神经传导阻滞造成的运动时序紊乱等典型病理模式，培养从生物力学异常推导临床表现的临床思维。

三、人体运动学的目的与任务

康复医学是通过综合性医学干预促进功能障碍者功能重建的应用学科，其核心目标在于通过系统化训练干预实现功能恢复、生活质量提升及社会参与能力重建。作为康复医学的核心治疗手段，运动疗法（kinesiotherapy）以生物力学刺激为治疗媒介，基于神经可塑性机制，通过功能改善、代偿重建与替代适应三大路径，全面优化患者的躯体功能、心理适应及社会参与能力。

专业康复治疗师须具备三阶核心能力：解析运动产生的生物力学与神经生理学机制；精准评估运动功能障碍的力学表现与病理成因；设计基于运动学原理的个体化治疗方案。这些专业能力的培养均需建立在扎实的人体运动学知识体系之上。值得注意的是，约76%的功能训练方案需配合人体运动学原理指导下的辅助技术，包括支具力学设计、辅助器具生物力学匹配等临床实践要素。

本课程的教学架构聚焦三大知识模块：组织生物力学特性解析、运动控制理论建模、运动学习机制探究。通过构建“正常－异常－代偿”三级运动分析体系，重点培养学生对运动链力学特征、关节动力学异常、能量代谢失衡等临床问题的系统分析能力，为运动治疗技术、作业治疗技术等临床课程奠定跨学科知识基础。

四、人体运动学与相关学科的关系

作为康复治疗技术专业的核心基础学科，人体运动学通过构建生物力学与运动控制知识框架，为后续临床课程奠定系统性认知基础。

1. 与康复评定的解剖力学关联 康复评定中的关节活动度、肌力和肌张力评估等核心技术，均建立在肌骨系统运动学原理之上。本学科通过解析肌肉力线方向与关节旋转中心的动态关系（如髂腰肌三维力线与髋关节屈曲－外旋的矢量关系），揭示标准评估体位的生物力学依据。重点培养学生建立“肌肉起止点－力臂长度－关节力矩”的力学分析模型，使其理解体位标准化（如髋关节外展15°体位下，髂腰肌力线与运动轴的一致性）与阻力施加方向的临床意义，实现评估操作与解剖力学的深度整合。

2. 与运动疗法的生物力学转化 运动疗法实施需严格遵循组织生物力学规律：基于胶原纤维的应力松弛特性确立渐进式牵张原则，依据软骨的黏弹性设计关节松动手法，结合开/闭链运动模式的力学差异制定针对性训练方案（脊髓损伤患者开链股二头肌强化训练与闭链坐位支撑训练）。本学科重点阐释神经肌肉促进技术的运动控制理论基础，如通过亚当斯（Adams）闭环控制理论解析博巴斯（Bobath）技术中运动模式强化的神经可塑性机制。强调建立“运动障碍定位－原动肌激活时序－关节动力学异常”三维分析能力，为平衡训练、步态重建等复杂干预提供决策依据。

3. 与作业治疗的功能代偿整合 作业治疗要求从多关节协同维度解析功能性运动。本课程通过构建“始发动作－代偿模式”双轨分析模型，培养复杂动作分解能力（如颈髓损伤患者腕背伸触发屈指张力的代偿抓握机制）。重点训练运动链分析技术，使学生掌握日常生活活动中的运动时序偏差识别（如穿衣动作中的核心失稳代偿）及生物力学代偿策略设计（利用重力矩补偿肌力缺失），为个性化作业处方制定建立分析范式。

4. 与假肢矫形的工程力学适配 下肢矫形器设计需严格遵循步态周期动力学特征。通过解析髋-膝-踝在矢状面上的角度（15°屈曲，5°屈曲，10°背屈）这一支撑相中期典型且关键的协同配置，建立矫形器关节限位角度的生物力学选择标准。教学中融入步态能量传递分析（膝关节锁定机制对步行氧耗的影响），培养学生从运动效能角度进行矫形器适配的临床决策能力。

第二节 人体运动学的未来展望

一、智能技术驱动的学科革新

1. 智能运动解析系统 构建基于深度学习算法的多模态运动分析平台，整合惯性测量单元（intertial measurement unit，IMU）、表面肌电（surface electromyography，sEMG）及计算机视觉数据，实现运动功能障碍的实时监测与预测建模。开发人工智能辅助决策系统，通过生物力学参数与临床数据库的智能匹配，优化康复训练方案的个性化输出。

2. 生物传感技术创新 推进柔性电子皮肤传感器与微流控芯片技术研发，实现肌肉激活时序、关节应力分布等微观运动参数的精准捕获。建立无线体域网（wireless body area network，WBAN）监测体系，突破传统运动分析的时空限制，为远程康复提供技术支撑。

3. 精准康复制造体系 融合医学影像三维重建与拓扑优化算法，开发生物力学适配的个性化矫形器设计系统。应用多材料增材制造技术（金属/高分子复合打印），实现具有梯度力学特性的康复支具批量化生产，推动康复工程从经验驱动向数据驱动转型。

二、跨学科融合的创新范式

1. 构建多维度研究平台 建立运动科学-临床医学-工程学协同创新中心，重点突破神经接口技术、仿生运动系统等交叉领域。设计虚拟现实（virtual realily，VR）增强型运动学习平台，整合运动控制理论与认知神经科学，重塑神经可塑性干预模式。

2. 拓展前沿研究方向 聚焦运动系统再生医学，研究机械应力调控干细胞定向分化的分子机制。探索脑机接口（brain-computer interface，BCI）在运动功能重建中的应用，开发运动意图解码-外骨骼响应的闭环控制系统。

3. 搭建复合型人才培养体系 推行“临床导师＋工程导师”双轨制培养模式，构建生物力学建模、智能康复设备开发等特色课程模块。建立跨国联合实验室，培养具有国际视野的学科领军人才。

三、临床转化与社会服务升级

1. 循证转化研究路径 建立运动生物力学参数与临床结局指标（COMs）的量化关联模型，制定运动疗法循证转化指南。开展多中心随机对照试验（randomized controlled trial，RCT）研究验证智能康复系统的临床效能，构建技术成熟度评估（TRA）体系。

2. 全周期健康服务体系 开发社区运动功能筛查云平台，构建“预防-评估-干预”三级健康管理网络。针对老龄化社会需求，研发低功耗可穿戴运动辅助设备，完善居家康复服务体系。

3. 国际标准化建设 主导制定运动分析传感器精度标准（ISO/ASTM 52939）、康复机器人安全规范（IEC 80601-2-78）等国际技术标准，推动我国原创技术纳入世界卫生组织全球康复发展纲要。

▶知识拓展

吴蕴瑞知难而进

吴蕴瑞是中国现代体育教育的开拓者之一，他于1930年编著了中国第一部运动生物力学著作《运动学》。在当时的中国，运动学还是一片空白，相关研究和教学资源极为匮乏。尽管面临诸多挑战，吴蕴瑞并没有被困难吓倒，而是凭借对人体运动科学化的执着追求，结合中国国情，用科学和哲学的态度探索人体运动原理，他的努力不仅推动了运动学在中国的发展，还培养了众多体育界的栋梁之材。

—• 考试知识点总结 •—

—• 本章小结 •—

—• 协和云课堂…… 拓展练习及参考答案 •—

（李 渤）

教学课件

第二章 运动力学基础

学习目标

素质目标

（1）具备用科学思维解析人体运动的专业素养。

（2）具备自主学习的能力，能够主动、持续地学习新知识。

知识目标

（1）掌握：人体运动的基本动作、肌拉力、肌拉力矩及影响稳定的因素。

（2）熟悉：运动力学的相关概念和力学原理在解释人体运动规律中的应用。

（3）了解：力的时间和空间积累效应。

能力目标

（1）能运用运动学原理分析人体运动中骨和关节的运动。

（2）能运用力学原理分析运动障碍产生的原因，为诊断和治疗方案的制定奠定基础。

（3）能运用力学原理指导健身训练、康复训练。

（4）能运用力学原理做家庭健康教育。

案例导入

【案例】

患者，男，55岁。因膝关节半月板损伤接受关节镜手术，术后需进行康复训练。康复治疗师在为其设计被动屈伸训练时，观察到以下现象：患者坐位，治疗师用手托住小腿远端，缓慢施加力使其膝关节屈曲至90°，随后匀速伸直。屈曲时患者感到膝关节前侧紧绷，伸直末端出现轻微疼痛。治疗师发现，屈曲角度越大，所需施加的力越强；伸直过程中需控制速度以避免疼痛。

【问题】

膝关节屈曲和伸直属于哪类运动形式？其运动轨迹对应的平面和轴是什么？为何屈曲角度越大，治疗师需施加的力越大？这与哪些力学因素相关？

·核心知识拆解·

康复医学是以减轻和消除人的功能障碍，弥补和重建人的功能缺失，提高生活自理能力，改善生存质量为目的的一门医学学科。康复治疗技术中，运动治疗、作业治疗、言语治疗等核心技术，皆以运动学为坚实基础，这既是康复医学“以科学手段助力功能恢复”的专业底色，也彰显着“以人为本”的康复理念。在临床实践中，治疗师需深入理解人体运动机制，运用运动学原理精准剖析运动障碍的根源，方能制定贴合患者需求的个性化治疗方案。但是，人体的运动通常受到环境、姿势、心理等因素的影响而变得复杂。因此，分析人体的运动可将人体简化为刚体，解析运动中内力、外力与力矩的作用，以及力引发的平动、转动效果，依据运动学原理揭示人体运动的客观规律；同时运用静力学原理，探究人体稳定性及影响因素。

第一节 运动学

一、概述

运动学作为力学的一个分支学科，借助几何学的手段探究质点与刚体的运动规律。人体运动学属于研究人体活动的科学范畴，是通过位置、速度、加速度等物理量描述和研究人体活动的运动规律的科学，研究对象可以是整个身体、身体的骨骼或身体的某一部位，如小腿。一般情况下用平动和转动来描述身体的运动轨迹，用速度与角速度来描述身体运动的快慢。

（一）运动轨迹的描述

1. 平动 指将身体放入同一平面内，身体上的所有点都按照同一方向做相同距离的移动，也称平移。平移的运动轨迹可以是直线也可以是曲线，例如，木块在平滑的桌面上滑行（直线），步行时头顶的运动轨迹（曲线），图2-1描述了人体走路时头部向上和向下的平移。

2. 转动 指在运动的人体上，除转动轴外，其他各点都绕同一转动轴线做大小不同的圆周运

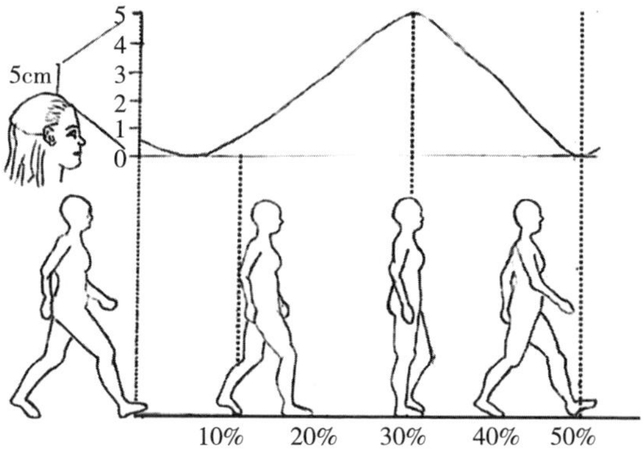

图2-1 平动

动（图2-2），各点的运动轨迹是以转轴为中心的同心圆。例如，人体步行，若以整个人体为研究对象，整个身体的运动可以视为身体重心向前平移；若以身体某个运动的肢体为研究对象，则身体所有关节的运动发生的都是转动。

3. 复合运动 是指运动过程中既有转动又有平动，人体绝大多数运动属于复合运动。例如，骑自行车时，人体的躯干保持平动，下肢则在转动。

图2-2 转动

（二）运动状态的描述

1. 位移与路程 位移（S）能确切描述物体（质点）在空间的位置变动，是矢量，有大小和方向。用一条从物体初位置指向末位置的有向线段表示，线段长度是位移大小，只与初末位置有关，与运动路径无关，位移方向由初位置指向末位置，反映物体位置变化的方向。路程（S）描述的是物体在运动过程中实际走过的轨迹的总长度，是标量，只有大小、没有方向，体现物体运动路径累积起来的距离。

2. 速度 速度（V）是描述物体运动快慢和方向的物理量，常用单位有cm/s、m/s、km/h等。例如，用人体重心或质心的移动速度表示人体的运动速度，如某患者的步行速度是0.5m/s。

3. 加速度 加速度（a）是速度随时间的变化率，表示速度变化的快慢，常用单位是m/s^2等。

二、人体运动的描述

人体的运动形式是多样化的，描述人体的运动需要将人体放于标准的运动轴和运动平面中，并以人体的姿势位为参照物，才可做到统一、准确的描述。

（一）人体的姿势位

1. 解剖位 保持身体直立，面部向前，双眼平视前方，双足并拢，足尖向前，双上肢自然垂于身体两侧，掌心向前（图2-3）。解剖位是描述和分析人体各结构位置关系时的常用体位。

2. 中立位 保持身体直立，面部向前，双眼平视前方，双足并拢，足尖向前，双上肢自然垂于身体两侧，掌心贴于身体两侧（图2-4）。中立位是运动功能评估和康复训练的基准姿势。

（二）运动平面

1. 矢状面 将身体分为左右两半，通常屈曲和伸直的运动发生在矢状面（图2-5）。

2. 冠状面（额状面） 将身体划分为前、后两部分。几乎所有的外展和内收运动发生在额状面。

3. 水平面（横截面） 将身体划分成上、下两部分。几乎所有的旋转运动，如肩关节和髋关节的内旋和外旋与躯干的旋转都发生在水平面。

运动平面与相关运动见表2-1。

图2-3　解剖位

图2-4　中立位

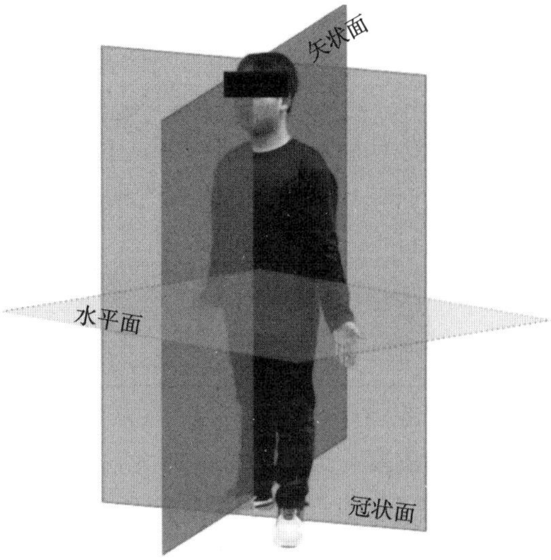

图2-5　身体三大解剖平面

表2-1　运动平面与相关运动

运动平面	运动形式
矢状面	屈曲和伸直 背屈和跖屈 前屈和后伸
冠状面	外展和内收 侧屈 尺偏和桡偏 外翻和内翻
水平面	内旋和外旋 环转

（三）运动轴和自由度

1. 运动轴　关节的运动轴可以视为关节动作发生的支点，因此运动轴一定垂直于运动平面。通常用矢状轴、冠状轴和垂直轴来表示。矢状轴朝向前后方向，该轴通过关节的凸面并且允许发生于额状面的动作，如髋关节的外展和内收。冠状轴朝向内外侧，该轴通过关节的凸面，并且允许发生于矢状面的动作，如肘关节的屈曲与伸直。在解剖位时，垂直轴或纵向轴是朝向垂直方向的。但是，当动作不是发生在解剖位置时，往往用纵向轴来形容所发生的动作。垂直轴或纵向轴通过骨干，动作发生在水平面内，通常这些动作称为旋转，如肩关节的内转和外转。运动轴与相关运动见表2-2。

表2-2　运动轴与相关运动

运动轴	运动平面	运动形式
矢状轴	额状面	髋关节的外展和内收，肩关节的外展和内收
冠状轴	矢状面	肘关节的屈曲和伸直，膝关节的屈曲和伸直
垂直轴或纵向轴	水平面	肩关节的内转和外转，躯干的转动

2. 自由度　指一个关节所允许的联动平面数目。对应于身体的三个运动平面，一个关节可以有一、二或三个自由度，例如，肩关节可以在三个平面上自由移动，肩关节则有三个自由度（图2-6），腕关节可以在两个平面上运动，则被认为有二个自由度。

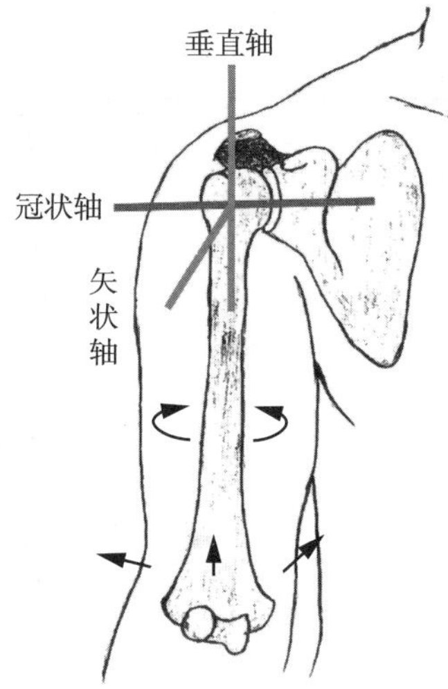

图2-6　肩关节自由度

图2-7　屈伸

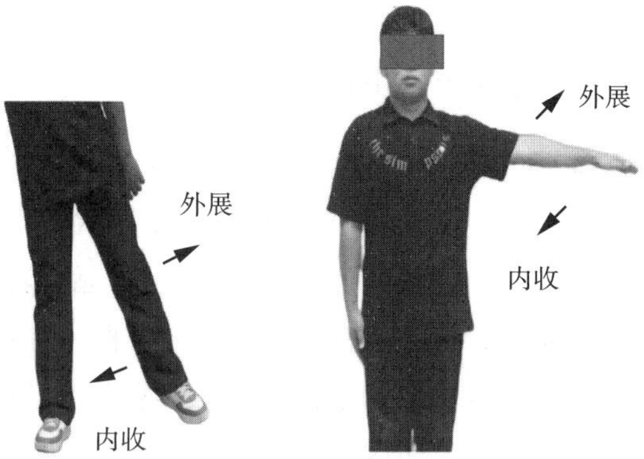

图2-8　收展

（四）人体运动的基本动作

视频：人体运动基本动作

1. 屈曲和伸直　动作发生在矢状面，围绕冠状轴（左、右方向）转动。通常屈曲指一块骨骼接近其他骨骼的运动；伸直则与屈曲运动相反，表现为关节角度的增大（图2-7）。

2. 内收和外展　动作发生在冠状面，围绕矢状轴转动。肢体靠近正中矢面为内收，远离则为外展（图2-8）。

3. 水平内收和水平外展　这两个专有名词通常用于描述肩关节在水平面上的运动。水平内收为肩外展（接近90°）的位置时上肢向身体中线靠拢，远离身体中线为水平外展（图2-9）。

4. 前伸（外展）和后缩（内收）　通常用于描述肩胛骨和下颌的运动，靠近正中线为后缩，远离正中线为前伸（图2-10）。

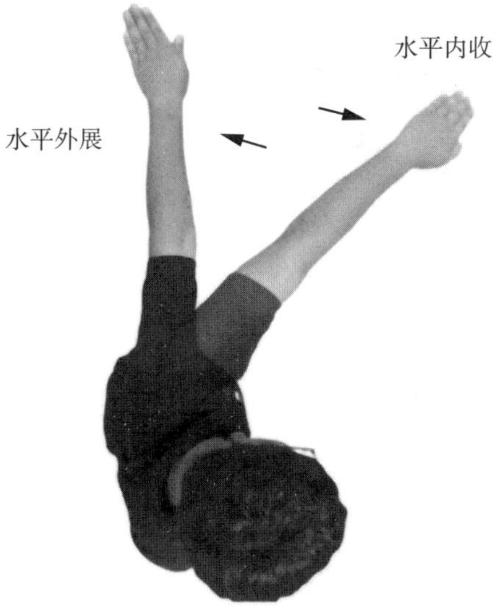

图2-9　水平内收和水平外展

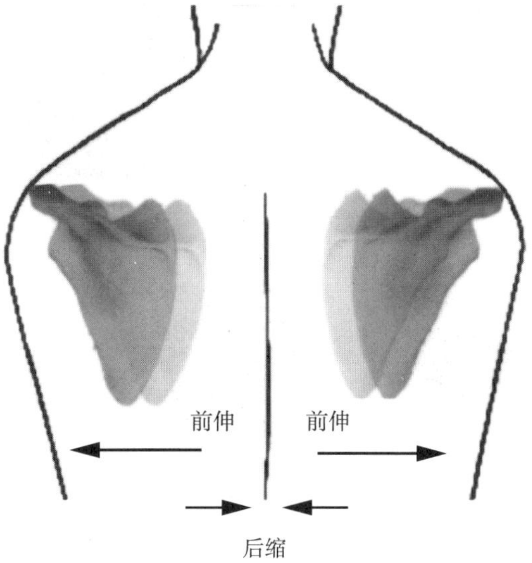

图2-10　前伸和后缩

5. 内旋和外旋　动作发生在水平面，围绕垂直轴或自身纵轴转动。向内或向前旋转为内旋，向外或向后旋转为外旋（图2-11）。

6. 旋前和旋后　通常用于描述肢体末端的运动。旋前指解剖位时，前臂旋转成掌心向后的运动，旋后则旋转为掌心向前的运动。大多数情况下，这些动作出现时双手位于身体前方，以便进行各种抓握的活动。所以旋后往往被视为手心向上打开，旋前则是把手掌向下翻转（图2-12）。旋前和旋后也用来描述复杂的踝足部动作（图2-13）。

7. 桡偏和尺偏　通常用于描述腕关节在冠状面上的运动。桡偏指手往外侧（向桡骨侧）移动。尺偏则是手往内侧（向尺骨侧）移动（图2-14）。

8. 背屈和跖屈　通常用于描述踝关节在矢状面上的运动。背屈指足背往上抬起的动作，而趾屈则是足底向下踩的动作（图2-15）。

9. 内翻和外翻　通常用于描述足在冠状面上的运动，足跟朝内为内翻，反之则为外翻（图2-16）。

10. 环转　是以骨的近端为支点做旋转运动，远端做同心圆运动，关节有2个以上的自由度才可做此动作，例如，肩关节、腕关节环转。

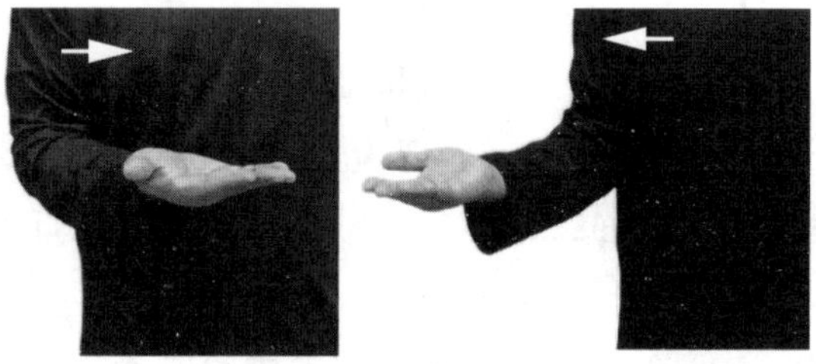

图2-11　内旋和外旋

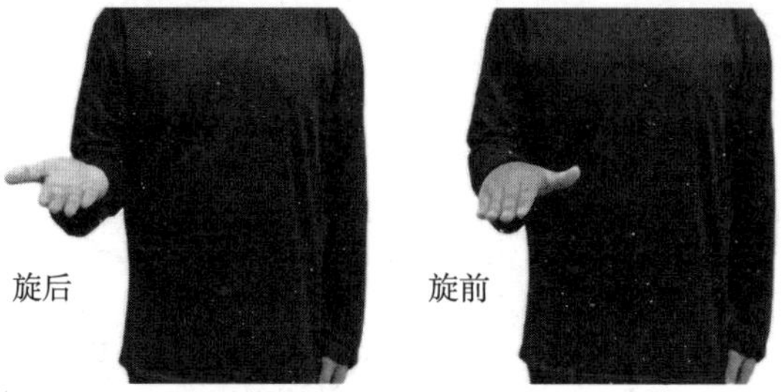

图2-12　腕关节旋前和旋后

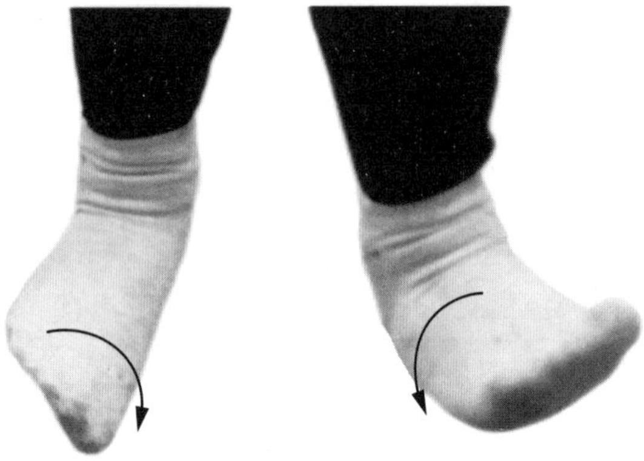

图2-13　足旋前和旋后

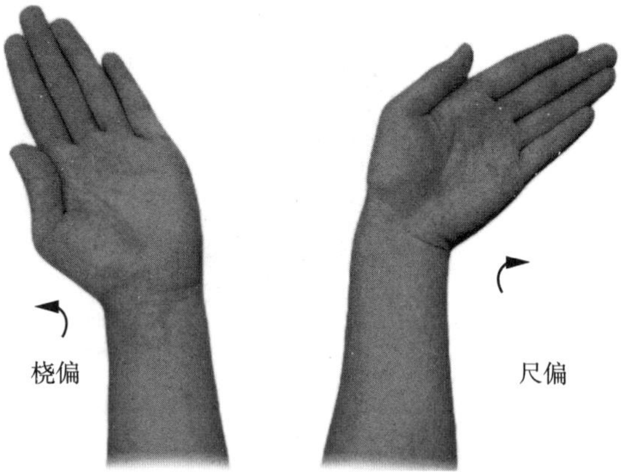

图2-14　桡偏和尺偏

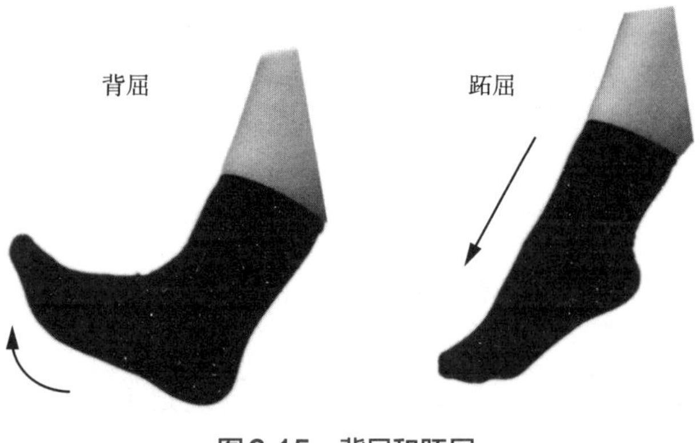

图2-15　背屈和跖屈

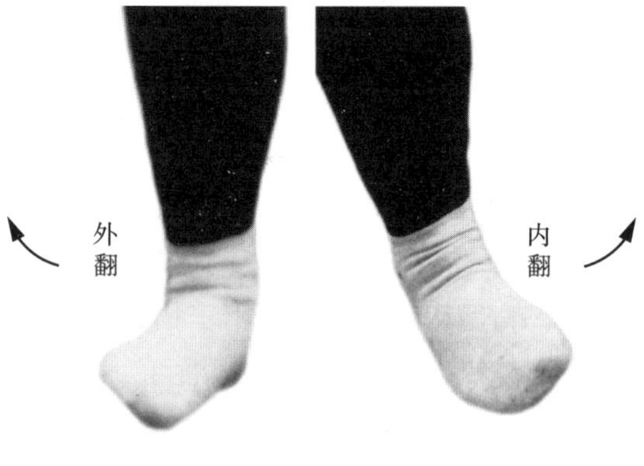

图2-16　内翻和外翻

（五）环节和运动链

1. 环节 在人体中，任何能够活动的肢体部分、节段或者关节，都可被视作一个环节。环节的范围大小不一，其中，以相邻两个关节作为界限的身体部分，被定义为一个基本环节。举例来说，从肘关节到腕关节之间的前臂部分，就是一个典型的基本环节。

2. 运动链 两个基本环节连接起来组成一个运动偶，例如，大腿和小腿借膝关节连接起来就组成了一个运动偶；三个或三个以上的环节连接起来构成一个运动链。例如，骨盆、大腿、小腿和足借助髋关节、膝关节和踝关节连接起来，就组成了运动链。运动链分为以下两种。

（1）开放运动链：指运动链的末端（即最后一个环节）呈现游离状态。在此状态下，运动链内的一个或多个关节能够自由活动。举例来说，在将肩关节制动后，上肢部分，包括前臂和手，都能够各自独立进行运动。

（2）闭合运动链：指一个关节的运动往往“牵一发而动全身”，带动相邻关节随之运动。以人体站立于地面的状态为例，膝关节一旦弯曲，髋关节会顺势屈曲，踝关节也会出现背屈动作，几个关节的运动紧密关联，协同发生。

三、人体运动的基本形式

（一）上肢运动的基本形式

1. 推 指在克服阻力过程中，上肢由屈曲状态变为伸展状态的运动过程，如推铅球。

2. 拉 指在克服阻力过程中，上肢由伸展状态变为屈曲状态的运动过程，如拉开门。

3. 鞭打 指人体在克服阻力或实现自体位移的过程中，上肢的各个环节将按照顺序依次进行加速与制动，最终促使末端环节能够产生极高速度的运动过程，如羽毛球扣杀。

（二）下肢运动的基本形式

1. 缓冲 指在克服阻力过程中，下肢由伸展状态变为屈曲状态的运动过程，如跳远起跳前摆动腿的动作，从高处落下时屈髋屈膝动作。

2. 蹬伸 指在克服阻力过程中，下肢由屈曲状态变为伸展状态的运动过程，如跳远起跳时摆动腿的动作。

3. 鞭打 原理同上肢的鞭打动作，如自由泳腿的打水动作。

（三）全身运动的基本形式

1. 摆动 指身体某一部分完成主要动作（如起跳）时，另一部分配合进行加速摆动（如双臂配合起跳摆动）的运动过程，如步行时上肢和下肢的摆动。

2. 扭转 指在身体各部位进行运动时，躯干和上下肢同时绕垂直轴朝着相反方向转动的运动过程（图2-17）。例如，当人体处于步行状态时，上肢带和骨盆呈现出的反向转动这一情形，就属于躯干扭转。

3. 相向 指无约束时，身体两部分相互接近运动过程（图2-18）。

图2-17　扭转

图2-18　相向

▶知识拓展

国运动仿生学创新引领康复工程新纪元

我国在运动仿生学应用于康复工程领域取得了显著成就。例如，中国科学院研究团队基于章鱼触手柔顺、多自由度协同运动的仿生学原理，成功研发出新型外骨骼机器人系统。该系统已助力数千名截瘫患者实现了站立与辅助行走，显著改善了其生活质量和康复进程。上海理工大学科研人员则通过深入解析人体膝关节的生物力学机制与自适应调控特性，创新性地设计出高性能智能假肢。该产品在关键运动性能指标上达到或超越国际先进水平，同时具备更优的成本效益，体现了自主创新的优势。这些突破性进展，凝聚着我国科研工作者瞄准前沿、攻坚克难的科学精神与服务人民健康福祉的责任担当。

第二节　动　力　学

动力学是力学的一个分支，描述力对身体的作用。力是改变物体运动状态或形态的根本原因，力是提供身体运动和保持稳定的最终动力。就人体的运动而言，力可分为内力或外力，二者的区分在于研究对象的不同，若以整个人体为研究对象，则肌肉收缩产生的主动力量、韧带或肌肉被拉长产生的被动力量都属于内力，而身体外部的力量于外力，例如，重力、支撑反作用力、器械阻力等。外力经常被用来作为运动训练的负荷，如负重推举。若以身体某个部分为研究对象，内力也可转化为外力，若以前臂为研究对象，肱二头肌的收缩产生的力即为外力。内力可以改变外力的大小，例如，纵跳摸高，人体给地面的作用力越大，跳得越高。

一、运动中的力

（一）外力和内力

1. 外力（图2-19）

（1）重力：在物理学中，重力是指地球（或其他天体）对其表面及附近物体的吸引力。重力的方向始终竖直向下（指向地球球心附近），施力物体是地球，其大小与物体的质量和所在位置的 重力加速度成正比，是人体维持各种姿势和运动时必须克服的负荷，身体各节段所受重力占体重的百分比见表2-3。

表2-3　身体各节段所重力占体重的百分比

部位		占比（%）
单侧	头部	7%
	躯干	43%
	大腿	12%
	小腿	5%
	足	2%
	上臂	3%
	前臂	2%
	手	1%

（2）摩擦力：该力的产生前提是两物体相互接触并挤压，且有相对运动或相对运动趋势，方向与物体运动的方向相反。就人体而言，摩擦力指人体与其相互接触的物体相互接触并挤压且有相对运动或具有相对运动趋势时的阻力。

（3）支撑反作用力：是人体运动时，地面或床面等支撑物给人体的反向作用力。支撑反作用力的方向与人体施加给支撑物的力的方向相反，但大小相等。例如，偏瘫患者翻身时健侧腿蹬床，床

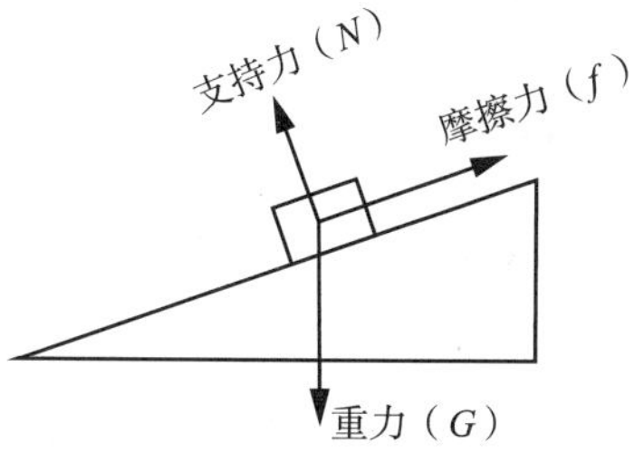

图2-19　外力

给予人体支撑反作用力促进翻身动作。

（4）流体作用力：人体运动时，所受的流体阻力主要源于空气和水。流体作用力的大小与人体的运动速度、流体密度成正比，因此人在水中前行比在空气中前行困难，但人在水中运动时浮力抵消了大部分重力，因此对于一些下肢力量差或腰部疼痛的患者可在水中练习步行。

（5）器械阻力：是肢体利用运动器械进行锻炼时，器械施加给人体的阻力，主要包括器械的惯性力、摩擦力或弹力，其大小与肢体施加给器械的力相等，方向相反。

2. 内力

（1）肌拉力：是骨骼肌收缩时产生的力。在分析肌肉运动时常常会用到肌拉力线，肌拉力线是连接肌肉动点与定点中心的直线，代表肌肉收缩的合力方向。当肌拉力线从关节冠状轴的前方通过时，该肌肉收缩使关节屈曲，反之则关节伸展，如肱肌位于肘关节中心冠状轴前方，收缩时可使肘关节屈曲（图2-20）。肌拉力线位置与肌肉收缩引起关节运动的方式见表2-4。

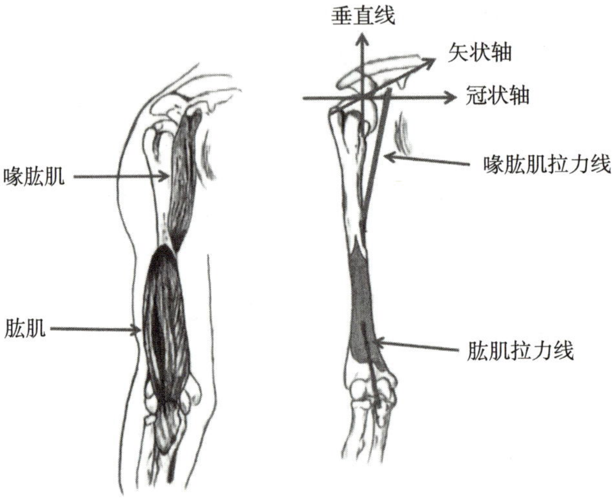

图2-20 肌拉力

表2-4 肌拉力线位置与关节运动的关系

运动轴	肌拉力线的位置	关节运动方式
冠状轴	前方	屈曲
	后方	伸展
矢状轴	外侧/上方	外展
	内侧/下方	内收
垂直轴	顺时针	外旋
	逆时针	内旋

（2）组织弹力：是当关节产生运动时，机体在力的作用下发生拉伸、缩短、扭转等形变而产生的力。力学研究中，常用希尔模型（图2-21）来解释弹力的作用，见表2-5。

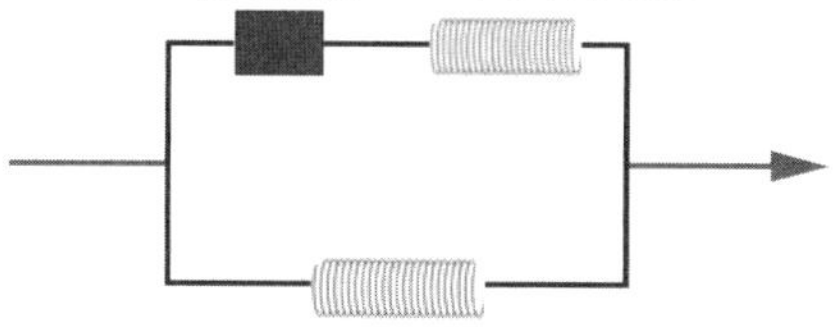

图2-21　希尔模型

表2-5　希尔模型

模型	位置	作用
可收缩成分	相当于骨骼肌中的肌纤维	产生主动张力
串联弹性成分	主要是位于骨骼肌两端的肌腱、肌－腱连接部	收缩时被拉伸，储存弹性应变能
并联弹性成分	主要是包裹在骨骼肌表面的肌束、肌纤维表面的结缔组织	在肌肉被拉长时产生被动张力

（3）摩擦力：相邻的内脏器官之间、内脏与相邻制动组织之间，由于运动产生摩擦力，例如，心脏搏动时与肺、纵隔之间的摩擦力。

（4）流体阻力：血液、淋巴在管道内流动时产生的流体阻力。

（二）力的合成和分解

1. 力的合成　当一个力所产生的作用效果，和多个力共同作用所产生的效果并无二致（可进行等效替代）时，这个力就被称作几个力的合力，而这几个力则是分力。通过运算得出几个已知力的合力的过程，叫作力的合成。力的合成一般有两种情况：①当二力共线时，求合力则进行直接加减。②当二力不共线时，用平行四边形法则，以表示两个分力的有向线段为邻边作平行四边形，合力即为对角线，对角线就代表合力的大小和方向（图2-22）。

2. 力的分解　指将一个力等效转化为两个或两个以上的分力。其原理基于力的平行四边形法则（图2-23）。从几何角度来看，给定一条对角线，我们能够构造出无数个不同的平行四边形。这也就意味着，对于一个确定的力而言，存在着无数种可能的分解方式。常用的分解方法有：①根据力产生的实际作用效果进行分解。②正交分解法：把力分解到两个互相垂直的两个方向，例如，肱二头肌收缩屈肘，将肱二头肌收缩的肌力分解为一个沿着骨轴线方向的力，起稳固关节的作用，叫稳固分力，一个垂直于骨轴线方向的力，产生转动的效果，称为转动分力。

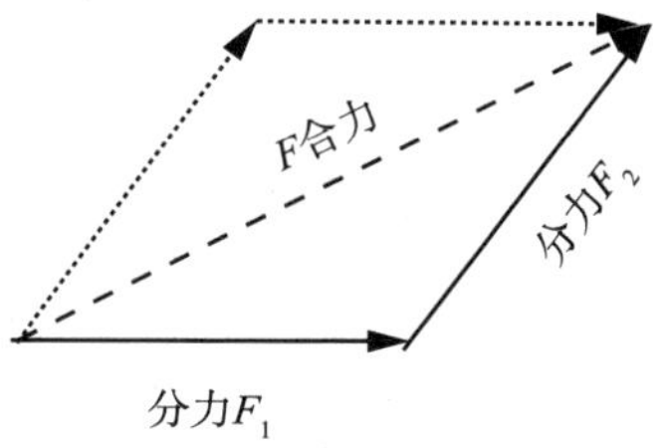

图2-22　力的合成

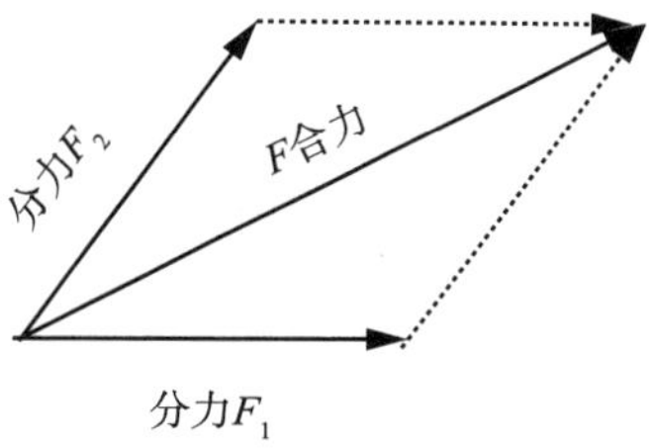

图2-23　力的分解

（三）力的时间空间积累效应

1. 力的时间积累效应 作用于物体的合外力与其作用时间的乘积（$F \cdot \triangle t$），即为力的时间积累，称为力的冲量（I）。根据动量定理，物体动量的改变量与它所受合外力的冲量相等（即$F \cdot \triangle t = m \cdot \triangle V$）。在人体运动的情境下，动量定理有着诸多实际应用。①缓冲动作：通过延长外力的作用时间减小外界的冲击力，例如，从高处下落时，屈膝、屈髋和伸踝动作，可增加足与地面的接触时间，进而减小冲击力。②增大冲击力：通过减小外力的作用时间，增加外界的冲击力。在锤子击打钉子的过程中，锤子与钉子接触并施力，锤子击打钉子的时间越短，根据冲量定理（$Ft = \Delta mV$，在动量变化量ΔmV一定的情况下，时间t越短，力F越大），击打钉子的力就越大。③获得较大速度：可通过增大作用力和延长力的作用时间来实现，例如，投掷铅球，可以通过下肢的蹬伸地面，用力依次从下肢各个关节逐步过渡到手臂和手，这样动用的肌群多力量大，作用时间也长，因此获得的速度大。

2. 力的空间积累效应 是力与力作用方向上移动距离的乘积（$F \cdot S$），即力对物体做了功（$W = F \cdot S$）。大多数情况下骨骼肌张力做正功，如果力的作用方向与物体运动方向相同，那么这个力就对物体做正功；反之，如果力的作用方向与物体运动方向相反，力就对物体做负功。例如，下楼时，膝关节伸肌进行离心收缩，此时肌肉收缩产生的力是向上的，而人体下楼的方向是向下的，力的方向与运动方向相反，所以膝关节伸肌产生的力做的是负功。

从能量的角度来看，功是能量转化的量度，能则是物体具有做功的能力，功和能之间存在着相互转化的关系。以骨骼肌为例，它储存着化学能，当肌肉收缩时，会将这些化学能转化为机械能。而机械能会克服外界的阻力，如摩擦力、重力等，从而使人体产生位移，实现能量的转化和利用。

二、运动中的力矩与力偶矩

1. 力矩（M） 是描述物体转动效果的物理量，力矩等于力（F）和力臂（L）的乘积，即$M = F \cdot L$。力臂是力的作用线到转动轴的垂直距离。人体的各种运动多是通过关节围绕关节轴转动而实现的。所以，研究肌肉收缩引起关节的转动主要探讨的是肌力矩，肌力矩是测定和训练的主要对象。例如，手握球做肘关节屈曲，转动中心为肘关节，屈肘肌收缩合力F为动力，产生的动力臂为L_1，动力的合力矩为$M_1 = F \cdot L_1$，产生逆时针的转动效果。而屈肘需要克服上臂和球重力产生的阻力矩M_2，若二者的阻力为G，力臂为L_2，则阻力的合力矩为$M_2 = G \cdot L_2$，产生顺时针的转动效果。当$M_1 > M_2$时，肘关节屈曲；$M_1 = M_2$时，保持静止；$M_1 < M_2$时，肘关节伸直，表现为肌力不足无法屈肘（图2-24）。

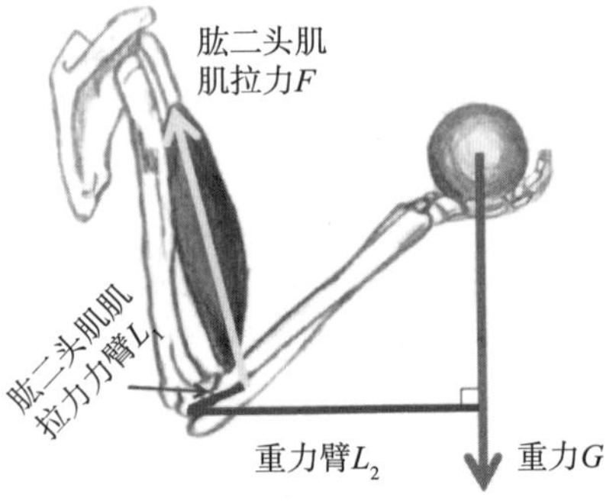

图2-24 力矩

2. 力偶矩 在探讨力的转动效果时，常常会碰到一种特殊的力的组合：作用于同一刚体上，两个大小相等、方向相反、作用线互相平行，且不在同一条直线上的一对力。这样的一对力称为力偶。通常用力偶矩来表示二力产生相同的转动效果。力偶矩为力偶中的一个力F与力偶臂d（力偶中的两个力的作用线之间的距离）的乘积，使物体产生逆时针方向转动的力偶矩取正值，反之取负值。力偶矩可用$M = \pm F \cdot d$表示，如方向盘的转动（图2-25）。

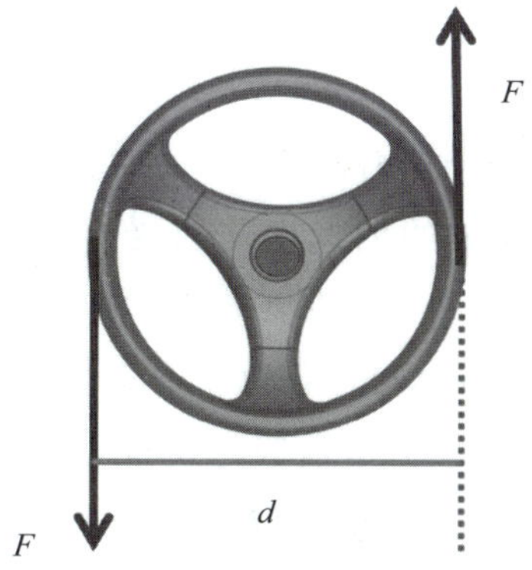

图2-25　力偶矩

三、运动的杠杆原理及分类

1. 杠杆原理　人体的运动可以看作骨为杠杆，关节为轴（支点），肌收缩力为动力的杠杆运动。物理学中把一根在力的作用下可绕制动点转动的硬棒叫作杠杆，杠杆可以是任意形状的硬棒，杠杆运动包括五大要素。①支点：是物体在转动过程中起到制动位置的点，通常用O来表示。②动力：是使杠杆转动的力，通常用F_1来表示。③阻力：是阻碍杠杆转动的力，通常用F_2来表示。④动力臂：是从支点到动力作用线的垂直距离，通常用L_1表示。⑤阻力臂：是从支点到阻力作用线的垂直距离，通常用L_2表示。

2. 杠杆的分类　按照两力臂的长度可将杠杆分为三类（图2-26）。

微课：杠杆的分类

（1）费力杠杆：是动力点在中间，阻力臂长于动力臂的杠杆，如手持球屈肘。

（2）省力杠杆：是阻力点在中间，动力臂长于阻力臂的杠杆，如站立提踵。

（3）平衡杠杆：是支点在中间，动力臂等于阻力臂的杠杆，如跷跷板。

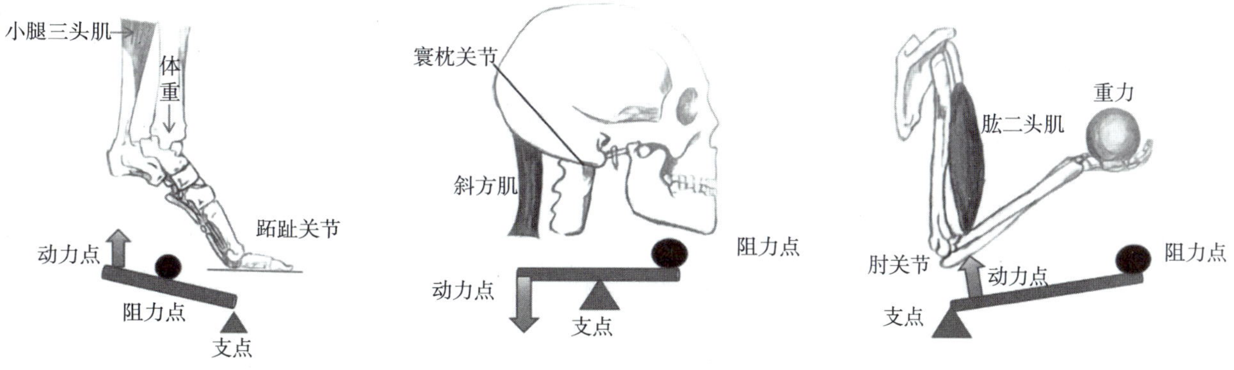

省力杠杆（阻力点在中间）　平衡杠杆（支点在中间）　费力杠杆（动力点在中间）

图2-26　杠杆运动分类

四、牛顿运动定律的应用

1. 牛顿第一定律　指任何物体在不受外力作用或所受合外力为零的情况下，总保持静止或匀速直线的运动状态，又称为惯性定律。惯性的大小只由物体的质量决定，质量越大惯性越大。在康复训练过程中合理地利用惯性可以省力，例如，偏瘫患者利用肢体的摆动惯性，完成从仰卧位到侧卧位的转换。

2. 牛顿第二定律 当物体受到的合外力不为零时，物体的运动状态则会发生改变。力的存在在运动学上表现为加速度的变化，物体的加速度与所受合外力成正比，与质量成反比（即$\sum F = m \cdot a$），因而此定律又称为加速度定律。骨骼肌活动遵循特定顺序原理。当骨骼肌需克服外界阻力（负荷）进行运动时，大肌群会率先启动，随后活动逐步向中小肌群过渡。这主要是由于大肌群在发力方面具备显著优势，它们所产生的力和力矩数值相对较大，能够在运动初始阶段更有效地应对外界阻力，为后续中小肌群参与精细调整动作奠定基础。

3. 牛顿第三定律 是作用力与反作用力定律，当两个物体互相作用时，彼此施加于对方的力，其大小相等、方向相反且作用在同一直线上，即$F_1 = F_2$。因而，人体可通过增加对外界的作用力增加外界对人体的反作用力，例如，跑步时人体通过下肢肌肉收缩快速用力蹬地来增加奔跑速度。

▶知识拓展

杠杆原理赋能中国科创新图景

杠杆原理作为康复治疗技术的基础力学知识，不仅是解析人体运动的“金钥匙”，更在我国康复科技创新中闪耀着“科技助残”的温度。我国科研团队将杠杆原理与前沿科技深度融合：上海理工大学研发的“智能假肢”，通过调整膝关节杠杆支点位置，使截肢患者行走能耗显著降低；中国科学院自动化所的外骨骼机器人，利用可变阻力臂设计，帮助脊髓损伤患者重新站立，其“动力–阻力”调节算法入选“中国康复科技十大突破”。这些成果背后，是科研人员对“以患者为中心”理念的践行，正如康复治疗师在临床中，既要精准计算矫形器的杠杆参数，更要倾听患者对“重新拥抱生活”的期盼。

第三节　静　力　学

人体静力学是运用静力学的原理和方法研究人体运动的科学，主要讨论人体在完成静力性动作，即处于相对静止的姿势（平衡状态）时的受力情况，以及达成和维持平衡所需要的力学条件。在康复治疗中，这一学科有着不可替代的价值：它为平衡能力训练提供科学依据，帮助患者稳定站姿、坐姿等基础姿势，从源头减少意外摔伤风险；更能通过受力优化指导功能恢复训练，助力患者逐步重建运动能力。

一、概述

（一）平衡与稳定

1. 人体的平衡 指人体处于一种姿势或稳定状态下，以及无论处于何种位置，当运动或受到外力作用时，能自动调整并维持姿势的一种能力。例如，吃饭、写字需要保持坐位平衡，走路需要保持立位平衡。

2. 稳定性　人体的稳定性，即人体在维持任何姿势或进行运动时，抵御干扰、保持平衡的能力，可分为以下两类：一是静态稳定性，指人体在静止状态下对抗各类干扰的能力；二是动态稳定性，指当人体重心偏离平衡位置时，在干扰因素消除后，人体依然能够回归至原本初始平衡范围的能力，如人体在坐位时伸手从远处取物（此时重心偏离平衡位置），之后仍可回到原来位置。稳定性对于维持人体平衡起着至关重要的作用。

3. 人体平衡的条件　人体所受的合外力为零（$\sum F=0$），合外力矩为零（$\sum M=0$），两个基本条件必须同时得到满足。例如，双足站立姿势，人体受到的外力分别有大小相等、方向相反的重力（竖直向下）和地面的支持力（竖直向上），二者合力为零；又因为二力的力臂均为零，因而合外力矩也是零（图2-27）。

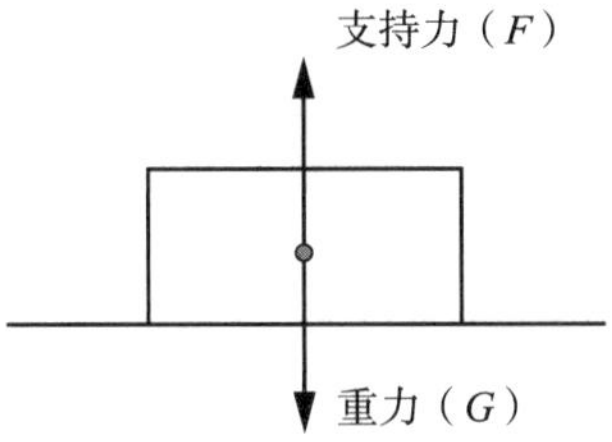

图2-27　平衡条件

（二）人体平衡的分类

平衡能力是人体一切运动功能的基础。脑卒中、脊髓损伤、帕金森等中枢神经损伤，都需要通过平衡训练重建人体平衡能力，以提高运动功能。

1. 平衡的三级分法　康复临床实践常用这种分法。①一级平衡：属于静态平衡范畴，指的是人体可以在不需要其他帮助的情况下，能够维持坐位、立位等要求的体位的能力。②二级平衡：属于自动态平衡范畴，指人体在不仅可以维持所要求的体位，还能够在一定范围内主动移动身体重心之后，仍可以维持原来要求体位的能力，例如，坐位下吃饭、穿衣等。③三级平衡：属于动态平衡范畴，指的是人体在受到外力干扰后，可在移动身体重心后再次恢复并维持原来的体位。

微课：平衡的三级分法

2. 按重心与支撑点的位置关系分类　①上支撑平衡：重心位置高于支撑点的平衡，如单杠悬垂。②下支撑平衡：重心位置低于支撑点的平衡，如人体站立位。③混合支撑平衡：重心位置介于支撑点之间的平衡，如肋木侧平衡。

3. 按保持平衡的能力分类　①稳定平衡：指人体离开平衡位置后，仍试图恢复到原来位置的平衡，如单杠悬垂。②有限稳定平衡：指人体在外力作用下，重心稍有偏离尚可恢复，而偏离稍大就不可恢复的平衡，如单足站立。③不稳定平衡：在不稳定平衡状态下，当人体受到外界轻微的干扰作用时，只要人体产生了一点点偏离原来位置的情况，就无法再自行恢复到最初的平衡状态。如在单手倒立这个动作中，练习者需要时刻集中精力和力量去维持平衡，稍有外界的干扰，如气流的变化或者身体的轻微晃动，就会失去平衡倒下，这就是典型的不稳定平衡的例子。④随遇平衡：指当有外力作用于人体时，无论人体的位置发生了怎样的改变，处于何种偏离的状态，都能够在新的位置上重新建立起平衡状态，如体操中的前滚翻动作。

二、影响人体平衡的力学因素

1. 支撑面　是最外侧的支撑点连线围成的平面，支撑面积越大，稳定性越好。如单足站立时，支撑面即为单足面积，双足站立时，支撑面为双足边缘各点连接所围成的面积。

2. 重心　指身体各部分所受重力的合力的作用点。一般情况下，重心越低，稳定性越好。站

图2-28　稳定角

立时（解剖位），人体重心一般在身体正中面上第三骶椎上缘前方7cm处，性别、年龄、体型不同，人体重心位置略有不同。自然站立时，一般男子重心高度大约是身高的56%，女子约为55%。儿童的头和躯干的质量相对大一些，身体重心相对高度比成人高些。

3. 稳定角　是重心垂直投影线和重心到支撑面边缘相应点连线之间的夹角（图2-28）。稳定角越大，稳定性越好，该指标可综合反映支撑面和重心。当重心高度相同时，支撑面越大稳定角越大；当支撑面大小相等时，重心越低稳定角越大。因而在临床上，经常用稳定角评价人体的稳定性，例如，人体站立时，可画出前后左右四个方向的稳定角，比较四个方向的稳定性。

4. 平衡角　是某方位平面上稳定角的总和，例如，前后方位、左右方位，代表人体在这一方位上总的稳定性。

5. 稳定系数　是稳定力矩与倾倒力矩的比值。该系数≥1时平衡不被破坏，＜1时则平衡遭到破坏发生倾倒。例如，当人体开始倾斜时，随着重心的移动，重力产生一个使人体倾倒的力矩$M_{倾倒}$。为防止倾倒，人体肌肉收缩产生恢复力矩$M_{稳定}$使物体恢复到原来的位置。当倾倒使重力的垂直投影线通过支点时，$M_{稳定}=0$，$M_{倾倒}$则起着加剧倾倒的作用，人体摔倒。因此判断一个人体是否失去平衡，取决于人体重心垂直投影线是否落在支撑面内。若落在支撑面内，就保持平衡，否则就会失去平衡。

三、人体平衡与稳定的特点

1. 人体不可能处于绝对静止的状态　人体的呼吸和血液循环造成了人体的总重心一直在一定范围内波动。例如，射击的屏气就是为了减小呼吸对重心波动的影响。

2. 人体的补偿动作　人体在完成或维持静力姿势过程中，当重心的位置发生不当位移，有失去平衡的倾向时，人体可借助补偿动作（人体自身姿势调节系统反射性地改变身体姿势，产生使人体总重心向不适位移的相反方向移动的补偿动作）在一定范围内“中和”或“抵消”重心的不当移动。例如，右手提重物时身体自然向左倾斜以维持身体平衡（图2-29）。

3. 人体感觉系统的调控　人体的视觉、本体感觉、前庭觉等对维持人体平衡起着重要作用。如一般情况下，人体睁眼单足站立时间远远大于闭眼单足站立时间；当人体闭眼单足站立时，本体感觉（指来自身体内部的肌、腱、关节等运动器官在人体运动或静止状态时产生的感觉）的感受器及时感受身体各部位的位置，并通过反馈信息自觉调整相应部位防止人体倾倒，康复训练中通过关节支持物和加强关节平衡功能与肌力协调性训练可以有效增强关节本体感觉；前庭感受器感受头部的加速度运动，该传导通路传导内耳平衡器在头部位置变化时所感受的刺激，与本体感觉、视觉一起参与身体的平衡，研究表明前庭疾病患者的髋部摇动和重心移动明显增多。

图2-29　人体补偿动作

4. 心理因素的影响 在患者进行运动功能训练时，除了使用适宜的康复治疗技术，适当的鼓励和保护也有利于减轻患者在平衡训练时心理上的恐惧，提高训练效果。

5. 内力的重要作用 内力不能改变人体整体的运动状态，但人体平衡的维持离不开内力（肌肉收缩）的作用，内力还可以增加外力对人体的作用。例如，人体维持手倒立姿势，当人体有向前倾倒的趋势时，人体可通过四个手指收缩用力（内力）作用于垫子，改变垫子给人的反作用力，增加人体的稳定性。

▶知识拓展

平衡能力测试注意事项

平衡能力测试除用于一般老年人外，还可用于骨科、神经科的患者，如关节炎、骨折、脑卒中等疾病患者。平衡能力测试过程中一定要注意：①操作前、操作中和操作后的医患沟通，帮助患者克服心理障碍，让患者在轻松、愉悦、舒适的环境中完成测试。②保持环境安静整洁，操作中保护患者，防止患者摔倒。③注意尊重患者，保护患者隐私，提高自身医德修养。

第四节 转动力学

人体各环节的运动都是通过肌肉收缩（动力）带动骨（杠杆）围绕关节（转动轴）转动实现的，如走、跑、跳等运动。研究人体的转动问题时，需将人体看作刚体（刚体是指在运动中和受力作用后，形状和大小不变，而且内部各点的相对位置不变的物体），例如，将头视为球体，大腿视为圆柱体（图2-30）。

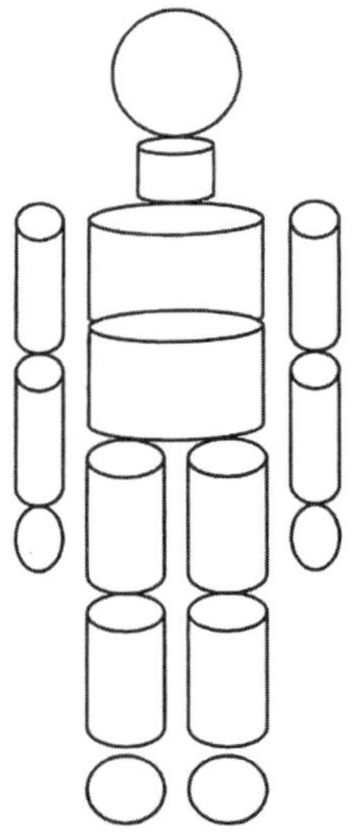
图2-30 刚体

一、概述

1. 转动轴 在刚体转动时，刚体上所有的点均围绕某一直线做圆周运动，这条直线叫作转动轴。转动轴可分为两种。①实体轴：一般在体外，是看得见、摸得着的轴。人体整体围绕制动于地面的运动器械做转动时，该器械就成为人体转动所围绕的实体轴，如单杠大回环。②非实体轴：指的是人体在局部肢体转动或者整体转动时，所围绕的位于人体内部的某一条特定直线，例如，腾空旋转动作的转动轴。

2. 角位移（关节角度） 角位移是描述物体转动时位置变化的物理量，是指肢体围绕特定轴（关节）旋转的角度，也可理解为关节运动时所转动的角度（图2-31），即关节角度，用字母θ表示。人体一般可划分为上臂、前臂、手、大腿、小腿、足等多个节段，这些节段由肩关节、肘关节等各类关节连接。由于人体的运动状态能够通过各关节在不同

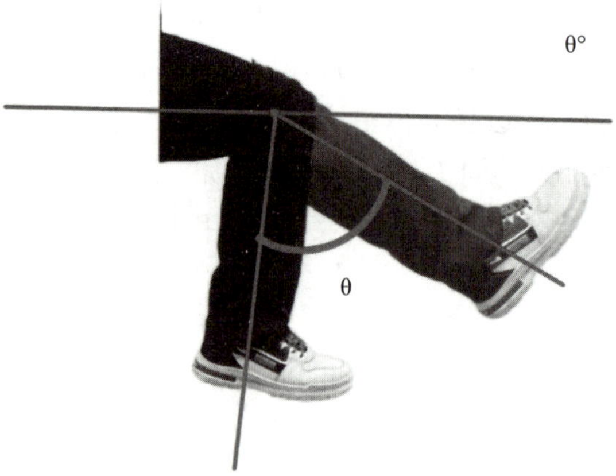

图2-31　角位移

运动平面内的角度变化得以体现，所以，只要对每个关节在不同运动平面的角度变化展开描述，就能了解人体的全身运动状态。

3. 角速度（ω） 角速度用于描述转动快慢和转动方向随时间变化的物理量，单位是“°/s”，计算公式为$\omega = \theta/t$。如某患者步行时髋关节转动的角速度为45°/s。

4. 角加速度（α） 描述角速度大小和方向变化随时间变化的物理量，单位是“$°/s^2$”，计算公式为$\alpha = \triangle\omega/\triangle t$。

5. 转动惯量（I） 又称惯性矩，是描述物体转动时保持原来转动状态能力的物理量。转动惯量的值取决于物体的形状、质量分布及转轴的位置。在研究人体的转动力学时，常将人体简化为16个环节，环节转动惯量的大小遵循特定的计算公式，即$I = mr^2$，其中I代表转动惯量，单位是$kg \cdot m^2$；m指的是质点的质量；r表示的是质点到转轴的垂直距离（图2-32）。人体的转动惯量具有独特的特点，因为人体的姿势、所处位置及外形并非制动不变，而是能够灵活调整的，这就导致人体的转动惯量会随着运动中身体姿势的改变而发生相应的变化。以跳水运动为例，当运动员做出三折、二折及伸展等一系列动作时，身体的形态在不断变化。在这个过程中，转动半径r会逐渐增大。根据转动惯量的计算公式$I = mr^2$，在质点质量m不变的情况下，随着转动半径r的增大，转动惯量I也会随之逐渐变大。

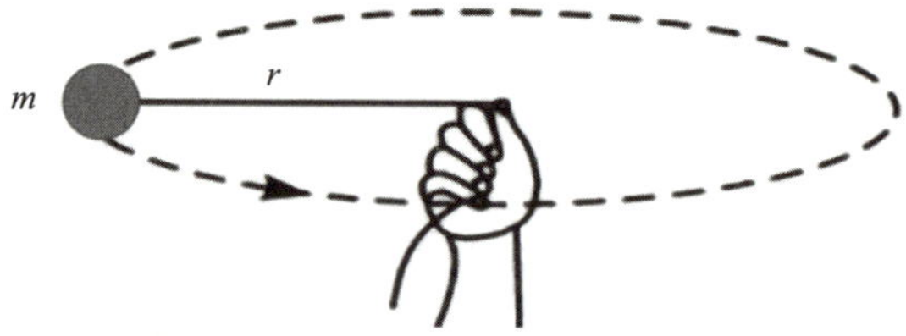

图2-32　转动惯量

二、转动定律的应用

（一）增加肌对关节的肌拉力矩

根据转动定律，人体转动所受的合外力矩$M = I\alpha$，即合外力矩等于转动惯量与角加速度的乘积。若想增加肌拉力矩M，可以分别增加转动惯量与角加速度。增加肌力可以增加转动角加速度，增加肌力臂可以增加转动惯量，因而增加肌力、增加肌力臂可以增加肌对关节的肌拉力矩，进而增加转动效果。例如，长期的运动训练使肌肉的横截面积增加，一方面可以达到增加肌力的效果，另一方面使肌肉远离转动轴，肌力臂增加，进而增加肌拉力矩。

（二）增加角速度或角加速度

减小转动惯量可以增加关节转动的角速度或角加速度。根据动量矩定理，作用在刚体上的冲量矩（$\Sigma M\triangle t$，即转动惯量为I的物体在合外力矩的持续作用下，经过了时间$\triangle t$）等于其动量矩的变化（即转动惯量为I的物体角速度变化了$\triangle\omega$），即$\Sigma M\triangle t=I\triangle\omega$，因此当合外力矩不变时，转动惯量为$I$与物体角速度变化成反比，减小转动惯量可增加环节转动的角速度，角速度单位时间内变化量增加，则角加速度增加。因此，人体可以利用改变姿势来改变转动惯量，进而改变转动速度。例如，体操运动员“团身”把身体紧紧折叠为三折，转动半径r减小，则转动惯量I减小，进而增加转动速度ω。

▶知识拓展

转动力学——康复治疗的力学基石

转动力学为康复治疗师提供了量化分析人体旋转运动的核心科学框架，是连接基础力学与临床实践的关键桥梁。在评估层面，量化转动参数能揭示功能障碍的本质。例如，脑卒中患者上肢旋前/旋后时，异常的角加速度可能指向中枢控制问题，而过高的转动惯量则常与肌肉痉挛导致的肢体僵硬相关。在治疗设计中，转动力学原理直接提升干预精准度。临床实践中，优化假肢部件质量分布（如减轻足部远端重量）可降低下肢转动惯量，使步态摆动更省力自然；针对脑卒中上肢功能障碍，通过调整持物位置（靠近身体以减小上肢对肩的转动惯量）来降低任务难度，并配合渐进式抗阻训练（精确调控力矩负荷），能有效阶梯式提升肢体控制能力。此外，转动力学是理解与运用康复设备的基础。从等速肌力仪（通过控制角速度实现恒定力矩训练）到功能性电刺激（精准调控肌肉收缩力矩以改善关节转动功能），掌握其内在原理使治疗师能更科学地选择、操作设备，从根本上提升康复干预的科学性、有效性和效率。

—• 考试知识点总结 •—

—• 本章小结 •—

—• 协和云课堂…… 拓展练习及参考答案 •—

（黄 翠）

教学课件

第三章 运动生物力学

学习目标

素质目标

（1）具备批判性思维和解决问题的能力，能够独立思考、分析和解决问题。

（2）具备社会责任感和道德观念，能够在自己的行为中体现出对社会和他人的关心和尊重。

知识目标

（1）掌握：骨、关节、肌的结构和分类；骨、关节、肌肉、肌腱、韧带的生物力学性质；肌的运动形式；肌的功能状态指标。

（2）熟悉：骨和肌的功能适应性。

（3）了解：骨的成分及损伤和修复；肌腱、韧带力学性质及影响因素。

能力目标

（1）能够根据骨、关节、肌的结构进行分类，解释关节结构与其动作能力之间的关系。

（2）能够根据肌的运动形式，解释肌肉拉力线与关节运动轴如何影响动作的产生。

（3）能够根据骨和肌的功能适应性，解释运动对骨、肌、关节、胶原组织的影响。

（4）能够解释关节的灵活性与稳定性之间的关系。

（5）能指出在复杂运动中肌的协同作用。

案例导入

【案例】

患者，女，50岁。主诉左肩疼痛持续1个月余，疼痛向左肩部放射，伴随左肩关节活动受限，症状呈逐渐加重趋势，尤其在夜间疼痛明显，影响睡眠。患者自述发病前曾有外伤史，但伤时症状并不显著。查体：左肩部肌肉出现萎缩，肩关节活动受限，尤其在外展和外旋时受限明显，肩前部有局限性压痛，但未见明显畸形。综合以上症状，最可能的诊断为肩周炎。

【问题】

利用所学知识，分析造成患者左肩部肌肉萎缩、活动受限的原因。

·核心知识拆解·

运动系统的结构和功能，是物理治疗师进入临床实践前的必备知识。运动系统主要由骨、关节和肌肉三大器官构成。其中，骨作为杠杆，关节作为枢纽，而肌肉则充当动力器官。运动系统的主要功能是实现身体的运动过程，同时它还具备支持和保护身体的重要作用。

第一节 骨组织的生物力学特性

骨骼约占健康人体体重的1/5。这种灵活的内部框架支撑着整个人体组织。骨骼还保护着某些器官，如颅内脆弱的脑组织。另外，骨是一个重要的矿物质贮存库，特别是钙，同时可以制造新鲜的血细胞。正常发育的成年人全身通常拥有206块骨骼，但个体之间可能存在一些变异。这206块骨骼根据其不同的功能，以特定的方式和力学结构，通过多种形式的骨连接，共同构成了完整的骨骼系统（图3-1）。

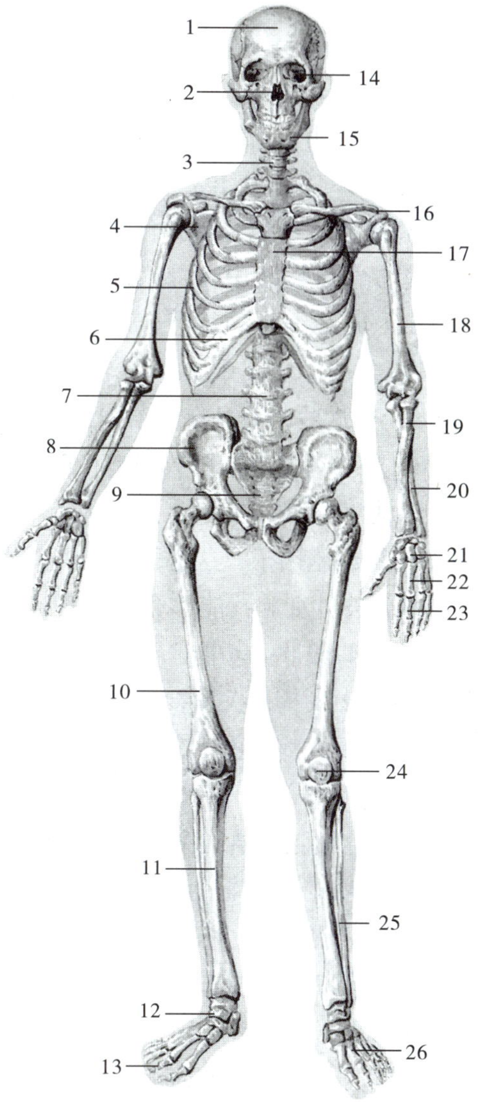

图3-1 骨骼系统

注：1.额骨；2.骨性鼻腔；3.颈椎；4.肩胛骨；5.肋骨；6.肋弓；7.腰椎；8.髋骨；9.骶骨；10.股骨；11.胫骨；12.跗骨；13.趾骨；14.眶腔；15.下颌骨；16.锁骨；17.胸骨；18.肱骨；19.桡骨；20.尺骨；21.腕骨；22.掌骨；23.指骨；24.髌骨；25.腓骨；26.跖骨。

微课：骨质

一、骨的成分与结构

骨骼作为人体最坚硬的器官系统，兼具刚性与韧性，不仅构成保护内脏的天然屏障，更为运动提供力学支点，通过骨杠杆传导肌力，维持人体动态平衡与姿势控制。

（一）骨的成分

骨是由有机质和无机质组成的。

1. 骨的有机质 主要由骨胶原纤维和无定形基质组成，约占骨干重的35%，由骨细胞分泌形成。骨胶原纤维在有机质中占比高达95%，主要为Ⅰ型胶原纤维，具有卓越的强度和韧性。无定形基质则占有机质的5%，呈现凝胶状，其化学成分为糖胺多糖与蛋白质的复合物，具有将纤维黏合在一起的功能。

2. 骨的无机质 骨骼的无机成分主要是骨盐，约占骨干重量的65%。其主要成分为羟基磷灰石［$Ca_5(PO_4)_3OH$］结晶和碳酸钙。羟基磷灰石结晶约占骨无机质的85%，碳酸钙约占9%，其余成分包括氟化钙、磷酸镁、氯化钠和氯化钾等。骨是人体内最大的离子储存库，其中约99%的钙离子、85%的磷离子、40%的钠离子和60%的镁离子都以骨盐的形式贮存于骨矿结晶中。有机质赋予骨骼弹性和韧性，而无机质则赋予其硬度和坚固性。在人体骨骼中，有机质与无机质的比例通常为1 ∶ 3，但这一比例并非固定不变。儿童和青少年的骨骼中含有较多的有机质，这使得他们的骨骼具有良好的弹性，但坚固性较差，不易发生骨折，却易发生变形；相比之下，老年人的骨骼中无机质含量较高，因此骨骼较为脆弱，易骨折，且骨折后的愈合速度较慢。因此，在日常生活和体育运动中，应充分考虑个体的年龄特点，以避免骨骼变形或骨折等意外情况的发生。

（二）骨的结构

骨由骨组织、骨基质、骨膜、骨髓、关节软骨、血管、神经等构成。

1. 骨组织 由细胞和钙化的细胞基质组成。

（1）骨组织的细胞：包括骨原细胞、成骨细胞、破骨细胞与骨细胞。

1）骨原细胞：位于结缔组织形成的骨外膜及骨内膜贴近骨组织处。骨原细胞能够分化成成骨细胞和成软骨细胞，其分化方向取决于其所处环境及所受刺激的性质。例如，在骨生长、骨组织改建或骨折修复过程中，骨原细胞会变得活跃，并持续分化为成骨细胞。

2）成骨细胞：负责合成并分泌骨基质的有机成分，从而形成类骨质。在形成类骨质后，成骨细胞会被包埋其中，并逐渐转变为骨细胞。在成骨过程中，成骨细胞会释放基质小泡（matrix vesicle），这些小泡具有膜结构，其膜上含有钙结合蛋白和碱性磷酸酶，而泡内则包含细小的钙化结晶。在这些钙化结晶释放到类骨质后，便以此为基础形成羟基磷灰石结晶，因此基质小泡被认为是钙化的起始部位。在这一过程中，钙结合蛋白和碱性磷酸酶也发挥着关键作用。此外，成骨细胞还分泌多种细胞因子，这些因子能够调节骨组织的形成与吸收，并促进骨组织的钙化。

3）破骨细胞：能够分泌多种水解酶和有机酸，这些物质能够溶解骨盐并分解骨的有机成分，从而实现骨吸收的功能。破骨细胞与成骨细胞在功能上相互对应，二者协同作用，在骨骼的发育和重塑过程中发挥至关重要的作用。在成年人体内，骨组织处于骨形成与骨吸收的动态平衡状态。临床上，骨硬化症是由于破骨细胞数量不足或功能缺陷，导致骨吸收过程受阻所引起的病症。通过骨髓移植，可以有效地治疗骨硬化症。

4）骨细胞：结构和功能与其成熟度密切相关。刚转变的骨细胞与成骨细胞相似，仍具备产生少量类骨质的能力。随着类骨质逐渐钙化为骨质，细胞也逐渐成熟，最终形成一般所称的骨细胞。在成年人的骨骼中，90%以上的骨组织细胞均为骨细胞。骨细胞因其广泛的覆盖面积和复杂的网状结构，能够敏锐地感知作用于骨骼的各种应力，并具有调控离子进出骨基质的功能。此外，骨细胞与成骨细胞等形成的细胞网络关系，可以有效地感知和处理骨骼变形，调节骨吸收与形成，并调控矿物质离子在骨基质与细胞外液之间的流动与交换。

（2）骨基质：简称骨质，是骨的主体成分，可根据其结构的致密程度分为骨密质和骨松质（图3-2）。

1）骨密质：也称为皮质骨，其特点是质地致密且坚硬，具有很强的抗压能力。它由多层紧密排列的骨板构成，主要分布于长骨干及其他类型骨的表层。

骨板（bone lamella）是由按规律排列的骨胶原纤维，与骨盐晶体和基质紧密结合而形成的结构。其厚度通常在3 ～ 7μm，但具体厚薄不一。同一层骨板内的纤维相互平行，而相邻两层骨板的纤维则呈现交叉排列，这种结构显著提升了骨的强度。在骨密质中，骨板的形态多样，例如，长骨的骨干部位包含外环骨板、内环骨板及哈佛骨板等多种类型。①外环骨板：位于骨干的外围，由数层至十多层骨板以同心圆的方式环绕骨干排列。其表面被骨外膜覆盖，内部存在与骨干垂直并横向穿过骨板层的管道，这些管道称为穿通管，是营养血管进入骨骼内部的通道。②内环骨板：由靠近骨髓腔的数层骨板围绕骨干呈同心圆状排列而成。其骨板层数较少，通常仅由几层构成，且结构不如外环骨板完整。骨板表面覆盖着骨内膜。③哈佛骨板（Haversian lamella）：位于内环骨板与外环骨板之间，沿骨干长轴分布，并以哈佛管为中心呈同心圆排列。哈佛管也称为中央管。哈佛系统，又称骨单位（图3-3），是指夹在内、外环骨板之间的大量长柱状结构，由围绕哈佛管呈同心圆排列的哈佛骨板构成。骨板中的胶原纤维呈螺旋状围绕中央管排列，相邻骨板的纤维方向相互交错。每个哈佛系统的长度为3～5mm，由4～20层哈佛骨板围绕中央管构成。哈佛系统之间存在横向的穿通管（perforating canal）或福尔克曼管（Volkmann’s canal），这些管道向内与中央管相连，向外与滋养孔相通，内部包含血管、神经及少量结缔组织。哈佛系统是骨密质的基本结构单元。

2）骨松质：由针状或片状的骨板构成，形成网状结构，呈现为骨小梁结构。骨小梁按照压力

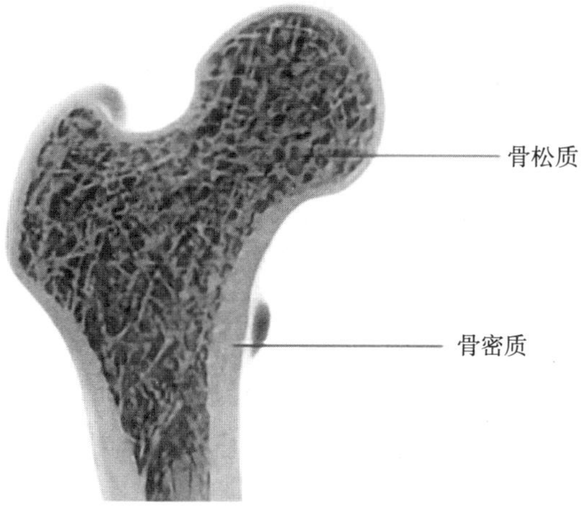

图3-2 骨基质

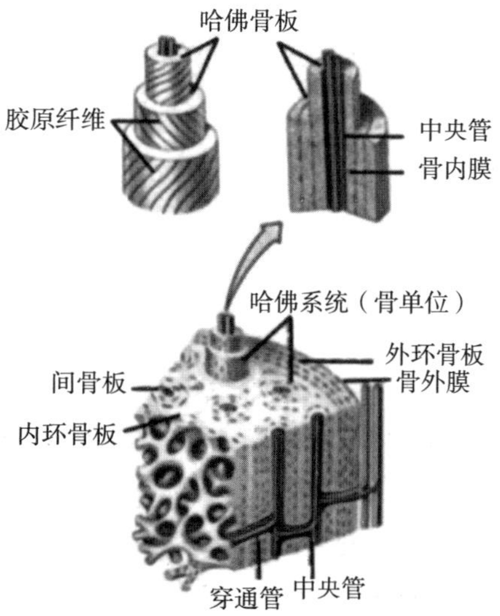

图3-3 哈佛系统（骨单位）

和张力的方向有序排列，承担着力学支撑的作用。骨松质的多孔结构及骨小梁的力学特性，不仅显著减轻了骨骼的重量，还使骨骼达到了最佳的力学性能。这种结构通常分布于长骨骨骺内部及其他骨的内部区域。

2. 骨膜 是覆盖在骨表面（关节除外）的坚韧结缔组织膜，分为骨外膜和骨内膜。其主要功能是滋养骨组织，并为骨的生长和修复提供成骨细胞和破骨细胞（图3-4）。

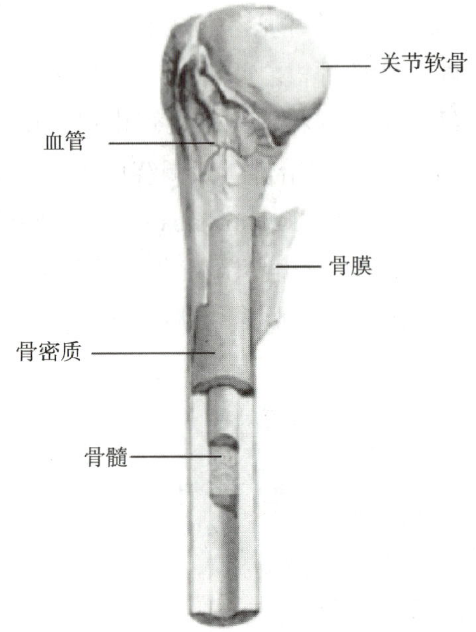

图3-4 骨的构造

3. 骨髓 骨髓腔和骨松质的间隙内填充着两种骨髓：红骨髓和黄骨髓。红骨髓具有造血功能，而黄骨髓不具备。然而，在紧急情况下，如在恶性贫血或外伤导致大出血时，黄骨髓可以转化为红骨髓，重新获得造血功能。

4. 关节软骨 覆盖于骨关节表面，光滑且富有弹性。其主要功能为减少关节运动时的摩擦，并有效缓冲外力带来的振动。

5. 血管和神经 骨有丰富的血管供应，神经伴滋养血管进入骨内，关节软骨内无营养血管，其营养来源靠软骨下骨内血管的渗透和关节滑液的渗透。

二、骨的生物力学

骨的生物力学特性涵盖其材料力学特性和结构力学特性两个方面。骨的材料力学特性指的是骨组织本身的力学性能，这一特性与骨的几何形状无关。骨的结构力学特性则涉及整个骨结构的力学表现，它不仅取决于材料力学特性，还受到骨的几何特性，如形状、尺寸等因素的影响。

（一）骨的应力与应变

骨力学与一般材料力学相似，其核心包含两个基本要素：应力和应变。这些要素可用于描述骨骼在受力后的内部反应和变化。

1. 骨的应力　当外力作用于骨骼时，骨骼通过形变产生内部阻抗力以抵抗外力，这种内部阻抗力即为骨骼产生的应力。应力的大小等于作用在骨骼横截面上的外力与骨骼横截面积之比，单位为帕斯卡，即牛顿每平方米（$Pa = N/m^2$）。

由于力的方向不同，作用在骨骼上的力可分为压力、拉力、剪切力和扭转力。当骨骼受到这些力的作用时，其内部相应地会产生压或拉等不同类型的应力。应力对骨骼的改变、生长和吸收起着重要的调节作用：应力不足会导致骨骼萎缩，而应力过大则可能损伤骨骼。因此，对骨骼而言，存在一个最佳的应力范围。

2. 骨的应变　指在外力作用下，骨组织发生的局部形变，其大小可以通过骨受力后长度变化量与原始长度之比来衡量，即形变量与原始尺寸的比值。通常以百分比的形式表示。当骨承受的力过大，超出其所能承受的应力与应变极限时，便会导致骨骼损伤，甚至引发骨折。

3. 应力–应变曲线　骨的应力–应变曲线（图3-5）用于描述应力与应变之间的关系，通过该曲线可以探讨骨的材料特性。通常，纵轴（y轴）代表应力，横轴（x轴）代表应变。当应力较小时，在一定范围内，负荷与变形之间呈现线性关系，即应力与应变成正比。在此范围内，材料表现出弹性特性，这段直线部分称为弹性区（图3-6）。在该区域内，外部负荷移除后，材料能够恢复到原始形状，这意味着在弹性变形范围内，负荷不会导致永久性变形。弹性区的末端点称为屈服点，该点对应的应力是材料仅产生弹性变形的最大应力，也称为弹性极限。

屈服点之后的曲线转变为非线性，即当负荷继续增加超过该点时，材料将发生永久性变形，这一特性称为材料的塑性。这段非线性曲线部分称为塑性区（图3-6）。此时，材料已经出现结构损伤和永久变形，即使负荷被移除，部分骨组织也无法恢复到初始形状。这种现象是弹性材料的蠕变特性，而在此阶段，骨本身并不会发生损伤。

如果负荷持续增加，当达到某一临界值（极限失效点）时，骨会突然断裂，即发生骨折。导致骨折所需的应力称为骨的最大应力或极限强度。

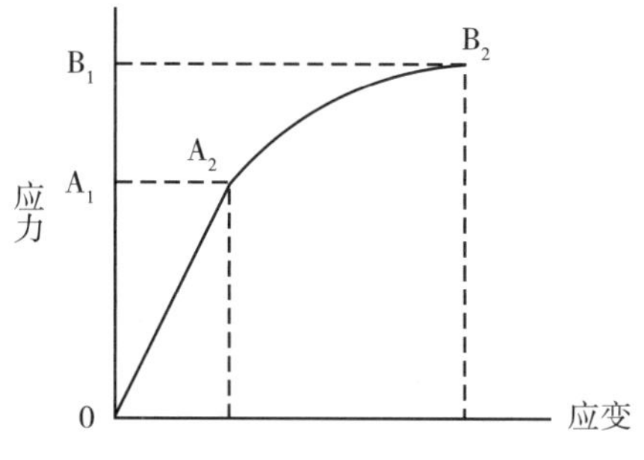

A_1. 弹性极限；B_1. 极限强度；A_2. 屈服点；B_2. 断裂点

图3-5　骨的应力–应变曲线示意

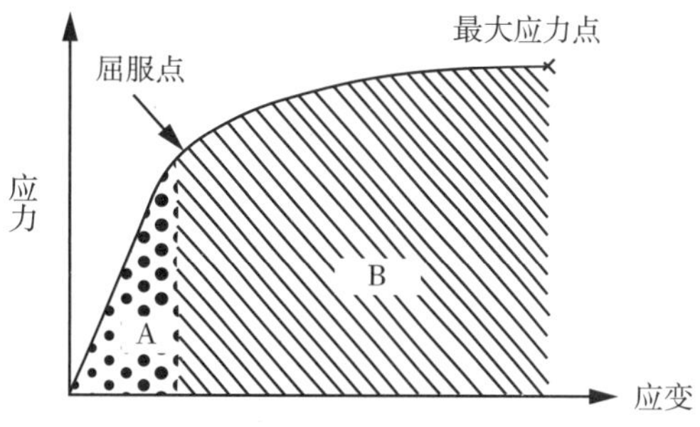

A.弹性区；B.塑性区

图3-6　骨的弹性区与塑性区示意

（二）骨的基本生物力学特征

骨组织的化学成分及结构特点决定其基本的生物力学属性。

1. 骨的各向异性　骨骼的横向和纵向结构存在差异，因此在不同方向载荷作用下会表现出不同的力学性能，这称为骨骼的各向异性特征。当人的股骨干皮质骨受到四个不同方向的拉伸载荷时，其强度和刚度表现各异，其中纵向加载时标准骨构件的强度和刚度达到最大值（图3-7）。与皮质骨相比，骨松质的密度、刚度和延展性分别为皮质骨的25%、5%～10%和500%。

2. 骨的强度和刚度 骨强度和刚度是衡量骨承载能力的两个重要指标。

（1）骨强度：指骨骼在承受外力负荷时，具备抵抗破坏以避免发生结构损坏或断裂的能力。

（2）骨刚度：指骨组织抵抗变形的能力。刚度越高，骨在受力时发生的形变越小。

（3）影响骨强度与刚度的因素：包括以下几种。①压应力：肌肉收缩时产生的压应力能够有效预防拉伸骨折的发生。②骨的大小和形状：骨骼的横截面积大小、骨组织在中轴周围的分布方式及形状等均会影响其强度和刚度。例如，当骨受压缩负荷时，其横截面积越大，强度和刚度也会越大。骨的强度和刚度与骨的横截面积大小成正比。

3. 黏弹性 指材料同时具备黏性和弹性特征，其形变特性取决于温度和形变速率，即具有时间依赖性。骨组织是一种典型的黏弹性材料，其力学性能会随着施加的负荷应变率和加载时间的变化而变化。

应力与应变曲线的初始斜率会随着应变率的增加而增大，这意味着在较高的应变率负荷下，密质骨的弹性模量也会相应提高。在应变率变化的范围内，密质骨会随着应变率的增加而从坚韧状态转变为脆弱状态。然而，在正常活动引起的骨应变范围内（应变率小于1/s），韧性会随着应变率的增加而增强，具体表现为最大应变能力的提升。

负荷速度会影响骨折的类型及软组织损伤的程度。当骨折发生时，骨组织因弹性形变所储存的能量会被释放出来。如果加载速度较慢，能量可以通过单个裂隙逐步释放，骨组织及软组织能够保持相对完整。相反，当加载速度较快时，储存的能量更大，无法在短时间内通过单个裂隙迅速释放，从而导致粉碎性骨折及更大范围的软组织损伤。

4. 蠕变和应力松弛 对于具有黏弹性特性的骨骼材料而言，它展现出蠕变和应力松弛两种重要性质。蠕变是指在恒定外力作用下，材料的形变会随时间逐渐增大，直至达到稳定状态。应力松弛则是指在保持恒定形变的情况下，维持该形变所需的力会随时间逐渐减小，直至达到平衡状态。

5. 机械力对骨的影响 在骨骼承受负荷的限度内，根据沃尔夫定律，成人骨骼对机械力的反应取决于应力值。通常情况下，机械应力与骨组织之间维持着一种生理平衡。在平衡状态下，成骨细胞和破骨细胞的活性大致相当。当人体活动量增加、应力增大时，成骨细胞的活性增强，骨质生成增多，骨骼的承载面扩大，以适应更大的运动需求。与此同时，应力因此下降，达到新的平衡状态。相反，当应力降低时，破骨细胞的活性增强，骨吸收作用加强，骨组织量减少，导致应力回升。由此可见，骨骼对生理应力的反应处于动态平衡中，应力越大，骨组织增生和骨密度增加越显著。因

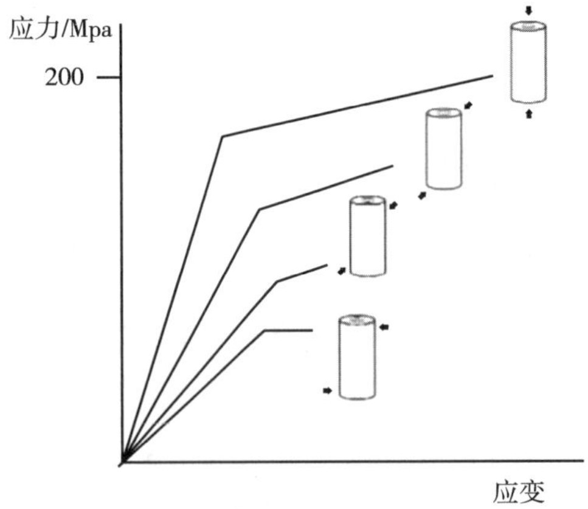

图3-7 骨的各向异性

此，保持足够的运动量（尤其是对中老年人和更年期妇女而言）是预防骨质疏松的重要措施。

（三）骨受载时的生物力学特征

外力作用于骨所产生的外部效应是引起骨的运动或保持平衡，对骨的内部效应则是引起骨的变形（外力的强度低于骨的强度）或使骨遭到破坏（外力的强度超过骨的强度）。根据施加在骨骼上的力和力矩的不同作用方式，骨骼所承受的负荷可分为拉伸负荷、压缩负荷、弯曲负荷、剪切负荷、扭转负荷及复合负荷（图3-8）。

1. 拉伸负荷 指沿骨的长轴向两端拉伸使骨延长的外力，此时骨骼内部产生张应力与张应变。骨在拉伸负荷作用下（图3-8b），当负荷增加到一定程度时，骨单位之间的黏合线会失去连接并被拉开，从而导致骨折。临床上，由拉伸引起的骨折多见于骨松质，如腓骨短肌腱附着点附近的第5跖骨基底骨折。

2. 压缩负荷 指沿骨的长轴向两端施压使骨骼缩短的外力，这种外力会导致骨骼内部产生压应力和压应变。在压缩负荷（图3-8c）的作用下，骨骼通常会呈现缩短并同时变粗的趋势。临床上，由压缩引起的骨折常见于椎骨。例如，人体胸腰段椎体发生压缩性骨折时，椎体会缩短并变宽，这是由骨松质中的骨小梁受压失稳所致。

3. 弯曲负荷 指施加于骨骼两端，使其沿轴线发生弯曲形变的作用力。当骨骼受到弯曲负荷（图3-8d）的作用时，会同时承受压缩和拉伸两种应力。在中性轴的一侧，会产生拉应力和拉应变，而在另一侧则会产生压应力和压应变。在中性轴上，则不存在任何应力和应变。应力的大小与到骨骼中性轴的距离成正比，即距离中性轴越远，应力就越大。例如，当脊柱前屈或后伸时，脊柱的弯曲会导致椎体受到弯曲负荷的作用，从而产生相应的形变。

4. 剪切负荷 指作用在骨骼表面的一对大小相等、方向相反且距离非常近的力。在剪切负荷（图3-8E）的作用下，骨骼受载部位相邻的两个面会产生相对平移，从而在骨内部引发剪切应力和应变。例如，在截肢手术中，切断骨骼的作用力即为剪切负荷。生活中，剪切骨折多见于松质骨。

5. 扭转负荷 指施加于骨骼两端并使其沿轴线发生扭转的力。当骨骼受到扭转负荷（图3-8f）作用时，其内部也会产生剪切应力和应变，这些应力与应变会分布于整个骨骼结构中。扭转负荷导致的骨折类型为螺旋骨折。在扭转负荷作用下，骨骼首先沿平行于其轴线的方向形成剪切裂纹，随后裂纹沿着最大拉应力作用的平面扩展，最终形成与轴线约成45°的螺旋形骨折。由于骨骼形状不规则且受力不均匀，断裂时可能出现多个螺旋形断裂面，因此，多数情况下，骨骼呈现螺旋形粉碎性骨折。

6. 复合负荷 当一块骨骼同时承受两种或两种以上不同类型的力时，所受的负荷即为复合负荷（图3-8g）。例如，跌倒后发生的桡骨远端骨折，通常是剪切力、压缩力等多种力共同作用的结果。

（四）骨的功能适应性

骨的功能适应性是指骨骼能够根据其所承受的应力与应变进行内部结构和外部形态的调整，从而达到适应承载需求的最佳形态和结构，并积极适应功能需求的变化。骨的功能适应性以结构适应性为基础。

1. 骨形态结构的适应性 骨骼是一种具有再生和修复能力的生物活性材料。在生物体内，骨骼始终处于骨形成和骨吸收这两种相反的过程中。这一动态平衡受多种因素影响，包括应力、年龄、

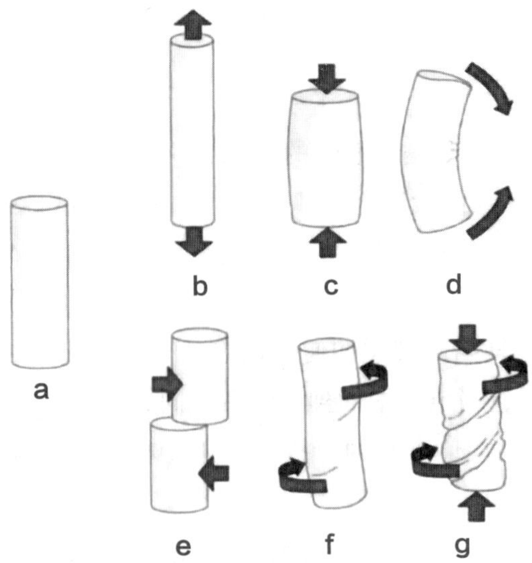

图3-8 骨的受载类型

a.未负重；b.拉伸；c.压缩；d.弯曲；e.剪切；f.扭转；g.复合负荷。

性别，以及某些激素水平等。其中，应力是一个尤为关键的因素。

通常认为，机械应力是刺激骨组织最有效的因素。研究表明，骨骼有其最适宜的应力范围，过大或过小的应力都会加速其吸收。当受到机械性应力刺激时，骨骼会发生适应性变化，否则可能会导致骨折。负重对维持骨小梁的连续性及增加交叉区面积起着关键作用。施加于骨组织的机械应力会引起骨骼变形，而这种变形会促使成骨细胞活性增强，破骨细胞活性减弱。对于瘫痪患者而言，由于骨骼长期缺乏肌肉运动的应力作用，骨吸收加速，从而引发骨质疏松。此外，失重状态也会导致骨钙流失。

骨的重建是骨对应力的适应，表现为常受应力刺激的部位生长，较少受到应力刺激的部位吸收。制动或活动减少时，骨因缺乏应力刺激而出现骨膜下骨质的吸收，强度降低。骨折钢板内制动时，负荷通过钢板传递，骨骼受到的应力刺激减少，骨骼的直径缩小，抗扭转能力下降。相反，反复的适宜应力刺激，可引起受刺激部位骨膜下的骨质增生。

2. 骨功能的适应性 骨在应力应变原则指导下发生的结构适应性为其功能适应性的产生起到了良好的基础作用，使骨主动适应各种负荷的变化，骨的功能适应与骨的结构适应相辅相成。此外，骨的功能适应性还体现在年龄增长和负荷减少两个方面。例如，随着衰老导致骨量下降，应力较小的部位骨量流失通常较快，而应力较大的部位骨量则相对保持较好。显著减少骨所受负荷同样会对骨强度和骨量产生不利影响。例如，在临床治疗中，若患者接受长时间的骨牵引治疗，由于患肢长期处于制动和闲置状态，可能会导致骨吸收超过骨形成。

由此可见，骨组织能够根据外力和内力来调节整体骨骼的结构、骨量的大小，以及内部骨量的分布。然而，骨组织对力学负荷的感知、传递和反应机制尚不完全明确，这正是当前骨代谢研究的重点内容。

3. 骨塑形与骨重建 均由破骨细胞和成骨细胞协同完成。在骨塑形过程中，骨吸收与骨形成在不同表面进行。在骨骼生长期，几乎所有骨面都经历着骨吸收和骨形成，以适应骨骼的生长和增粗需求。在骨骼生长结束后，骨形成与骨吸收依然持续进行，这一过程称为骨重建。在骨重建过程中，骨形成与骨吸收达到动态平衡，并呈现显著的耦联现象。然而，在30～40岁之后，骨形成的速率逐渐慢于骨吸收，最终导致骨量随年龄增长而减少，骨脆性增加。在发生年龄相关性骨丢失时，骨松质和骨密质呈现不同的变化特征。骨松质的骨丢失主要表现为骨小梁逐渐变薄、变细，甚至发生断裂，同时骨小梁的数量也会减少；而骨密质则会随着年龄增长逐渐变得多孔，并出现变薄的现象，这使得长骨骨干的管壁越来越薄，从而显著增加了骨折的风险。由于人体骨骼中有3/4是骨密质，因此骨密质的骨丢失总量远超骨松质。

▶**知识拓展**

跨学科的邂逅

在生物力学领域享有盛誉的沃尔夫定律，最初由德国外科医生沃尔夫于19世纪发现。然而，在沃尔夫之前，已有两位德国学者尝试揭示人体骨骼受力之谜：一位是生理学家迈尔（Maier），另一位是力学家库尔曼（Churman）。迈尔曾试图从解剖学和结构力学的角度探讨因鞋子挤压导致的踇趾外翻等足部变形问题。然而，由于“隔行如隔山”，迈尔对力学的理解和应用尚不成熟，因此他迫切希望找到一位力学家给予指导。直到1866年，库尔曼和迈尔共同参加了苏黎世自然科学协会组织的活动。在库尔曼的协助下，迈尔将骨小梁结构简化为一个类似于起重机的实体受力模型，并在《海绵状结构》一文中详细阐述了他的发现。当年轻的沃尔夫（Volf）看了迈尔的论文后，不禁大呼：“这真是生理学中最不同寻常的发现！”沃尔夫计划沿着迈尔的研究方向继续探索，因此前往苏黎世拜访迈尔。迈尔对这位勤奋的后辈表示高度赞赏，并将他引荐给了库尔曼。沃尔夫全面采纳了库尔曼的图解方法，并发现人和动物的骨密度与受力情况密切相关，骨骼的外形及其内部结构的变化都是在外力的作用下产生的。这些发现后来称为沃尔夫定律。尽管它不像数学和物理学中的定律那样精确，但它却是人类首次尝试将力学与生命现象联系起来的重要成果，并由此催生了一门名为生物力学的新学科。

第二节　关节的生物力学特性

一、骨连结

微课：关节的主动稳定机制

骨与骨之间通过结缔组织纤维、软骨或骨组织相互连接，形成一种被为骨连结的结构。从连接形式来看，骨连结可分为直接连结和间接连结两大类。

（一）直接连结

直接连结可分为纤维连结、软骨连结和骨性连结三种。

1. 纤维连结　骨与骨之间通过纤维组织相互连接，形成纤维连结。这种连结方式紧密且结构较为坚固，通常不具有活动性或仅有微小的活动性。纤维连结主要分为两种类型，即韧带连结（图

3-9）和缝连结（图3-10）。

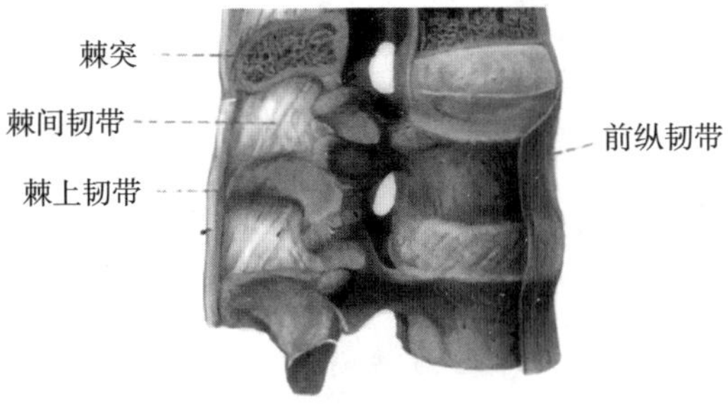

图3-9　韧带连结

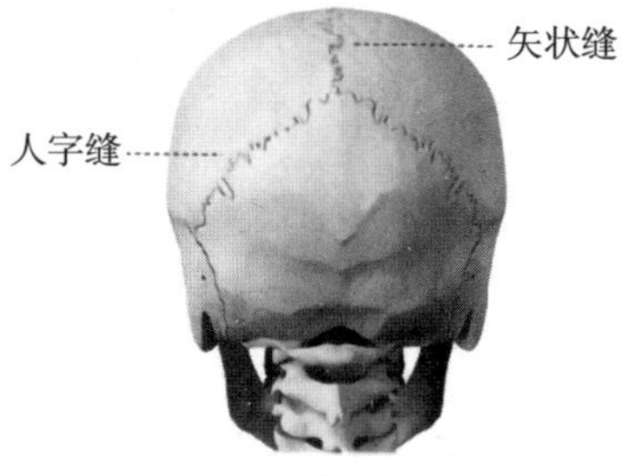

图3-10　缝连结

（1）韧带连结：指通过富有弹性的韧带来连接两块骨，例如，椎骨棘突之间靠棘间韧带连接，椎弓之间靠黄韧带连接等。如果两骨之间的结缔组织呈现膜状结构，则称为骨间膜，如前臂骨间膜等。

（2）缝连接：相邻颅骨边缘通过一层薄薄的纤维结缔组织相互连接，这种连接方式称为缝连接，如颅骨的冠状缝和人字缝。随着年龄的增长，这些缝可能会发生骨化，最终转变为骨性连接。

2. 软骨连结　相邻的两块骨骼通过软骨组织相连接的结构称为软骨连结（图3-11）。软骨组织是结缔组织的一种，主要由大量的软骨细胞和基质构成。根据基质成分的不同，软骨可分为透明软骨、纤维软骨和弹性软骨三种类型。例如，第一肋骨与胸骨之间的连结属于透明软骨，而相邻椎骨椎体之间的椎间盘则由纤维软骨构成。由于软骨具有一定的弹性，因此能够进行轻微的活动。部分软骨连结会终身保持，而大多数软骨连结在发育过程中会逐渐骨化，最终转变为骨性连结。

3. 骨性连结　由软骨连结经骨化演变而成，完全不能活动，如五块骶椎通过骨性结合融为一块骶骨（图3-12）。

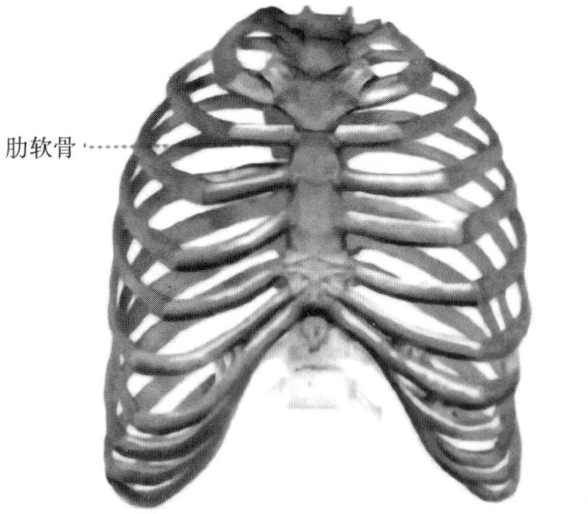

图3-11　软骨连结

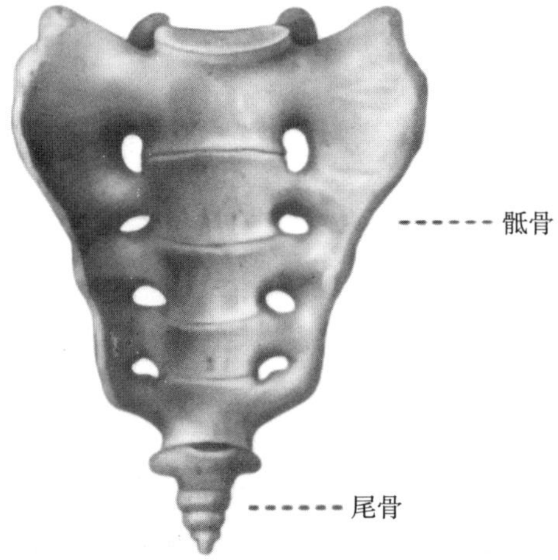

图3-12　骨性连结

（二）间接连结

间接连结，也称滑膜关节（简称关节），由两块或两块以上的骨骼构成。相对应的骨面之间存在间隙，仅通过周围的纤维结缔组织膜相互连接，因此具有较大的活动性。

二、关节的结构

关节的主要结构包括韧带、关节囊、关节周围的肌肉和肌腱、关节软骨、关节腔、滑膜液、滑膜皱襞、滑囊、半月板及软骨下骨等。

（一）关节的基本结构

关节的基本结构为三部分，分别是关节面、关节囊和关节腔（图3-13）。

1. 关节面 相连两骨的关节面通常呈现为一凸一凹的形态，其中凸起一侧称为关节头，而凹陷一侧则称为关节窝。关节面上均覆盖有一层关节面软骨。大多数关节面软骨由透明软骨构成，少数为纤维软骨。关节面软骨表面平滑且富有光泽，其厚度在2～7mm，但随着年龄增长，老年人关节面软骨厚度会有所减少。关节面软骨的主要功能包括减轻冲击、吸收振荡、减少摩擦及保护关节面。

2. 关节囊 关节面周围的骨面上附有由结缔组织构成的关节囊。关节囊分为内、外两层，其外层为纤维层，由致密结缔组织组成，质地厚实且富有韧性，部分纤维层局部增厚形成韧带；内层为滑膜层，由薄层疏松结缔组织构成，富含血管和神经，能够分泌滑液，发挥润滑作用。

3. 关节腔 是由关节面软骨与关节囊滑膜层共同构成的密闭腔隙，内部含有少量滑液。关节腔内呈负压状态，这对维持关节的稳定性具有重要作用。

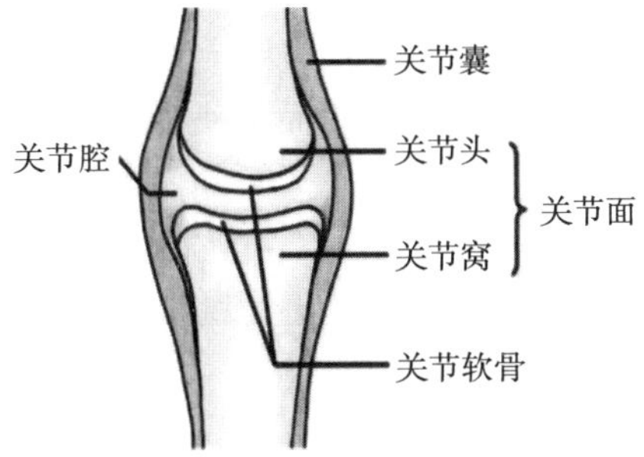

图3-13 关节的基本结构示意

（二）关节的辅助结构

除上述基本结构外，某些关节为了适应特殊功能，还分化出一些特殊结构，如韧带、关节盘、关节唇以及滑膜襞等（图3-14）。

1. 韧带 是连接相邻两骨之间的致密结缔组织束。根据其位置和结构特点，韧带可分为位于关节囊内的囊内韧带、位于关节囊外的囊外韧带、由关节囊纤维膜局部增厚形成的囊韧带。韧带的主要功能是对关节囊起到加固作用。

2. 关节盘 是位于两个关节面之间的纤维软骨板，呈圆盘状，中央部分较薄，而边缘略厚并附

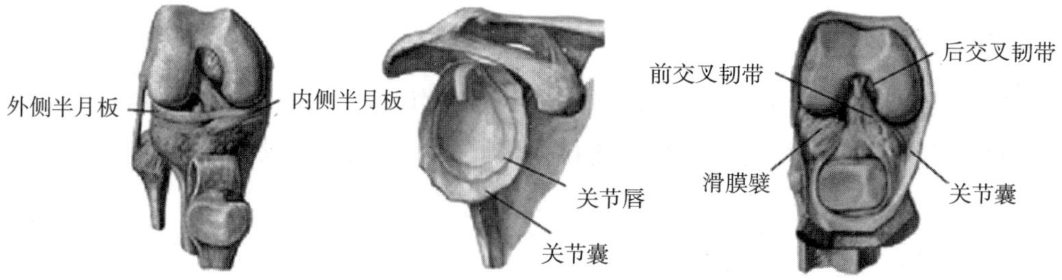

图3-14　关节的辅助结构

着于关节囊的内表面，将关节腔分隔成两部分。关节盘可增加运动的灵活性和多样化，也具有缓冲振荡的作用。

3. 关节唇　是附着于关节窝边缘的纤维软骨环，其作用在于加深关节窝并扩大关节面，从而有效增强关节的稳定性。

4. 滑膜襞　是关节囊滑膜层向关节腔内凸出的皱褶，内含疏松结缔组织和血管。如果其中积聚脂肪，则称为滑膜脂垫。

三、关节的分类

全身关节可根据关节运动轴的数目和关节面的形状、构成关节的骨数目、关节运动的方式等分类（图3-15）。

1. 按关节运动轴的数目和关节面的形状分类　可分为单轴关节、双轴关节和多轴关节三类。

（1）单轴关节：这类关节仅能围绕单一轴进行运动，主要包括滑车（屈戌）关节和圆柱（车轴）关节两种类型。

1）滑车关节：其关节头呈滑车状，而与之相对的骨组织为关节窝。运动时围绕额状轴在矢状面上进行屈伸运动，如肱尺关节和指骨间关节均属于此类。

2）圆柱关节：这种关节的关节头呈圆柱状，而另一骨的关节窝则呈环状。运动时只能围绕自身的垂直轴进行回旋运动，如桡尺近侧关节和远侧关节均属于此类。

（2）双轴关节：这种关节能够围绕两个相互垂直的轴进行屈伸、收展及环转运动。这类关节包

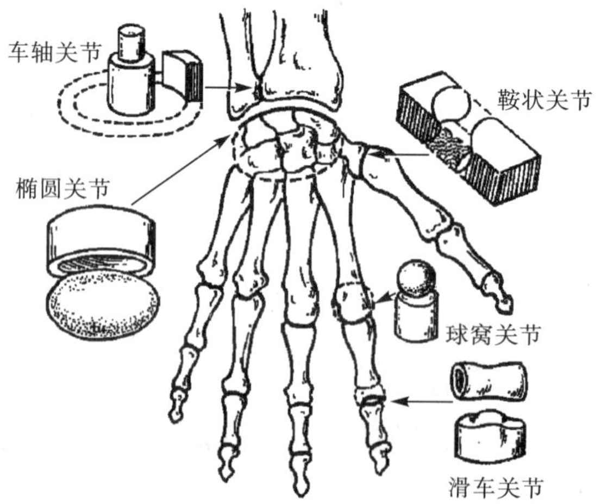

图3-15　关节类型

括椭圆关节和鞍状关节。

1）椭圆关节：其关节头呈椭球体的一部分，而关节窝则呈现为椭圆形凹面。运动时可以绕额状轴在矢状面上进行屈伸运动，同时也能绕矢状轴在额状面上进行内收和外展运动，如桡腕关节。

2）鞍状关节：两骨的关节面呈马鞍状，并呈“十”字形相互嵌合。这种关节运动时可绕额状轴和矢状轴进行屈伸运动，以及内收和外展运动，如拇指的腕掌关节。

（3）多轴关节：这种关节能够围绕三个运动轴进行运动，包括球窝关节和平面关节。

1）球窝关节：其关节头呈球体的一部分，关节窝较浅，头部与窝部之间的连接较为松弛。运动时可以围绕三个基本轴进行屈伸、收展、回旋，以及环转运动。由于其运动幅度较大，因此是所有关节中最灵活的一种，如盂肱关节。

2）平面关节：这种关节面的形状可以看作直径很大的球体的一部分，但两骨的关节面曲度极小，接近于平面且大小一致，关节囊紧张且坚固。此类关节的运动范围非常有限，因此也称为微动关节，如肩锁关节和骶髂关节。

2. 按构成关节的骨数目分类 分为单关节和复关节。

（1）单关节：由相邻的两块骨骼构成，其中一块骨骼形成关节头，另一块骨骼形成关节窝，如盂肱关节、颞下颌关节、股胫关节等。

（2）复关节：由三块或更多骨骼构成，或者在两块骨骼之间夹有软骨盘（即关节盘），且这些骨骼被包裹在一个共同的关节囊内，每个骨骼都能独立活动，如肘关节、膝关节等。

3. 按关节的运动方式分类 可分为单动关节和联合关节。

（1）单动关节：指能够独立活动的关节。人体中大多数关节都属于此类，如盂肱关节、髋关节等。

（2）联合关节：由两个或两个以上的独立关节组成，这些关节同时活动，共同完成某一动作。尽管这些关节在结构上是分开的，但在功能上却是协同的。例如，前臂的桡尺近侧关节和桡尺远侧关节的协同运动，使得前臂能够进行旋内和旋外的运动。

四、关节的运动

1. 滑动运动 是一个关节面上的单个点与另一个关节面上的多个点接触，即一块骨在另一块骨上平移的运动。

2. 角度运动 是相关节的两骨之间角度减小或加大的运动。根据运动轴的方位不同，关节角度运动可分为以下四种基本形式。

（1）屈伸运动：关节沿冠状轴在矢状面内运动（图3-16a）。通常情况下，向前运动称为屈曲，向后运动称为伸展。然而，膝关节和踝关节的运动方向与之相反。

（2）收展运动：关节在冠状面内沿矢状轴进行运动（图3-16b）。当活动的骨向身体正中矢状面靠近时，称为内收；反之，远离正中矢状面时，则称为外展。然而，手指向中指中轴或足趾向第二趾中轴靠拢时称为内收，远离中轴时则称为外展。

（3）旋转运动：指的是骨骼围绕其自身长轴进行的运动（图3-16c）。当骨的前面转向内侧时，称为旋内；反之，则称为旋外。在前臂部位，使手背朝前的动作称为旋前，反之则称为旋后。在足部，使足跟朝向内侧的运动称为内翻，反之则称为外翻。

（4）环转运动：骨的一端制动在原位，另一端进行圆周运动，整块骨的运动轨迹呈一个圆锥体（图3-16d）。环转运动实际上是屈、展、伸、收四种动作的连续组合。凡是能够进行屈、伸、收、展的关节，均可完成环转运动。

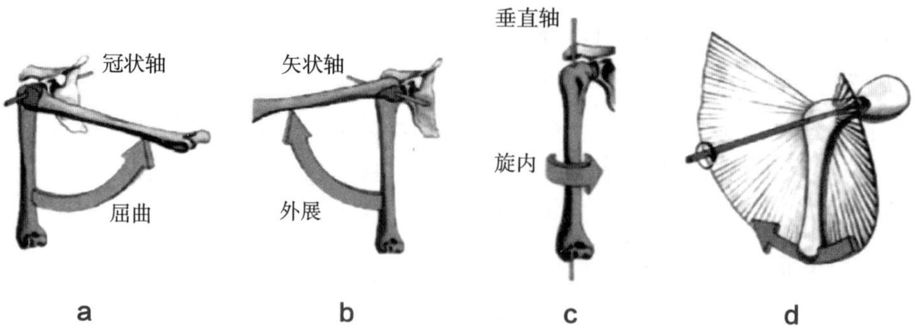

图3-16　关节的角度运动

a.屈伸运动；b.收展运动；c.旋转运动；d.环转运动。

五、关节的血管和神经

关节拥有丰富的血供。其动脉主要源自周围动脉的分支，这些分支相互吻合，围绕关节形成致密的动脉血管网。从动脉血管网发出的分支，延伸至关节囊，并与邻近的骨膜动脉相吻合。需要注意的是，关节软骨本身不含血管。此外，关节盘的动脉仅分布于其周缘部分。

关节的神经来源于支配该关节肌肉的神经分支，这些分支称为关节支，主要分布于关节囊和韧带。同样，关节软骨没有神经分布。

六、关节的生物力学特征及影响因素

关节及其内部的滑液有助于提升关节运动的灵活性，而关节囊的纤维层及周围的肌腱、韧带等组织则增强了关节的稳定性。关节的灵活性必须以结构的稳定性为基础，而结构的稳定性又必须以关节的灵活性为前提。因此，关节的灵活性与稳定性是既对立又统一的关系。

（一）影响关节灵活性与稳定性的因素

1. 构成关节的两关节面面积大小的差别　面积差异较大的关节，其灵活性较高，但稳定性相对较低；反之，面积差异较小的关节，其灵活性较低，但稳定性较高。

2. 关节囊的厚薄及松紧度　关节囊厚实且紧张的关节，其灵活性较低，但稳定性较高；反之，关节囊薄弱且松弛，关节灵活性较高，但稳定性较低。

3. 关节韧带的多少与强弱　韧带数量多且强韧的关节，稳定性较高，但灵活性相对较低；反之，韧带数量少且较弱的关节，稳定性较低，但灵活性较高。

4. 关节周围的肌肉状况　关节周围的肌肉力量较强且伸展性、弹性较差，其稳定性较高，但灵活性较低；反之，若关节周围的肌肉力量较弱且伸展性、弹性较好，则稳定性较低，但灵活性较高。

5. 关节周围的骨性凸起　通常会限制关节的运动，影响其活动范围。

（二）运动锻炼对关节灵活性与稳定性的影响

关节的活动幅度还与年龄、性别及体育锻炼等因素密切相关。经常参加体育运动的人，不仅关节灵活性提高，而且稳定性也增强。

1. 关节面骨密质增厚　系统的体育锻炼能够使骨关节面的骨密质增厚，从而提升其承受更大负荷的能力。动物实验表明，长期运动可增加关节面软骨厚度，而短时间的运动则会引起关节软骨肿胀，运动停止后肿胀会逐渐消退。这种变化在25岁以下的年轻人中更为显著。研究指出，关节软骨的增厚是由软骨基质和细胞吸收液体所致。

2. 关节面软骨增厚　软骨是一种具有黏弹性的多孔材料，其内部孔隙中充满了液体。在外力作用下，这些液体能够在软骨组织内流动或渗出，这是无血管组织获取营养的关键途径。适当的体育锻炼可以营造这种液体流动的环境，从而为软骨提供必要的养分，并维持其健康与功能。

3. 肌腱和韧带增粗　动物实验表明，体育锻炼能够促使肌腱和韧带增粗，并在骨骼附着处直径增大，胶原含量提升，单位体积内的细胞数量增加。体育活动不仅增强了关节周围肌肉的力量，还能使肌腱和韧带增粗，关节面软骨增厚，从而提升关节的稳定性。然而，关节稳定性的提高虽然增强了保护作用，但也会导致关节活动幅度的减少。

4. 力量与柔韧性训练相结合可使关节的稳定性与灵活性提高　系统的柔韧性训练能够提升关节囊周围肌腱、韧带和肌肉的延展性，从而增大关节的活动范围。因此，在进行力量训练时，应结合适量的柔韧性训练，使力量与柔韧性得以同步发展。

5. 不同专项对关节的柔韧性作用不同　不同运动项目对各关节柔韧性的发展有着不同的促进作用。例如，游泳和体操能够有效提升肩关节、肘关节、手部关节及足部关节的柔韧性；跨栏和跳高运动则有助于增大髋关节的活动范围；而艺术体操和花样滑冰则对脊柱的柔韧性提升效果显著。

第三节　肌的生物力学特性

根据结构和功能的不同，人体的肌肉可分为平滑肌、心肌和骨骼肌。平滑肌主要构成内脏和血管的管壁，其特点是收缩缓慢、持久且不易疲劳；心肌则构成心壁。这两种肌肉不受人的意志控制，因此称为不随意肌。骨骼肌共有600多块，分布在头、颈、躯干和四肢，其重量约占体重的40%。骨骼肌的收缩迅速、有力，但容易疲劳，并且能够根据人的意志进行舒缩，因此称为随意肌。在显微镜下观察，骨骼肌呈横纹状，因此也称为横纹肌。本节内容主要围绕骨骼肌展开（图3-17）。

一、肌的构造

肌主要由肌细胞组成，肌细胞之间夹杂着少量结缔组织、血管、淋巴管和神经。致密结缔组织包裹整块肌肉，形成肌外膜。肌外膜的结缔组织深入肌肉内部，分隔并包裹肌束，形成肌束膜，而包裹每条肌纤维的结缔组织则称为肌内膜。结缔组织在骨骼肌中起到支持、连接、营养供应及功能调节等重要作用。

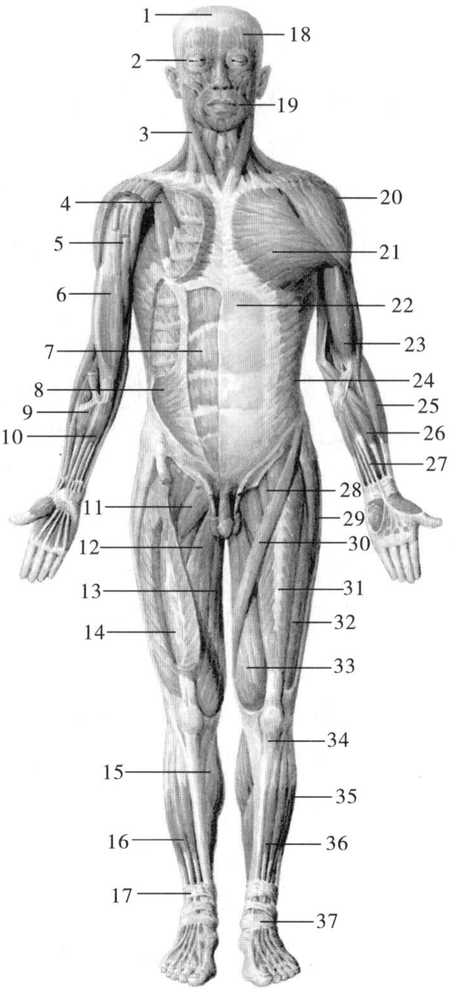

图3-17　骨骼肌（前面观）

注：1.帽状腱膜；2.眼轮匝肌；3.胸锁乳突肌；4.胸小肌；5.喙肱肌；6.肱肌；7.腹直肌；8.腹内斜肌；9.拇长屈肌；10.指深屈肌；11.耻骨肌；12.长收肌；13.大收肌；14.股中间肌；15.腓肠肌；16.趾长伸肌；17.伸肌上支持带；18.枕额肌额腹；19.口轮匝肌；20.三角肌；21.胸大肌；22.腹直肌鞘；23.肱二头肌；24.腹外斜肌；25.肱桡肌；26.桡侧腕屈肌；27.掌长肌腱；28.髂腰肌；29.阔筋膜张肌；30.缝匠肌；31.股直肌；32.股外侧肌；33.股内侧肌；34.髌韧带；35.腓骨长肌；36.胫骨前肌；37.伸肌下支持带。

微课：骨骼肌的结构基础

肌细胞呈长圆柱形，因此也称为肌纤维。骨骼肌纤维直径范围为10～100μm，长度在1～40mm。骨骼肌纤维属于多核细胞，一条肌纤维内可包含几十个甚至数百个细胞核，这些细胞核呈扁椭圆形，分布于肌膜下方。在肌浆中，肌原纤维沿肌纤维长轴平行排列，呈细丝状，直径为1～2μm。每条肌原纤维上都有明暗相间的横纹，这些横纹在所有肌原纤维上整齐排列在同一平面上，形成了周期性的明暗交替结构。其中，明带称为I带，暗带称为A带。在A带的中央，有一条浅色的窄带，称为H带，而H带的中央则有一条深色的M线。明带的中央也有一条深色的Z线，相邻两条Z线之间的肌原纤维部分称为肌节（图3-18）。每个肌节由1/2明（I）带＋暗（A）带＋1/2明（I）带构成。A带的长度恒定为1.5μm，而I带的长度则根据骨骼肌纤维的收缩和舒张状态变化，最长可达2μm。因此，肌节的总长度介于1.5～3.5μm之间，在静息状态下通常约为2μm。肌节的规律性串联排列构成了肌原纤维，它是骨骼肌纤维结构和功能的基本单位。

肌原纤维由粗肌丝和细肌丝两种结构组成，它们沿着肌原纤维的长轴有序排列。粗肌丝位于肌节的中央区域，两端呈游离状态，并通过中央的M线制动。细肌丝则分布在肌节的左右两侧，一端附着于Z线，另一端延伸至粗肌丝之间并与其平行延伸，末端保持游离状态，终止于H带的外侧。明带仅由细肌丝构成，而H带仅包含粗肌丝。在H带两侧的A带中，两种肌丝同时存在。在肌原纤维的横截面上，可以观察到每根粗肌丝的周围环绕着6根细肌丝，而每根细肌丝与三根粗肌丝相邻。细肌丝长约1μm，直径5nm，由肌动蛋白、原肌球蛋白和肌钙蛋白组成（图3-19）。肌动蛋白由球形肌动蛋白单体连接成串珠状，并形成双股螺旋链，每个肌动蛋白单体都有一个可与粗肌丝的肌球蛋白头部相结合的位点，但在肌纤维处于非收缩状态时，该位点被原肌球蛋白掩盖。原肌球蛋白是由两条多肽链相互缠绕形成的双股螺旋状分子，首尾相连，嵌于肌动蛋白双股螺旋链的浅沟内。肌钙蛋白为球形，附着于原肌球蛋白分子上，可与Ca^{2+}结合。粗肌丝长约1.5μm，直径15nm，由肌球蛋白分子组成。肌球蛋白分子形如豆芽，分头和杆两部分，在头和杆的连接点与杆上有两处类似关节的结构，可以屈动。大量肌球蛋白分子平行排列，集合成束，组成一条粗肌丝。肌球蛋白分子尾端朝向M线，头部朝向Z线，并突出于粗肌丝表面，形成电镜下可见的横桥。肌球蛋白的头部具有ATP酶活性。当头部与细肌丝的肌动蛋白接触时，ATP酶被激活，分解ATP并释放能量，使横桥屈动（图3-19）。

肌原纤维周围的肌管系统与肌节序列结构密切相关（图3-20），该系统由横小管和肌浆网组成。横小管是肌膜向肌浆内凹陷形成的管状结构，其走向与肌纤维的长轴垂直，位于A带与I带的交界处。同一平面上的横小管相互连接并环绕每条肌原纤维，从而能够迅速将肌膜的兴奋传导至肌纤维内部。

肌浆网是肌纤维中特化的滑面内质网，位于横小管之间，由两部分构成：纵行包绕每条肌原纤维的膜性管道，称为纵小管；两端扩大呈扁囊状的膜性结构，称为终池。每条横小管与两侧的终池

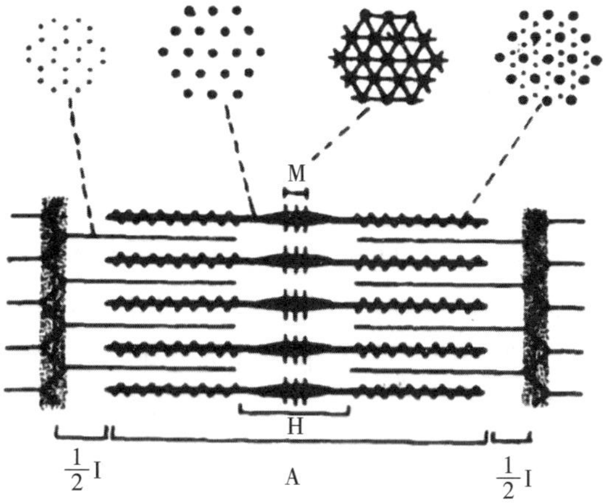

图3-18　肌节的结构示意

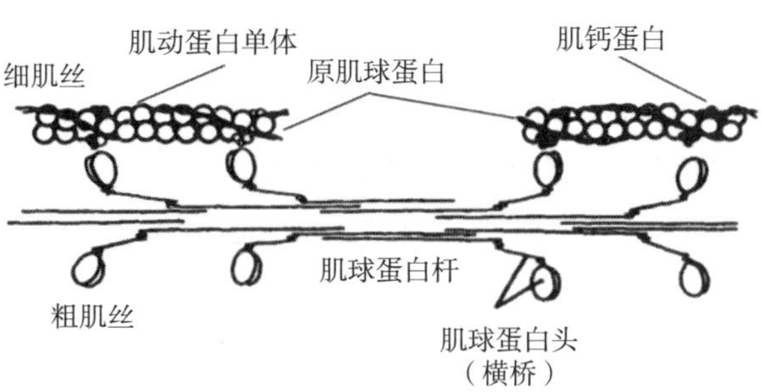

图3-19　肌丝的结构示意

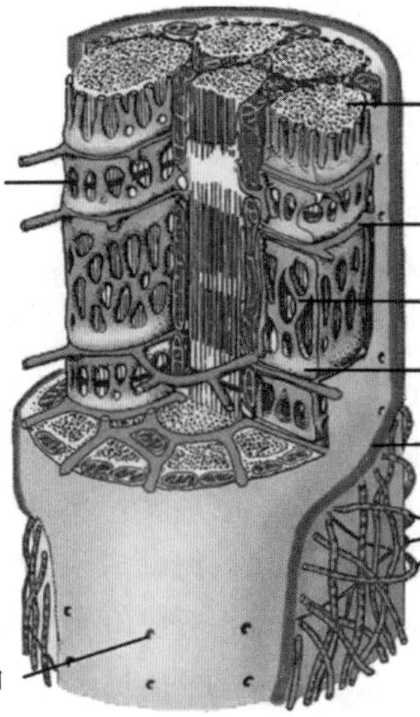

图3-20 肌管系统

共同构成三联体，在该部位，兴奋从肌膜传递至肌浆网膜。肌浆网膜上具有钙泵和钙通道。钙泵能够逆浓度差将肌浆中的Ca^{2+}泵入肌浆网内储存，使其内部的Ca^{2+}浓度达到肌浆中浓度的上千倍。在肌浆网膜接收到兴奋信号后，钙通道开放，大量Ca^{2+}随即涌入肌浆。

二、肌的分类

肌可以根据不同的方法分成许多类型。根据颜色，肌可以分为红肌和白肌。根据收缩速度可以分为快肌和慢肌。根据组织学和组织化学上肌纤维不同的收缩特性和代谢特征，可将肌纤维分成三类：Ⅰ型，慢收缩氧化型（SO）；$Ⅱ_A$型，快收缩氧化酵解型（FOG）；$Ⅱ_B$型，快收缩酵解型（FG）。

Ⅰ型肌纤维的特点在于其肌球蛋白ATP酶活性较低，收缩速度相对较慢；主要通过氧化供能的方式分解ATP以获取所需能量，因此不易产生疲劳；其纤维直径相对较小，产生的张力也相对较弱；此外，该类肌纤维肌红蛋白含量较高，因此呈现红色外观（俗称红肌）。

根据在体外细胞培养时对不同缓冲剂的敏感性，肌纤维主要分为$Ⅱ_A$型和$Ⅱ_B$型。它们的特征是肌球蛋白ATP酶活性高，收缩速度快。$Ⅱ_A$型（FOG）是介于Ⅰ型和ⅡB型之间的肌纤维，主要采取氧化和酵解联合供能的方式分解ATP产生所需能量，能够维持较长时间的收缩；由于收缩速度快，ATP分解的速度超过了有氧氧化和无氧酵解产生ATP的速度，因此容易疲劳；肌红蛋白含量较高，因此也属于红肌。$Ⅱ_B$型（FG）主要依靠糖酵解产生ATP。由于收缩速度快，ATP分解的速度很快，甚至超过了无氧酵解产生ATP的能力，因此也容易疲劳；纤维直径相对较大，能够产生较大张力，但维持的时间较短；肌红蛋白含量较少，因此属于白肌。

研究表明，支配肌肉的神经决定了肌肉的类型，因此，每个运动单位所包括的肌纤维都是同一类型。Ⅰ型肌纤维受脊髓前角小α神经元（传导速度慢）支配，$Ⅱ_A$型和$Ⅱ_B$型肌纤维受脊髓前角大α神经元（传导速度快）支配。当支配肌纤维的神经发生改变时，在组织学上可以见到肌纤维发生功能适应性改变。

三、骨骼肌的收缩机制

Huxley等人发现，当肌肉发生缩短时，A带的长度保持不变，而I带和H带的宽度会变窄。在肌肉被拉长的情况下，A带的长度依然不变，但I带和H带的宽度会变宽。研究还发现，无论肌节是缩短还是被拉长，粗肌丝和细肌丝的长度均保持恒定，但两种肌丝之间的重叠程度会发生变化。根据以上发现，Huxley等人提出了骨骼肌收缩的滑行学说（sliding-filament theory），这也是目前公认的肌肉收缩理论。该学说认为，肌肉和肌节的主动缩短是由细肌丝和粗肌丝之间的相对滑动引起的，而并非肌丝缩短，其主要过程如下：①运动神经末梢将神经冲动传递给肌膜；②肌膜的兴奋经横小管传递给肌浆网，大量Ca^{2+}涌入肌浆；③Ca^{2+}与肌钙蛋白结合，肌钙蛋白、原肌球蛋白发生构型或位置变化，暴露出肌动蛋白上与肌球蛋白头部的结合位点，两者迅速结合；④ATP被分解并释放能量，肌球蛋白的头、杆发生屈动，将肌动蛋白向M线牵引；⑤细肌丝在粗肌丝之间向M线滑动，I带缩短，肌节缩短，肌纤维收缩；⑥收缩结束后，肌浆内的Ca^{2+}被泵回肌浆网，肌钙蛋白等恢复原状，肌纤维松弛。

四、骨骼肌的功能与运动形式

（一）肌的协同

肢体的复杂动作需要依赖多组肌肉的协调配合。根据肌肉在动作中所起的作用不同，可以将其分为原动肌、拮抗肌、固定肌及中和肌。这些肌肉在神经系统的调控下，共同完成精细的复杂动作和大幅度运动。

1. 原动肌　直接执行某一动作的肌肉或肌群称为原动肌。其中，发挥主要作用的肌肉称为主动肌，而那些协助或辅助完成动作，或仅在动作的某个阶段发挥作用的肌肉则称为副动肌。通常情况下，徒手肌力评定的重点对象主要是主动肌。例如，在手持哑铃进行屈肘动作时，起到主要作用的肱二头肌和肱肌是主动肌，而肱桡肌和旋前圆肌属于副动肌。

2. 拮抗肌　与原动肌作用相反的肌肉或肌群称为拮抗肌。在原动肌收缩的过程中，拮抗肌能够协调地放松或进行适当的离心收缩，以维持关节的稳定性与运动的精确性，防止关节损伤。例如，在手持哑铃进行屈肘动作时，肱三头肌和肘肌就是拮抗肌。

3. 固定肌　为充分发挥原动肌在肢体运动中的动力作用，必须充分固定原动肌相对制动的一端所附着的骨骼或邻近骨骼，以确保主动肌的拉力方向始终朝向关节运动的方向。参与这种固定作用的肌群称为固定肌。例如，当大圆肌使上臂内收时，菱形肌就起到固定肌的作用。有时，相互拮抗的肌群可以同时作为固定肌。例如，在进行屈肘动作时，为了在肩关节处固定肱骨，避免屈肘时肩部出现不必要的屈伸，需要肩关节附近的屈肌群和伸肌群共同收缩，这两组肌群就成为屈肘动作的固定肌。

4. 中和肌　在原动肌执行各种动作时，需要其他肌肉协同工作，这些肌肉的作用在于抵消原动肌收缩时产生的不必要的动作，使动作更加精准和经济。这些起协同作用的肌肉称为中和肌。例如，在进行燕式练习时，肩胛提肌和菱形肌可以抵消斜方肌引起的肩胛骨上旋动作，使得斜方肌仅表现出使肩胛骨内收的作用。此时，肩胛提肌和菱形肌就成为斜方肌的中和肌。

副动肌、固定肌和中和肌在肌肉活动中起到辅助作用，因此也称为协同肌。

（二）肌的运动

肌肉在收缩过程中作用于其依附的骨性杠杆所产生的力称为肌张力，作用于肌肉的外力称为阻力或负荷。肌肉产生张力时，能对相应的关节产生一种转动效应，即转动力矩，阻力或负荷同样也对关节产生转动效应，即阻力矩。肌肉收缩时，肌张力与阻力之间的关系（或转动力矩与阻力矩之间的关系）决定了肌的运动形式。肌的运动形式可根据肌肉收缩时是否带动关节运动分为静力性收缩和动力性收缩，即等长收缩和等张收缩。

1. 等长收缩 指肌肉在收缩时其长度不变、张力增加的收缩形式（转动力矩＝阻力矩）。由于其长度不变，不引起关节运动，因此肌肉收缩时并不做机械功，但由于张力增加，对抗阻力维持制动体位和姿势，因此消耗能量，产生热功。等长收缩是固定体位和维持姿势时肌肉的主要收缩形式，如蹲马步时股四头肌的收缩形式，站立不动时腓肠肌的收缩形式。

2. 等张收缩 指肌肉在收缩时其张力不变、长度改变的收缩形式（转动力矩≠阻力矩）。由于其长度改变，引起关节运动，因此肌肉收缩时要做机械功，但由于其张力不变，因此运动时保持了运动的连续性和平稳性。按照肌肉收缩的方向和关节运动的方向划分，可以将等张收缩分为向心性收缩和离心性收缩。

（1）向心性收缩：指当肌肉收缩时，肌肉产生的张力足以克服肢体的阻力（转动力矩＞阻力矩），肌肉缩短，肌肉起止点相互靠近，引起关节运动的收缩形式。向心性收缩的主要作用是引起主动运动。例如，上楼梯伸膝时股四头肌收缩，形成伸膝和蹬地的动作。

（2）离心性收缩：指当肌肉收缩时，肌肉产生的张力小于外力负荷（转动力矩＜阻力矩），肌肉逐渐被动拉长，肌肉起止点相互远离，引起关节运动的收缩形式。离心性收缩的作用是促发拮抗肌收缩，使关节运动减速，稳定关节、控制肢体动作，防止关节损伤。例如，下楼梯时股四头肌做离心性收缩使膝关节屈曲减慢，从而减慢下肢的运动。肌肉的张力比身体下降时的地心引力小，但是足以控制身体缓慢下移。

通常等长收缩和等张收缩在人的正常活动中很少单独发生，往往是几种形式的收缩交替进行，这有助于缓解肌肉疲劳，维持更长时间的肌肉收缩。例如，步行时从全足着地期到足跟离地期踝关节肌肉先做离心性收缩，然后做向心性收缩。二者的区别见表3-1。

表3-1 等长收缩和等张收缩的区别

	等长收缩	等张收缩
定义	肌肉收缩时长度保持不变而只有张力的增加	肌肉收缩时张力保持不变而肌肉长度发生变化
特点	肌肉张力可增至最大，但长度不变，无位移，不产生机械功	肌肉长度变化，产生位移，对外做功
能量消耗	需要消耗大量能量，因为肌肉持续收缩产生大张力	需要消耗能量，但不如等长收缩多，因为产生了位移和机械功

（三）影响骨骼肌与运动的因素

1. 肌的功能状态指标

肌肉能够独立收缩的最小功能单位是运动单位。一个脊髓前角运动神经元及其轴突和轴突分支，以及它们所支配的肌纤维群合起来称为运动单位（图3-21）。一个运动单位所含有的肌纤维的数量多少与肌肉控制运动的精细程度有关。例如，控制精细运动的眼外肌，一个运动单位只支配10～15根肌纤维；而控制粗大运动的腓肠肌，一个运动单位可支配1934根肌纤维。一个运动单位所支配的肌纤维并不相邻，而是与其他运动单位所支配的肌纤维交错排列。一块肌收缩时，并非全部运动单位起作用，可以仅有部分运动单位发挥作用。肢体不运动时，每块肌也有少数运动单位轮流收缩，使肌处于一种轻度持续收缩状态，保持一定肌张力以维持躯体姿势。

肌肉良好的功能状态是运动的基础，肌的功能状态可以用肌力、快速力量、肌耐力和肌张力等指标来进行评价。

（1）肌力：指肌肉收缩时所产生的最大力量。影响肌力的因素主要有以下几个方面。

1）肌的生理横断面：指一块肌中所有肌纤维横断面积之和。肌的生理横断面越大说明肌纤维越粗，肌球蛋白含量越高，肌肉的收缩力量也就越大。有研究表明，肌肉的横断面积每增加1cm^2，肌力可以提高6～12 kg。

2）肌的初长度：指肌肉在收缩前所具有的长度，即前负荷。在生理范围内，肌力与肌的初长度关系密切。当肌肉被动牵拉至初长度的1.2倍时，肌小节功能最佳，产生的收缩力也最大。例如，在投掷铅球时，必须充分屈曲肘关节，尽可能地牵拉肱三头肌，然后利用被动拉长的肱三头肌急剧收缩时的力量将铅球推出，才能取得最佳成绩。

3）肌的募集：肌肉收缩时，同时被激活的运动单位的数量反映了肌的募集状态。当运动神经发放的冲动强度增大或冲动的频率增高时，被动员或激活的运动单位数量也随之增多。参与收缩的运动单位的数量越多，肌力也就越大。

4）肌纤维走向与肌腱长轴的关系：通常肌纤维的走向与肌腱的长轴一致，但在一些比较丰厚的肌中，部分肌纤维的走向与肌腱的长轴成角，可以募集的肌纤维越多，产生的肌力也越大。例如，腓肠肌等快肌，具有较强大的收缩力，而比目鱼肌等慢肌的肌纤维与肌腱连接很少成角，因而可募集的肌纤维相对较少，肌力相对较低，但肌收缩的时间相对持久。

5）肌肉的收缩方式及收缩的速度：肌肉的收缩方式不同，所产生的张力不相等。研究表明，

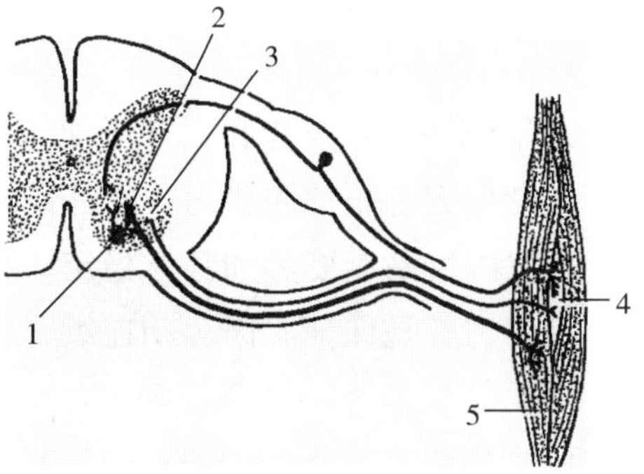

图3-21 运动单位

注：1.闰绍细胞；2.α-运动神经元；3.γ-运动神经元；4.肌梭；5.骨骼肌。

等长收缩比向心性收缩产生的张力大，离心性收缩产生的张力甚至超过等长收缩产生的张力。这种差异在很大程度上归因于肌肉的弹性成分产生的补充张力和收缩时间的不同。收缩时间越长，募集到的运动单位越多，收缩成分形成的横桥结构越多，张力传导至串联的弹性成分（肌腱）更充分，这样产生的肌力就越大。

6）杠杆效率：肌肉收缩产生的实际力矩输出，受运动阶段杠杆效率的影响。有学者报道，髌骨切除后，股四头肌力臂缩短，使伸膝力矩减少30%。

7）年龄和性别：一般来说，年轻人比老年人肌力大，男性肌力比女性大，尤其以握力和垂直跳的力量最为明显。

8）心理因素：在暗示、大声命令及有积极的训练目的时，受检者所发挥的最大肌力比自主最大收缩力大20% ～ 30%。

（2）快速力量：快速力量又称速度性力量，是指神经肌肉系统以尽可能快的速度发挥最大力量的能力，即在最短的时间内最大用力的能力。快速力量的大小取决于肌肉的收缩力量和收缩速度，是指肌肉尽可能快、尽可能高地发挥力量，快速克服外界负荷的能力，并在高速收缩的过程中表现出最大肌力。一般来说，快速力量有三种特殊形式：爆发力、反应力量及弹跳力。

1）爆发力：指肌肉在极短的时间内，通过迅速而强有力的收缩产生最大的加速度去克服阻力的能力。爆发力大小可以用爆发力指数来表示：爆发力指数＝最大的力量/用力时间。

2）反应力量：是一种相对独立的力量素质，它是在快速进行的拉长缩短周期收缩形势下所产生的快速收缩力量，远远大于在单纯的向心收缩形势下的力量，这种力量也称为超等长力量。

3）弹跳力：就其属性来说，和爆发力属于同一性质，即单位时间内的最大力值变化，其大小用速度力量指数来表示：速度力量指数＝最大力值变化/用力时间。

快速力量是速度和力量相结合的一种特殊的力量素质，具有力量与速度的综合特征。在完成技术动作时，运动员所用的力量越大，速度越快，则表现出的快速力量就越大。快速力量在许多运动项目（如举重、田径等）中是决定运动成绩的重要指标。

（3）肌耐力：指肌在一定负荷条件下保持收缩或持续重复收缩的能力，反映肌持续工作的能力，它能体现肌对抗疲劳的水平。肌耐力的水平不仅取决于人的发育成熟程度，而且和负荷要求有关。合乎规律的耐力性负荷训练可使肌肉、器官、心肺、血液、免疫系统及物质代谢调节出现适应现象。

提高肌耐力素质的基本途径有两个：一个是增强肌肉力量，另一个是提高心肺的功能，可安排较长时间地走、跑、跳绳、爬山、游泳、滑冰和各种球类运动等室外活动。同时应注意量力而行，循序渐进，避免过度疲劳。

（4）肌张力：指肌肉的紧张度，是维持身体姿势和正常运动的基础，表现形式多样。人在静卧休息时，身体各部肌肉所保持的紧张度称为静止性肌张力。躯体站立时，虽不见肌肉显著收缩，但躯体前后肌肉亦保持一定的紧张度，以维持站立姿势和身体稳定，称为姿势性肌张力。肌肉在运动过程中保持的紧张度，称为运动性肌张力，是保证肌肉运动连续、平滑（无颤抖、抽搐、痉挛）的重要因素。

肌张力的产生与脊髓的牵张反射密切相关，并受到中枢神经系统的调控。牵张反射是指当肌肉在外力作用或自身其他肌肉收缩的影响下被牵拉时，其感受器受到刺激，从而引发同一肌肉产生收缩的一类反射。牵张反射主要分为两种类型：腱反射和肌紧张。腱反射是一种单突触反射，感受器为肌梭内的初级感受末梢；而肌紧张是一种多突触反射，感受器包括肌梭内的初级感受末梢和次级感受末梢。

肌紧张是肌肉被缓慢牵拉导致梭内、外肌被拉长，引起肌梭兴奋，通过Ia-纤维、Ⅱ-纤维将信息传入脊髓，使脊髓前角小α运动神经元兴奋，通过α纤维和γ纤维引起梭外、内肌收缩（图3-22）。其中α运动神经元兴奋使梭外肌收缩以对抗牵张，γ运动神经元兴奋引起梭内肌收缩以维持肌梭兴奋的传入，保证肌紧张的强度，维持身体姿势。

腱反射是当肌肉受到快速牵拉时发生的牵张反射，如膝跳反射。当肌肉被快速牵拉时，主要引起肌梭内的初级感受末梢兴奋，其冲动通过Ia类传入纤维进入脊髓，兴奋脊髓前角大α运动神经元，引起梭外肌中快肌纤维的快速收缩来完成动作（图3-23）。

当肌肉受到的牵拉异常增高时，引起高尔基腱器的兴奋，通过Ib-纤维（图3-22）将信息传入脊髓，抑制脊髓前角α运动神经元的兴奋性，使梭外肌收缩减弱，防止肌肉、肌腱损伤，这称为反牵张反射。

脊髓前角中的α运动神经元和γ运动神经元不仅接收来自脊髓后角的传入冲动，还受到锥体系和锥体外系的调控。当锥体系受损或锥体外系发生病变时，会导致肌张力显著增高。锥体系病变的特征是痉挛性肌张力增高，其增高的表现具有选择性：上肢以内收肌、屈肌和旋前肌为主，而下肢则以伸肌肌张力增高更为明显。具体表现为上肢屈肌和下肢伸肌的肌张力增高明显。在被动活动患者关节时，开始时阻力较大，随后阻力减小，这种现象称为折刀样肌张力增高。需要注意的是，痉挛性肌张力增高与痉挛不同，后者指一种不自主的肌肉收缩。

锥体外系病变的特征是强直性肌张力增高，特点是肌张力的大小与肌肉当时的长度（即收缩形态）无关，在伸肌和屈肌之间也没有区别。无论动作的速度、幅度或方向如何，都会遇到均等的阻力。这种肌张力增高称为铅管样强直（不伴有震颤）。如果因伴发震颤而产生交替性的松紧变化，则称为齿轮样强直（伴有震颤）。

肌张力低于正常水平称为肌张力减退，临床表现因受损部位的不同而有所差异。当脊髓前角受损时，会出现节段性分布的肌无力与肌肉萎缩，但无感觉障碍，同时伴有肌纤维震颤。周围神经受

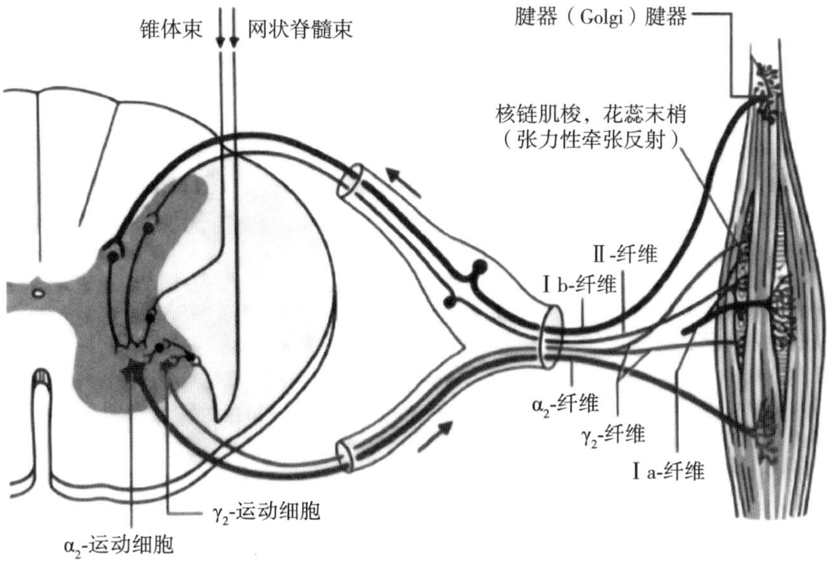

图3-22 肌紧张示意

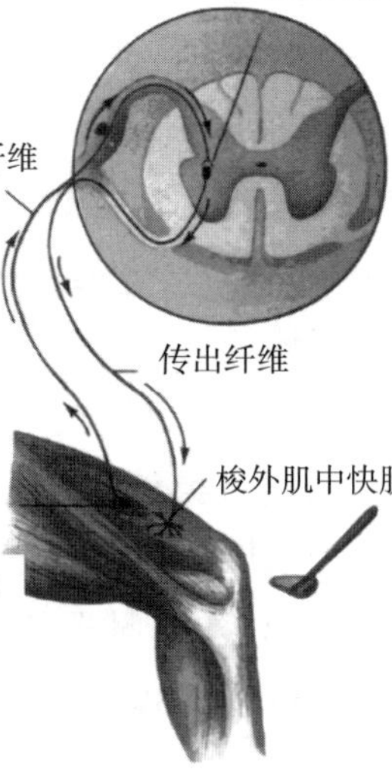

图3-23　腱反射示意

损时，则表现为肌无力、肌肉萎缩及感觉障碍，腱反射通常减退或消失。在某些肌肉和神经接头发生病变时，会出现肌张力减退和肌无力，伴有或不伴有肌肉萎缩，但不会出现肌纤维震颤和感觉障碍。若脊髓后索或周围神经的本体感觉纤维受损，常会伴随感觉丧失和深反射消失，步行时呈现感觉性共济失调步态。小脑系统受损时，会出现运动性共济失调，步行时步态蹒跚。而新纹状体发生病变时，则会伴随舞蹈样动作。

2. 多关节肌肉　肌肉跨越关节，其收缩能够引发关节的运动。根据跨越关节的数量进行分类，仅跨越单个关节并引起单一关节运动的肌肉称为单关节肌，如喙肱肌和肘肌；而跨越多个关节并能引起多个关节运动的肌肉则称为多关节肌，如肱二头肌和股直肌。由于多关节肌跨越的关节较多，其肌肉相对较长，在工作时会出现多关节肌功能性“主动不足”和“被动不足”的现象。

（1）多关节肌的功能性“主动不足”：是指当多关节肌作为原动肌工作时，其肌力在充分作用于一个关节后，无法再充分作用于其他关节的现象。例如，后伸髋关节需要臀大肌和腘绳肌的收缩，而屈曲膝关节同样需要腘绳肌的参与。当人体处于直立姿势时，如果大腿在髋关节处于后伸位，再尝试在膝关节处屈曲小腿，就会感到动作困难且力量不足。

（2）多关节肌的功能性“被动不足”：是指当多关节肌在一个关节处被拉长后，其在其他关节处就无法被充分拉长的现象。以股后肌群为例，当仰卧时膝关节处于屈曲状态，髋关节的屈曲角度可达120°；而当膝关节伸直时，髋关节的屈曲幅度则明显减小，这就是股后肌群“被动不足”的典型表现。

五、骨骼肌的功能适应性改变

肌肉是人体的重要器官，具备生物组织的所有基本特征。当外界环境发生变化时，肌肉能够通过形态和功能的调整来适应这些变化，这一特性称为肌肉的功能适应性。肌肉的功能适应性改变主要体现在以下两个方面。

（一）运动训练所引起的肌的功能适应性改变

运动训练能够促使肌肉产生适应性变化，从而增强肌力。以下是运动训练引起的常见肌肉适应性变化：肌纤维增粗；肌肉中的收缩蛋白、肌红蛋白及酶蛋白含量增加；肌肉内的ATP、热能含量，以及糖原储备提升；肌肉毛细血管密度提高，结缔组织含量增多等。这些变化最终使肌肉的体积增大，结构更加优化，肌力得到显著增强。

在运动训练期间及训练结束后，肌肉会经历疲劳与恢复的过程。当肌肉处于疲劳状态时，其收缩力量、速度和耐力均显著下降，肌肉内的能源物质也会被消耗。通过适当的休息，消耗的能源物质得以补充，生理功能逐渐恢复正常。在恢复到训练前的水平后，会进入一个超量恢复阶段，即肌肉的各项生理指标继续上升，并超过训练前的水平；随后，这些指标会逐渐回落至训练前的水平，这就是肌肉的超量恢复原理（图3-24）。如果下一次力量训练在前一次训练后的超量恢复阶段内进行，那么训练将以超量恢复阶段的生理生化水平为新的起点，再次引发超量恢复（图3-25a）。通过这种循环训练，超量恢复的效果得以叠加和巩固，从而促进肌肉形态和功能的进一步发展。相反，如果下一次训练在前一次训练后的超量恢复阶段之外进行，那么前一次训练的效果将无法保留，第二次训练的起点将与第一次相同，即从尚未训练时的水平开始（图3-25b）。在这种情况下，训练效果不会积累，肌肉的形态和功能也不会有显著的变化。因此，超量恢复是力量训练的生理学基础。

超量恢复的生理机制十分复杂，在生理学上主要是因刺激与反应的关系而产生的。在一定的生理范围内，运动强度（刺激）越大，造成能量缺失越多，而引起相应的反射性能量补充也越多，身体其他器官的功能状态亦是如此。超量恢复规律的客观存在，已经成为人们进行运动训练和提高身体素质的重要依据。

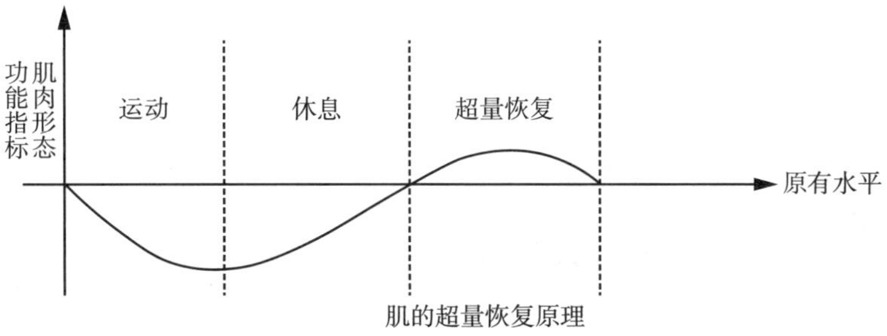

图3-24 肌的超量恢复原理示意

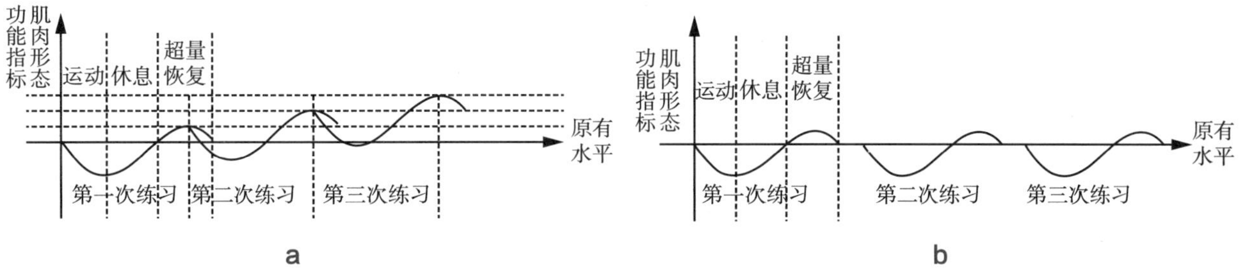

图3-25 肌的超量恢复积累和丧失示意

a.肌的超量恢复积累过程；b.肌的超量恢复丧失过程。

（二）神经损伤所引起的肌的功能适应性改变

多种形式的超负荷训练能够引发运动单位中所有成分的适应性反应，这不仅包括肌纤维本身，还涉及神经肌肉接头，以及支配运动单位的α运动神经元。骨骼肌的这种适应性同样存在于平滑肌和心肌中。通过采用不同的刺激手段，如交叉神经移植术、电刺激、高重力环境、甲状腺毒症、代偿性肥大和运动等方法，研究骨骼肌的适应性反应，均揭示了其功能适应性特征。

在极限训练状态下，肌纤维的类型可以发生转变。研究表明，通过将主要支配Ⅰ型肌纤维的神经末梢与支配Ⅱ型肌纤维的神经末梢进行转接互换，可以改变被转接神经所支配的肌纤维的类型。转接神经后，肌肉的神经支配发生变化，导致肌纤维类型发生广泛但不完全的转变，进而表现出被转接神经支配的原本肌纤维的特征。即使没有神经的互换，仅改变对肌肉刺激的频率，也能使肌纤维类型的特征发生变化。例如，使用通常作用于Ⅰ型肌纤维的低频率刺激来刺激Ⅱ型肌纤维，可以促使Ⅱ型肌纤维转变为Ⅰ型肌纤维。显然，神经、肌肉及中枢神经系统对其控制的形式之间存在着复杂的相互作用，正是在这种机制下，Ⅰ型和Ⅱ型肌纤维得以相互转变。

通常认为，人体肌纤维类型的比例主要由遗传因素决定，后天难以改变。然而，研究表明，在Ⅱ型肌纤维中，$Ⅱ_A$型和$Ⅱ_B$型肌纤维之间可以相互转化。例如，耐力性训练在减少$Ⅱ_B$型肌纤维的同时，可以增加$Ⅱ_A$型肌纤维的比例；而单纯进行力量训练，不增加耐力性训练，则可相应增加$Ⅱ_B$型肌纤维的比例。不过，$Ⅱ_A$型和$Ⅱ_B$型肌纤维之间的差异要比Ⅰ型和Ⅱ型肌纤维之间的差异小得多。

正常肌肉由Ⅰ型和Ⅱ型肌纤维交错排列构成，同一运动单位内的肌纤维类型保持一致（图3-26a、b）。当肌肉发生失神经支配时，会经历肌纤维萎缩（图3-26c）及随后的神经再支配过程。在神经再支配过程中，肌纤维类型可能会发生转变，而与失神经支配肌纤维相邻的正常肌纤维则会出现代偿性肥大现象（图3-26d）。

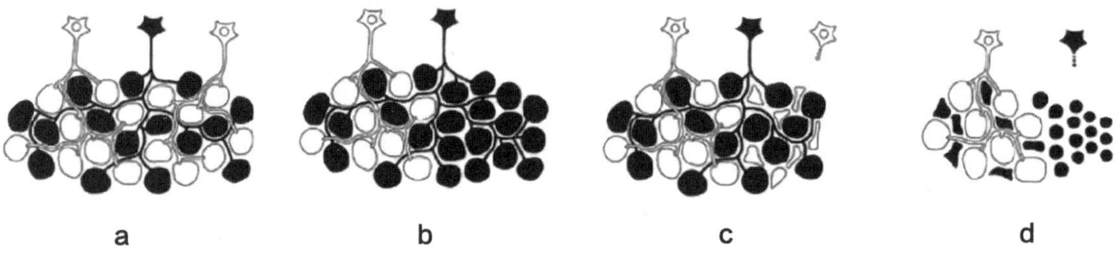

图3-26　神经损伤所引起的肌的功能适应性改变示意

a.快肌纤维运动单位示意；b.慢肌纤维运动单位示意；c.失神经支配时，肌纤维萎缩；d.与失神经支配肌纤维相邻的正常肌纤维则会出现代偿性肥大现象。

▶知识拓展

“用进废退”的骨骼肌

失用性肌萎缩是指因活动减少和肌肉负荷急剧下降而导致的骨骼肌质量下降。所谓“失用”只是用于形容一种使用状态，而实际上有很多原因可以导致肌肉失用，包括但不限于久坐不动、缺乏锻炼、因病长期卧床且肢体活动减少、神经损伤后运动障碍、外伤后长期制动制动、个人主观上不愿意活动等。事实上，高龄老年人、重症患者、肿瘤恶病质患者常常具备上述特征，因此必须重点关注他们的骨骼肌健康。骨骼肌在运动、呼吸、血糖调节、能量代谢等方面都有重要作用，因此肌肉萎缩无疑会对身体健康带来许多负面影响。因此，采取有效措施来预防及改善失用性肌萎缩是非常有必要的。首先，应该动起来！有些人因为各种原因（如外伤、虚弱、惧怕跌倒等）而无法有效进行运动锻炼，对于他们而言，神经肌肉电刺激可以作为一种替代治疗手段。运动锻炼之余，还要吃得好！营养干预也是可以预防及改善肌萎缩的一种方法，适量蛋白质的摄入有利于肌肉蛋白质的合成，增加肌肉质量。

第四节 关节软骨的生物力学特性

微课：关节软骨的生物力学

关节软骨是一种具有弹性的负重组织，覆盖于活动关节的表面。它能够有效减少关节面在滑动过程中的摩擦，具备润滑和耐磨的特性。此外，关节软骨还具有吸收机械冲击和将负荷传导至软骨下骨的功能。

一、关节软骨的成分

关节软骨主要由大量的细胞外基质和少量高度特化的细胞（软骨细胞）构成。其基质的主要成分包括水、胶原和蛋白多糖，此外还含有少量的糖蛋白及其他蛋白质。这些成分共同赋予了关节软骨独特且复杂的力学特性。

（一）软骨基质

软骨基质主要由水、胶原和蛋白多糖等构成（图3-27）。

1. 水 是正常关节软骨中含量最多的成分，但其含量在软骨的不同部位有所差异。软骨表层的含水量高达80%，而深层的含水量则降至65%。当固体基质受到挤压或存在压力梯度时，如在站立时，胫骨平台上方关节软骨及半月板承受压力，水分能够在基质中流动。固体基质渗透性非常低，

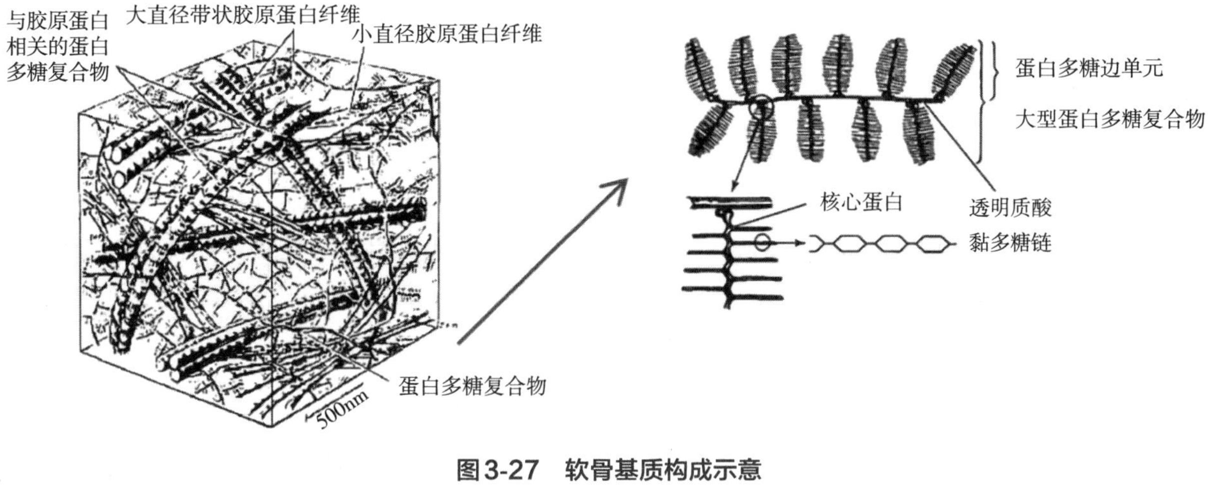

图3-27 软骨基质构成示意

流经基质分子孔隙的摩擦力很高，在高摩擦力的渗透过程中，关节腔隙中的液体承担了大量的负荷，并起到关节面润滑、吸收机械振荡、传导负荷至软骨下骨的作用，由此起到了对软骨下骨的保护作用，另外，通过组织和关节表面的水分流动，可以促进营养物质输送，润滑关节。

2. 胶原 是构成基质结构的主要大分子物质。它在关节软骨组织中呈非均匀分布，形成了软骨组织的层次结构。浅表层占据组织总厚度的10% ～ 20%，由纤细且致密的胶原纤维薄层交织而成，形成与关节表面平行的纤维层。中间层则占据组织厚度的40% ～ 60%，其中胶原纤维较为粗大，并以不规则的方式散布在组织中。深层胶原纤维聚焦在一起形成较粗的纤维束呈放射状排列，垂直于表面。这些纤维束穿过潮线到达钙化层，纤维排列的各向异性反映了胶原成分的非均匀层次变化，这种层次变化使得压力可以更均匀地分配在关节承载表面，起到了重要的生物力学作用。

3. 蛋白多糖 是由核心蛋白与糖胺聚糖通过共价键结合而成的。在关节软骨中，80% ～ 90%的蛋白多糖会聚合成大型复合物，这种复合物称为可聚蛋白多糖。可聚蛋白多糖能够防止蛋白多糖在纤细的胶原网络中发生位移，从而增强细胞外基质的结构稳定性和硬度。

（二）软骨细胞

关节软骨的形成与维持依赖于软骨细胞。软骨细胞分层排列，尽管分布稀疏，但软骨细胞负责制造、分泌、组织和维护细胞外基质的有机成分。

关节软骨结构的变化会影响关节的承载能力和力的传递方式，而改变关节的润滑度则可以调节关节软骨的生理状态。通过扫描电镜观察可以发现，正常关节软骨的表面呈现一种致密的带微孔的编织组织结构，而发生变性的软骨表面则常常出现撕裂和剥脱现象。关节软骨表面具有明显的不规则特性，这种特性有助于润滑，但同时也可能增加关节软骨的摩擦和变形风险。

二、软骨的生物力学特性

关节软骨需要承载人一生中数十年的静态或动态高负荷，其结构中的水、胶原、蛋白多糖及其他成分共同构成了一种强韧、耐疲劳且具有黏弹性的材料，以承受关节活动时产生的压力和张力。就材料性质而言，关节软骨由固体基质与液体基质共同组成。固体基质被描述成一种多孔的、可渗透的、非常柔软的组织；水分及可溶性离子组成液体基质，并可由压力梯度或基质的挤压在多孔、具有渗透性的固体基质中流动。因此，将关节软骨看作一种由液相与固相组成的材料，才能充分理解其生物力学特性。

（一）渗透性

正常软骨中，水分占总重量的65% ～ 80%，并能在多孔且具有渗透性的固体基质中因压力梯度或基质挤压而流动。当存在压力差时，固体基质会受到压缩，导致组织间压力升高，从而促使水分从基质中流出。流速则由液体流动时产生的黏滞力决定。液相和固相所承受的压力取决于组织的体积比、负重率及负重形式，而每相的承载能力则由组织中每一点的摩擦力与弹力之间的平衡决定。当水分在坚硬且渗透性高的固体基质中流动时，例如，在沙子中，产生的摩擦力或液压力较小；相反，当液体在渗透性低且柔软的固体基质中流动时，例如，在泥土地中，产生的摩擦力较大，此时液压成为承载的主要形式，从而使固体上的压力降至最低。在正常软骨中，这种效应起到了保护固体基质的作用。关节软骨的渗透性与水分含量呈正相关，而与蛋白多糖的含量呈负相关。

（二）黏弹性

关节软骨具有黏弹性，当因持续均衡负重而变形时，表现出时间依赖性，即压力不变，随着时间的延长，变形增加，称为材料的蠕变特性。应力松弛则指材料在恒定的变形下，所需维持变形的力随时间减小，直至平衡。组织间隙中的液体压力产生于软骨承重、持续负重时，随着蠕变的持续，承重相逐渐由液相转变为固相。对于正常软骨，典型的平衡过程需要3.5 ～ 6.0小时。当到达平衡点时，液体压力消失，所有的负荷均由被挤压的胶原－蛋白多糖固体基质承担。正常关节软骨固体基质的压缩弹性模量为0.4 ～ 0.5 MPa。由于达到平衡所需要的时间很长，在生理状态下，关节软骨几乎总是处在动态负荷中，即使在睡眠中，关节也在活动，没有平衡态的出现。所以，液体压力总是存在。

出现骨关节炎时软骨的早期变化是水分的增加与蛋白多糖的减少，这种变化增加了组织的渗透性，降低了软骨中液压的承载能力。同时，胶原－蛋白多糖固体基质负荷增加，降低了软骨的寿命。

（三）润滑性

生理情况下，滑膜关节的关节软骨能承受很大范围的负荷，而只有最小程度的磨损，这表明关节软骨表面具有十分复杂的润滑机制。从工程角度来看，有两种润滑类型，一种是液膜润滑，另一种为边界润滑。

液膜润滑的润滑剂是关节液，边界润滑包含一层吸附在两个相向关节面上的润滑剂分子，当两个关节面的粗糙部开始接触或当液膜被大负荷挤出关节间隙时，边界润滑开始起作用。软骨内间隙液增压形成了混合润滑模式，这些间隙液承受了大部分的负荷，同时相互接触的胶原－蛋白多糖固体基质之间的边界润滑承担了剩余的负荷（图3-28）。混合润滑降低了关节的摩擦及磨损。在病理状态下，关节内的润滑机制将受到病变润滑特性和软骨特性改变的影响。

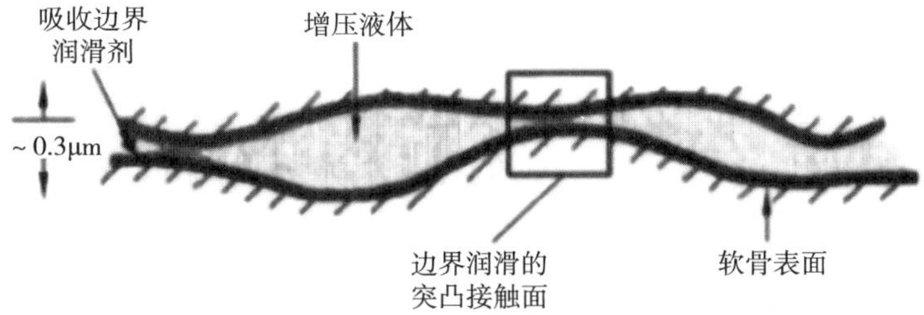

图3-28　关节软骨润滑机制

（四）剪切性

关节软骨中层随机分布的胶原结构决定了其具有明显的剪切性。由于随机分布，胶原纤维的牵张与相嵌其间的蛋白多糖分子的剪切力使得软骨具有剪切应力－应变反应。在关节活动中，关节软骨的受力是十分复杂的，例如，对一软骨块加压，其不仅在加压方向上受挤压，而且会横向扩展，这就是所谓的泊松比（Possion）效应，此时软骨与硬的骨性表面上就会产生剪切应力，压力过大，会导致软骨从骨上剥脱。当受到压缩时，任何Possion比大于0的材料都会发生横向伸展，说明材料产生了应力－应变。在关节软骨中，当应力－应变足够大时，会导致关节面胶原纤维与网状结构的损害。

（五）拉伸性

当材料受到拉伸或压缩时，其容积总在变化。在拉伸实验中，无论是流体依赖性还是非流体依赖性的黏弹性机制，均在软骨对张力的反应中起作用。在应力－应变曲线中，恒定的线性部分称为拉伸弹性模量，代表在拉伸过程中胶原网状结构的刚性，关节软骨的拉伸弹性模量为5～50 MPa。由于关节软骨的表层胶原纤维含量较高，排列较一致，比中间层和深层的硬度大，所以当关节退变时，拉伸刚性降低。

关节结构的破坏，如半月板和韧带的撕裂，都将改变关节面应力的大小，与关节不稳和软骨的生化改变密切相关。在动物实验中，切断实验动物前交叉韧带或切除半月板后，关节软骨表现出纤维化、蛋白多糖的聚焦数量下降、水合增加、关节囊增厚、骨赘形成。在组织学与生化成分改变的同时，力学特性也发生改变。如切除前交叉韧带后，拉伸与剪切弹性模量渐进性降低；关节不稳时，压缩弹性模量降低，液压渗透性增加，导致基质变形增加，生理负荷时液体流量增加，负重时液压减小，应力遮挡效应减弱。

例如，髌骨的主要生物力学功能在于增加股四头肌的力臂。随着膝关节屈曲度数增加，髌股关节间的应力也加大，与此同时，髌股关节间的接触面积也增大，增大的接触应力分布于较大的接触面积。如果膝关节由屈曲位对抗应力伸直，则与上述情况相反，髌股关节间应力增大而接触面积变少，使关节软骨的单位面积上承受作用力更大。因此，髌股关节有疾病的患者从屈曲位对抗作用力伸直膝关节可引起髌股关节疼痛症状，做极度膝关节屈曲动作对髌股关节同样有害。膝关节完全伸直时髌股关节已脱离相互接触状态，因此，直腿抬高动作可消除髌骨关节内的应力，既不会加剧疼痛症状，又能通过股四头肌等长收缩达到康复训练的效果。

▶知识拓展

“恢复不良”的软骨

软骨再生能力差，很多软骨损伤无法自愈。这是因为关节软骨内无血管和神经支配，其营养来源于关节滑液，这种营养供给渠道一旦遭到破坏，即可导致关节软骨退变与损伤。软骨损伤通常是意外造成的，基本无法预防，但可通过一些措施来降低软骨受伤的风险。具体如下。

1. 定期进行体育锻炼，以维持关节周围肌肉的肌力。
2. 在参与体育活动前应进行充分的热身准备，活动结束后进行适当的拉伸。
3. 在两次体育活动之间应保证充足的休息时间，过度疲劳会提高受伤的可能性。
4. 确保在运动过程中穿着适宜、合脚的运动鞋，鞋底应具备足够的缓冲性能。
5. 维持身体及四肢的灵活性。
6. 避免突然提升运动强度和难度，应遵循循序渐进的原则，避免过度强迫自身。
7. 尽可能避免在受伤状态下进行体育活动。

第五节 胶原组织的生物力学特性

微课：胶原组织的生物材料构成

胶原组织与骨骼系统周围的肌腱、韧带、关节囊及皮肤等结构存在一个共同的特点，就是无法自主产生运动，即都属于被动结构。其中，韧带和关节囊的主要作用是连接骨骼，增强关节的稳定性，引导关节进行正常运动，并防止关节过度屈伸。肌腱则负责连接肌肉与骨骼，将肌肉的收缩力传递至骨骼上，从而辅助关节运动或维持身体的姿势。此外，肌腱还确保肌肉在其两端附着点之间保持最佳的收缩长度，防止过度伸展。由于肌腱和韧带是人体中最为关键的两种胶原组织，因此本节将重点探讨它们的生物力学特性。

一、肌腱生物力学特性

（一）肌腱、韧带的组成与结构

肌腱和韧带是一种结构比较复杂的组织，从组织学上来分析，它们主要由细胞、胶原及基质组成。

1. 细胞 肌腱和韧带中的主要细胞类型是成纤维细胞，它们分布于平行排列的胶原纤维之间。成纤维细胞的主要功能是合成并分泌胶原前体，前体随后由细胞内分泌至细胞外，最终形成胶原。在电子显微镜下观察，成纤维细胞的细胞质呈现深染状态，细胞内包含一个与单一圆形细胞核相连的中心体。纵向排列的细胞之间界限分明，但由于细胞质突起延伸至胶原纤维之间，细胞的侧壁并不十分清晰。在光学显微镜下观察肌腱的纵切面，可以发现成纤维细胞呈杆状或梭形，并纵向排列。而在横切面下观察，成纤维细胞呈现深染的星形，夹杂于胶原纤维束之间。

2. 胶原 肌腱和韧带与骨骼类似，主要由Ⅰ型胶原蛋白构成。这种胶原蛋白分子由三条多肽链（α链）组成，每条链呈现左旋螺旋结构，由大约100个氨基酸构成，相对分子质量约为340 000。其中，两条α链（α-1链）的结构完全相同，而第三条α链（α-2链）的结构略有差异。这三条α链相互缠绕，形成一个右旋三螺旋结构，使胶原蛋白分子呈现绳索般的形态。整个分子的长度约为280nm，直径约为1.5nm。

此外，滑膜囊有的与关节腔相连通，有的则独立存在。当膝关节进行屈伸运动时，滑液会在关节腔内的不同凹室之间流动，润滑关节表面。因此，当受伤或其他因素导致关节腔内积液过多时，采取半屈膝姿势可以有效降低关节腔内的压力，有助于减轻疼痛。

大约2/3的胶原分子由甘氨酸（33%）、脯氨酸（15%）和羟脯氨酸（15%）这三种氨基酸构成。在每条α链中，甘氨酸每隔三个氨基酸出现一次，这种规律的重复序列是形成三螺旋结构的关键。甘氨酸因其体积小，能够使三螺旋结构更加紧密地结合，同时它还促进三螺旋之间形成氢键，增强结构的稳定性。此外，脯氨酸和羟脯氨酸在α链中通过建立氢键或氢键水桥来进一步稳定结构。在α链内部及链与链之间，还存在其他交联作用，这些交联对提高整个胶原分子的稳定性也起到了重要作用。

每条胶原纤维由多个胶原分子以独特的四股螺旋重叠方式排列而成。这种排列方式使每个分子都能与其他分子产生重叠，是电子显微镜下胶原纤维呈现周期性横纹的原因。四股螺旋重叠结构不仅增强了胶原的稳定性，还使酸性和碱性氨基酸得以均衡分布，从而维持整个结构处于低生物能的最佳状态。此外，该结构使带相反电荷的氨基酸相互对应，因此需要大量能量才能将聚合的分子分离。最终，每5个胶原分子结合成一条微纤维，进而形成次级纤维和原纤维（图3-29）。这些原纤维通过聚合作用，形成了能够在普通光学显微镜下观察到的胶原纤维。胶原纤维的直径为1～20μm不等，它们没有分支，而整条纤维的长度可能有数厘米，有典型64nm的重复横行间带。很多条纤维聚合在一起便组成一个纤维束，长而窄的成纤维细胞便分布在纤维束之间，沿肌腱和韧带的长轴排列（图3-30）。

肌腱的胶原纤维排列与韧带有所不同。由于肌腱主要承受单一方向的张力，其胶原纤维通常呈规律性地与肌腱主轴平行排列。尽管大多数韧带也主要承受单一方向的张力，但它们同时会受到其他方向力的影响，因此其胶原纤维的排列各异，有时纤维之间会呈现网状交叉结构。这种排列方式会因不同韧带的功能而有所变化。

3. 基质 肌腱和韧带的基质主要由蛋白聚糖构成，其含量占肌腱干重的1%～5%。蛋白聚糖具有极强的亲水性，能够与水分子紧密结合，并在胶原纤维的相互作用中发挥关键作用。核心蛋白聚糖是一种分布广泛的小分子蛋白聚糖，在调节体内胶原纤维形成过程中起着至关重要的作用。研究表明，缺乏核心蛋白聚糖的肌腱，其外侧胶原纤维会无序融合，导致肌腱的拉伸强度下降；而结合了核心蛋白聚糖的肌腱，能增加无交联纤维的极限拉伸强度。据推测，核心蛋白聚糖能够在纤维发生形变时阻止其滑移，从而提高胶原纤维的拉伸强度。

不同蛋白聚糖的分布变化与体内的力学环境密切相关。对年龄在1.5个月至2岁的小儿的胫后肌腱进行研究后发现，核心蛋白聚糖是肌腱近端区（承受张力区）的主要蛋白聚糖。相反，另两种小分子蛋白聚糖（饰胶蛋白聚糖和双糖链蛋白聚糖）及大分子蛋白聚糖则分布在经过内踝受压处的肌腱中。在人的髌腱中也发现了类似的蛋白聚糖分布模式，即高张力组织内蛋白聚糖的分布趋势在青春期后保持不变。

4. 血液供应 肌腱和韧带由于血管分布稀少，其代谢能力及受伤后的愈合速度受到显著影响。肌腱的血液供应主要来源于其连接的肌束膜、骨膜，以及周围的腱旁组织和腱系膜。被腱旁组织包裹的肌腱称为含血管腱，而被腱鞘包裹的肌腱则称为无血管腱。在含血管腱中，血管通过周边多个途径进入肌腱内部，并与纵向毛细血管网络相连通。

无血管肌腱的血液供应方式有所不同，其系膜退化为纽带状。这种肌腱的缺血部分可通过两种途径获取养分：一是从血液中直接吸收养分；二是在缺乏血液循环的区域，养分通过关节液渗透至肌腱。这一养分渗透的概念在临床上具有重要意义，即肌腱的修复可以在无粘连的情况下（即在有血液供应的条件下）进行。

相比之下，韧带的血液供应虽然少于周围组织，但形态学研究表明，韧带内部存在多源且分布相对均匀的血液供应。这些血液主要来源于韧带与骨骼的连接点。尽管韧带的供血系统血流量有限，

图3-29　肌纤维结构示意

图3-30　肌纤维走行示意

但这些血液对于维持韧带的功能，特别是对受损韧带的修复，起着至关重要的作用。在缺乏血液供应的情况下，韧带在疲劳过程中会不断积累微创伤，最终可能导致韧带断裂。

（二）肌腱的生物力学性质

1. 拉伸性质　研究肌腱机械特性的方法是对这些组织进行匀速拉伸测试。在断裂发生前，组织会被逐渐拉长，其所受的张力与伸长量可以通过负荷－延伸曲线（图3-31）来呈现。在负荷－延伸曲线上，可以划分出四个不同的区域：第一区域为足趾区，此时波形纤维被逐渐拉直；第二区域为线性区，在此阶段纤维组织的硬度迅速增加并开始发生变形，呈现线性变化；第三区域中，胶原纤维逐渐开始出现衰竭现象；第四区域则是组织完全衰竭的阶段，其抵抗负荷的能力完全丧失。

其他数据表明，足趾区的伸长主要是由于半液态胶原纤维之间（基质）的相互滑移及剪切应力造成的。随着负荷的持续作用，肌腱和韧带组织的刚度会逐渐增加，因此需要更大的拉力才能产生相同的伸长。在足趾区之后，会出现一个线性区域。该线性区的斜率大于足趾区，表明这些组织在此区域的刚度因持续伸长而显著提高。线性区域之后，在大的应变条件下，应力－应变曲线可能会突然停止或呈现下降趋势，这是因为测试物已遭受不可逆的损伤。当曲线沿应变轴横向发展时，此时的负载量称为极限负荷，此点即为组织的屈服点。整个测试物所能承受的最大能量由图表中曲线与横轴所围区域的面积表示，直至线性区域结束。当超越线性区域时，组织内部已有大量纤维束无序断裂。此时，负载可能达到拉伸应力极限，随后样本会迅速完全断裂，而韧带和肌腱的承载能力也显著下降。

从实际应用角度看，肌腱和韧带的极限拉伸应力并没有太大意义。因为在正常活体生理情况下，这些组织所承受的应力只是它们极限的1/3，它们一般的应变度（如跑步和跳跃时）为2%～5%。

2. 随时性及与过程相关的特性　肌腱如同许多软组织一样，具有随时间变化的特性及与过程相关的黏弹性。这意味着肌腱的伸长不仅取决于受力的大小，还与力的作用时间及过程密切相关。这种黏弹性反映了胶原的固有特性，以及胶原与基质之间的相互作用。

肌腱的“随时间变化”特性指的是其性质会随时间推移而发生改变，可以通过蠕变与应力松弛之间的关系描述。当组织持续承受某一特定大小的负荷时，随着时间推移发生的拉伸过程称为蠕变；

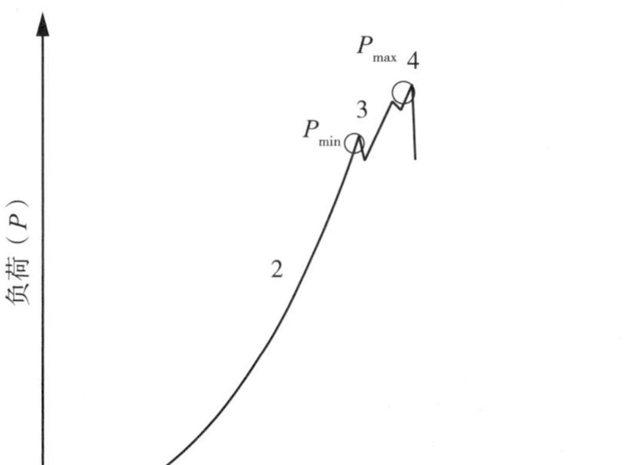

图3-31　肌腱负荷－延伸曲线

相反，当组织受到持续拉伸时，随着时间推移，组织上的应力逐渐减少的过程则称为应力松弛。肌腱性质随过程变化是指负荷-拉长曲线的形状会随着前一次负荷的情况而变化。例如，在肌腱进行两次循环加载和卸载的过程中，加载曲线与卸载曲线会沿着不同的路径循环，从而形成滞后区。随着循环次数的增加，应力峰值会逐渐减小，经过多次循环后，加载曲线与卸载曲线会逐渐与上一次循环接近并趋于重叠。黏弹性反应不仅能够调节张力，还能调节拉伸强度。例如，在等张收缩中，肌肉-肌腱单位的长度保持不变，由于蠕变导致肌腱拉伸，从而使肌肉缩短。从生理学角度来看，肌肉长度的缩短有助于降低肌肉疲劳程度。因此，肌腱的蠕变在等张收缩中可以提高肌肉的工作能力。

（三）影响肌腱力学特性的因素

胶原组织的力学特性主要受三个关键因素影响：纤维结构的方向性、胶原纤维和弹性纤维的特性与比例。此外，胶原组织的力学特性还受到多种其他因素的影响，包括解剖部位、锻炼和制动、年龄、非类固醇消炎药的使用、血液透析、糖尿病及损伤等。

1. 纤维结构的方向性 肌腱的纤维几乎完全呈平行排列，这使其能够承受较大的拉伸负荷。当肌腱受到张力作用时，所有纤维都会沿着负荷方向整齐排列，从而确保每根纤维都能回应有效分担负荷。

2. 胶原纤维和弹性纤维的特性与比例 胶原组织的主要成分是胶原纤维和弹性纤维，这两种纤维占据了胶原组织的90%，并且在承受负荷时表现出不同的特性。胶原纤维是一种具有较高韧性的材料，能够承受相当于骨密质所能承载拉应力一半的负荷；而弹性纤维则相对较脆，其承受能力仅为骨密质所能承载拉应力的1/10。在不同的胶原组织中，胶原纤维与弹性纤维的比例会因其所发挥的功能而有所变化，这一比例的变化直接影响胶原组织的力学性能。

肌腱主要由胶原纤维构成，具有极强的抗拉伸能力，因此能够有效地将肌肉的拉力传递至骨骼和筋膜。

3. 解剖部位 不同解剖位置的肌腱所承受的生物力学和所处的生化环境存在差异，这导致其生物力学特性也不尽相同。例如，成年小猪的趾屈肌腱的极限拉伸强度是趾伸肌腱的两倍。生化分析进一步显示，趾屈肌腱中的胶原浓度高于趾伸肌腱，而趾伸肌腱的滞后性则是趾屈肌腱的两倍。这些差异随着年龄的增长和发育成熟而越发明显。在刚出生时，趾屈肌腱与趾伸肌腱的力学性质大致相似。不同解剖位置的肌腱性质发生变化的原因可能涉及多个方面。有一种假说认为，在生长发育过程中，胶原交联的稳定性增加，从而提升了肌腱的弹性模量和强度，而趾屈肌腱中形成的交联数量多于伸肌腱。这种差异受到体内应力水平变化的影响。

4. 锻炼和制动 锻炼对肌腱的结构和力学特性具有长期的积极影响。例如，经过长期训练后，小猪趾屈肌腱的弹性模量和极限负荷均有所提升。锻炼还会显著影响胶原纤维的弯曲角度和长度。通过生化方法研究生理应力下胶原的代谢情况，已证实锻炼能够增加胶原的合成。此外，锻炼可提高肌腱中大直径胶原纤维的比例。大直径纤维相较于小直径纤维能够承受更大的张力，这是因为大直径纤维内部具有更多的共价交联。

在正常情况下，肌腱中的胶原纤维由成纤维细胞以特定方式生成，其排列具有高度规律性。然而在制动后，由于肌腱所受应力的减少，或者成纤维细胞自身代谢的改变，导致其分泌胶原纤维的方式失控，进而引起组织形态的变化。在缺乏应力的环境下，新生成的未成熟纤维会杂乱无章地聚合，排列变得紊乱，可还原的交联数量增加。这些变化会改变肌腱的结构，降低其拉伸力和抗张强度，最终影响肌腱的力学特性。具体表现为肌腱在缺乏应力的情况下，其最大应力、切线模量、应变及能量吸收能力显著下降，导致肌腱刚度降低。

5. 年龄　年龄是影响肌腱力学性质的关键因素。随着年龄增长，肌腱胶原纤维的波浪状弯曲角度逐渐减小，导致应力–应变曲线中“延滞”区域减少。弹性模量则随着年龄增长而增加，直至骨骼发育成熟后趋于稳定。在发育成熟之前，线性区域之后仅存在一个单一的屈服区域，该区域会出现不可逆转的拉伸及结构破坏。在屈服区域内，弹性模量接近于零。而发育成熟后，这一单一的屈服平台消失，取而代之的是两个不同的屈服区域。此外，随着发育成熟，极限拉伸强度和极限应变也相应增加。

在一项研究中，科学家们通过比较未成年（3周龄）、青壮年（8～10月龄）及老年（4～5岁龄）兔的跟腱，探讨了力学性质与年龄之间的关联。研究结果显示，青壮年及老年肌腱的极限拉伸强度显著高于未成年肌腱，但青壮年肌腱与老年肌腱之间在拉伸强度上并无显著差异。同时，青壮年肌腱的弹性模量高于未成年及老年肌腱，但这些差异在统计学上并不显著。

6. 非类固醇消炎药　非甾体抗炎药，如阿司匹林、对乙酰氨基酚（醋氨酚）和吲哚美辛等，常用于缓解肌肉骨骼系统的疼痛。这类药物广泛用于治疗常见的软组织损伤，例如，炎症或肌腱、韧带的局部撕裂。福格尔（Vogel）（1977）的研究发现，经吲哚美辛治疗的实验鼠，其尾腱表现出更大的拉伸强度，并且这些尾腱中非溶解性胶原蛋白的含量也更高。卡尔施泰特（Carlstedt）等人（1986）的研究则表明，对成长中或受伤的兔的跖肌长腱使用吲哚美辛治疗，可以增强该肌腱的拉伸强度，其机制很可能是由于胶原分子间形成了更多的交联。这些动物研究证实，短期使用非甾体抗炎药不仅不会对肌腱的恢复产生负面影响，反而会加速这些组织恢复正常的机械特性。

7. 血液透析　肾衰竭引发的肌腱断裂案例时有出现，而接受血液透析的患者中，有36%会面临肌腱断裂的问题。在长期进行血液透析的患者中，里洛（Rillo）等人（1991）的研究发现，74%的患者存在肌腱或韧带过度松弛，49%的患者出现髌腱延长，51%的患者有关节过度松弛的现象。这可能是由于与血液透析相关的淀粉样变性，导致淀粉样物质沉积在肌腱滑膜上，引发肌腱变性。

8. 糖尿病　主要特征是频繁排尿。这是由于新陈代谢紊乱，导致身体无法正常氧化碳水化合物。这种情况通常是由胰腺功能衰退和胰岛素分泌失调引起的，进而导致体内血糖水平升高，出现糖尿和多尿症状。糖尿病还会影响肌肉骨骼系统的正常运作。与正常人相比，糖尿病患者更容易出现多肌腱挛缩（29%∶9%）、腱膜炎（59%∶7%）、关节强直（40%∶9%）和关节囊炎（16%∶1%）。此外，糖尿病还可能引发骨质疏松症。

兰开斯特（Lancaster）等（1994）在研究糖尿病犬的髌腱机械特性变化时发现，与对照组相比，糖尿病犬的髌腱–胫骨复合体在生理负荷范围内的刚度高出13%。然而，在肌腱强度方面，两组之间并无显著差异。断裂模式方面则存在区别：对照组犬的断裂通常发生在肌腱撕裂处或肌腱与骨骼的连接处，而糖尿病组犬的断裂则是由髌骨的拉伸骨折所致。

9. 损伤　肌腱损伤通常分为直接损伤和间接损伤。直接损伤是指由外力直接打击肌腱或被锐器切割所致的损伤。间接损伤则是由于关节周围受到牵拉、扭转等外力作用，间接导致肌腱受损。在临床实践中，间接损伤的发生频率往往高于直接损伤。

肌腱的损伤与其解剖学位置、血管分布、骨骼发育状况，以及肌腱所承受的应力密切相关。当肌肉–肌腱–骨复合体所受的应力超出其生理承受范围时，损伤往往发生在结构的薄弱环节上。大多数肌腱能够承受的张力远大于肌肉或骨骼，因此，撕脱性骨折更常见于肌肉与肌腱的连接处，而非肌腱内部。

大量研究表明，肌腱在发生间接损伤之前，通常已经存在病变。例如，典型的跟腱撕裂常见于从事剧烈运动的中年人，其临床表现常为意外损伤，许多患者在受伤前并无受伤史或不适感。然而，对这些病变组织进行组织学观察时，却发现纤维中存在血管增生，这表明肌腱组织在断裂前已经处于进行性退变或失代偿的状态。肌腱内的撕裂伤往往与血供不足、炎症及其他局部因素有关。例如，拇长伸肌腱的撕裂伤常发生在风湿性关节炎患者中，肌腱在骨突起处因磨损而形成病变。无菌性炎症引起的腱磨损也是肌腱内撕裂伤的一个常见因素。例如，肩袖及肱二头肌在肩峰前内侧的磨损常被认为是导致其撕裂的原因之一。

二、韧带生物力学特性与影响因素

（一）韧带的生物力学性质

韧带与肌腱类似，因胶原与基质之间的相互作用而展现出与时间和过程相关的黏弹性特征。韧带的黏弹性质在临床实践中具有广泛的应用价值。在前交叉韧带重建手术中，移植物最初承受的张力会因应力松弛效应而逐渐减弱。实验表明，灵长类动物的髌腱在30分钟内，其应力可降低至初始值的69.8%。因此，术后移植物上保持的张力值主要取决于移植物自身的黏弹性。与未施加预负荷的韧带相比，经过预负荷处理的韧带可将应力松弛程度降低约50%。这种黏弹特性在脊柱分离术中也得到了有效利用。通过将分离术分解为多个小步骤，每步骤持续数分钟，由于椎骨软组织的蠕变作用，椎骨附着处和器械上的作用力峰值可逐渐降低至50%。此外，蠕变的重要性在减少关节脱位方面也得以体现。肩关节脱位有时可通过前臂悬吊重物的方法进行治疗，由于肩关节囊韧带及周围软组织的蠕变特性，这些被拉伸的结构更有利于关节的复位。

（二）影响韧带力学特性的因素

韧带和肌腱主要由胶原组织构成，其固有的力学特性相似，主要取决于纤维的结构方向性、胶原纤维和弹性纤维的特性与两者的构成比例。此外，还受到锻炼和制动、年龄、类固醇、糖尿病和损伤等因素的影响。

1. 纤维结构的方向性 肌腱与韧带在纤维排列上的差异导致它们力学性能的不同。肌腱的纤维几乎完全呈平行排列，而韧带的纤维排列则缺乏一致性，其结构方向性较差，排列方式会因韧带功能的不同而有所变化。大多数纤维接近平行，但也有少数纤维呈现不平行或交叉排列（图3-32）。当受到拉伸负荷时，起初只有排列方向与负荷方向一致的纤维被完全拉直并承受最大负荷，而与负荷方向不一致的纤维在被拉直之前仅承受较小的负荷。

2. 胶原纤维和弹性纤维的特性与比例 韧带主要由胶原纤维构成，其主要功能是维持关节的稳定性并防止关节过度活动。然而，脊柱中的项韧带和黄韧带却与普通韧带有所不同。这两种韧带的组成中有2/3为弹性纤维，几乎完全展现出弹性特性，因此能够有效防止神经根受到机械性冲击。此外，它们还能为椎间盘提供预应力，从而使脊柱获得固有的稳定性。相比之下，膝关节前交叉韧带含有90%的胶原纤维，而黄韧带则含有60%～70%的弹性纤维。

3. 锻炼和制动　韧带的特性会受到制动的影响。实验研究表明，兔膝关节制动9周后，股骨－内侧副韧带－胫骨复合体的结构特性显著下降。与未制动的对照组相比，制动后的股骨－内侧副韧带－胫骨复合体在断裂时的拉伸负荷（极限负荷）仅为对照组的33%，而断裂时吸收的能量更是降至对照组的16%（图3-33）。此外，制动后，内侧副韧带的弹性模量和极限拉伸强度均下降。

实验研究表明，兔的骨－韧带－骨复合体结构特性的下降，是由附着部位与韧带本身两个区域同时发生变化所致。对制动后的内侧副韧带在胫骨附着处的结构进行组织学观察，发现附着于骨的深层纤维排列紊乱。破骨细胞活动导致胫骨附着处骨膜下骨吸收，而股骨附着处的变化相对较小。这种吸收现象与制动后股骨－内侧副韧带－胫骨复合体中胫骨附着处断裂增多有关。研究进一步发现，胫骨附着部和股骨附着部均出现了骨膜下骨吸收的现象。

关节恢复活动后，股骨－内侧副韧带－胫骨复合体和股骨－前交叉韧带－胫骨复合体的结构特性会逐渐从制动状态发生逆转变化。经过一年的恢复期，这两个复合体的极限负荷和断裂时的能量吸收能力可恢复到对照组的80%～90%。对韧带附着处新骨形成的组织学观察显示，其恢复正常所需的时间远超过制动期。相比之下，内侧副韧带的力学特性在去除制动后仅需9周即可恢复正常。这些数据表明，韧带附着处的恢复速度明显慢于韧带本身。根据以上数据，制动数周后，通常需要数月的活动时间来促进完全恢复。

4. 类固醇　在韧带受伤后立即使用皮质类固醇可能会显著影响其生物力学特性及组织结构。此外，皮质类固醇还会干扰胶原的合成过程。具体如下。①对胶原代谢的干扰：类固醇会降低成纤维细胞的活性，减少Ⅰ型胶原的合成。胶原是韧带的主要结构蛋白，其合成减少会导致韧带组织修复能力下降。同时，类固醇还可能上调基质金属蛋白酶的活性，加速胶原分解，破坏胶原纤维的交联结构，从而降低韧带的强度和刚度。②改变细胞外基质成分：类固醇不仅会抑制韧带中非胶原蛋白的合成，导致基质保水能力下降，组织弹性减弱，影响韧带在负荷下的能量吸收能力。还会使胶原纤维的排列可能变得松散且无序，进而降低韧带的抗拉强度和抗复合应力的能力。③力学性能的

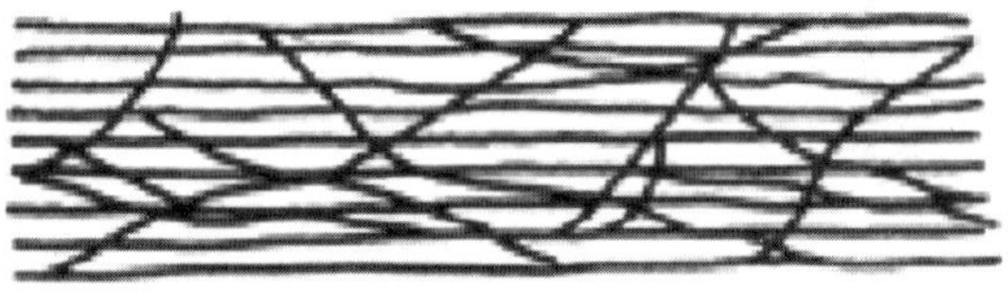

图3-32　韧带纤维结构的方向性示意

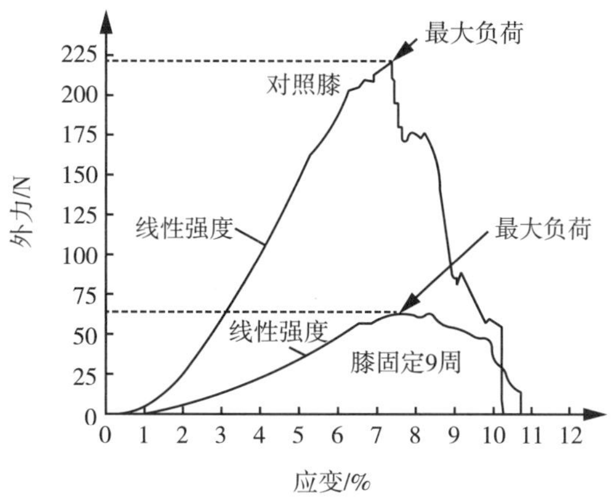

图3-33　韧带应力－应变曲线

退化：长期使用类固醇的韧带在拉伸实验中表现出更低的极限应力，更容易发生部分或完全撕裂。韧带在受力时的形变增加，抵抗变形的能力减弱，可能导致关节稳定性下降。反复负荷过程中能量损耗增加，组织微观结构受损，易疲劳，寿命缩短。④影响韧带愈合：韧带损伤后或术后愈合过程中，类固醇会抑制炎症初期阶段的血管生成和细胞迁移，延缓韧带损伤后的修复过程，甚至导致瘢痕组织形成不良，力学性能恢复不全。⑤韧带断裂风险增加：长期使用类固醇（无论是系统性给药还是局部注射）与自发性韧带断裂（如跟腱、髌韧带）存在明确关联。其机制在于类固醇会导致韧带力学性能退化，进而可能加速骨关节炎等关节退行性病变的进程。

5. 糖尿病 糖尿病状态（以慢性高血糖为核心特征）并未显著改变大鼠膝外侧韧带的弹性机械特性（如刚度、最大负荷）。然而，糖尿病状态却显著增加了韧带的黏滞性，这种变化可能影响韧带的能量耗散能力与关节动态稳定性，增加运动损伤风险。值得注意的是，胰岛素治疗可有效降低此类异常黏滞特性，表明其具有保护韧带生物力学功能、维持关节力学稳态的潜在作用。

6. 损伤 韧带损伤与肌腱损伤的机制基本相同，因此，有关韧带损伤的理论也可应用于肌腱。根据损伤的严重程度，韧带损伤可分为三类。第一类损伤只引起细微的临床症状，患者会感觉到疼痛，但临床查不出关节是否稳定，然而胶原纤维的微破坏可能已经发生；第二类损伤引起剧烈疼痛，临床上可查出关节不稳定，胶原纤维发生进一步破坏，造成韧带部分断裂，韧带的强度和刚度减少50%及以上，通常肌肉的作用会掩盖因韧带部分损伤而引起的关节不稳定，因而临床上关节稳定性试验常在麻醉下进行；第三类损伤在受伤过程中有剧烈疼痛，而损伤后仅有轻微疼痛，临床上检查关节完全不稳定，大多数胶原纤维断裂，但有一小部分未受损，韧带虽已不能承受任何负荷，但仍然能保持外观上的连续性。

—• 考试知识点总结 •—　　—• 本章小结 •—

—• 协和云课堂…… 拓展练习及参考答案 •—

（王　维）

第四章　运动生理学

教学课件

学习目标

素质目标

（1）具备将广大民众的健康利益视为职业责任的理念，将预防疾病、祛除病痛视为终身责任的信念。

（2）具备与患者及其家属进行有效的交流的能力，建立良好的医患关系。

知识目标

（1）掌握：运动生理学的概念、任务和研究方法；生命活动的基本特征。

（2）熟悉：人体生理功能的维持与调节；人体生理功能调节的控制。

（3）了解：长期运动训练引起的生理适应。

能力目标

（1）能运用运动生理学原理，科学解读运动数据，为不同运动项目制定合理训练策略。

（2）能分析运动性疲劳的生理机制并提出合理恢复方案。

案例导入

【案例】

患者，男，32岁。首次尝试全程马拉松，前25km患者保持稳定配速，但30km后患者突然出现双腿沉重、呼吸急促、头晕目眩等症状。尽管补充了能量胶和运动饮料，患者仍感到小腿肌肉抽搐，查体，体温升至39.2℃，心率＞180次/分。最终，患者在37km处因意识模糊被迫退赛，被医疗团队诊断为“运动性热衰竭合并电解质紊乱”。

【问题】

1. 请从运动生理学的角度分析患者的肌肉为何会罢工？
2. 心脏如何应对高强度负荷，体温调节的边界在哪里？

·核心知识拆解·

运动生理学是研究人体在运动或体力活动过程中机体功能变化及其适应规律的科学，其核心在于揭示运动如何影响人体的结构与功能，以及机体如何通过调节与适应应对运动刺激。作为连接基础生理学与运动实践的桥梁学科，其研究内容涵盖从分子、细胞到器官系统的多层次动态响应，并贯穿于运动即时反应、短期适应和长期功能重构的全过程。

第一节　运动与呼吸系统

一、呼吸系统概述

（一）呼吸的概念

呼吸指人体与外界环境之间进行的气体交换。人体每日进行新陈代谢活动时所需要的能量，都要依靠氧化体内的营养物质来获得，人体通过吸气时从外界摄取O_2、呼气时从体内排出CO_2的方式来实现这一氧化过程。

（二）呼吸系统的组成

人体的呼吸系统由呼吸道和肺两部分组成。其中，呼吸道分为上、下两部分，上呼吸道包括鼻、咽、喉，下呼吸道包括气管和各级支气管，呼吸系统全貌见图4-1。

呼吸道是气体进出人体的通道，不具有气体交换的功能。在呼吸过程中，支气管平滑肌通过收缩和舒张，来调节呼吸道的口径，从而调节气流阻力。此外，呼吸道还有加温加湿、净化空气的作用。

肺由肺实质和肺间质组成，肺实质包括支气管树和肺泡，人体左右肺共有3亿～4亿个肺泡，气体交换在此处进行。其中，气体交换时必须穿越的结构称为呼吸膜，由肺泡膜到肺毛细血管壁共6层结构组成，人体在呼吸膜处进行气体交换。肺间质包括结缔组织、血管、淋巴管、淋巴结和神经等，这些组织分布在所有肺实质之间，起连结、充填、制动、营养等作用。呼吸系统是维持生命活动和运动能力的重要生理基础，其核心功能可概括为以下四方面。

1. 气体交换　通过肺泡与毛细血管的弥散作用，实现O_2与CO_2的跨膜交换。运动中，呼吸频率与深度显著增加，使肺泡通气量从静息状态约6L/min提升至剧烈运动时的100L/min以上，确保氧气高效输送至血液，并加速清除肌肉代谢产生的CO_2。

2. 调节酸碱平衡　通过调控CO_2排出速率，维持血液pH稳态。运动时乳酸堆积导致H^+浓度升高，呼吸系统通过增强通气量加速CO_2呼出，降低血液中H_2CO_3浓度，缓解酸中毒风险。

3. 代谢与防御　呼吸道黏膜纤毛系统过滤空气中的颗粒物与病原体，肺泡巨噬细胞清除吸入性异物；肺血管内皮细胞还参与血管活性物质（如缓激肽、前列腺素）的合成与代谢。

4. 运动适应支持　长期规律训练可提升呼吸肌（膈肌、肋间肌）的耐力与协调性，优化通

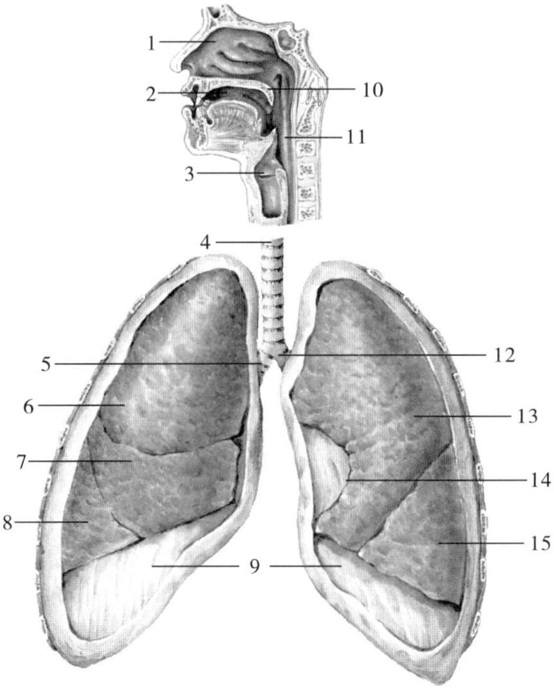

图4-1 呼吸系统全貌

注：1.鼻腔；2.口腔；3.喉；4.气管；5.右主支气管；6.右肺上叶；7.右肺中叶；8.右肺下叶；9.膈；10.软腭；11.咽；12.左主支气管；13.左肺上叶；14.心切迹；15.左肺下叶。

气－血流比值（V/Q），并通过增强血红蛋白携氧能力，显著提高最大摄氧量（VO_{2max}）等运动表现指标。

（三）呼吸的全过程

人体的呼吸由外呼吸、气体运输、内呼吸三个环节组成。

1. 外呼吸 是人体呼吸过程中的一个重要阶段，指机体与外界环境之间进行气体交换的过程，主要发生在肺部。它包括肺通气和肺换气两个关键环节。

2. 气体运输 是人体呼吸全过程中的关键环节，指O_2和CO_2通过血液循环系统在肺泡与组织细胞之间的转运过程。这一阶段连接了外呼吸（肺泡与血液的气体交换）和内呼吸（血液与组织细胞的气体交换）。

3. 内呼吸 是人体呼吸全过程中的最终阶段，也称为组织换气，指血液与全身组织细胞之间的气体交换，以及细胞利用氧气进行代谢的过程。其核心目标是向细胞提供O_2并清除代谢产生的CO_2。

这三个环节是相互衔接且同时进行的，见图4-2。

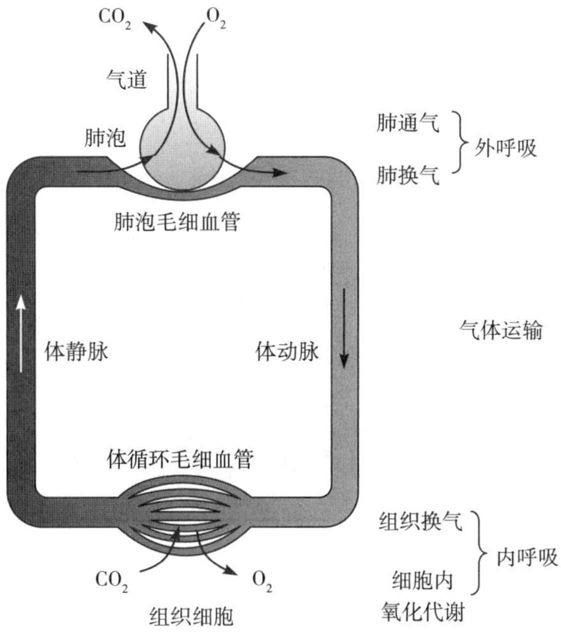

图4-2 呼吸全过程示意

二、肺通气、肺换气与组织换气

（一）肺通气

肺通气指外界空气与肺泡之间的气体交换过程。肺通气是外呼吸的首要环节，指通过呼吸运动实现外界空气与肺泡之间的气体交换过程，其本质由压力差驱动。当人体吸气时，膈肌与肋间外肌主动收缩：膈肌下移增大胸腔垂直径，肋间外肌牵拉肋骨上提，使胸廓前后径与左右径扩展，胸腔容积扩大导致肺内压低于大气压，外界空气经气道流入肺泡。呼气时，平静呼吸主要依赖被动机制：吸气肌舒张后，胸腔因弹性回缩而容积减小，肺内压随之升高至超过大气压，肺泡内气体被排出体外；若处于剧烈运动等需加速换气的情境，呼气则转为主动过程，肋间内肌与腹肌收缩进一步压缩胸腔，迫使气体快速呼出。这一过程的顺利进行依赖于胸膜腔内负压的维持（胸膜腔密闭且含少量浆液，使肺紧贴胸壁而保持扩张状态）及气道通畅性（如哮喘等疾病引发的气道阻力升高会显著影响通气效率）。肺通气周期性更新肺泡气体，稳定肺泡内O_2与CO_2的浓度梯度，为后续肺换气中O_2进入血液、CO_2排出体外的气体扩散奠定基础，是呼吸生理中连接外界环境与血液循环的核心环节。肺通气参考图4-3基本肺容积和肺容量示意。

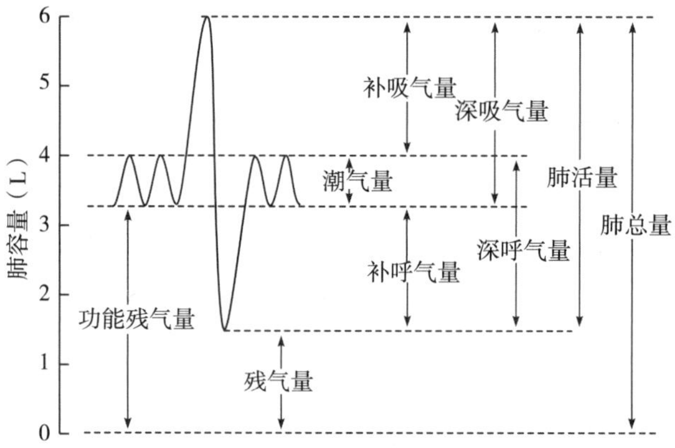

图4-3 基本肺容积和肺容量示意

1. 肺通气功能的关键指标

（1）肺活量：是衡量人体呼吸功能的重要指标，指在最大吸气后尽力呼气所能呼出的最大气体量，反映了一次呼吸中肺部的最大通气潜力。其数值由潮气量（平静呼吸时每次吸入或呼出的气体量）、补吸气量（吸气后再尽力吸入的气体量）和补呼气量（呼气后再尽力呼出的气体量）三部分总和构成。成年人的肺活量通常为3～4l，但受年龄、性别、体型、健康状况及体育锻炼水平等因素影响，如长期运动者或运动员的肺活量显著高于常人。通过肺活量测试可评估肺部通气储备能力及胸廓弹性，临床上常用于筛查呼吸系统疾病（如慢性阻塞性肺疾病）或评估手术耐受性。需注意的是，肺活量仅反映静态通气能力，而用力肺活量则进一步结合时间参数，更能体现气道通畅性及呼吸肌协调功能。

（2）用力肺活量：是一次最大吸气后，尽可能快速、用力呼气所能呼出的气体总量。正常时，用力肺活量略小于在没有时间限制条件下测得的肺活量。它是评估肺功能的重要指标之一，主要反映肺的通气能力和气道的通畅性。

（3）潮气量：是呼吸生理学中的基础指标，指个体在平静状态下每次自然呼吸时吸入或呼出的气体量，正常成年人为400～500ml。这一气体量无须额外用力即可完成，主要功能是维持机体静息状态下的基础气体交换需求，例如，为血液提供O_2并排出代谢产生的CO_2。潮气量的调节受延髓呼吸中枢的节律性控制，并与呼吸频率共同决定每分通气量（潮气量×呼吸频率）。当机体代谢需求增加（如运动、发热）时，可通过提高潮气量或呼吸频率来增强通气效率；而在病理状态（如肺纤维化、胸廓畸形）或机械通气治疗中，潮气量可能因肺顺应性下降或人工设定而显著改变。潮气量作为肺活量的核心组成部分（约占肺活量的1/4～1/3），其稳定性对维持内环境酸碱平衡及氧合状态至关重要。

（4）肺总量：是肺所能容纳的最大气体量，是肺活量与余气量之和，其大小因性别、年龄、体型、运动量和体位改变而异，成年男性约为5000ml，女性约为3500ml。

（5）残气量：是呼吸生理学中的重要概念，指在最大用力呼气后仍然滞留在肺内无法排出的气体量，正常成年人为1000～1200ml。这部分气体因受限于胸廓结构、气道闭合及肺泡弹性回缩力的平衡而无法呼出，其主要功能是维持肺泡在呼气末的部分扩张状态，避免肺泡塌陷（如肺不张），确保下一次吸气时气体能高效进入肺泡并与血液进行交换。残气量会随年龄增长而逐渐增加（因肺弹性下降），并在某些病理状态下显著升高，如慢性阻塞性肺疾病患者因气道阻塞导致气体滞留，或肺气肿患者因肺泡壁破坏而弹性减弱，均会引发残气量异常增多。需要注意的是，残气量与功能残气量不同，后者包含残气量和补呼气量，是评估肺内气体缓冲能力的关键指标。临床上，残气量常通过肺功能测试间接评估，对诊断限制性或阻塞性通气障碍具有重要参考价值。

（6）功能残气量：是指正常呼气结束时，尚存留于肺内的气体量。它是残气量与补呼气量之和。功能残气量是肺在呼气末的重要气体储备，既能维持肺泡的稳定性，又能保障持续的气体交换。通过测量和分析功能残气量的变化，可以评估呼吸系统的功能状态并辅助诊断多种肺部疾病。

2. 运动对肺通气功能的影响 在短期运动过程中，人体肺通气量随运动强度增加而提高，以满足O_2供需平衡。其中，在运动时，人体内的化学感受器（颈动脉窦、颈动脉小球）感知到血液中氧分压（PO_2）下降、二氧化碳分压（PCO_2）升高和H^+浓度增加后，会刺激呼吸中枢，迅速调整呼吸节律，提高肺泡通气量。此时，肺泡通气量和肺循环血量迅速增加，V/Q接近理想值。

长期运动使肺通气功能产生适应性改善，具体包括呼吸肌力量和耐力提高、肺活量和最大通气量增加、呼吸效率提高、最大摄氧量提升。规律的运动可以提高肺通气效率，延长耐力运动持续时间，改善慢性病症状，减缓肺功能的下降，增强老年人的通气储备。

运动对肺通气的影响既有短期的快速反应，也有长期的适应变化。通过不同类型的运动训练，可以增强人体呼吸系统的工作效率和氧气储备能力，为运动表现和健康管理提供重要支持。

（二）肺换气

肺换气是肺泡与循环血液之间基于气体分压差异的物质交换过程。空气进入肺泡后，由于肺泡腔内PO_2显著高于毛细血管血液中的初始PO_2，O_2分子在压力梯度驱动下穿过呼吸膜扩散至血液中，促使血液氧合水平逐步提升直至与肺泡环境达到动态平衡。与此同时，毛细血管内因细胞代谢积累的PCO_2明显高于肺泡腔PCO_2，促使CO_2分子沿浓度梯度反向扩散至肺泡空间。这一双向扩散机制不仅实现了O_2分子向血液的高效转运，还完成了CO_2从循环系统向呼吸腔道的定向清除，成为维系机体氧供、废气排泄及酸碱稳态的核心生理过程。

（三）组织换气

组织换气是机体外周循环中毛细血管与细胞间基于分压梯度的被动转运机制。在此生理活动中，血液内高浓度的O_2通过毛细血管壁向细胞间液渗透，继而进入代谢活跃的组织细胞内；与此同时，细胞代谢活动生成的CO_2则反向迁移，先溶解于细胞间液，再通过生物膜扩散进入毛细血管网，最终经血液循环输送至呼吸器官排出。这种双向气体交换不仅实现了细胞代谢所需的氧供应，同时完成了代谢废物的清除，构成了细胞能量代谢与内环境稳态的重要物质循环基础。肺换气与组织换气过程见图4-4。

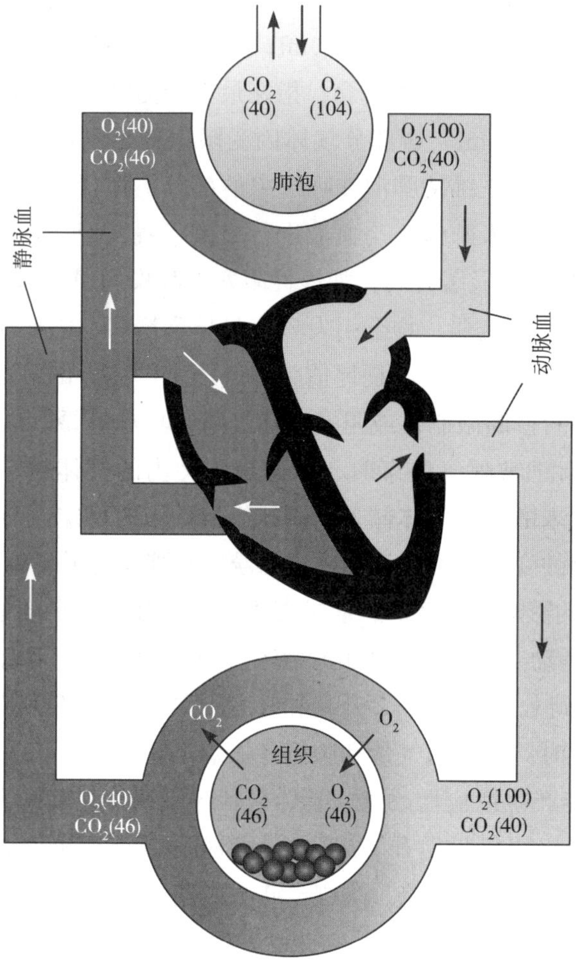

图4-4 肺换气与组织换气示意

（四）运动对肺换气和组织换气功能的影响

人体运动时，机体需氧量上升，CO_2生成量增加，为满足机体代谢需求并维持体内气体平衡，肺换气和组织换气过程被强化，具体表现为：呼吸频率加快、呼吸深度增加、肺通气量增加、肺泡气体交换效率提高、呼吸控制更灵敏。长期运动会对机体肺换气和组织换气功能产生适应性变化，包括肺功能改善、呼吸效率增强、氧气利用率提高。

运动期间，肺换气和组织换气系统被高度激活，通过提高呼吸频率、呼吸深度和气体交换效率，为机体提供足够的氧气，同时快速排出CO_2。这种适应性变化不仅满足短期的代谢需求，还能通过长期运动改善呼吸系统功能，增强体能和健康水平。

三、运动时合理呼吸原则

微课：运动时合理呼吸的生理学原则

运动时进行合理的呼吸，是确保身体充分供氧、保持内环境稳定、提高运动表现的关键。以下是运动时保持合理呼吸的生理学原则。

1. 减小呼吸道阻力 在静息状态下，人体的气体交换主要通过鼻腔完成，此时上呼吸道不仅作为气体通道，还承担着对吸入空气的加湿、过滤及温度调节功能。当机体处于高强度运动状态时，为优化通气效率，呼吸模式会适应性调整为口鼻联合通气——这种代偿机制可显著降低气道阻力，使肺泡通气量从单纯鼻呼吸的80L/min激增至173L/min。该生理性调节既保障了剧烈代谢需求下的氧供速率，又体现了呼吸系统对能量代谢动态平衡的精准调控能力。

2. 提高肺泡通气效率 人体运动时，有意识地采取适宜的呼吸频率，适当加大呼吸深度的同时注重呼吸方法，更有助于提高机体的肺泡通气量，从而获取更多含O_2的新鲜空气，呼出更多含CO_2的代谢气体。

3. 呼吸节奏与技术动作特点相配合 在运动实践中，呼吸模式的适应性调节对技术动作的精准执行具有关键作用。其调节机制主要表现为以下三方面：首先，基于动作部位稳定性需求，动态选择呼吸主导模式——当技术动作需维持胸廓稳定时（如支撑类动作），采用膈肌主导的腹式呼吸；在需保持腹腔稳定时（如核心收紧动作），切换为肋间肌主导的胸式呼吸。其次，呼吸相位与肢体动作形成协同配合，尤其在非周期运动中，肢体伸展或躯干扩展阶段（如前摆、外展、反弓等）常伴随吸气过程，利用胸腔扩张增强动作幅度；相反，肢体屈曲或收缩阶段（如内收、团身等）多与呼气同步，通过腹腔增压提升动作控制稳定性。此外，在周期性运动项目中（如长跑），建立多步节律呼吸策略（如每2～4步完成一次完整呼吸周期）可显著提升动作连贯性与能量代谢效率，这种呼吸-动作节律耦合机制已被证实能有效降低运动中的氧债积累与神经肌肉疲劳。

4. 合理运用憋气 或深或浅吸气后，紧闭声门，不呼气，称为憋气。通常完成最大静止用力的动作需要憋气来配合，如举重等大负荷的力量练习。

▶知识拓展

呼吸系统的进化智慧

呼吸系统的进化是生物适应环境变化的重要体现，其核心目标是提高气体交换效率，满足不断增长的代谢需求。最早的原始生物依靠被动扩散进行气体交换，例如海绵动物依靠水流和细胞膜表面的扩散作用获取氧气。随着生物进化，体表呼吸（如扁形动物、蚯蚓）逐渐发展，这些生物体表湿润且富含毛细血管，以提高气体交换效率。在水生环境中，鱼类和甲壳类动物的鳃呼吸成为主流，它们利用鳃的薄壁结构和逆流交换机制高效吸收氧气。随着生物登上陆地，脊椎动物进一步演化出肺呼吸，而两栖动物（如青蛙）仍部分依赖皮肤呼吸，爬行动物、鸟类和哺乳动物的肺逐渐分化出更复杂的肺泡结构，提高气体交换能力。哺乳动物的肺泡结构使肺容积增大，保证高效氧气供应，支撑恒温动物的高代谢水平。这一演化过程体现了生物对环境的适应性调整。

第二节 运动与循环系统

循环系统是由相互关联的运输网络构成的动态生理结构，可分为脉管系统与免疫-回流系统两大功能模块。脉管系统以心脏为核心动力器官，通过心肌节律性收缩驱动血液在由动脉（输送离心血流）、毛细血管（物质交换场所）及静脉（向心回流管道）构成的闭合回路中持续流动，实现氧气、营养物质与代谢产物的定向运输。与之协同运作的免疫-回流系统包含淋巴导管及相关免疫组织，其通过外周淋巴管网选择性回收组织间液形成淋巴液，经过滤处理后，淋巴液经向心性回流最终汇入静脉循环，既维持体液平衡又参与免疫防御。这两大子系统通过结构和功能的互补，共同保障机体物质运输、内环境稳态及免疫监视等核心生理活动的有序进行。

一、循环系统概述

（一）心脏的一般结构

作为循环系统的动力中枢，心脏通过其独特的构造实现高效的血液输送。这一内部具有腔室的肌性器官由心肌细胞（主体结构）与瓣膜装置协同工作，通过周期性收缩舒张驱动血液沿脉管系统分布至全身组织，确保细胞通过血液与外界进行物质代谢及能量转换，从而维系机体生理功能的稳态（图4-5）。心脏内部存在房间隔与室间隔两道解剖屏障，将心肌组织精准划分成互不连通的左、右循环系统。房室连接处由三尖瓣复合体和二尖瓣装置构成阀门结构，前者调控右心房至右心室的血液单向流动，后者主导左心房至左心室的血流导向，由此形成包含左心房、左心室、右心房与右心室的四腔室解剖学构造。

（二）各类血管结构功能特点

遍布于人体全身各组织、器官的血管是一套连续且相对密闭的管道系统，包括动脉、静脉和毛细血管，它们与心脏一起构成心血管系统。

1. 动脉 是输送离心血流至外周微循环的脉管结构，其功能分化呈现显著层级特征。近心端的主动脉及主要分支因管壁富含弹性纤维层，被定义为压力缓冲型血管，通过弹性势能的储存与释放，将心室周期性收缩产生的脉动血流转化为平稳的连续性灌注；中等口径动脉（中动脉）凭借中膜发达的平滑肌层，承担着血流区域分配功能，将血液按需导向不同器官；而管径逐渐减小的末梢动脉（小动脉与微动脉）则通过血管平滑肌的精细调控，作为微循环闸门动态调节毛细血管床的开放状态与灌注强度，其阻力特性对局部血流量分布及系统血压维持具有决定性作用。

2. 静脉 静脉系统作为心血管循环的容量性储血结构，主要承担毛细血管网的血液回流功能。其管壁由弹性纤维与平滑肌构成，具有高顺应性特征（顺应性为动脉的30倍），能够在静息状态下

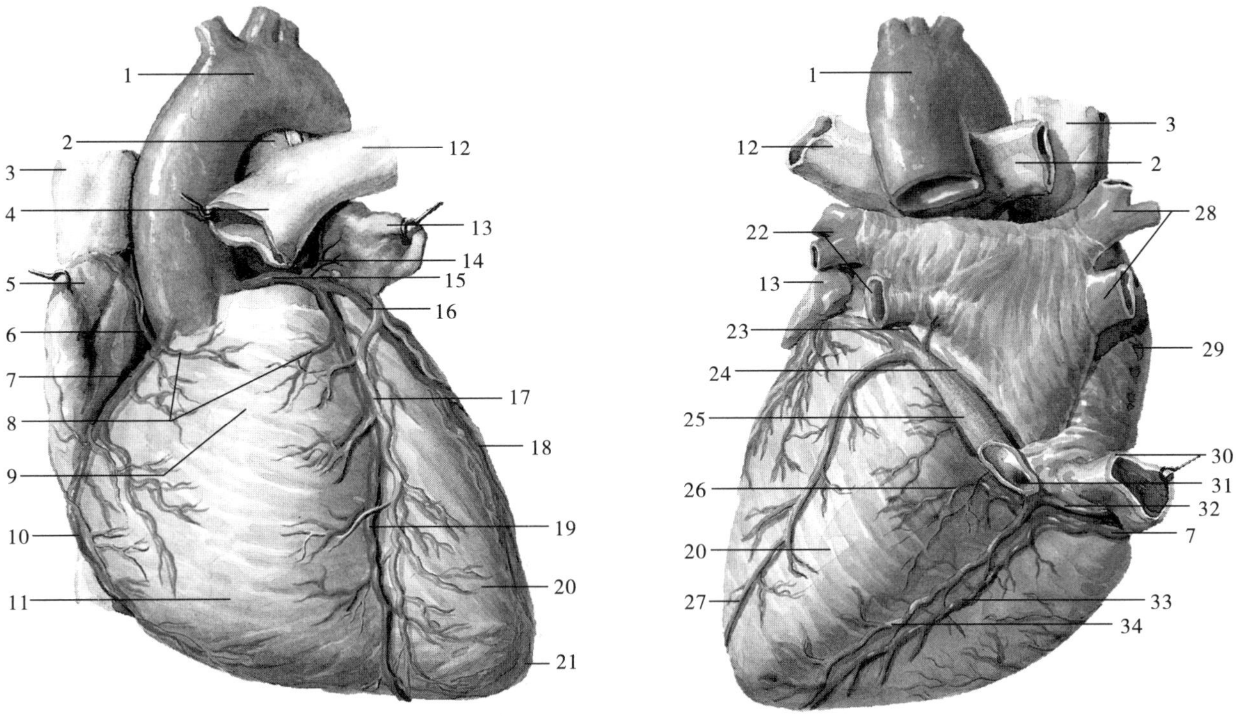

a　　b

图4-5　心的外形和血管

a.前面观；b.后面观。

注：1.主动脉弓；2.右肺动脉；3.上腔静脉；4.肺动脉干；5.右心耳；6.窦房结动脉；7.右冠状动脉；8.圆锥支；9.动脉圆锥；10.右缘支；11.右心室；12.左肺动脉；13.左心耳；14.左房支；15.左冠状动脉；16.旋支；17.心大静脉；18.左缘支；19.前室间支；20.左心室；21.心尖；22.左肺静脉；23.左房斜静脉；24.冠状沟；25.冠状窦；26.左室后支；27.左室后静脉；28.右肺静脉；29.右心房；30.下腔静脉；31.冠状窦口；32.心小静脉；33.后室间支；34.心中静脉。

动态储存全身60%～70%的循环血量。这种独特的储血机制通过静脉壁的舒缩调节，实现血液容量的即时调配，在维持右心充盈压和循环稳定性中发挥核心作用。

3. 毛细血管　位于动静脉之间，属于交换血管。管壁由扁平内皮细胞构成，通透性强，是血管内血液与血管外组织液进行物质交换的场所。微循环过程见图4-6。

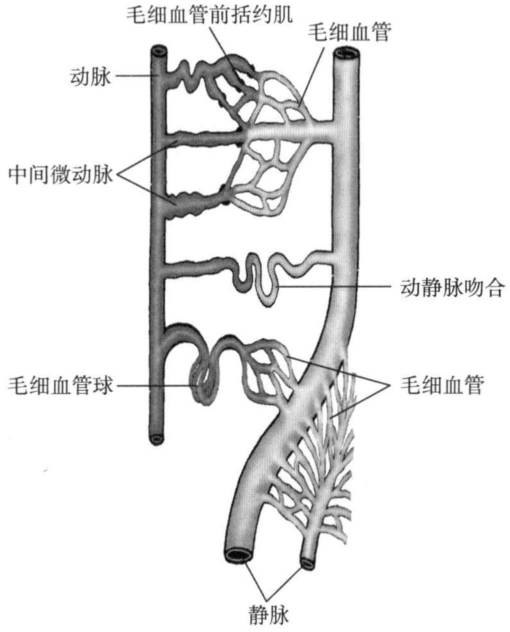

图4-6　微循环

（三）血液循环途径

1. 体循环　完整路径始于左心室收缩期产生的机械动力驱动血液进入主动脉起始段，通过动脉树状分支网络逐级分流至外周毛细血管网。在此微循环界面，氧合血红蛋白释放氧气并通过跨膜物质转运完成代谢产物的双向交换，实现氧合血向去氧合血的转化。完成物质交换的去氧合血经静脉系统的向心性汇流，最终通过上、下腔静脉注入右心房。右心房充盈后经房室瓣导入右心室，标志着体循环（大循环）的完整回路闭合，为后续肺循环的气体更新提供静脉血储备。

2. 肺循环 与体循环同步进行，右心室在收缩期将静脉血泵入肺动脉干及其分支，血液流经肺泡周围毛细血管网时，通过气体分压差完成二氧化碳释放与氧气摄取，实现血液的氧合转化。此后，富含氧气的动脉血经由肺静脉系统回流入左心房，最终充盈左心室，形成肺循环（小循环）的功能闭环，为体循环的持续供氧奠定基础。

在血液循环过程中，心肌的收缩舒张引起心脏血管各部位压力差，加上房室瓣、动脉瓣、静脉瓣等结构的类似单向“阀门”的作用，保证了血液的单向流动。血液循环过程见图4-7。

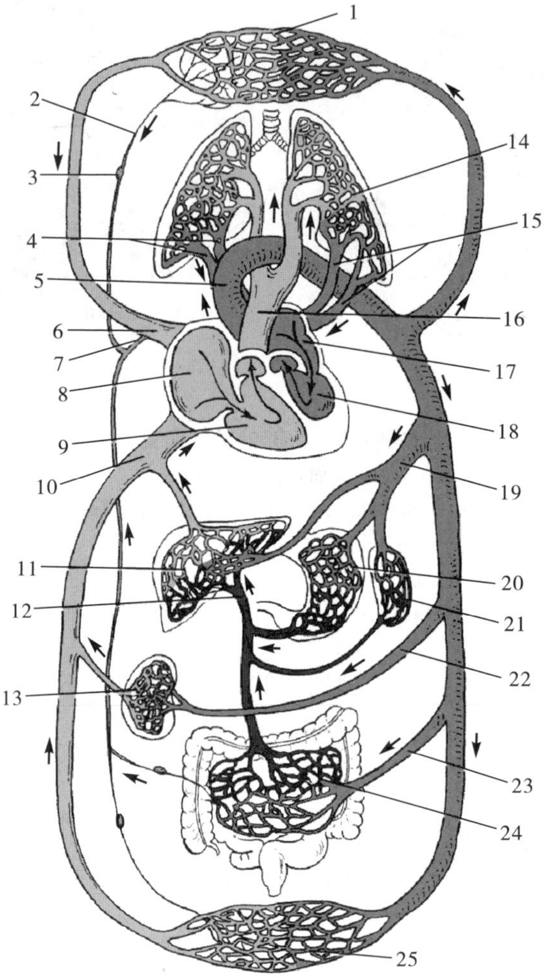

图4-7 血液循环示意

注：1.上半身的毛细血管；2.淋巴管；3.淋巴结；4.右肺静脉；5.主动脉；6.上腔静脉；7.胸导管；8.右心房；9.右心室；10.下腔静脉；11.肝毛细血管；12.肝门静脉；13.肾毛细血管；14.肺毛细血管；15.左肺静脉；16.肺动脉干；17.左心房；18.左心室；19.腹腔干；20.胃毛细血管；21.脾毛细血管；22.肾动脉；23.肠系膜上动脉；24.肠毛细血管；25.下半身的毛细血管。

二、心脏生理

（一）心肌的生理特性

心肌细胞的功能特性可归纳为四类基础生理表现：生物电活动相关的兴奋性、传导性、自主节律性，以及与力学相关的收缩性。根据细胞类型的功能分化，工作细胞（如心室肌细胞）具备电兴奋传递能力与收缩功能，但缺乏自主节律性；而自律细胞（如窦房结细胞）则通过内在节律产生电信号并传导，却无收缩能力。心脏泵血效能的核心依赖于心肌的机械收缩，而这一过程直接受控于细胞膜电活动的时序与强度，因此心肌的电生理特性与力学特性构成紧密耦联的功能体系。在特定心脏病理状态下（如严重缺血或心肌损伤），心肌细胞虽可产生电信号却丧失收缩能力，这种现象称为兴奋－收缩耦联障碍，其临床表现常被描述为“电活动－机械活动解离”，提示心脏电信号向力学输出转化的关键环节发生断裂。

1. 兴奋性 心肌细胞与神经元和骨骼肌细胞一样具有对刺激产生反应的能力，即具有兴奋性。心肌的电反应能力是其核心电生理特性之一，表现为对电化学刺激产生应激响应的潜能。不同于骨骼肌依赖神经直接支配，心肌细胞主要受窦房结自发电脉冲的驱动，通过特化的传导通路实现全心的同步化电激活。自主神经系统通过递质释放精细调控这一特性：交感神经递质（如去甲肾上腺素）通过β受体信号增强细胞膜离子通道活性，降低电反应阈值，提升收缩效能；而迷走神经递质（乙酰胆碱）则通过M受体途径抑制离子流，升高电反应阈值，降低收缩强度。值得注意的是，在动作电位触发后，心肌细胞进入复极化阶段的绝对不应期显著延长（200 ～ 300毫秒），此期间任何强度刺激均无法诱发二次兴奋。这种独特的电生理现象较骨骼肌不应期延长数倍，从机制上避免了心肌强直收缩的风险，确保心腔有序的充盈－射血周期，对维持有效心输出量具有关键性保护意义。

2. 传导性 心肌的传导性是心脏实现同步化收缩的核心电生理特性，指心肌细胞通过电信号的有序传递触发整个心脏协调收缩的能力。这一过程依赖心脏特有的传导系统：窦房结作为起搏点产生的电冲动，首先经心房肌细胞间的缝隙连接（闰盘）快速传导至房室交界区，随后通过房室束（希氏束）及其分支（左右束支）传递至心室内的浦肯野纤维网，最终激发心室肌同步收缩。不同区域的传导速度具有显著差异——心房肌以0.3 ～ 0.5m/s的速度优先完成电信号传递，而房室结的生理性延迟（约0.1秒）确保心房收缩完毕后心室才开始兴奋，避免房室同步收缩引发的血流紊乱。传导性的实现依赖于心肌细胞间低电阻的缝隙连接通道，允许离子快速跨细胞扩散形成局部电流，同时受自主神经递质（如去甲肾上腺素加速传导、乙酰胆碱延缓传导）及电解质浓度（如高钾血症抑制传导）的精细调控。病理状态下（如心肌缺血、纤维化），传导通路发生异常可导致心律失常（如房室传导阻滞），凸显传导系统对维持心脏节律与泵血效率的关键作用。

3. 自主节律性 心肌的自主节律性（简称自律性）是指心肌自律细胞在无外界刺激条件下，能够自发产生周期性动作电位并驱动心脏规律性搏动的内在特性。这一功能主要由心脏传导系统中的自律细胞（如窦房结、房室结、浦肯野细胞）实现，其中窦房结作为优势起搏点（固有频率60～100次/分），通过其最高的自律性主导正常心律，而其他潜在起搏点（如房室结40～60次/分、浦肯野纤维20 ～ 40次/分）则以梯度式激活作为备用机制，确保起搏功能的冗余性。自律性的电生理基础是动作电位4期自动去极化——自律细胞复极化完成后，细胞膜对Na^+或Ca^{2+}的通透性逐渐增加，导致膜电位自发上升至阈电位，触发新一轮动作电位。这一过程受自主神经系统的双向调控：交感神经通过释放去甲肾上腺素加速4期去极化速率（提升心率），而迷走神经通过乙酰胆碱延长复极化时间（降低心率）。病理状态下（如窦房结功能障碍或传导系统纤维化），潜在起搏点的异常激活可引发逸搏心律或严重心律失常，而临床通过人工心脏起搏器可模拟或替代受损的自律功能，维持有效心搏。

4. 收缩性 心肌的收缩性是其作为泵血器官的核心机械特性，指心肌细胞在动作电位触发下通过兴奋–收缩耦联产生机械张力的能力。与骨骼肌的等级性收缩不同，心肌细胞因闰盘结构形成功能合胞体，呈现“全或无”式同步收缩，确保心脏整体泵血的协调性。其收缩机制依赖于Ca^{2+}介导的耦联过程：动作电位引发少量细胞外Ca^{2+}内流，触发肌浆网内大量Ca^{2+}释放（钙触发钙释放机制），促使肌钙蛋白–原肌球蛋白复合物构象改变，暴露出肌动蛋白结合位点，最终通过肌球蛋白横桥循环产生收缩力。心肌收缩力受多重调控：交感神经通过β受体激活增强Ca^{2+}内流与回收效率（正性肌力作用），而缺氧、酸中毒或心肌纤维化通过干扰Ca^{2+}稳态降低收缩效能。值得注意的是，心肌细胞因有效不应期长，无法通过高频刺激引发强直收缩，这一特性保障了心脏的节律性充盈与射血。临床中，收缩性异常（如心衰时收缩力减弱）直接影响心输出量，而药物（如洋地黄）或器械治疗（如心脏再同步化）可通过改善钙循环或协调电–机械耦联提升泵血效率。

（二）心脏的泵血功能

1. 心动周期与心率 心脏的一次收缩和舒张构成一个机械活动周期，称为心动周期。心脏每分钟搏动的次数称为心率，心率＝60秒/心动周期。心率与心动周期数成反比。

心率作为评估循环功能的核心参数，与机体代谢状态高度关联，具有显著的生物学特异性。不同发育阶段（如婴幼儿与老年）、性别特征及能量代谢需求下，个体静息心率存在明显差异。健康成年人静息状态下心脏搏动次数通常维持在60～100次/分钟，当静息值持续高于此范围上限时称为静息性心动过速，低于下限则定义为静息性心动过缓。值得注意的是，长期接受耐力适应性训练的个体（如马拉松运动员），其静息心率常表现出生理性下调特征。在运动科学领域，通过监测静息心率、运动期间的心率动态变化及恢复期的心率衰减速率，可综合评估心脏泵血效能、运动负荷适应性及生理应激水平，因此心率常作为制定个性化训练强度的科学依据，并为运动医学干预提供量化指标支持。

2. 每搏输出量和射血分数 每搏输出量（stroke volume，SV）与射血分数（ejection fraction，EF）是评估心脏泵血效能的核心参数。SV指单次心搏中一侧心室射入动脉的血液量，健康成人静息状态下为60～80ml，其数值受前负荷（心室充盈量）、后负荷（动脉血压）及心肌收缩力的共同调控。EF则是每搏输出量与心室舒张末期容积的百分比值，正常范围为55%～70%，反映心室收缩末期血液排空效率。在两者中，EF因消除了心室容积差异的影响，更敏感地体现心脏收缩功能。例如，心力衰竭患者即使SV代偿性维持，EF下降（如EF＜40%）仍可明确提示心肌收缩力受损。临床中，EF是区分心衰类型（如EF保留型与降低型）及制定治疗方案的关键指标，而SV结合心率可计算心输出量，全面评估心脏的整体泵血能力。

3. 心输出量 心输出量（cardiac output，CO）是评估心脏泵血效率的核心指标，指单侧心室每分钟射入动脉系统的血液总量，即每搏输出量（SV）与心率（HR）的乘积（CO＝SV×HR）。健康成年人静息状态下CO为4～6L/min，其数值随代谢需求动态调整，如剧烈运动时可增至20L/min以上。这一生理过程受多重机制调控：前负荷通过Frank-Starling定律增强心肌收缩力，后负荷反向影响射血效率，而交感神经兴奋通过提升心率和心肌收缩力（正性变时与变力作用）显著增加输出量。临床中，CO不仅是评估心功能的核心参数（如心力衰竭时CO降低），也是指导液体复苏、血管活性药物使用及机械循环支持的重要依据。值得注意的是，CO的适应性变化需与组织氧耗匹配。当CO无法满足代谢需求时（如心源性休克），将引发器官低灌注与多系统功能障碍。通过超声心动图、热稀释法或无创CO监测等技术可精准量化CO，为个体化治疗提供动态数据支持。心率、SV和

CO随运动强度变化的情况见图4-8。

4. 心泵功能储备　指心脏在代谢需求增加时（如运动、缺氧或应激状态），通过动态调节CO以满足机体供氧需求的潜在能力，其本质反映了心脏应对生理负荷的代偿潜能。该储备能力通过三个协同机制实现：心率储备（最大心率与静息心率的差值，健康成年人可达60～100次/分）、收缩期储备（通过增强心肌收缩力使SV增加50%～100%）及舒张期储备（加快心室充盈速率以提升舒张末期容积）。例如，运动员因长期训练可显著扩大心泵储备（静息CO由5L/min可激增至30L/min以上），而心衰患者因心肌重构或交感代偿耗竭，储备能力严重受限（活动后CO增幅微弱），表现为运动耐量下降甚至静息状态失代偿。临床通过运动负荷试验或药物激发试验评估心泵储备，为心功能分级、预后判断及康复方案制定提供依据，是心脏从“静态功能”向“动态适应”转化的核心生理学表征。

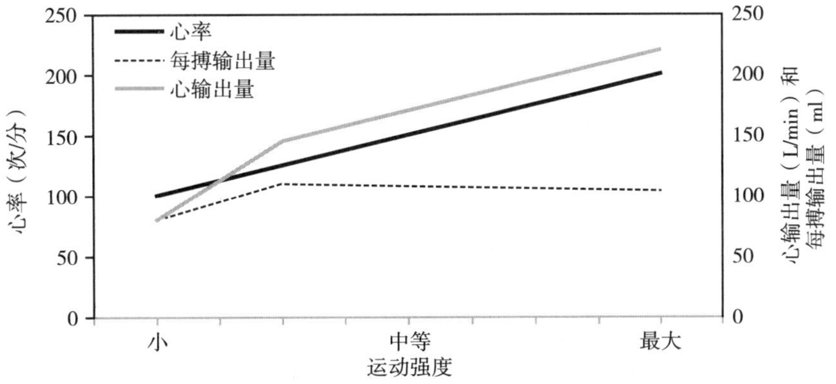

图4-8　心率、搏出量和心输出量随运动强度的变化情况

三、血管生理

（一）动脉血压

动脉血压通常指主动脉血压，是血液对单位面积动脉管壁所产生的侧压力。是评估心血管功能的核心生理参数，其数值以收缩压（心缩期动脉内压力峰值）和舒张压（心舒期动脉内压力谷值）表示，正常成年人静息血压范围为120/80 mmHg（收缩压/舒张压）。血压的形成机制涉及CO与外周血管阻力（动脉系统对血流的阻抗）的动态平衡，同时受主动脉弹性储器效应（缓冲脉动压转化为连续血流）的调节。血压的动态稳态依赖于神经-体液调控网络：压力感受器通过反射弧调节交感或副交感张力，肾素-血管紧张素-醛固酮系统调控血容量与血管张力，而局部内皮活性物质（如NO）则介导血管舒缩的微环境适应。临床实践中，血压异常（如持续≥140/90 mmHg的高血压或＜90/60 mmHg的低血压）可反映血管硬化、心功能不全或内分泌紊乱等病理状态，其长期偏离正常范围将引发靶器官损害（如脑卒中、肾衰竭）。值得注意的是，脉压（收缩压与舒张压之差）增大（如＞60 mmHg）常提示动脉弹性减退，是心血管风险分层的重要预警指标。凡是能影响CO、外周阻力和循环系统的血液充盈程度的因素都能影响动脉血压（图4-9）。

在心血管系统的周期性活动中，收缩压和舒张压的动态变化构成血压波动的核心特征。当心室进入收缩期时，心肌强力收缩将血液射入主动脉，此时血流对动脉壁产生的侧压力在快速射血期末

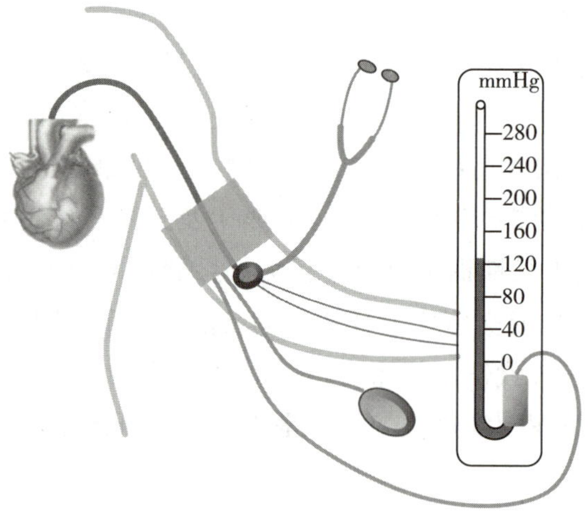

图4-9 动脉血压的测量

达到峰值，形成收缩压（正常值90～139mmHg）。该压力值由三个关键因素共同决定：心肌收缩力（决定射血强度）、大动脉弹性（通过缓冲作用调节压力冲击）及外周血管阻力（影响血流释放效率）。值得注意的是，此时主动脉瓣保持开放状态约0.3秒，使血液持续进入体循环。

随着心室转入舒张期，主动脉瓣关闭阻断血液反流，此时动脉系统通过弹性回缩维持基础压力。在舒张末期（等容收缩期末），动脉血压降至最低点即舒张压（正常值60～89mmHg）。此时心室内压低于心房压，房室瓣开放使心房血液充盈心室，为下一周期储备血流。从血流动力学角度看，收缩压反映心脏泵血效能，而舒张压体现外周循环阻力水平，二者差值形成的脉压（约30～40mmHg）是评估动脉弹性功能的重要指标。当大动脉硬化导致弹性缓冲作用减弱时，收缩压异常升高而舒张压下降，形成特征性的脉压增大现象。

（二）静脉血压和静脉回心血量

1. 静脉血压 是血液流经静脉系统时作用于管壁的流体静力学压力，其显著低于动脉血压且存在区域特异性——中心静脉压（右心房及邻近大静脉压力，正常值4～12 cmH_2O）反映回心血量与右心功能平衡状态，而外周静脉压（如足背静脉10～12 mmHg）受重力、骨骼肌泵及呼吸泵影响显著。静脉系统的低阻力特性使其成为血液回流的“容量储存库”，其跨壁压（血管内外压力差）对静脉塌陷或扩张起决定性作用，直立时下肢静脉压因重力作用升高（可达90 mmHg），但通过静脉瓣防逆流机制及骨骼肌收缩的“挤乳效应”促进向心回流；深呼吸时胸腔负压进一步降低中心静脉压，加速血液回心。临床中，中心静脉压监测是评估循环血量及右心前负荷的关键指标（如低血容量时中心静脉压下降，心衰时中心静脉压升高），而外周静脉压异常（如门静脉高压）可引发侧支循环开放或组织水肿。值得注意的是，静脉血压的梯度分布与动态调节是维持有效静脉回流及CO的重要生理基础。

2. 静脉回心血量 指单位时间内由静脉系统回流至心房的血液总量，是维持CO与循环稳态的关键因素。其动态平衡依赖于多重机制：心脏抽吸效应（心室收缩时房室瓣下移使心房内压降低，促进静脉回流）、静脉压力梯度（外周静脉压高于中心静脉压形成的压力差）、骨骼肌泵（肌肉收缩挤压深静脉，配合静脉瓣防逆流功能驱动向心血流）及呼吸泵（吸气时胸腔负压增大，降低中心静脉压，加速上下腔静脉回流）。此外，交感神经通过调节静脉血管张力（容量血管收缩减少静脉贮血量）间接提升回心血量，而体位改变（如直立时重力导致下肢静脉淤血）或病理状态（如右心衰竭致中心静脉压升高）可显著削弱回流效率（图4-10）。临床中，回心血量减少（如低血容量或静脉扩张）会降低心室充盈压，引发CO下降；反之，回心血量过度增加（如快速补液）可能加重心脏前负荷，诱发急性肺水肿。这一参数的调节体现了循环系统对血流动力学需求的动态适应能力。

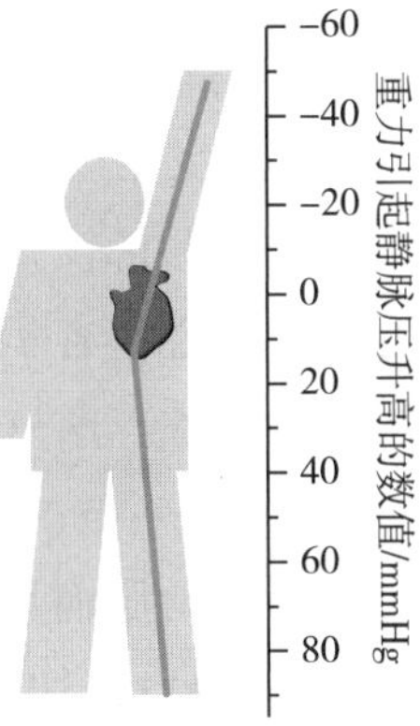

图4-10　直立位对静脉血压的影响

四、运动对循环系统的影响

微课：人体运动时每搏输出量和心输出量的变化

机体在运动时，会对心血管系统产生一系列的影响，心血管系统保持在高水平状态下运转，保证了机体运动能力的发挥。

（一）一过性运动对心血管功能的影响

1. 运动时心率的变化　在人体进行一过性运动（如短时冲刺或突然的爆发性活动）时，心率会迅速发生动态调整以应对能量需求的剧增。运动启动的瞬间，交感神经系统被激活，肾上腺素与去甲肾上腺素大量释放，作用于心脏β_1受体，促使窦房结自发性去极化加速，导致心率在数秒内显著上升（可达最大预测值的80%～90%）。与此同时，骨骼肌泵效应增强静脉回流，通过Frank-Starling机制提升SV，协同增加CO以满足组织氧耗。运动结束后，副交感神经张力迅速恢复，通过迷走神经释放乙酰胆碱抑制窦房结自律性，心率呈现指数型下降趋势，健康个体通常在停止运动后1～2分钟内出现心率快速回落期（恢复初期下降20～30次/分），随后进入缓慢恢复期直至静息基线。这一快速调节机制不仅反映了自主神经系统对心血管的精细调控能力，也揭示了心脏功能储备的即时动员效率。值得注意的是，心率恢复速率可作为评估心肺功能的敏感指标：体能优异者运动后心率下降更快，而恢复延迟可能提示自主神经失衡或潜在心血管风险。

2. 运动时SV和CO的变化　在运动过程中，心脏的SV和CO会发生显著变化，这一过程涉及复杂的生理调节机制。静息状态下，普通成年人SV为60～80ml，CO约5L/min（心率75次/分×70毫升）。运动启动后，交感神经兴奋、肾上腺素分泌增加，通过以下途径提升泵血功能。

（1）每搏输出量增加：具体表现如下。①静脉回流增强：肌肉收缩的“泵”作用和呼吸加深加快的“呼吸泵”效应，促进血液回流至心脏，使心室充盈量增加（舒张末期容积提升）。②心肌收缩力增强：运动时人体血流速度加快，静脉回心血量增加，同时，人体交感神经兴奋，儿茶酚胺分泌增加，这都使心肌收缩力增强。

（2）CO剧增：具体表现如下。①心率加速：运动初期心率从安静时的60～100次/分迅速上升，普通人在高强度运动时可达195次/分，运动员因心肌适应能力更强，心率提升空间更大。②协同效应：SV与心率的乘积使CO呈指数级增长。例如，耐力运动员在最大运动强度下，CO可达37L/min（195次/分×190毫升），远高于普通人的22L/min（195次/分×113毫升）。

值得注意的是，心率与SV的关系呈现非线性特征。①最佳心率范围（120～180次/分）：在此区间内，SV随心率增加持续上升，普通人和运动员均能维持较高泵血效率。②心率过快的负面影响：当心率超过180次/分时，普通人的SV因心室充盈时间不足而下降，但优秀运动员因心肌收缩力强、心室顺应性高，可在心率达200次/分时仍保持较高泵血水平。

长期运动训练可通过增强心肌收缩力、扩大心室容积（如耐力运动员的离心性肥大）和提高交感神经调节效率，显著提升运动时的心泵功能储备。这一适应性变化不仅优化了运动表现，也为机体代谢需求提供了高效的血流动力学支持。

3. 运动时动脉血压的变化 在运动过程中，动脉血压呈现动态调整以适应代谢需求的升高，其变化特征与运动类型、强度及个体心血管适应能力密切相关。收缩压因CO显著上升而明显增高，例如，中等强度有氧运动时收缩压可升至160～200 mmHg；舒张压则因骨骼肌血管扩张（局部代谢产物介导）导致外周阻力降低，通常维持稳定或轻微上升（增加5～10 mmHg）。这一变化模式在动态运动（如跑步、游泳）中尤为典型，而静态抗阻运动（如举重）因持续肌肉收缩压迫血管，可能引发舒张压显著升高（甚至超过120 mmHg），增加心脏后负荷。血压调控依赖交感神经激活（正性变时、变力作用）与局部血管舒缩因子（如NO、乳酸）的协同作用，同时肾素-血管紧张素系统通过保钠缩血管参与长期调节。值得注意的是，长期规律运动可诱导血管弹性增强与静息血压降低（运动后低血压效应），但高血压患者运动时需警惕血压骤升风险，需在医生监督下制定个性化方案（图4-11）。

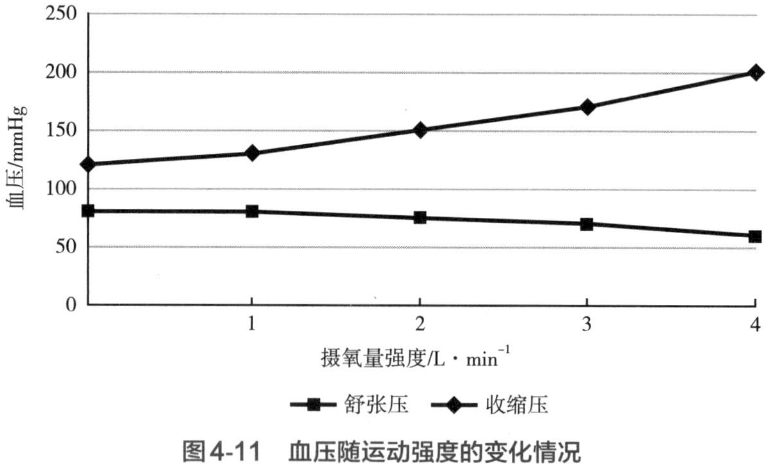

图4-11 血压随运动强度的变化情况

（二）长期运动对心血管功能的影响

1. 运动性心脏肥大 是长期规律运动训练引发的心脏适应性结构重塑，表现为心肌质量增加、心室腔扩大或室壁增厚，属于生理性代偿反应。根据运动类型不同，其形态特征呈现差异化适应：耐力型运动（如长跑、游泳）以离心性肥大为主，心室腔容积显著扩大（左心室舒张末容积增加），心肌纤维长度增长，旨在提升心脏容量负荷能力及SV；力量型运动（如举重、短跑）则倾向于向心性肥大，室壁厚度增加而心室腔容积变化较小，增强心脏应对压力负荷的能力。这一适应性改变的分子机制涉及机械应力激活（如牵张、剪切力），触发心肌细胞PI3K/Akt/mTOR信号通路，促进蛋白质合成与肌节有序排列，同时交感-肾上腺系统通过儿茶酚胺、血管紧张素Ⅱ等激素协同调控基因表达。值得注意的是，运动性心脏肥大具有可逆性（停止训练后逐渐消退）且不伴病理性纤维化或收缩功能障碍，反而通过优化氧运输效率与能量代谢（如毛细血管密度增加、线粒体生物合成增强）提升心功能储备。然而，极端强度或过度训练可能打破代偿平衡，诱发心肌微损伤或心律失常，提示科学监控训练负荷的必要性（图4-12）。

2. 运动性心动徐缓 是长期运动训练引发的心脏适应性改变，表现为静息状态下心率显著低于常人（优秀耐力运动员可低至40～50次/分，甚至21次/分）。其核心机制在于迷走神经张力增强与交感神经活性相对减弱，使自主神经平衡向副交感系统偏移，这种调节使心脏在低能耗状态下高效运作。心肌因长期运动刺激发生结构重塑，表现为心肌纤维增粗、毛细血管密度提升、收缩蛋白含量增加，进而增强心肌收缩力，使SV显著提高（运动员可达100ml而普通人仅70ml）。心脏通过“低心率＋高搏出量”模式实现节能，例如，运动员以40次/分心率即可完成普通人需75次/分的CO。这种适应性改变不仅扩大心率储备（运动时心率提升空间可达150次/分以上），还通过增强心肌机械效率使同等运动负荷下能耗减少30%。临床上，该现象既是评估心脏功能改善的指标，也反映机体通过长期训练形成的高效循环调节能力，在维持运动表现和心血管健康中具有重要生理意义。

3. 心脏泵血功能改善 普通人和运动员在静息状态下或从事最大运动时的CO、搏出量及心率的变化可用数据说明（表4-1）。在静息状态下，两类心脏的供血量并无显著区别，但普通人的心脏以较高的心率和较小的搏出量保证机体供血，而运动员的心脏则以较低的心率及较大的搏出量保证机体供血，以较小的能量消耗保证同样的供血量。同时，静息状态下低心率使运动员心脏的心率储备增大，有助于心力储备的提高。在运动时，随着运动强度的增加，无训练者SV随着心率的增加会轻微下降，而运动员心脏几乎不出现SV下降。

长期规律的运动训练可诱导心脏发生特异性结构与功能的适应性重塑，这一过程通过多层次生理机制优化心脏的泵血效能与能量代谢效率。在形态学层面，心脏根据运动类型呈现差异化代偿增长：耐力训练（如长跑、游泳）通过容量负荷刺激引发心室腔离心性扩张（左心室舒张末容积显著增加），同时伴有心肌细胞长度增长与毛细血管密度提升，形成“运动心脏”的典型特征；而力量训练（如举重、短跑）则以压力负荷为主导，促使心室壁向心性增厚，增强心肌对抗高后负荷的

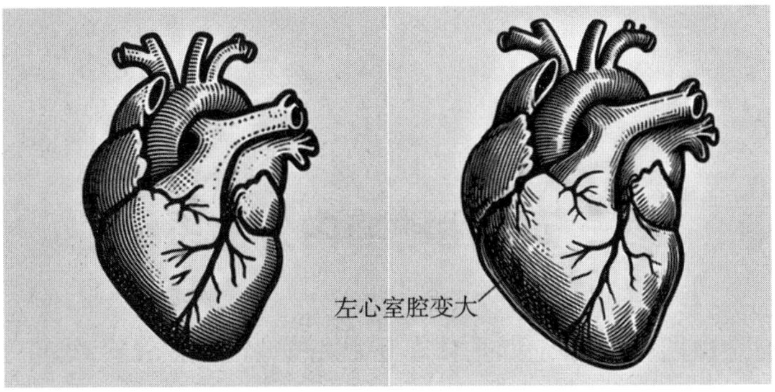

普通人　　耐力运动员

图4-12 普通人和运动员心脏的对比示意

表4-1 普通人和运动员在不同状态时的心功能指标变化

状态	级别	心输出量/ml · min^{-1}	搏出量/毫升 · 次$^{-1}$	心率/次 · 分$^{-1}$
静息时	普通人	4970	71	70
	运动员	5000	100	50
最大运动时	普通人	22 000	113	195
	运动员	35 000	179	195

收缩强度。功能层面，心脏泵血能力通过Frank-Starling机制与交感神经适应性调节显著提升，SV因心室前负荷增加及收缩期射血速率加快而增大，心率储备通过窦房结的变时性储备提升（即最大心率与静息心率的差值增大）而得到提高，共同推动最大CO增长至静息状态的4～5倍。与此同时，长期运动可诱导心肌线粒体生物合成增强与氧化酶活性上调，提升能量代谢效率，并促进血管内皮功能改善（如NO释放增加），降低静息血压与动脉僵硬度。值得注意的是，这种生理性重塑具有高度可逆性，且不伴随病理性纤维化或电传导异常，但极端负荷或过度训练可能突破代偿阈值，导致心肌微损伤或节律紊乱，这说明，科学控制运动强度，才能让心脏既得到锻炼又保持健康。

▶**知识拓展**

运动员心脏的重塑法则

运动员心脏的主要特点是心脏结构和功能的增强。首先，心脏增大（生理性心肌肥厚），尤其是左心室壁变厚，腔室扩大，提高SV；其次，静息心率降低（窦性心动过缓），训练可以增强迷走神经活性，使得运动员的静息心率通常低于普通人（40～60次/分），但仍能维持足够的CO；再次，心率恢复能量更强，运动后心率下降更快，表明运动员心脏有更好的自主神经调节能力；最后，心脏泵血效率提高，在相同心率下，运动员的心脏能输送更多的血液，改善肌肉供氧能力。这些变化使运动员在高强度训练和比赛中具备更强的耐力和心血管适应能力。同时，也需要区分运动员心脏与病理性心脏肥大，以避免潜在的健康风险。

第三节　运动与内分泌系统

人体的内分泌系统是由内分泌腺（如垂体、甲状腺、肾上腺等）、分布于器官中的内分泌组织（如胰岛、黄体）及散在的内分泌细胞共同构成的精密调控网络，通过分泌激素直接释放入血，以体液运输方式作用于靶器官或靶组织，实现对机体代谢、生长、发育、生殖及内环境稳态的远程调控。

下丘脑作为神经-内分泌整合枢纽，通过释放调节激素控制垂体前叶功能，进而调控甲状腺、肾上腺皮质及性腺等次级内分泌腺活动；而胰岛、甲状旁腺、松果体等独立腺体则通过分泌胰岛素、甲状旁腺素、褪黑素等激素直接参与糖代谢、钙磷平衡及昼夜节律调节。内分泌系统与神经系统紧密协作，通过激素浓度的动态平衡（如负反馈机制）维持生理功能稳定。

一、内分泌系统概述

（一）内分泌

人体腺上皮组织的基本功能是分泌，可分为内分泌和外分泌两种方式。人体的内分泌与外分泌是两类互补的分泌机制，共同维系机体功能协调。内分泌系统通过无导管的内分泌腺（如甲状腺、肾上腺）或散在细胞（如胰岛β细胞）直接向血液释放激素，经循环系统远距离调控代谢、生长及内环境稳态；外分泌系统则依赖导管结构（如汗腺、唾液腺、消化腺）将分泌物（酶、黏液、汗液）输送至体表或消化道等特定部位，执行消化、润滑、排泄等局部生理功能。两者虽分泌模式不同，却协同作用于生命活动。例如，胰腺兼具内分泌（胰岛分泌胰岛素）与外分泌（腺泡分泌消化酶）功能，分别参与血糖调节与营养吸收，体现了分泌系统在结构与功能上的高度整合性。内分泌腺概观见图4-13。

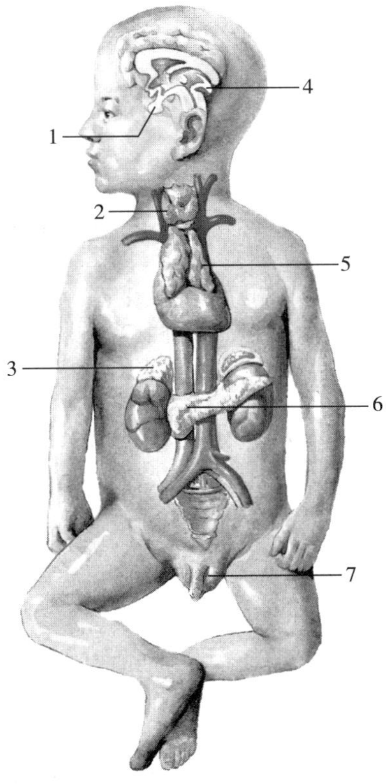

图4-13 内分泌腺概观

注：1.垂体；2.甲状腺；3.肾上腺；4.松果体；5.胸腺；6.胰；7.睾丸。

（二）内分泌系统

内分泌系统通过分泌激素经血液或体液传递至靶细胞，广泛调控新陈代谢、生长发育、生殖及维持内环境稳态等。其功能实现依赖于下丘脑–垂体–靶腺轴的多级反馈调节机制，在激素分泌的动态平衡中与神经系统协同作用，形成人体适应内外环境变化的核心调控网络。

二、激素

（一）概述

激素是由内分泌腺或散在内分泌细胞分泌的高效生物活性物质，作为化学信使经血液循环或局部扩散作用于靶器官、靶组织或靶细胞，通过调节基因表达、酶活性或细胞膜通透性等机制，精准调控机体的新陈代谢、生长发育、生殖功能及内环境稳态。其化学本质多样，包括类固醇（如皮质醇）、肽类（如胰岛素）、胺类（如肾上腺素）等，不同激素通过特异性受体介导的信号转导途径实现功能，如脂溶性激素可穿透细胞膜与胞内受体结合，而水溶性激素则依赖膜受体激活第二信使系统。激素分泌受神经调控、体液反馈（如下丘脑–垂体–靶腺轴）及自身节律（如褪黑素的昼夜波动）的多重调节，例如，血糖升高刺激胰岛β细胞释放胰岛素促进糖利用，而低血糖则触发α细胞分泌胰高血糖素动员肝糖原分解，形成动态平衡网络。激素水平的微小变化即可引发显著的生理效应，其分泌异常可导致糖尿病、甲状腺功能亢进症等疾病，体现了其在人体生命活动中的核心调控地位。人体分泌的主要激素见表4-2和表4-3。

表4-2 “经典”内分泌腺分泌的主要激素

内分泌腺		分泌的主要激素
垂体	腺垂体	促甲状腺激素（TSH）、促肾上腺皮质激素（ACTH）、促卵泡激素（FSH）、黄体生成素（LH）/间质细胞刺激素（ICSH）、生长激素（GH）、催乳素（PRL）、促脂素（LPH），β-内啡肽、促黑（细胞）激素（MSH）等
	神经垂体	血管升压素（VP）/抗利尿激素（ADH）、缩宫素（OT）等
松果体		褪黑素（MLT）、8-精缩宫素
甲状腺		甲状腺素（四碘甲状腺原氨酸，T_4）、三碘甲状腺原氨酸（T_3）、降钙素（CT）
甲状旁腺		甲状旁腺激素（PTH）
胸腺		胸腺素
胰腺		胰岛素、胰高血糖素、生长抑素（SS）、胰多肽（PP）、血管活性肠肽（VIP）、淀粉素、促胃液素（病理情况下）等
肾上腺	皮质	皮质醇、醛固酮（ALD）、雄激素等
	髓质	肾上腺素（AD）、去甲肾上腺素（NA）、肾上腺髓质素（AM）等

续 表

内分泌腺		分泌的主要激素
性腺	卵巢	雌二醇（E_2）、孕酮（P）、睾酮（T）、抑制素、激活素、松弛素等
	睾丸	睾酮（T）、雌二醇（E_2）、抑制素、激活素等

表4-3 功能器官和组织分泌的主要激素

功能器官	分泌的激素
下丘脑	促甲状腺激素释放激素（TRH）、促肾上腺皮质激素释放激素（CRH）、促性腺激素释放激素（GnRH/LHRH）、生长激素抑制激素（GHIH）/生长抑素（SS）、生长激素释放激素（GHRH）、催乳素释放因子（PRF）、催乳素抑制激素（PIH/DA）、促黑（细胞）激素释放因子（MRF）、促黑（细胞）激素抑制因子（MIF）、生长因子等
心脏、血管	心房钠尿肽（ANP）、内皮素、一氧化氮（NO）等
肝	胰岛素样生长因子-1（IGF-1）/生长激素介质（SM）、1,25-二羟维生素D_3
胃肠道	促胃液素、缩胆囊素（CCK）、促胰液素、胰高血糖素、血管活性肠肽（VIP）等
肾	促红细胞生成素（EPO）、1,25-二羟维生素D_3等
胎盘	人绒毛膜促性腺激素（HCG）、人绒毛膜生长激素（HCS）等
骨骼肌	白细胞介素（IL）-6、IL-8、IL-15、脑源性神经营养因子（BDNF）、鸢尾素（irisin）等
脂肪	瘦素（leptin）、脂联素（adiponectin）、肿瘤坏死因子-α（TNF-α）等
骨骼	骨钙素（osteocalcin）等
其他部位	前列腺素（PG）、血小板源生长因子（PDGF）、上皮生长因子（EGF）、细胞因子、血管紧张素（ANG）等

（二）激素的生理作用

1. 调节新陈代谢 多数激素参与组织细胞的物质代谢及能量代谢的调节，维持机体的能量平衡，为机体的各种生命活动奠定基础。如胰岛素降低血糖，甲状腺激素促进能量代谢，抗利尿激素减少尿液排出，醛固酮促进钠离子重吸收。

2. 调节生长发育 促进组织细胞的生长、增殖、分化和成熟，参与细胞凋亡过程等，确保并影响各系统器官的正常生长、发育和功能活动。生长激素促进骨骼和肌肉生长，影响儿童和青少年身高发育；甲状腺激素促进中枢神经系统的发育，影响智力和体格发育。

3. 调节生殖功能 促进生殖器官的正常发育成熟和生殖的全过程，维持生殖细胞的生成，保证个体生命的延续和种系的繁衍。其中，促性腺激素控制卵巢和睾丸功能，调节生殖细胞的形成和性激素分泌；雌激素、孕激素和睾酮影响性征发育和生殖活动。

4. 维持内环境稳定 激素参与水和电解质的平衡、酸碱平衡、体温与血压等调节过程，还直接参与机体的应激反应，全面整合机体功能，维持内环境的稳态，增强机体的生存、适应能力。其中，甲状腺激素通过下丘脑－垂体－甲状腺轴调节自身分泌；皮质醇等应激激素在压力状态下维持血糖、血压稳定。激素作用的调控过程见图4-14。

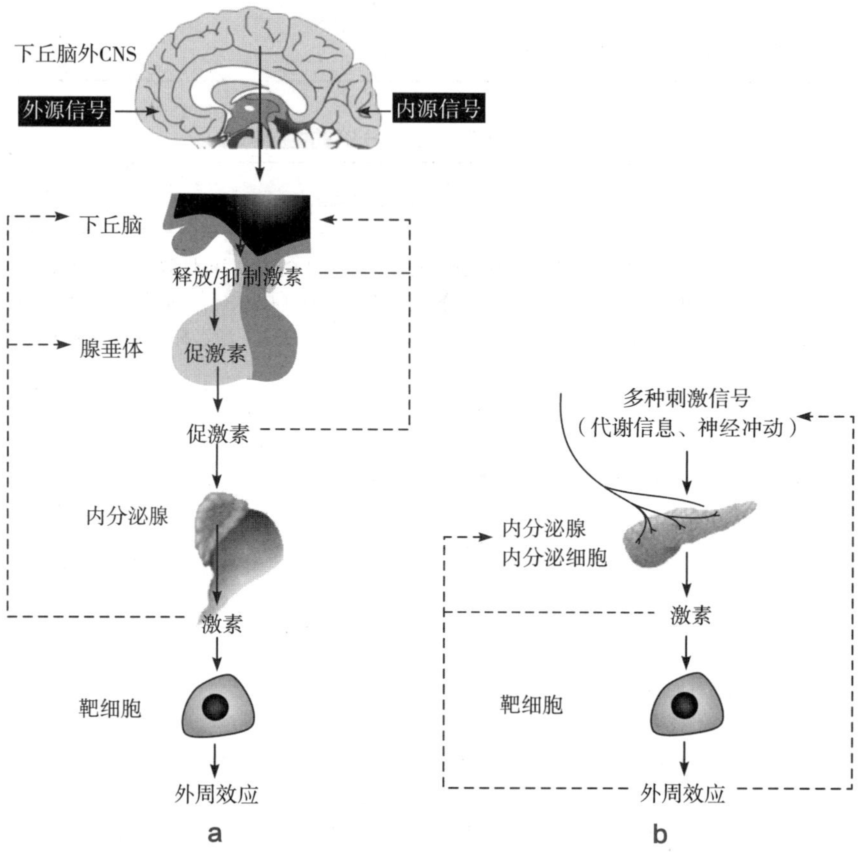

图4-14　激素作用的调控

注：a.下丘脑-垂体-靶腺轴多级反馈调节系统；b.外周效应的直接反馈调节。

三、运动与内分泌功能

在运动过程中，骨骼肌收缩对机体是一个非常强烈的刺激，引起呼吸频率、心率加快，心输出量增加，以增加氧气运输，满足运动中机体所增加的氧气消耗。神经系统、呼吸系统、循环系统在运动中、运动后所发生的适应性反应引起全身器官、组织甚至细胞发生剧烈变化，机体的内环境也会发生明显变化。

（一）激素对运动的基本反应和适应特征

人体激素在运动过程中呈现动态响应与适应性调节特征，通过短期应急反应与长期功能重塑协同支持机体的能量代谢与结构优化。急性运动时，交感－肾上腺系统迅速激活，肾上腺素与去甲肾上腺素分泌激增，提升心率、血压及糖脂分解速率以应对能量需求；同时皮质醇水平升高，协同促进糖异生与抗炎反应，而生长激素与睾酮的脉冲式释放则启动蛋白质合成与组织修复机制。长期规律运动可诱导激素系统的适应性改变：胰岛素敏感性增强促进葡萄糖高效利用，基础状态下儿茶酚胺与皮质醇分泌阈值上调以降低静息代谢消耗，且生长激素、睾酮及IGF-1的合成代谢倾向增强，驱动肌肉肥大与线粒体生物合成。这种激素网络的精准调控不仅优化了运动表现，还通过改善能量分配效率与抗应激能力，形成对代谢稳态的持久性保护。

（二）激素对运动能量代谢的调控

人体激素通过多层次调控机制精准调节运动中的能量代谢过程。在运动启动阶段，肾上腺素和去甲肾上腺素迅速释放，通过激活脂肪分解酶促进甘油三酯分解为游离脂肪酸，同时刺激肝糖原分解提升血糖浓度。随着运动强度增加，皮质醇分泌量呈剂量依赖性升高，协同促进蛋白质分解为氨基酸进行糖异生，确保长时间运动中的血糖稳定。与此同时，生长激素分泌显著增加，通过抑制细胞对葡萄糖的摄取转而动员脂肪供能，这种代谢转换可节省约30%的糖原储备。值得注意的是，胰岛素敏感性的动态调节构成关键代谢开关，运动时其浓度下降50%以上，但肌肉细胞受体结合能力增强，既保障葡萄糖高效利用又避免过度消耗。恢复期激素谱发生逆转，胰岛素水平回升促进糖原和脂肪合成，而睾酮等合成类激素分泌增加则加速肌肉修复，这种分解与合成代谢的动态平衡通过下丘脑－垂体－靶腺轴精密调控，最终实现能量代谢的高效周转与稳态维持。

（三）内分泌指标在运动实践中的应用

微课：内分泌指标在运动实践中的应用

1. 睾酮　血清睾酮（testosterone，T）是血液循环中主要的雄性类固醇激素，主要由睾丸间质细胞（Leydig细胞）合成分泌，少量来源于肾上腺皮质，其浓度反映机体合成代谢状态与内分泌功能活性。作为关键的生理调节因子，睾酮不仅促进男性第二性征发育、维持肌肉蛋白质合成及骨密度，还通过增强红细胞生成、调控脂肪分布与神经兴奋性参与能量代谢平衡。在运动应激下，急性高强度训练可短暂提升血清睾酮水平，促进肌纤维修复与力量增长，而长期规律训练（尤其抗阻运动）则通过下丘脑－垂体－性腺轴的正向适应，增强睾酮分泌效能，优化运动表现；但过度训练或能量负平衡可能抑制睾酮生成，引发低睾酮血症，表现为疲劳积累与恢复延迟。临床检测中，血清睾酮水平需结合游离睾酮（生物活性形式）与性激素结合球蛋白水平综合评估，其异常波动可提示性腺功能减退、肾上腺疾病或外源性药物干扰。因此，睾酮既是运动医学中监控训练负荷的敏感指标，也是内分泌疾病诊疗的重要依据。

2. 皮质醇　是由肾上腺皮质束状带分泌的一种糖皮质激素类物质，其合成与分泌受下丘脑－垂体－肾上腺轴精密调控。作为机体重要的“压力激素”，它通过促进肝糖异生、抑制外周组织对葡萄糖的利用来维持血糖稳态，同时激活脂肪分解酶动员脂肪供能，并在应激状态下通过增强血管对儿茶酚胺的敏感性来提升血压和警觉性。皮质醇分泌具有显著昼夜节律性，晨间6—8时达峰值后逐渐下降，午夜降至最低水平，这种节律性波动通过抑制促肾上腺皮质激素释放激素（corticotropin releasing hormone，CRH）和促肾上腺皮质激素（adrenocorticotropic hormone corticotrophin，ACTH）实现自主负反馈调节。长期压力、睡眠不足或过量运动可导致其异常升高，引发向心性肥胖、胰岛素抵抗和免疫抑制等病理改变，而下丘脑－垂体－肾上腺轴功能障碍则可能造成库欣综合征或肾上腺皮质功能减退等疾病。维持皮质醇动态平衡对代谢调节、应激适应和免疫功能维持至关重要。

3. 促红细胞生成素　促红细胞生成素（erythropoietin，EPO）是一种调节红细胞生成的造血因子，主要作用是促进红细胞生成，维持血液中红细胞和血红蛋白的数量（图4-15）。

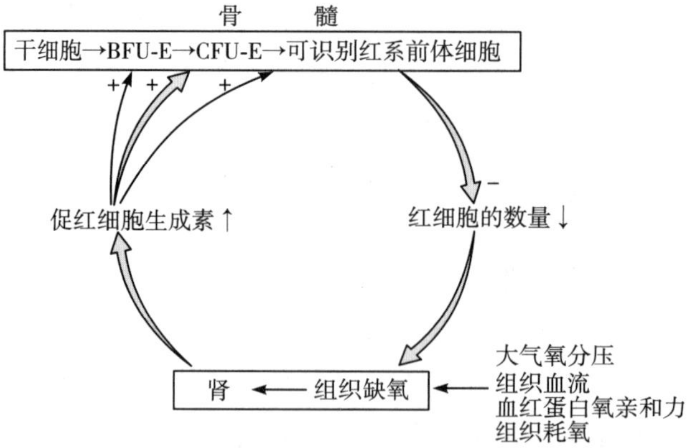

图4-15　促红细胞生成素调节红细胞生成过程

注：BFU-E.爆式红系集落形成单位；CFU-E.红系集落形成单位；＋ 表示促进；－表示抑制。

有研究证实，耐力运动员的EPO比其他运动员高，所以EPO可以作为耐力运动训练的评价、预测指标。大负荷的训练可以导致EPO水平的降低。当机体处于缺氧环境（高原、低压氧舱）时，EPO促使红细胞数量增加，以代偿动脉氧含量降低。EPO上升的幅度可反映机体对缺氧的适应程度，但EPO上升过多可能导致血液黏滞度增大，不利于血液携氧；相反，EPO值过低，说明运动员身体功能较差。因此，EPO可以反映运动员在高原训练期间机体的适应情况。

▶知识拓展

内分泌系统的“马拉松之旅”

在一个阳光明媚的清晨，马拉松运动员开始了他的日常训练。比赛在即，他的身体进入了高度备战状态。随着跑步的进行，运动员的下丘脑率先感知到压力，向垂体发出信号，促使促肾上腺皮质激素释放。顷刻间，运动员的肾上腺分泌出大量肾上腺素和皮质醇，加速心率，提升血糖，让肌肉获得充足的能量。与此同时，胰岛素的分泌减少，而胰高血糖素增加，确保血糖供应，防止低血糖带来的疲劳。当运动员进入35km的“撞墙期”时，他的β-内啡肽大量释放，这种“天然镇痛剂”帮助他减轻疼痛，使他能继续前行。而在跑步结束后，运动员体内的生长激素和睾酮水平上升，加速肌肉修复，帮助他更快恢复。这场看不见的“内分泌战斗”，让运动员在赛场上超越极限，最终突破个人最佳成绩。而这每一次进步，都是身体与内分泌系统默契配合的结果。

第四节　运动与消化系统

一、消化系统概述

人体消化系统由消化道和消化腺两大部分协同构成，其中消化道作为食物处理通道始于口腔并延伸至肛门，具体包括口腔、咽、食管、胃、小肠（含十二指肠、空肠、回肠）、大肠（含盲肠、结肠、直肠）等连续管状结构，而消化腺则涵盖唾液腺（如腮腺、舌下腺）、胃腺、肝、胰及肠腺等分泌器官（图4-16）。食物在口腔经牙齿咀嚼与唾液淀粉酶初步分解后，经咽部吞咽和食管蠕动输送至胃部，在胃酸与胃蛋白酶作用下形成食糜；随后食糜进入小肠，在肝分泌的胆汁乳化脂肪、胰腺分

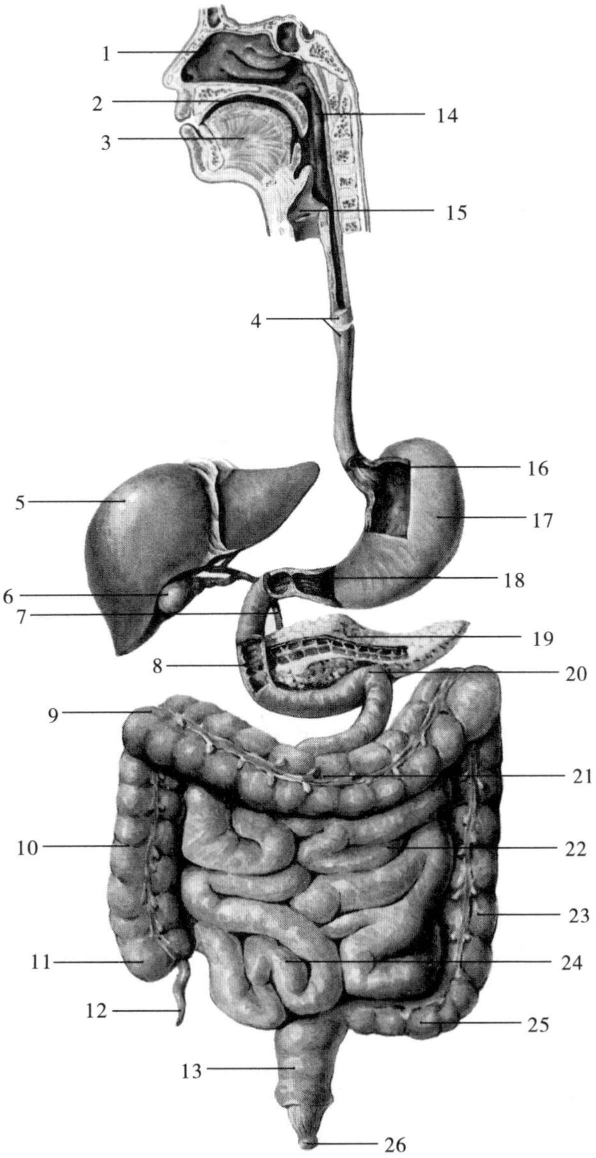

图4-16　消化系统全貌

注：1.鼻腔；2.口腔；3.舌；4.食管；5.肝；6.胆囊；7.胆总管；8.十二指肠；9.结肠右曲；10.升结肠；11.盲肠；12.阑尾；13.直肠；14.咽；15.喉；16.贲门；17.胃；18.幽门口；19.胰；20.十二指肠空肠曲；21.横结肠；22.空肠；23.降结肠；24.回肠；25.乙状结肠；26.肛门。

泌的胰酶分解蛋白质与碳水化合物等多重作用下，完成主要营养物质的吸收。未被吸收的残渣进入大肠后，水分与电解质被选择性回收，最终形成粪便经肛门排出。整个系统的正常运作依赖于各器官的结构完整与功能协调，如胃黏膜屏障可防止自体消化，而肠道菌群则参与维生素合成与免疫调节。为维持消化系统健康，需注意饮食均衡并避免过量刺激性食物摄入。

二、运动对消化系统的影响

1. 一过性运动对消化系统的影响

（1）胃排空速率：指胃内容物从胃进入十二指肠的速度，是衡量消化系统工作效率的重要指标。它反映了胃的机械收缩能力、幽门括约肌调节功能及神经－内分泌系统的协同作用，直接影响营养吸收和能量供应。运动强度会影响胃排空速率；人体进行低强度运动时，胃排空速率会有所提高，这是因为副交感神经兴奋性增强，促进胃窦部规律性收缩，胃动素分泌增加，加速胃内容物向十二指肠推送，同时在低强度运动时，人体腹腔血流维持正常水平，消化功能得以保障；而当人体进行中高强度运动时，交感神经兴奋，胃泌素分泌受抑制，但胆囊收缩素代偿性增加，胃平滑肌收缩频率下降，腹腔血流下降，这些因素叠加会降低胃排空速率，如长跑和骑行运动员的“胃轻瘫”现象。

（2）唾液溶菌酶：是一种存在于唾液中的酶，能够通过破坏细胞壁发挥抗菌作用，是人体天然免疫系统的重要组成部分。它在维护口腔健康、预防感染和调节免疫反应方面起关键作用。人体在进行中低强度运动时，免疫系统功能活跃，唾液分泌增加，溶菌酶活性提高。人体在进行高强度运动时，运动初期免疫系统激活，溶菌酶活性增加，但长时间高强度运动可能抑制免疫功能，导致溶菌酶活性下降。

（3）胆囊收缩素与饱腹感：胆囊收缩素是一种在胃肠道和中枢神经系统中起重要作用的肽类激素，与饱腹感的调节密切相关。短期高强度运动可能抑制胆囊收缩素分泌，降低饱腹感，而长期规律的中低强度运动可通过改善胃肠功能、增强激素敏感性，优化胆囊收缩素的分泌和作用，促进消化健康与食欲调控。

运动对人体消化系统有一系列正面作用，包括提高消化系统活性，促进免疫系统功能活跃，调节食欲，但这些作用也会反向影响消化系统的正常工作。例如，高强度或长时间运动过程中，由于内脏血流减少导致胃肠道组织供血不足，可能引发腹痛、恶心、呕吐、腹泻甚至消化道损伤等症状；当运动中腹腔压力升高时，会导致胃食管反流；运动过程中的胃肠供血不足、机械振动、自主神经调节变化，会导致运动性腹泻。

微课：长期运动对消化系统的适应性改变

2. 长期运动对消化系统的适应性改变

（1）胃肠蠕动的增强与调节：长期适量运动可刺激副交感神经，增强胃肠道平滑肌的收缩能力，使食物在消化道内的推进更加顺畅，同时降低便秘发生率。高水平运动员的胃肠道适应能力增强，可在运动中保持适当的胃排空速率，减少胃肠不适。

（2）消化液分泌的优化：长期运动可调节胃酸分泌，使其保持在适宜水平，减少胃溃疡和胃食管反流病的风险。同时，长期运动促进胰腺功能稳定，优化胰液分泌，提高蛋白质、脂肪和碳水化合物的消化效率；增强胆汁分泌，促进脂肪乳化，提高脂肪的消化吸收率。

（3）胃肠道血流供应的改善：规律运动可增加内脏血管的弹性，改善胃肠道的微循环，提高消化器官的耐受力，使其在运动状态下能维持相对稳定的功能。适应性增强后，降低运动过程中胃肠道血流减少的影响，减少因供血不足导致的胃肠不适和运动性腹泻。

（4）肠道微生物群的优化：长期规律运动可增加肠道有益菌（如双歧杆菌、乳酸菌）比例，减少有害菌，改善肠道微生态平衡，促进短链脂肪酸的产生，有助于维持肠道屏障功能，提高营养吸收能力，减少炎症反应。研究发现，耐力训练者的肠道菌群更具多样性，这可能有助于维持健康的消化功能和免疫调节能力。

▶知识拓展

运动员的饮食特点

专业运动员的饮食特点以高能量、均衡营养和个性化调控为核心，以满足训练和比赛的需求。首先，碳水化合物是主要能量来源，耐力型运动员通常摄入50% ~ 60%的碳水，以维持肌糖原储备，而力量型运动员则适当降低碳水比例，增加蛋白质摄入。其次，优质蛋白质（如瘦肉、鸡蛋、鱼类、乳制品）摄入量较高，可促进肌肉修复和生长。脂肪摄入主要来源于健康脂肪（如坚果、橄榄油、深海鱼），以支持激素合成和持久能量供应。此外，运动员注重水分与电解质平衡，尤其在高强度训练或长时间比赛时，补充钠、钾、镁等矿物质以防止脱水和肌肉痉挛。维生素（如维生素C、维生素E）和抗氧化物质对免疫功能维持和机体的恢复至关重要，因此他们通常食用大量水果、蔬菜和坚果。专业运动员的饮食还具有个性化特点，依据运动类型、训练阶段和个人代谢特征进行调整，例如，赛前高碳水饮食提升储备，赛后高蛋白饮食促进恢复。科学的饮食管理是提升运动表现、缩短恢复时间和延长运动寿命的关键。

第五节 运动与泌尿系统

一、泌尿系统概述

泌尿系统由肾、输尿管、膀胱和尿道四个部分组成（图4-17）。泌尿系统的主要功能包括以下五个方面。

1. 排泄机体代谢废物和毒素 肾脏通过过滤血液形成原尿，再经重吸收和分泌作用浓缩为终尿，最后经输尿管、膀胱和尿道排出。泌尿系统通过生成和排出尿液，清除体内新陈代谢产生的废物（如尿素、尿酸、肌酐）及外源性毒素（如药物、化学物质）。

2. 调节体液平衡 由下丘脑视上核和室旁核合成的抗利尿激素和由肾上腺皮质球状带分泌的醛固酮参与调控肾脏对水的重吸收，通过调节尿量控制体内水分，维持血容量和血压稳定。例如，脱水时减少尿液排出，水分过剩时增加排泄。

3. 维持电解质平衡 泌尿系统可以精确控制钠、钾、钙、氯等离子浓度，确保神经、肌肉功能

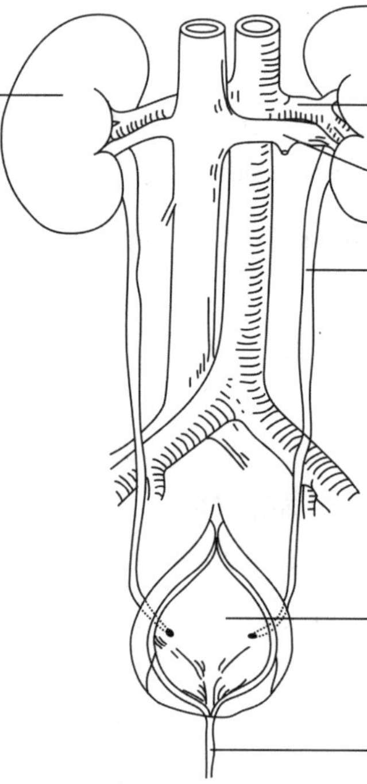

图4-17　泌尿系统全貌

和细胞正常活动。例如，高血钾时，肾脏可以通过增加钾的排泄以避免心律失常。

4．调节酸碱平衡　泌尿系统通过排出氢离子和重吸收碳酸氢盐，维持血液pH在7.35 ～ 7.40的范围内，如遇酸或碱中毒，肾脏可调整尿中酸性或碱性物质的排泄量以纠正异常。

5．内分泌功能　泌尿系统的内分泌功能主要是由肾脏和部分泌尿器官（如球旁复合体）完成，通过分泌多种激素和生物活性物质，调节全身的生理活动。泌尿系统分泌的激素和生物活性物质包括以下几种。

（1）促红细胞生成素：刺激骨髓中的造血干细胞分化为红细胞，维持正常红细胞数量，预防贫血。

（2）肾素：当球旁复合体细胞感知到血压下降、血钠降低或交感神经兴奋时，将启动肾素－血管紧张素－醛固酮系统，调节血压、血容量和电解质平衡。

（3）活性维生素D：人体皮肤可以将紫外线经过一系列转化，最终通过肾脏近端小管细胞转化为1,25-二羟维生素D_3。通过这种方式，泌尿系统参与调节钙磷代谢，促进肠道钙吸收、骨骼钙沉积和肾脏钙重吸收。

（4）前列腺素：肾脏髓质间质细胞和集合管上皮细胞合成局部作用的前列腺素，可以增加肾血流量，抑制肾集合管对水的重吸收，促进水分排泄；抑制钠的重吸收，维持电解质平衡。

（5）激肽释放酶－激肽系统：肾皮质分泌激肽释放酶，作用于激肽原生成缓激肽，扩张血管，降低血压，促进钠排泄，调节血容量。

泌尿系统的内分泌功能体现了其作为“多功能调节器”的角色，远超单纯的排泄器官，是全身稳态的核心调控者之一，维持内环境稳定，与循环系统（血压）、骨骼系统（钙代谢）和免疫系统（局部炎症调节）紧密关联。

泌尿系统通过调节人体排泄和内分泌过程，在清除废物、稳定内环境、调控血压及支持代谢等方面发挥核心作用。其核心器官——肾脏，不仅是一个高效的“过滤器”，更是维持生命平衡的关键调节器。若功能受损（如肾衰竭），会导致毒素积累、电解质紊乱等严重后果。远端小管和集合管的物质转运过程见图4-18。

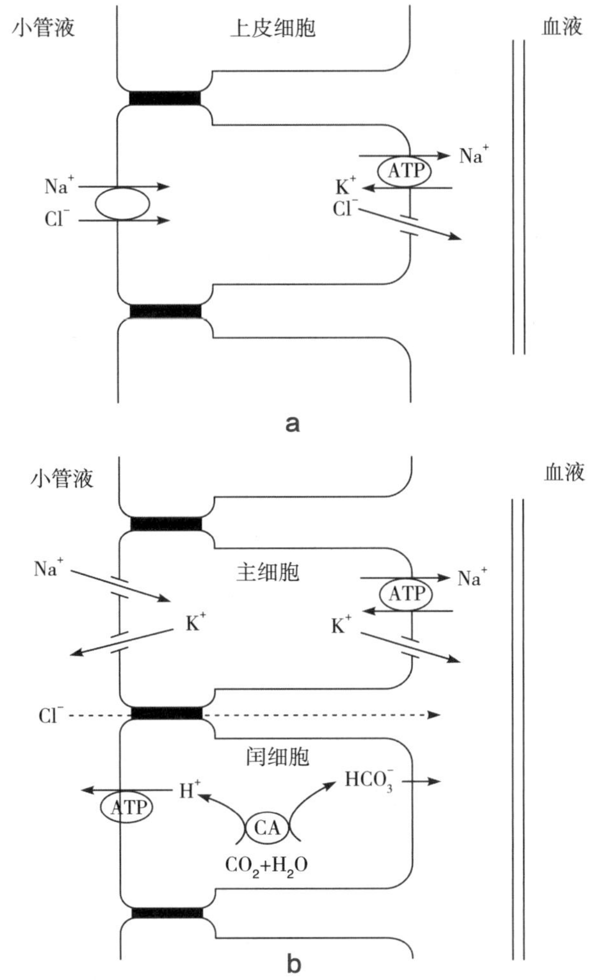

图4-18 远端小管和集合管的物质转运示意

a. 远端小管始段NaCl的重吸收机制；b. 远端小管后段和集合管的物质转运。

二、运动对泌尿系统的影响

微课：运动对人体泌尿系统的影响

泌尿系统是人体重要的排泄系统，尤其是在长期持续的运动训练或比赛的过程中，人体的物质代谢、能量代谢都异常旺盛，尿素、肌酐、尿酸等物质的产生及排出效率都相应增高，泌尿系统对保障人体的功能正常及功能提升都有重要的意义。在运动的状况下，根据运动负荷强度、运动持续时间、运动环境温度湿度等不同的情况，人体机体在能源供应、内环境体液成分（如大量出汗时的水、无机盐）及pH变化等方面会发生多种变化，肾脏根据机体的状况发挥调节作用来保持内环境稳态。及时观察尿量和尿成分，掌握运动对肾脏功能的影响规律，为客观评定运动时肾脏功能和身体功能状况提供依据。

1. 尿量 运动后尿量主要受气温、运动强度、运动持续时间、泌汗和饮水量等因素影响。如夏季进行强度较大、持续时间较长的运动或强度虽不大但时间较长的运动时，由于大量泌汗，尿量减少。

短时间运动后，尿量不会发生明显变化。高强度、大运动量比赛后，由于血液重新分配，肾脏血流量减少，故运动后一段时间内尿量减少。

2. 运动性蛋白尿 指剧烈运动后尿液中出现过量蛋白质（＞150mg/24h），常见于健康人群，尤其是运动员或未经训练者突然进行高强度运动后，通常为一过性，休息24～48小时后自行消失。运动性蛋白尿的发生与剧烈运动后血液重新分配，运动时肾小球和肌肉机械性损伤、乳酸堆积和肾上腺素分泌增加有关。冲击性强、高强度和长时间运动更易诱发。

3. 运动性血尿 指健康人在剧烈运动后出现的一过性血尿，其定义为离心尿液中每高倍视野红细胞超过3个，且经系统检查排除泌尿系统疾病、外伤或其他全身性疾病等明确病因。发生机制主要与运动时全身血液重新分配导致肾血流量减少有关，此时肾小球因缺血、缺氧及乳酸堆积而通透性增加，红细胞从血管壁漏出至尿液中，同时长时间直立体位运动可能引发肾静脉高压或肾下垂，进一步加剧红细胞外渗。该现象多见于跑跳类、球类等冲击性运动项目，男性运动员发生率较高，通常在停止运动后24小时至3天内自行消失，且不伴随其他异常症状或健康损害。预防措施强调运动负荷循序渐进、充分热身及选择弹性鞋垫等缓冲装备，而处理原则以立即停止运动、补充水分和监测恢复为主，若血尿持续，需警惕横纹肌溶解或泌尿系统器质性疾病的可能性。值得注意的是，运动性血尿与血红蛋白尿、药物染色尿等可通过尿常规潜血试验和镜检红细胞数量进行鉴别。

▶知识拓展

运动员的补水策略

患者是一名经验丰富的马拉松运动员，他在备战一场高温环境下的比赛。在训练过程中，患者发现自己尿量减少，尿液颜色变深，并且在长时间奔跑后偶尔出现肌痉挛的情况。为了解决这些问题，患者咨询了运动生理学专家。专家解释说，在长时间耐力运动中，泌尿系统会发生适应性调节。首先，为了维持体内水分平衡，抗利尿激素分泌增加，导致肾小管对水的重吸收增强，从而减少尿液排放，防止脱水。其次，随着汗液大量流失，体内的钠、钾等电解质浓度下降，可能引发肌痉挛甚至低钠血症。与此同时，肾上腺皮质分泌醛固酮，促进钠的重吸收，以维持血容量和电解质平衡。在专家的建议下，患者调整了补水策略，赛前适量饮水，比赛期间定期补充富含电解质的运动饮料，避免了因过量饮水导致的低钠血症。通过科学合理的水分和电解质管理，患者在比赛中发挥稳定，顺利完赛。

运动员的泌尿系统在长期训练下会适应高强度运动环境，调节水分平衡、血容量和电解质平衡，但若补水不当或长时间剧烈运动，可能引发脱水、低钠血症或运动性血红蛋白尿。因此，科学的补水策略对运动员至关重要。

第六节　运动训练基础

一、运动训练的概念与目标

运动训练指运用基于循证医学和运动科学原理的训练手段与方法，在严格监控与评估下，结合个体化、渐进式的负荷安排与精细化的恢复调控策略，旨在安全、有效地提升个体（包括伤病患者、功能障碍者及健康人群）的运动功能、身体能力与运动表现。

运动训练的目标包括恢复与重建关键功能性能力（如行走、平衡、转移），提升生活独立性，预防损伤及降低复发风险，全面优化肌力、关节活动度、柔韧性、心肺耐力及运动控制能力等生理机能，慢性病管理及健康促进，延缓功能衰老，重建心理自信与社会参与能力、减轻运动恐惧、提升生活掌控感。

二、运动训练的基本原则

在运动训练学中，有四个基本原则被广泛认同和应用。这些原则共同构成了运动训练学的基础框架，指导着运动训练的实践。

1. 循序渐进原则　强调体育锻炼的强度、时间和频率应逐渐增加，避免过度训练和受伤。这一原则基于人体生理功能的适应性原理，认为人体各器官的功能不是一下子提高的，而是一个逐步发展、逐步提高的过程。初学者应从低强度活动开始，如散步或轻松骑自行车，随着体能的提升，逐渐增加运动强度、持续时间和频率。例如，一个刚开始跑步的人，可以从每天慢跑20分钟开始，逐渐增加至30分钟、40分钟，同时提高跑步速度，以适应更高的运动负荷。

2. 全面锻炼原则　要求体育锻炼应全面发展身体各部位的肌肉和关节，以达到全面提高身体素质的目的。这意味着运动训练不应局限于某一特定的肌肉群或关节，而应通过多样化的锻炼方式，如结合有氧运动、力量训练和柔韧性练习，来促进全身各部位的均衡发展。全面锻炼原则的重要性在于有助于避免运动损伤、提高身体协调性和整体运动能力。

3. 针对性原则　又称区别对待原则，强调根据个人的身体状况和锻炼目的，选择适合自己的锻炼项目和方法。在制订锻炼计划时，应考虑个人的年龄、性别、健康状况、运动偏好等因素，设计个性化的锻炼方案。这一原则的作用在于确保训练的有效性和针对性，避免盲目跟风和“一刀切”的训练方式。例如，一个老年人可能更适合进行低强度、节奏轻缓的运动，如散步或太极拳，而一个年轻人则可能更适合进行高强度、高负荷的力量训练。

4. 安全性原则　强调在进行体育锻炼时，应注意安全，避免发生意外伤害。这包括在运动前做好充分的准备活动，如热身运动；在运动过程中保持正确的姿势和技术动作；在运动后做好放松运动等。安全性原则的意义在于保障训练者的身体健康和生命安全，避免因运动训练而导致的意外伤害。实施策略包括定期进行体检和评估、遵循科学的训练方法和原则、选择安全的训练环境和装备等。

这四个原则在运动训练中是相互关联、相互促进的。循序渐进原则为全面锻炼原则提供了基础，只有在逐渐增加运动强度、持续时间和频率的基础上，才能实现身体各部位的均衡发展。针对性原则则确保了训练的有效性和个性化，使训练更加符合个人的身体状况和锻炼目的。安全性原则是贯穿整个训练过程的重要保障，它要求训练者在追求训练效果的同时，时刻关注自身的身体健康和生命安全。在实际应用中，这四个原则应综合运用，以制订科学合理的训练计划，提高训练效果，保障训练者的身体健康和生命安全。

三、运动能力及其构成要素

运动能力是人类生存与发展的生物基石，其本质是神经-肌肉-骨骼-能量代谢系统在时空维度上的协同表达。

（一）基础生理机能

1. 肌肉力量 是肌群对抗阻力产生最大张力的能力（绝对力量）或重复抗疲劳能力（力量耐力）。肌肉力量是支撑关节动态稳定（如膝关节炎需股四头肌力量）和实现抗重力活动（如从椅子站起）的关键。

2. 心肺耐力 是心血管和呼吸系统持续供氧支持肌肉工作的能力。临床上通过中等强度持续训练（如固定自行车）、间歇训练，提升慢性病（心衰、COPD）患者日常活动的耐受性。

3. 柔韧性与关节活动度 指关节在关节囊、韧带、肌肉延展性允许的无痛运动范围的活动能力。临床上常通过动态拉伸（运动前）、静态保持（恢复期）、关节松动术等技术提升患者的柔韧性与关节活动度。例如肩关节粘连导致的手无法触及后背（影响穿衣、如厕）。

（二）神经控制

1. 平衡能力 指人体在静态姿势或动态活动中维持重心稳定的能力。该能力是预防跌倒（尤其老年群体与神经损伤患者）的核心要素，也是踝关节扭伤后进行本体感觉重建与神经肌肉控制训练的关键目标。

2. 协调能力 指多肌群在时间、空间和强度上高效协同的能力（肢体间/肢体-躯干间）。临床上常通过双侧交替任务（如抛接球）、复杂性递增动作（如边走路边计算）提升患者的协调能力。

3. 敏捷性 指快速变换身体方向、速度或动作模式的能力（力量+神经反应的结合）。在康复训练中，敏捷性训练有益于重建功能性避险能力、优化神经肌肉协调模式。例如针对老年人或平衡障碍患者，通过方向变换训练提升应对突发障碍物的反应能力，降低跌倒风险。通过多向跳跃、折返跑等训练，强化肌肉离心收缩控制与关节动态稳定，纠正代偿性动作模式。

四、运动训练的方法

运动训练方法是科学化提升运动能力与身体素质的系统化操作体系，其核心在于通过结构化的练习动作、负荷调控与过程设计实现训练目标。作为连接训练理论与实践的桥梁，这类方法既包含模式训练法、程序训练法等系统控制性框架，也涵盖分解、完整、间歇、重复等具体操作性手段，通过调整运动负荷强度、动作组合方式及能量代谢模式来针对性发展专项能力。运动训练控制方法体系见表4-4。

表4-4　运动训练控制方法体系

方法名称	核心原理	主要特点	适用场景	实施步骤	优势	局限性
模式训练法	基于“训练模式”（对优秀运动员训练过程的标准化提炼），通过复制成功训练结构实现目标控制	以“模型”为核心，强调训练要素的规范性和系统性；注重训练过程的稳定性和可复制性	技能主导类项目（如体操、跳水）、青少年基础训练、标准化技能培养	1. 建立训练模式（含目标、内容、方法、负荷等要素）；2. 按模式分解训练阶段；3. 对照模式监控调整偏差	目标明确，可快速复制成功经验；适合规模化训练	灵活性不足，难以适应个体差异大的情况；对“模式”的科学性依赖度高
程序训练法	将训练过程分解为有序的“程序单元”，通过逐步完成单元目标实现整体训练控制	强调训练过程的“步骤化”和“递进性”，每个单元有明确的任务和标准；注重阶段衔接	体能主导类项目（如中长跑、游泳）、复杂技术的分步学习、周期化训练安排	1. 划分训练程序（如基础期、强化期、赛前期）；2. 确定各程序单元的任务与负荷；3. 按顺序执行并检验单元效果	逻辑性强，可保证训练的系统性和连贯性；便于阶段目标管理	对程序设计的前瞻性要求高；若中间环节偏差，可能影响整体效果
微机辅训法	利用计算机技术（如数据采集、分析软件）对训练过程进行量化监控和动态调整	以“数据”为核心，强调训练的精准化和实时性；可整合多维度指标（心率、技术动作参数等）	高水平竞技训练（如田径、球类）、需要精细控制的体能或技术训练、大样本数据对比	1. 设定监测指标（如负荷强度、动作角度、生理指标）；2. 实时采集数据并通过软件分析；3. 依据分析结果调整训练方案	数据精准，可实时反馈；能捕捉人工难以察觉的细节	依赖设备和技术支持，成本较高；对使用者的计算机操作能力有要求；可能忽略主观感受

训练基本方法又可称为基本操作方法，主要包括完整训练法、分解训练法、持续训练法、间歇训练法、重复训练法、变换训练法、循环训练法、比赛训练法8种具体的能够在运动训练时直接操作的训练方法。

运动训练基本方法主要是用于完成运动训练实践具体任务的操作方法，它是遴选训练手段的依据，是运动训练理论认识作用于具体实践的途径。运动训练控制方法主要用于科学控制运动训练阶段和阶段训练质量。运动训练基本方法体系见表4-5。

表4-5　运动训练基本方法体系

方法	亚类
分解训练方法	单纯分解训练、递进分解训练、顺进分解训练、逆进分解训练
完整训练方法	动作完整训练、技术完整训练、战术完整训练
重复训练方法	短时重复训练、中时重复训练、长时重复训练
间歇训练方法	高强性间隙训练、强化性间歇训练、发展性间歇训练
持续训练方法	短时持续训练、中时持续训练、长时持续训练

续 表

方法	亚类
变换训练方法	负荷变换训练、内容变换训练、形式变换训练
循环训练方法	循环重复训练、循环间歇训练、循环持续训练
比赛训练方法	教学性比赛、检查性比赛、模拟性比赛、适应性比赛

五、运动负荷的科学控制

作为动力、机械设备及生理组织范畴的概念，负荷（亦称负载或负荷）是指设备或组织在单位时间担负的工作量或某一物体承受的重量。运动负荷是指运动者在体育教学、健身锻炼、竞技运动等活动中，在一定时间里完成的活动及其承受的运动量度。

运动量度通过一定的练习数值和练习性质来计量、评价，也可以进行主观的设计和控制。运动量和运动强度共同反映运动负荷的水平，主要包括身体运动（练习）在时间、次数、组数、距离、速度、重量等方面的长短、多少、大小、快慢的数值或总数，也包括在单位时间里的运动量水平，即单位时间里的重复次（组）数、移动距离，次（组）间练习的间隔时间，单次或多次负担的最大重量及其占比，单个或组合动作（套路）的复杂程度及其完成质量。

在一定时间内，一定量度大小和性质水平的身体练习形成的负荷施加到人体并产生应答，使运动者机体在心率、血压、血乳酸、注意力等生理学、生化学、心理学、训练学多个方面发生变化，从而表现出运动负荷在人体功能改善和运动技能掌握方面的价值。康复训练的运动量度可根据Borg量表（12 ～ 14级）、疼痛阈值（VAS≤3）精确调节。运动负荷效应是运动者机体生物性和社会性的变化程度，这种效应具有延迟性。延迟性的形成与负荷量和负荷强度的刺激水平，以及运动者机体的承受水平相关。疲劳是运动负荷延迟效应的典型表现之一。在对运动负荷进行监控时，可从主观方面，使用RPE量表进行评分，同时使用心率监测、血乳酸测试、GPS追踪的形式进行客观观察。当运动者出现静息心率上升5 ～ 10次/分，睡眠质量下降，情绪烦躁、训练欲望降低，相同负荷下完成时间延长，力量下降时，应注意避免过度训练。

六、运动恢复的策略

微课：运动恢复策略

运动后的恢复，可从主动恢复、物理疗法、营养补充三方面入手。训练者在运动后可采用慢跑、慢速游泳等低强度运动，配合动态拉伸，来提高关节活动度，促进乳酸清除，缓解肌肉僵硬；物理疗法方面，训练者可采用冷热交替浴、筋膜放松法进行物理放松；营养补充方面，运动后30分钟是营养补充的黄金窗口期，应及时补充碳水（1.2g/kg）和蛋白质（0.3g/kg），还可以服用电解质和营养补剂缓解肌肉痉挛。

▶ **知识拓展**

我国智能跑鞋的技术突破与普惠实践

我国智能跑鞋技术深度融合人工智能与生物力学，推动运动装备科技实现自主创新。行业通过鞋垫集成柔性压力传感阵列生成动态足底压力云图，结合高校研发的深度学习算法实现足弓形态异常实时识别，同时利用微型惯性测量单元捕捉多维度步态参数，搭载关节力学分析模型提供个性化运动保护方案，其3D自适应足弓支撑系统可依据运动强度智能调节刚度。该技术在竞技领域，服务于国家田径队科学化训练，通过步态动力学分析优化技术动作；在民生领域，开发具震动警示功能的老年智能鞋降低跌倒风险，探索社区健康管理平台与跑鞋数据的整合应用。践行“科技惠民”发展理念，彰显运动健康领域的中国智造升级路径。

—• 考试知识点总结 •—　　**—• 本章小结 •—**

—• 协和云课堂…… 拓展练习及参考答案 •—

（李　静）

教学课件

第五章 运动生物化学

学习目标

素质目标

（1）具备批判性思维和创新精神，能够独立思考、分析和解决问题，不断追求卓越的医疗技术和医疗服务。

（2）具备科研能力和学术素养，能够参与医学研究和发展。

知识目标

（1）掌握：运动与三大功能系统的关系。

（2）熟悉：运动与糖、脂肪和蛋白质代谢的关系。

（3）了解：运动时能量的来源与转化和影响能量代谢的因素。

能力目标

（1）能处理好康复过程中运动与三大营养物质代谢的关系，减少不良影响，实现康复目标。

（2）能正确制订运动处方，合理运用训练方法提高身体素质，同时避免运动疲劳与损伤，提高运动训练的效果。

案例导入

【案例】

患者，男，35岁，长跑爱好者。患者每周坚持进行3～4次长跑训练，每次训练时长约为60分钟。近期，患者为了参加即将到来的马拉松比赛，加大了训练强度，增加了每周的训练次数和每次训练的时长。然而，在加大训练量的初期，患者发现自己在训练过程中经常出现疲劳感，且恢复时间较长。

【问题】

请分析产生这种情况的原因是什么？

·核心知识拆解·

为了维持生命活动的正常进行，人体需要持续从外界摄取多种营养物质，用于维持正常生理活动。同时，机体也需要不断清除这些营养物质代谢后产生的废物。物质在体内的消化、吸收、运转、分解等与生理有关的化学过程称为物质代谢。在物质分解的过程中，伴随着能量的释放、转移、储存和利用，称为能量代谢。因此，物质代谢与能量代谢是紧密联系、不可分割的两个生理过程。

物质代谢和能量代谢是维持生命活动的基本过程。葡萄糖、脂肪和蛋白质的合成和分解过程构成了机体的物质代谢，伴随着能量的释放、转移、储存和利用，称为能量代谢。运动会导致体内能量消耗显著增加，比安静时高出数倍。运动过程中及时补充能量对于维持运动表现至关重要。组织细胞可以直接利用的能量形式是腺嘌呤核苷三磷酸（adenosine triphosphate，ATP），它主要由人体运动过程中葡萄糖、脂肪、蛋白质的氧化分解释放出的能量进行补充。因此，在康复治疗中，应根据运动方式对能量代谢的影响，科学制订个性化的运动处方。例如，有氧运动如慢跑和游泳，主要依赖碳水化合物和脂肪供能，可提高人体的心肺功能和基础代谢率；而力量运动如举重和俯卧撑，则依赖糖酵解和蛋白质供能，可增加肌肉力量和爆发力。选择适当的运动负荷，可以有效提高患者的运动能力。

第一节　运动与能量代谢

运动作为人类生命活动的重要表现形式，与新陈代谢这一生命基本特征密切相关。新陈代谢包含物质代谢和能量代谢两个相互关联的过程，其中能量代谢依托于物质代谢进行。物质代谢由合成代谢和分解代谢两个相辅相成的方面构成：合成代谢是机体通过摄取外界营养物质来构建组织、更新细胞并储存能量的过程；分解代谢则是机体通过分解储存物质或自身组织来获取能量，以维持正常体温和各项生理功能运转的过程。这两个代谢过程相互协调，共同维持着生命活动的持续运转。不同运动能力和身体状况的人在运动过程中展现出不同的代谢特点。因此，在康复治疗中，运动处方的制订应基于个体的医学检查资料，包括运动试验和体力测试，以确保运动种类、强度、时间和频率的适宜性。运动处方旨在通过科学的锻炼方法，恢复和增强患者的运动能力，同时对心血管、呼吸和运动系统等产生积极影响，从而提高患者的身体健康水平。

一、主要营养物质的生理作用

1. 营养物质的生理作用　糖类、脂肪和蛋白质作为三大营养物质，在分解代谢过程中会释放出化学能，为机体的生命活动和运动提供能量支持，称为三大能源物质。

其中，糖类是人体最主要的能量来源。日常消耗能量有50%～70%来自糖类，平均每克糖可释放17.16kJ的能量。由于糖类在氧化过程中耗氧量较脂肪和蛋白质少，故又称为最经济的能量来源。

人体各器官、肌肉和大脑的活动都需要消耗大量能量，这些能量首先由糖类供给。脂肪是重要的能量储备物质，每氧化1g脂肪可释放约38.93kJ的能量。脂肪在合理膳食中提供20%～30%的总热量。蛋白质虽然也可作为能量物质（每克释放约16.7kJ能量），但其主要生理功能在于维持机体的生长发育和组织更新修复。例如，肠黏膜上皮细胞约每36小时更新一次，红细胞约每120天更新一次，这些过程都需要大量蛋白质参与。

此外，糖类与脂肪结合形成糖脂，与蛋白质结合形成糖蛋白，这些复合物是构成生物膜、神经组织、结缔组织、血浆球蛋白（抗体）、多种酶及激素等生物活性物质的重要成分。脂肪还具有保温隔热和保护内脏器官的生理功能。

2. 水及无机盐的生理作用 体液作为细胞代谢的内部环境，主要由水和多种无机盐组成。水在人体中发挥着多重关键作用：首先，它是营养物质消化、吸收、运输及代谢废物排泄的媒介，对维持物质代谢具有重要作用；其次，凭借其较高的蒸发热和比热容，水能够有效调节体温，防止因代谢产热导致的体温剧烈波动；此外，水在体内还起到润滑作用，如关节腔滑液、胸膜腔和腹膜腔浆液等。

无机盐在生理活动中同样具有重要功能：①维持细胞内外液的容量、渗透压及电中性平衡；②调节神经和肌肉的膜电位，维持神经肌肉细胞的正常兴奋性和收缩功能，使机体能够感知环境刺激并作出反应；③参与构成血液缓冲系统，对维持人体酸碱平衡起关键作用；④作为人体体质的重要组成部分，通过调控生物酶的活性来影响物质代谢过程。这些功能共同维持着机体的正常生理活动。

3. 维生素的生理作用 水溶性维生素（特别是B族维生素）参与某些辅酶的组成、某些重要化学基团的转运及体内的氧化还原反应等，在物质代谢中起重要作用；脂溶性维生素具有维持上皮细胞健全、维持机体正常生长发育、调节钙磷代谢、促进多种凝血因子的合成、抗氧化等重要功能。

二、营养物质代谢

（一）运动与糖代谢——糖类是人体基本的供能物质

1. 人体的糖贮备及其供能形式 人体内储存的糖类主要来源于膳食中的糖原和葡萄糖。根据中国居民膳食营养素参考摄入量标准，成年人每日碳水化合物供能比应控制在总能量摄入的50%～60%，这一比例既能够满足机体能量需求，又可维持血糖稳态平衡。食物中的糖大多是多糖和双糖，经消化道分解成单糖并被吸收入血液后，一部分合成肝糖原，一部分随血液运输到肌肉合成肌糖原并储存起来，一部分被组织直接氧化利用，剩下的部分用于维持血液中葡萄糖的浓度（血糖）（图5-1）。因此，人体的糖以血糖、肝糖原和肌糖原的形式存在，并以血糖为中心，处于一种动态平衡。葡萄糖是人体内糖类的运输形式，而糖原是糖类的贮存形式（图5-1）。

（1）运动对糖原的影响：人体各组织普遍存在糖原分布，但其含量呈现显著的组织特异性。从组织分布特征来看，中枢神经系统（如脑组织）的糖原储备极低，而肝脏和骨骼肌则构成了机体的主要糖原储存库。人体肝糖原70～100g，浓度约250mmol/kg，肌糖原300～400g，浓度为80～100mmol/kg。一个70kg体重的运动员，肌糖原储量约为420g，肝糖原储量约为100g。肌糖原在多种运动形式中发挥着关键的供能作用。作为高强度无氧运动时的主要能量来源，它同时也在中

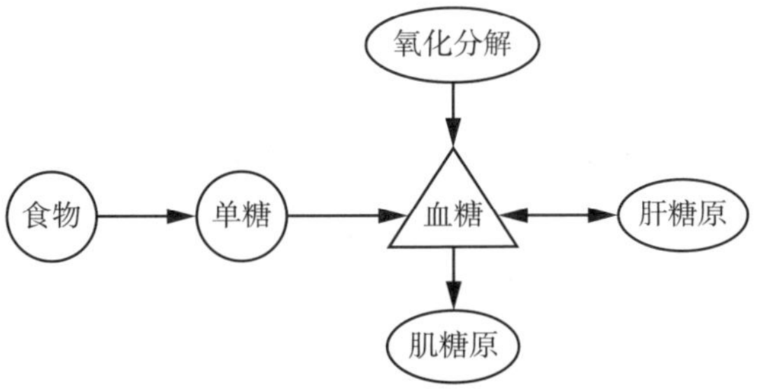

图5-1 糖的动态平衡示意图

大强度有氧运动中扮演着重要角色。大量研究证实，提高体内糖原储备水平（尤其是肌糖原含量）能够显著提升运动员在大强度耐力项目中的竞技表现。

肝糖原的代谢动态与运动强度和持续时间密切相关。在短时间高强度运动中，肝糖原会迅速分解并大量释放入血；随着运动时间的延长，在持续大强度运动中，肝糖原的释放总量呈现递减趋势，此时糖异生作用相应增强；而在长时间低强度运动中，肝糖原的释放速率则表现出先快后慢的特征。值得注意的是，系统的耐力训练能够显著降低长时间运动中肝糖原的分解速率和糖异生作用，这种适应性变化虽然提高了能量利用效率，但也可能增加运动性低血糖发生的风险。

运动时肌糖原是骨骼肌最重要的能量来源。其消耗量与运动强度和时间成正比。如以低强度运动（30%最大摄氧量）至力竭时，肌糖原下降很少，仅为15%；以中等强度运动（75%最大摄氧量）至力竭时，肌糖原消耗量为80%～95%，消耗量最大；以大强度运动（90%最大摄氧量）至力竭时，肌糖原消耗速率最大，由于强度大、时间短，肌乳酸快速增多，抑制了糖酵解进行，肌糖原消耗少，仅下降25%。

（2）运动对血糖的影响：血液中的葡萄糖又称血糖，总量5～6g，正常人空腹血糖浓度为80～120mg（4.2～6.5mmol/L）。血糖是包括大脑在内的中枢神经系统的主要能源。研究表明，运动员在静息状态下的血糖水平与普通人群并无显著差异，这一指标实质上反映了机体糖代谢分解与合成之间的动态平衡机制。当机体处于空腹状态或进行长时间运动时，血糖水平会出现下降趋势，这种下降往往伴随着运动能力的降低和疲劳症状的出现。在此过程中，肝糖原发挥着关键的调节作用，它能够通过快速分解进入血液循环，及时补充血糖，从而维持血糖水平的动态平衡，确保机体的正常生理功能。

安静状态下，机体摄取血糖的量不多；运动时，骨骼肌吸收和利用血糖增多，其数量与运动强度、持续时间和运动前肌糖原储量有关。

运动对血糖的调节是由神经系统、激素和组织器官的协同作用完成的。运动中保持血糖稳定至关重要：①血糖确保了中枢神经系统的正常运作，因为脑组织对血糖极为敏感，低血糖时，神经系统首先会出现昏迷症状；②血糖是红细胞的唯一能量来源；③血糖是运动肌的肌外燃料。

（3）运动与乳酸：安静时乳酸主要在红细胞、骨骼肌、脑组织和白细胞中产生，其中骨骼肌产生乳酸量约占35%。运动时骨骼肌是产生乳酸的主要场所，乳酸的生成量与运动强度、持续时间及肌纤维类型等因素有关。当然，乳酸的清除速率会随着其浓度的提升而相应加快，运动能够有效促进血液循环，从而加速乳酸的清除过程。

乳酸代谢在机体内发挥着多重重要的生理功能：第一，它构建了高效的乳酸循环利用机制，乳酸通过血液循环可转运至心肌和氧化能力较强的骨骼肌中进行氧化供能；或者作为肝脏糖异生的原料，这不仅加速了肝糖原和肌糖原的再生，还有效维持了血糖稳态；第二，乳酸代谢系统具有重要的酸碱平衡调节功能，能够防止因乳酸过度积累导致的代谢性酸中毒，确保机体内环境稳定；第三，在运动过程中，乳酸的及时清除为糖酵解过程提供了持续的“代谢空间”，通过移除终产物抑制效应，维持了糖酵解途径的能量供应效率，这对保证运动能力具有关键作用。

微课：糖在体内的分解代谢

2. 糖在体内的分解代谢 糖代谢是机体普遍存在的能量转化过程，各组织细胞都具有这一基本功能。从代谢途径来看，糖在生物体内的降解主要通过两种机制实现：其一是在缺氧条件下进行的糖酵解（无氧代谢），其二是在有氧环境下进行的有氧代谢。这两种代谢方式根据组织特性和供氧状况相互补充，共同维持细胞的能量需求。

（1）糖酵解：指糖在人体组织中，无须耗氧而分解成乳酸；或是在人体缺氧或供氧不足的情况下，糖仍能经过一定的化学变化，分解成乳酸，并释放出一部分能量的过程。该过程因与酵母菌生醇发酵的过程基本相似，故称为糖酵解。糖酵解是一系列酶促反应的过程。剧烈运动时，体内供氧不足，糖进行无氧分解。经过一系列反应生成乳酸。在该过程中，1分子葡萄糖生成2分子乳酸，并释放能量。这些能量由二磷酸腺苷（adenosine diphosphate，ADP）接收并生成ATP（图5-2）。糖酵解作为重要的能量代谢途径，在特定组织和细胞（如红细胞）中发挥着关键的供能作用。尽管该途径ATP生成效率相对较低，但由于其酶浓度高、反应速率快，能够在短时间内快速产生能量，特别是在剧烈运动时，可为肌肉收缩提供即时能量支持。

乳酸代谢主要通过两条途径进行：在氧气供应充足的情况下，部分乳酸可在心肌、静息状态或恢复期的骨骼肌中进一步氧化分解；另一部分则进入血液循环，经肝脏重新转化为糖原或葡萄糖，实现循环利用，这一转化过程需要消耗氧气和能量。

（2）有氧氧化：糖原或葡萄糖在耗氧条件下彻底氧化，产生二氧化碳和水的过程，称为有氧氧化。糖的有氧氧化过程可发展为三个阶段：第一阶段，由糖原或葡萄糖分解为丙酮酸，该过程与糖酵解相同；第二阶段，由丙酮酸氧化生成乙酰辅酶A；第三阶段，乙酰辅酶A经三羧酸循环生成二

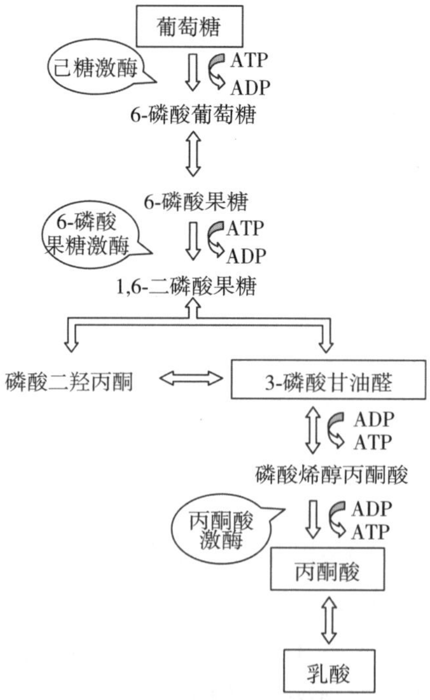

图5-2 葡萄糖的无氧酵解过程

氧化碳和水（每个阶段均有脱氢反应），脱下的氢原子与氧化合生成水的过程中，产生大量能量，用来合成ATP（图5-3）。乙酰辅酶A作为关键的代谢中间产物，不仅来源于糖类的分解代谢，同时也是脂肪和蛋白质分解代谢的共同终产物。这一特性使得三羧酸循环成为糖类、脂类和蛋白质三大营养物质在体内氧化分解的共同代谢通路。

从能量代谢的角度来看，有氧氧化具有显著的产能优势。1分子葡萄糖经完全氧化可生成38分子ATP，其产能效率约为糖酵解的19倍。这种高效的产能特性决定了有氧氧化在机体能量供应中的核心地位，既是维持正常生理功能的主要供能途径，也是长时间持续运动时的重要能量来源。

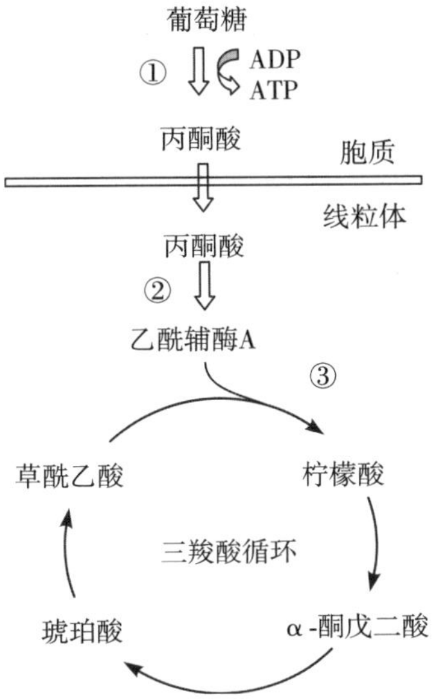

图5-3　葡萄糖有氧氧化的三个阶段

（二）运动与脂肪代谢——脂肪是人体重要的储能和供能物质

1. 人体的脂肪贮备　人体脂肪具有较大的储存潜力。根据研究数据，理想的体脂比例范围是：男性15%～20%，女性20%～25%。充足的脂肪储备能够为人体提供持续的能量供应。但需要警惕的是，当男性体脂率突破20%、女性超过30%的临界值时，即达到医学定义的肥胖标准。肥胖状态不仅会加重身体负荷，更会显著增加罹患高血压、冠心病等代谢性疾病的风险。

人体脂肪主要来源于日常膳食，值得注意的是，当糖类和蛋白质摄入超过机体需求时，这些营养素也会通过代谢途径转化为脂肪储存。基于这一原理，合理调控饮食结构与加强运动锻炼是管理体脂含量的有效手段。然而，个体脂肪堆积的趋势在一定程度上也会受到遗传因素的影响。

2. 脂肪在体内的分解代谢　脂肪在脂肪酶的催化作用下分解为甘油和游离脂肪酸，这些分解产物进一步氧化代谢，最终生成二氧化碳和水，并释放大量能量用于ATP的合成。耐力运动生理学研究表明，在持续超过3小时的有氧运动中，随着肌糖原的逐渐消耗，脂肪供能的比例会显著增加，尤其是在氧气供应充足的情况下。此外，即使在安静状态下，脂肪代谢也发挥着重要作用，能够为心肌、骨骼肌等组织提供稳定而持久的能量支持。

运动时，脂肪通过分解代谢主要形成甘油和游离脂肪酸，并以三种不同途径参与机体的能量供应：

（1）在心肌、骨骼肌等组织中，游离脂肪酸彻底分解为二氧化碳和水，并释放大量ATP，成为运动时的主要能量来源。

（2）在肝脏中，脂肪酸因氧化不完全而生成酮体（包括乙酰乙酸、β-羟丁酸和丙酮）。由于肝脏自身无法利用酮体，它们需转运至肝外组织作为能源。在长时间耐力运动中，酮体可成为重要的替代能源，在糖储备不足时发挥关键作用。

（3）在肝、肾等器官中，甘油可作为糖异生的底物，转化为葡萄糖，帮助维持血糖稳定。

研究表明，长期坚持中等强度（60% ～ 85%最大摄氧量）的有氧运动（如步行、慢跑、太极拳等）可显著改善脂质代谢功能。这类运动不仅能有效调节机体能量平衡，减少脂肪堆积，帮助维持理想体重，更重要的是能够从分子层面优化血脂代谢。

具体而言，规律的有氧运动可显著提升脂蛋白脂酶活性，从而加速甘油三酯的分解代谢。同时，这种运动方式能双向调节血脂谱：一方面提高具有保护作用的高密度脂蛋白水平，另一方面降低致动脉粥样硬化的低密度脂蛋白浓度。这种调节作用促进了胆固醇的逆向转运过程，即将外周组织（包括动脉血管壁）中沉积的胆固醇运回肝脏进行代谢清除。因此，将中等强度有氧运动纳入日常健康管理方案，可作为预防和治疗代谢性疾病的重要手段。

3. 脂肪代谢与运动减肥 人体脂肪堆积的本质是能量代谢失衡。当日常饮食摄入的热量持续超过身体实际需求时，多余的能量会通过生物化学途径转化为甘油三酯储存在脂肪细胞中。值得注意的是，人体脂肪组织的储存潜力几乎不受生理限制，这使得建立科学的能量平衡机制显得尤为重要，只有当热量摄入与能量消耗达到动态平衡时，才能实现体重的有效控制。

运动在体重管理中的作用机制主要体现在以下几个方面：①运动能显著提升肌肉组织的代谢活性，增加基础能量消耗；其次，运动可激活脂肪酶系统，促进脂肪细胞的分解代谢；②运动改善胰岛素敏感性，减少运动后脂肪酸的重新酯化；③通过调节相关激素水平，运动可以抑制新的脂肪合成。这些机制共同作用，最终实现体脂率的有效降低。

基于上述原理，科学减重的有效策略应包括两个核心要素：一是建立规律的运动习惯，通过增加能量消耗来改善身体成分；二是实施合理的饮食控制，在保证营养均衡的前提下适当减少热量摄入。这种运动与营养相结合的综合干预方式，不仅能实现短期减重目标，更有助于建立长期健康的体重维持机制。

相比单一的运动或饮食干预，“运动＋饮食控制”的综合减重方案效果更为显著。这种协同干预不仅能有效降低体脂含量，还可以增加肌肉质量。根据肥胖程度和个体体质的差异，选择适合的运动方式，推荐采用动力型、大肌肉群参与的有氧运动，如快走、慢跑、游泳、骑行、跳绳和健身操等。这些运动具有负荷适中、节奏感强、持续时间长的特点，可有效降低体脂水平。水中运动凭借其浮力特性，能有效减轻关节负担，同时便于体热散发，加之水的静水压力作用，促进中心血容量增加，因此，水中运动减肥近年来备受推崇。水中运动已发展到在水中行走、跑步、跳跃、踢水、水中球类游戏等多种运动。总之，运动不仅可以增加机体的能量消耗，达到减肥的目的，还有助于增强心血管系统及呼吸系统的功能，提高肌肉的代谢能力，增强体质，促进健康。

4. 减体重运动量的设定和理想体重的测定 减体重的运动量常根据需要减少体重及减重速度决定。许多学者提出，每周减轻体重0.45kg（1磅）较适宜，每周减轻体重0.9kg（2磅）为可以接受的上限，但不宜超过此限度，约相当于每日亏空能量2093 ～ 4186kJ（500 ～ 1000kcal），每周累计的热能短缺量为14651 ～ 29302kJ（3500 ～ 7000kcal）。具体措施为：每周运动3 ～ 5次，每次持续30 ～ 60分钟，运动强度为刺激体脂消耗的“阈值”，即50% ～ 85% VO_{2max}或60% ～ 70%最大心率，使每周运动的热能消耗量至少达到3767.4kJ（900kcal）。

在有条件的情况下，可进行“理想”体重的测定。确定理想体重应首先测定体脂百分比及瘦体重，用公式计算：“理想”体重＝100×瘦体重（kg）/（100-“理想”的体脂百分比）。

例如，一个90kg体重的男子，经测定其瘦体重为72kg，其“理想”体脂率为13%，但实际测定的体脂率为20%，代入上式为100×72÷（100-13）＝82.8kg，82.8kg为其“理想”体重。现体重为90kg，应减轻体重7.2kg即可达到“理想”体重，据此制订减体重计划。需要特别关注的是，部分女性在追求纤瘦体型的过程中采取极端节食等不当减重方式，可能引发一系列健康问题，包括神经性厌食症、月经紊乱以及骨质疏松等。营养学研究表明，女性维持20%以上的体脂率具有重要的生理意义：①是保证女性青春期正常发育的关键指标，体脂率达到这一水平才能出现月经初潮；②对维持规律的月经周期具有决定性作用。因此，科学减重应当建立在保证基础体脂储备的前提下，避免因过度减脂导致内分泌系统功能紊乱。

（三）运动与蛋白质代谢——蛋白质是人体的特殊状态下的供能物质

1. 蛋白质在体内的代谢　蛋白质作为生命活动的基本物质，是构成人体细胞的重要结构成分。在正常生理状态下，人体每日蛋白质的摄入量与代谢消耗量处于动态平衡状态。通过测定膳食蛋白质的含氮量与排泄物含氮量，可准确评估机体蛋白质代谢状况。

根据氮代谢特征，可分为三种生理状态。

（1）氮平衡状态：健康成年人的典型代谢特征，表现为摄入与排出的氮量相等。

（2）氮正平衡：见于生长发育期儿童青少年、妊娠期妇女、疾病恢复期及运动训练人群，其蛋白质合成代谢占优势。

（3）氮负平衡：常见于营养缺乏、消耗性疾病、衰老过程及高强度训练期，反映蛋白质分解代谢增强。

值得注意的是，当机体蛋白质低于30g/L，将严重影响正常生理功能。因此，确保膳食蛋白质摄入量满足基础生理需求是维持健康的基本要求。

蛋白质作为能源物质氧化分解时，首先分解为氨基酸。氨基酸进而分解为相应的α-酮酸及氨。α-酮酸经过三羧酸循环彻底氧化分解为二氧化碳和水，释放出一定量的能量；氨则在肝脏转变为尿素，最终经肾脏随尿排出。

实际上，无论人体处于安静或运动状态，蛋白质均不是能量的主要来源。然而，在某些特殊情况下，例如当食物中的糖类供应不足，或者糖类和脂肪被大量消耗之后，机体才会依靠分解组织蛋白来产生氨基酸，进而以此作为能量来源。蛋白质的分解代谢是生命活动中蛋白质合成和分解的动态平衡过程，在长时间运动中蛋白质分解代谢增加，促进运动后合成代谢的加强，使得肌肉质量提高，肌肉粗壮有力。因此，运动员增加食物蛋白质的摄入量，目的是提高肌肉蛋白质的含量和质量，而并非作为能源储备。

2. 运动与蛋白质代谢

（1）机体运动时蛋白质可提供一部分能量：在体内肌糖原贮备充足时，蛋白质供能仅占总热能需要的5%左右；在肌糖原耗竭时，蛋白质供能可升至15%。机体运动时蛋白质提供能量的比例取决于运动的类型、强度和时间。一般情况下，长时间低强度持续运动时，氨基酸在肌中的供能比重将会上升，主要通过“葡萄糖-丙氨酸循环”（糖异生）的途径生成。这种形式可以减少乳酸生成且处理有毒的氨，延缓运动疲劳。耐力训练能够加速氨基酸的转氨作用及其氧化过程。

（2）运动导致骨骼肌蛋白质合成增加：运动将影响如甲状腺素、生长激素、性激素、胰岛素和肾上腺髓质激素等不同程度的变化。因此，进行适宜的运动锻炼能够促进生长，增强心肌收缩力，防治如高血压、糖尿病和高脂血症等疾病。运动还将促进支链氨基酸的代谢，这类氨基酸是骨骼肌蛋白质合成时特别需要的。运动后，肌肉蛋白质的合成会超过蛋白质降解，使肌肉的横截面积得以增加。

（四）体内糖、脂肪和蛋白质代谢相互联系

糖、脂肪和蛋白质三大营养素在体内的代谢过程并非各自独立，而是通过共同的中间代谢产物相互关联、相互转化，形成一个动态平衡的整体代谢网络。当某一类物质代谢出现异常时，往往会引发连锁反应，导致其他物质代谢的紊乱。以糖尿病为例，其糖代谢障碍会进一步引发脂代谢异常、蛋白质代谢失衡，甚至导致水电解质代谢失调。

在能量代谢方面，当碳水化合物摄入超过机体需求时，过量的糖分会转化为脂肪储存。值得注意的是，这种转化过程若发生在肝脏，可能导致脂肪过度沉积，进而出现脂肪肝等病理改变。针对这些代谢性疾病的预防，规律进行中低强度、大肌群参与的节律性运动具有显著效果。推荐的运动方式包括：有氧舞蹈、跳绳、游泳、登山和各类球类运动。这些运动形式通过改善整体代谢功能，能有效预防代谢性疾病的发生和发展。其作用机制包括促进能量平衡、改善胰岛素敏感性，以及优化三大营养素的代谢转化过程。

脂肪在人体内大部分不能转化为糖，原因在于脂肪酸分解后产生的乙酰辅酶A无法转变为丙酮酸。脂肪分解代谢的程度及顺利进行，有赖于糖代谢的正常进行。当饥饿、糖供给不足或糖代谢障碍时，会引起脂肪大量动员，造成血酮体升高，产生高酮血症。

蛋白质可以转化为糖和脂肪，但重要性较小。

糖类与脂肪代谢过程中产生的中间产物可通过氨基化作用合成部分氨基酸，进而参与蛋白质合成。然而，这一转化过程必须以充足的氨基供应为前提，因此膳食中的碳水化合物和脂肪无法完全取代蛋白质的摄入。同理，蛋白质也不能完全替代糖类和脂肪作为能量代谢的底物。此外，膳食中碳水化合物同样不能替代脂肪的摄入，原因在于：其一，脂溶性维生素的吸收依赖脂肪作为载体；其二，人体必需的某些脂肪酸只能通过膳食脂肪获取。这些代谢特性充分说明，维持机体健康必须通过均衡膳食来实现。

▶知识拓展

人体的水平衡

水在人体内保持一种动态平衡状态，这是因为其来源与去路保持恒定。人体内的水有三个主要来源：①饮水，每日约1.2L。②食物摄取，每日约1L。③代谢内生水，体内物质氧化所产生，每日约0.3L，运动时主要来自糖和脂肪的氧化分解。水在体内的排出途径包括：①通过肾脏以尿液的形式排出，每日约1.5L。②经消化道随粪便排出，每日0.10 ~ 0.15L。③呼吸蒸发，每日约0.35L，运动中呼吸加深加快，水分排出增多，例如，根据测定马拉松跑由呼吸道排出的水分可比安静状态加大10倍。④皮肤排汗，每日排出非显性汗约0.5L，运动

中或高温条件下排汗量增加。例如，一次马拉松比赛，运动员由汗液丢失的水分在5L左右。

三、能量来源与转化

（一）能量来源

ATP——直接能量来源 人体所需的能量来源于食物中糖类、脂肪和蛋白质分子内储存的化学能。然而，组织细胞并不能直接利用这些能量进行生理活动，而是依赖ATP作为直接供能物质。ATP是糖、脂肪和蛋白质在生物氧化过程中合成的高能化合物，当其水解生成ADP和磷酸时，释放的能量可直接被机体利用。因此，ATP不仅是体内最直接的供能形式，也是能量储存的重要载体。在生命活动过程中，消耗的ATP会通过营养物质的氧化分解所释放的能量，促使ADP重新磷酸化，从而维持机体能量供应的动态平衡。

除ATP外，体内还有其他高能化合物，如磷酸肌酸（phosphocreatine，CP）等。CP主要存在于肌和脑组织中。当物质氧化释放的能量过剩时，ATP会将高能磷酸键转移给肌酸，在肌酸激酶的催化作用下合成CP；相反，当组织消耗的ATP量超过物质氧化生成ATP的速度时，CP的高能磷酸键又能迅速转移给ADP，从而生成ATP。因此，CP是体内ATP的储存库。从机体能量代谢的整个过程来看，ATP的合成与分解是体内能量转化和利用的关键环节。

（二）能量转化

各种能源物质在体内氧化过程中释放的能量，50%以上转化为热能，其余部分是以化学能的形式储存于ATP等化合物的高能磷酸键中，供机体完成各种生理功能，如肌的收缩和舒张、神经传导等。

（三）能量平衡

人体的能量平衡取决于能量摄入与能量消耗之间的动态关系。当能量摄入持续低于消耗时，机体便会分解储备的能源物质（如糖原和脂肪），从而导致体重下降；反之，若能量摄入长期超过消耗，过剩的能量将以脂肪等形式储存，引发体重增加及肥胖。科学合理的运动能够有效调节这一平衡机制，成为维持健康体重的关键因素。适量运动和合理营养对防治高血压、冠心病、糖尿病、肥胖病和骨质疏松等具有显著效果，这一点在心脏病患者通过运动降低死亡风险的研究中得到了证实。例如，坚持运动的冠心病患者死亡风险可降低50%。此外，跑步等运动形式被证明可以预防心血管疾病、糖尿病等多种疾病，对促进生长发育、改善心肺功能也有良好作用。科学研究和健康实践表明，科学运动与均衡营养已成为现代健康管理的两大核心策略。基于这一理念，我们在日常饮食安排中需要综合考虑个体的生理特点、活动水平等因素，通过精准的能量供给来维持人体的能量代谢平衡。这种个性化的能量管理方式，不仅能满足机体正常生理功能的需求，更能有效预防因能量失衡导致的各种健康问题。

第二节　运动与供能

运动过程中的能量代谢机制包含两种分解代谢途径和三大功能系统。根据ATP合成方式的不同，可分为无氧代谢供能和有氧代谢供能两大类型。其中，无氧代谢供能系统又可细分为磷酸原系统和糖酵解系统两个亚类。因此，通常将运动时的能量代谢分为三大供能系统，即磷酸原供能系统、糖酵解供能系统和有氧代谢供能系统。

一、供能系统

微课：
运动能量
代谢机制

1. 磷酸原供能系统——即刻能量 磷酸原供能系统指由ATP与磷酸肌酸（CP）共同组成供能系统。ATP分解释放能量后，CP立即分解并释放能量，以补充ATP的再合成。由于这一过程极为迅速，无须氧气参与且不会产生乳酸，因此磷酸原系统也称为非乳酸能系统。ATP是肌肉工作时的唯一直接能源。ATP在骨骼肌中的储量有限，当进行最大强度运动时，其供能不足以维持肌肉做功超过1秒。在ATP消耗的同时，CP迅速分解，把高能磷酸基团转给ADP，使ADP磷酸化合成ATP，以维持ATP浓度的相对稳定。由于ATP和CP分解供能的速度极快，供能时间短，最大强度运动时，供能为6～8秒。因此，ATP-CP系统（磷酸原系统）为速度和力量型运动项目中的主要供能系统。

2. 乳酸能（糖酵解）供能系统——短时能量 糖经无氧分解生成乳酸的同时释放能量，使ADP磷酸化合成ATP，这一供能系统称糖酵解供能系统。在激烈运动时，由于机体缺氧，造成细胞质中丙酮酸和$NADH^{+}$、H^{+}的大量堆积，在乳酸脱氢酶的催化作用下还原生成乳酸。运动时间延长，乳酸的生成与堆积逐渐增多，导致内环境pH持续下降，进而抑制磷酸果糖激酶等酶的活性，阻碍糖酵解进程。因此，以最大速率糖酵解供能持续运动一般不超过2分钟。糖酵解供能时间比磷酸原长，这对于需要速度和耐力的运动十分重要，是1～2分钟大强度运动时的主要供能系统。

3. 有氧代谢供能系统——长时间能量 在供氧充足的条件下，糖、脂肪与蛋白质等彻底氧化生成二氧化碳和水，同时释放能量供给ADP磷酸化合成ATP，这一供能系统称为有氧代谢供能系统。该系统供能时主要受限于氧的供应和能源物质的储备量。从储能数量而言，人体脂肪储量可满足任何耐力运动。因此，有氧代谢供能系统的供能时间比较长，是长时间耐力运动时的主要供能系统。

二、运动与供能系统的关系

运动过程中人体的能量供应呈现动态连续的代谢特征，其核心在于运动强度和时间必须与ATP消耗和再合成的速率精确匹配以维持运动持续性。由于磷酸原、糖酵解和有氧氧化三大供能系统在ATP再合成速率（输出功率）上存在显著差异，不同强度运动时会优先激活相应的主导供能系统。这一过程受到细胞质内ATP/ADP浓度比的关键调控，该比值动态反映ATP消耗与再合成的平衡状态：高强度运动时ATP快速消耗导致比值显著降低，而低强度运动时则保持相对稳定。值得注意的是，运动强度直接决定了参与ATP再合成的能源物质种类，而运动持续时间则受限于各供能系统的最大输出功率及其能量储备量，这种精密的调控机制确保了运动时机体能量供应的连续性和适应性。

1. 极量运动与亚极量运动 在极量和亚极量强度运动中，机体优先激活具有最高功率输出的磷酸原供能系统，其通过磷酸肌酸（CP）的快速分解可维持约7.5秒的ATP再合成。当运动持续时间超过该系统供能极限时，机体将转而启动输出功率次之的糖酵解供能系统，此时运动强度会出现可察觉的下降。短距离竞速项目（如50m、100m、200m跑）的绝对速度表现直接取决于磷酸原系统的供能能力。针对该系统的专项训练应采用10秒内全速跑的重复训练模式，并确保每次练习间有至少30秒的完全恢复间歇，若间歇时间不足30秒，将因磷酸原储备恢复不完全而导致乳酸过早堆积，影响训练效果。这种训练设计能有效提升肌肉CP储备量和相关酶活性，增强爆发力项目的运动表现。

2. 递增负荷的力竭性运动　在运动初始阶段，由于运动强度较低且能量需求速率较慢，机体主要依赖有氧氧化系统（以糖类氧化分解为主）来满足能量需求。随着运动负荷逐步增加，当有氧供能达到最大功率输出仍无法匹配因负荷提升而加速的ATP消耗时，机体必然转向功率输出更高的无氧供能系统。鉴于磷酸原系统供能持续时间极为有限，此时主要由糖酵解系统承担能量供应直至运动力竭。为有效提升糖酵解（乳酸能）系统的供能能力，最佳训练方法是采用30～60秒全速（或接近全速）跑结合2～3分钟间歇休息的训练模式。这种训练方式能够使血乳酸浓度达到峰值，不仅增强机体对高浓度血乳酸的耐受能力，更能显著提高糖酵解系统的整体供能效率。

3. 中、低强度的长时间有氧耐力运动　机体的能量代谢呈现动态变化的特征：初期主要依赖糖类的有氧代谢供能，随着运动持续进行，当肌糖原和肝糖原储备逐渐消耗时，能量供应便逐步转向以脂肪氧化为主导。这种供能物质的转换主要源于脂肪代谢的三大生理特性：①脂肪完全氧化需要消耗更多氧气；②脂肪从储存部位动员分解需要较长的代谢准备时间；③脂肪氧化的最大功率输出小于糖有氧氧化。这些代谢特点决定了脂肪更适合作为长时间中低强度运动的主要能量来源。

4. 静息状态　在静息状态下，人体骨骼肌能量需求较低，ATP浓度维持在较高水平，此时机体主要依靠游离脂肪酸和葡萄糖的有氧氧化代谢供能，且线粒体氧化脂肪酸的能力显著优于糖类代谢。这一生理现象充分证明，磷酸原系统、糖酵解系统和有氧代谢供能这三大供能体系，实际上是人体在不同活动强度（表现为摄氧量差异）和代谢需求条件下形成的有机整体，各系统之间相互衔接、协同作用，构成了一个完整而连续的能量供应网络。因此，在制定运动方案时，必须深入理解各供能系统的代谢特性，才能根据个体差异和训练目标，设计出科学合理的运动处方。这种基于能量代谢特点的运动干预，是实现精准化运动处方的关键所在。

三、运动与能量补充

在运动中，能量的补充至关重要，包括多种营养素的摄入，如碳水化合物、脂肪、蛋白质、水分、无机盐和维生素等。这些营养素不仅为运动训练提供物质基础，而且对于维持身体功能状态、促进体力适应、加速运动后体力恢复，以及预防运动性疾病都发挥着积极作用。

1. 运动与糖的补充　机体糖原储备水平与运动类型及强度呈正相关关系。当糖原储量降低时，不仅会影响运动的耐力表现，还会导致运动速度下降，最终造成最大功率输出能力减弱。科学的补糖策略应根据运动时段进行优化：运动前补糖宜选择在运动前10～30分钟或2小时进行，可有效提升运动时的血糖水平；但需避免在运动前60～90分钟补糖，此时段补糖会引发胰岛素分泌量增加3～4倍，导致反应性低血糖，同时胰岛素的抗脂解作用会抑制运动中游离脂肪酸的利用，进而损害运动表现。对于1小时以内的短时运动，补糖的生理效益有限，由于该时段肌肉对葡萄糖的最大摄取量仅约50g。运动过程中采用少量多次的补糖方式（如分次饮用含糖饮料）较单次大量补糖更具优势，可维持更稳定的血糖浓度，减少激素波动，确保能量供应持续性。运动后补糖的黄金时段为运动结束后2小时内，最迟不超过6小时，此阶段肌糖原合成速率最快，可在6小时内达到最大储备量。

2. 运动与脂肪的补充 由于脂肪不容易消化，在胃内停留的时间长，而运动中机体的消化功能常处于抑制状态，因而不提倡在训练前食用高脂肪食物。脂肪的代谢产物蓄积会降低机体的耐力并引起疲劳，过多食用脂肪食物会降低蛋白质和铁等其他营养素的吸收率，并带入外源性的食物胆固醇，引起高脂血症。因此，对于即将进行运动训练的患者而言，不建议在运动前摄取高脂肪食物，以免妨碍胃排空加重肝、肾的负担。

3. 运动与蛋白质的补充 蛋白质摄入对运动表现的影响至关重要，它不仅能够增加骨骼肌质量、预防运动性贫血，还能调节身体功能。特别是在力量运动项目中，适量增加蛋白质膳食有助于促进肌纤维中蛋白质的合成，使肌纤维增粗，从而提高肌肉的收缩力量。科学研究表明，在锻炼后30分钟内摄入蛋白质可以促进肌肉合成并加快康复进程，而运动前适量摄入蛋白质也有助于确保身体有足够的氨基酸储备。

通常认为，平衡膳食中蛋白质的供给量应为总热能量的10%～15%。机体蛋白质的需要量受糖原储备的影响。比较3天无糖膳食和高糖膳食，在61%最大摄氧量（VO_{2max}）强度下，1h运动后血清和汗液尿素的结果：发现高糖膳食后血尿素氮无改变，但汗尿素氮丢失600mg/h，而无糖膳食后血清尿素氮显著增加，汗尿素氮丢失增加。蛋白质摄入超出机体需要时可能诱发多种代谢紊乱，首先，蛋白质分解产生的酸性物质需要经过肝肾代谢，过量摄入会加重这些器官的代谢负担。其次，大量蛋白质代谢会加速体内水分和钙质的流失，并可能诱发痛风发作。从水盐平衡角度看，高蛋白饮食会干扰机体无机盐代谢平衡，增加泌尿系结石形成和便秘的风险。此外，富含蛋白质的食物同时含有较多脂肪，长期过量摄入可能成为中老年人群动脉粥样硬化和血脂异常的重要诱因。

▶**知识拓展**

运动员补充矿物质

现有研究表明，均衡的日常饮食通常能够满足运动员对矿物质的需求。多项调查显示，即便是高温环境下每日训练量达27.35km的长跑运动员，虽然通过大量排汗会损失钠、钾、钙、铁、镁、锌等多种矿物质，但只要保证饮食均衡并补充足够水分，仍可维持体内矿物质平衡。值得注意的是，汗液中矿物质浓度普遍低于体液浓度，因此常规训练中通常无需额外补充电解质。然而，在超长耐力项目（如超级马拉松、铁人三项等）中，由于仅补充水分可能导致体液钠离子浓度下降，进而引发低钠血症（水中毒），此时需要适当补充电解质。同样，对于严格控制饮食或无法通过膳食获取足够营养的运动员，也建议进行针对性的矿物质补充。需要强调的是，电解质补充通常应与水分补充同时进行。

第三节　运动时能量消耗的规律和特点

运动时机体能量代谢具有强度大、消耗率高和伴有不同程度氧债等特点。若以相对代谢率来比较，运动的能量消耗可达到安静的2～3倍甚至100倍以上。运动时的能量代谢受多种因素影响，如运动者的体重、年龄、营养状况、环境等，但主要取决于运动的强度、间歇时间及持续的总时间三要素。在运动过程中对能量消耗进行科学监测，对指导康复训练、预防和延迟运动疲劳、提高运动能力，以及促进健康水平具有非常重要的意义。

一、能量代谢的测定

（一）能量代谢的测定原理

机体的能量代谢遵循能量守恒定律，即在整个能量代谢过程中，机体摄入的蕴藏于食物中的化学能与最终转化的热能和所做的外功，按能量来折算是完全相等的。因此，要测定机体的能量代谢率，即单位时间内的能量消耗，可以通过两种方法：一是测定机体在一定时间内消耗的食物量，并依据食物的热价计算其能量；二是直接测定机体在同一时间内产生的热量和所做的外功。然而，由于机体在一定时间内消耗的食物量难以精确测量，因此通常的做法是直接测定机体在相同时间内的能量消耗，进而计算出能量代谢率。如果排除机体所做的外功，则在一定时间内机体产生的热量即为机体消耗的全部能量。因此，只需测量单位时间内机体的产热量，即可得到机体的能量代谢率。

（二）能量代谢测定的几个基本概念

利用单位时间内机体的产热量来测定能量代谢率，需了解与能量代谢测定有关的几个基本概念，主要包括食物的热价、氧热价和呼吸商。

1. 食物的热价　食物热价指1g食物完全氧化时所产生的能量值，其计量单位采用焦耳（J）（换算关系：1cal＝4.187J）。根据测定条件不同，食物热价可分为两种类型：物理热价反映食物在体外燃烧所释放的总能量；生物热价则表示食物在生物体内氧化时实际可利用的能量。值得注意的是，碳水化合物和脂肪在体内外的氧化过程具有相同的能量释放值。然而，蛋白质的情况有所不同：由于其在生物体内无法完全氧化，部分能量会随尿液中的尿素、尿酸和肌酐等含氮代谢物排出，另有微量含氮产物通过粪便排泄，这使得蛋白质的生物热价低于其物理热价。

2. 食物的氧热价　营养物质在氧化分解过程中每消耗1L氧气所释放的能量称为该物质的氧热价。由于不同营养素分子结构中碳、氢、氧等元素的组成比例存在差异，导致相同耗氧量下各类物质氧化时产生的热量值各不相同。

3. 呼吸商　营养物质在细胞内氧化供能的过程中，需要消耗氧气，并产生二氧化碳。一定时间内机体呼出的二氧化碳量与吸入的氧气量的比值，称为呼吸商（respiratory quotient，RQ）。由于各种营养物质氧化消耗的氧气量与产生的二氧化碳量不同，其呼吸商也不同。

微课：影响能量代谢的因素

二、影响能量代谢的因素

（一）肌活动

骨骼肌的收缩与舒张都是主动耗能过程，其活动对于能量代谢的影响最为明显。因为肌活动的强度与机体耗氧量成正比，所以在持续运动或劳动时，耗氧量会大幅增加，可达安静时的10～20倍。运动强度越大，单位时间内的产热量越高，所以能量代谢水平可以反映运动强度（表5-1），而且运动停止后能量代谢仍维持在较高水平（主要用于偿还氧债）。

表5-1　常见活动的能量消耗

单位：kJ/（h·kg）

活动名称	能量消耗	活动名称	能量消耗
卧床休息	4.2	采矿	26.8
静坐	5.4	跳舞中等强度	15.5
办公室工作	7.5	跳舞剧烈	20.9
实验室工作	8.8	骑车（不同速度）	15.9～36.0
烹饪	8.0	登山	36.8
清洁工作	11.3～12.2	上下楼	24.7～64.1
走路（不同速度）	12.2～15.1	跑步（不同速度）	33.9～47.3
割草	17.6	游泳（姿势和速度不同）	14.2～43.1

（二）环境温度

在标准环境温度（20～30℃）条件下，人体静息状态的能量代谢维持在相对稳定水平。当环境温度超出这一范围时，能量代谢率呈现上升趋势。特别值得注意的是，当温度降至10℃以下时，机体代谢率显著提升，这一现象可能与以下机制相关：酶活性增强促进生化反应速率，以及低温刺激引发的肌肉紧张度反射性增高。

（三）食物的特动力效应

餐后1～8小时内，尽管人体处于静息状态，但其能量代谢率较空腹时显著提升，这一现象称为“食物特殊动力效应”，其具体作用机制尚未完全阐明，现有研究认为可能与肝脏代谢活动（如氨基酸转化和糖原合成等）的能量消耗密切相关。

（四）精神活动

心理状态与情绪变化会显著影响机体的能量代谢水平。当个体处于高度紧张状态时（如恐惧、愤怒、焦虑等，或运动竞赛前、后的兴奋状态），其能量代谢率会显著提升。这种代谢增强现象可能与骨骼肌张力增加，以及交感神经激活导致的儿茶酚胺大量分泌等生理机制相关。值得注意的是，尽管整体能量代谢发生变化，大脑组织在不同精神状态下的能量代谢率却保持相对稳定。

三、测量方法

测定整个机体能量代谢率通常有直接测热法、间接测热法、心率间接测定法和公式预测法4种方法。

（一）直接测热法

该方法的科学原理在于通过绝热环境直接测定人体能量代谢过程中释放的总热量。直接测热技术需要在高度密闭的绝热实验舱内实施，鉴于其设备精密复杂且操作流程烦琐，实际应用范围受到很大限制，目前主要用于科学研究。

（二）间接测热法

该方法在实际应用中较为广泛，其中气体代谢分析法最为常用。具体操作流程包括：使用橡皮气囊收集受试者特定时间段内的呼出气体，通过气体流量计测定气体总量，随后进行气体成分分析（测定氧气和二氧化碳含量），据此计算呼吸商值。基于不同呼吸商对应的氧热价数据，可准确推算出单位时间内的能量消耗量。此外，也可直接依据耗氧量数据来计算能量代谢水平。

（三）心率间接测定法

该法是在采用间接测热法的同时，进行运动全过程的心率测定（可采用无线电遥测法记录心率）和能量消耗量的测定，从测出运动的能量消耗率与心率求出相关系数和回归方程式，之后用心率间接推算出能量消耗量。虽然心率监测对受试者干扰较小，但实验室数据与实际生活数据存在偏差，可能影响结果的准确性。此外，心率易受环境及心理因素的波动影响，因此，在运用该方法进行能量消耗测量时，需尽可能控制相关影响因素。

（四）公式预测法

利用人体能量消耗量与某些生理指标之间存在相关性，建立数学模型得出预测公式，多以性别、体重、身高、年龄等生理指标来预测能量消耗量。

四、安静、运动时的能量代谢测定

1. 基础代谢　指人体在基础状态下的能量代谢。测定时需满足以下标准条件：晨起清醒状态、保持静卧姿势、完全放松无肌肉活动、禁食12小时以上、环境温度控制在20～25℃范围内。基础代谢率（basal metabolic rate，BMR）即表示在此标准状态下单位时间的能量代谢量。值得注意的是，即便在严格控制的基础状态下，个体的BMR仍存在显著差异，这种差异主要源于年龄、性别、体型特征及内分泌功能状态等多种生理因素的影响。BMR常作为评价机体能量代谢水平的指标。临床上在评价BMR时，常将实测值和正常平均值进行比较，即采用相对值来表示（表5-2，表5-3）。如相差在±15%之内，视为属于正常范围；超过20%时，提示可能是病理性变化。

表5-2　我国女性正常基础代谢率平均值

年龄/岁	我国女性正常基础代谢率平均值 单位：kJ/（m^2·h）
11～15	172.5
16～17	181.7
18～19	154.0
20～30	146.5
31～40	146.9
41～50	142.4
51以上	138.6

表5-3　我国男性正常基础代谢率平均值

年龄/岁	我国男性正常基础代谢率平均值 单位：kJ/（m^2·h）
11～15	195.5
16～17	193.4
18～19	166.2
20～30	157.8
31～40	158.6
41～50	154.0
51以上	149.0

2. 静息时能量代谢　在静息状态下，当人体维持特定姿势时，其能量代谢率较基础代谢水平提升约20%。研究数据表明，采用不同体位（如改变髋关节和膝关节屈曲角度）时，机体的能量消耗存在显著差异。

3. 运动时能量代谢　人体运动或劳动时，骨骼肌的活动使能量代谢率增加，其大小取决于肌活动的强度和时间。肌活动强度用单位时间内的机体产热量来表示。

4. 代谢当量 音译“梅脱”（metabolic equivalent，MET），指运动时能量代谢与安静时能量代谢的比值。1 MET活动强度相当于一个健康成年人坐位静息时的代谢水平，指每千克体重，从事1分钟活动消耗3.5ml的氧，其活动强度称为1 MET［1 MET＝3.5ml O_2/（kg·分钟）］。通过测定个体的吸氧量（以O_2/(kg·分钟）为单位），我们可以计算出其MET值。MET与热量的换算公式为：1 MET(静息座位时的代谢水平）＝3.5ml O_2/（kg·分钟）＝0.0167kcal/（kg·分钟）＝0.0699kJ/（kg·分钟）。例如，一位体重70kg的患者，在进行10分钟的功率自行车运动后，其吸氧量为18865ml。根据公式18865÷10÷70÷3.5，我们可以得出其运动强度为7.7 MET。这位患者此时的运动强度就是7.7 MET。

现在广泛使用MET表示运动强度，并评价体力、活动能力、预后，制订运动处方和区分残疾程度等。正常健康人的运动能力为10 MET，高水平运动员可达20 MET左右。

在康复医学中，MET的测定具有重要意义，它可以帮助我们判断心功能状况，确定适宜的活动水平，并据此制订个性化的运动处方等。如已测出某人的适宜运动强度相当于多少MET，即可找出相同MBT的运动项目（表5-4）。

表5-4 日常生活中不同运动强度的MET

活动项目	MET	活动项目	MET
穿衣	3.6	烹调	3.0
上下床	1.5	铺床	3.9
坐床边	1.2	扫地	4.5
坐椅子	2.0	拖地	7.7
站立	2.0	写作	1.6
洗手	1.0	打牌	1.5～2.0
修饰	1.0	弹钢琴	2.0
进食	1.4	交谊舞（慢）	2.9
淋浴	2.0	交谊舞（快）	5.5
步行1.6km/h	1.5～2.0	有氧舞蹈	6.0
步行2.4km/h	2.0～2.5	乒乓球	4.5
步行4.0km/h	3.0	网球	6.0
上楼	9.0	跳绳	12.0
下楼	5.2	驾驶汽车	2.0～2.8
骑车（慢速）	3.5	园艺	5.6
骑车（中速）	5.7		

▶ **知识拓展**

运动能量消耗的计算

运动生理学中，运动能量消耗特指某项运动导致的净能量支出，需通过总能量消耗减去相应静息状态下的基础能耗获得。精确测定方法包含以下关键步骤：首先，分别测量受试者在静息期、运动期及恢复期的气体代谢参数（摄氧量和二氧化碳排出量）；其次，计算各时期的呼吸商数值；然后，参照标准氧热价对照表确定对应数值；最终，将特定时段的总耗氧量乘以相应氧热价，并扣除该时段的基础代谢能耗，即可得出运动净能量消耗值。该方法充分考虑了运动强度对能量代谢的影响，可确保测量结果的准确性。

—• 考试知识点总结 •—

—• 本章小结 •—

—• 协和云课堂…… 拓展练习及参考答案 •—

（顾晓萌）

第六章　制动对机体的影响

教学课件

学 习 目 标

素质目标

（1）具备运用辩证分析法，分析制动的两面性的能力；

（2）具备预防意识，为康复和健康维护奠定基础。

知识目标

（1）掌握：制动对运动系统的影响及发展。

（2）熟悉：制动对循环系统、呼吸系统的影响。

（3）了解：制动对泌尿系统、消化系统等方面的影响。

能力目标

（1）能分析不同制动时长对机体功能影响，并能提出合理的解决方案。

（2）能结合临床场景，运用康复评估工具与方法，对制动患者进行多系统功能评估。

案例导入

【案例】

患者，男，45岁。日常身体健康状况良好。六个月前，患者在一次交通事故中不幸被卷入严重碰撞，导致胸腰段脊柱受伤，表现为感觉保留但运动完全丧失。事故发生后，患者接受了紧急的手术治疗，包括椎体减压与内制动，并在重症监护病房与骨科病房先后住院数周。术后转入康复科住院治疗，主要以防止并发症、维持生命体征稳定为主。患者由于长期卧床障碍出现了下肢肌肉萎缩和关节僵硬的问题。

【问题】

患者出现这些症状的原因是什么？该如何应对？

· 核心知识拆解 ·

制动（Immobilization）指通过各种方法限制或停止某个身体部位的活动，目的是促进治疗、减少伤害和防止运动部位进一步损伤。通常用于骨折、关节脱位、肌肉或韧带损伤等情况，确保受伤部位得到适当的保护和休息，促进伤口愈合，从而有利于康复。常见的制动方法有石膏或夹板、支具、护具、绑带、绷带、手术后的制动等。然而，长期使用制动也可能带来一些不利影响，例如肌肉萎缩、关节僵硬等。可以说，制动具有两面性，正确认识制动，能够帮助患者更好地配合治疗，避免过度担忧或忽视制动可能带来的不利影响。

第一节　制动对运动系统的影响

一、制动对骨骼肌的影响

视频：肌肉萎缩

（一）肌肉萎缩

骨骼肌的健康和生长有赖于适度的运动和负荷刺激。若长期制动不动，肌肉活动会显著减少。肌肉无法获得正常的训练和负荷刺激，缺少机械张力的作用，肌肉逐渐萎缩。肌肉适应运动负荷的机制是通过增加肌肉纤维的数量和厚度来实现的。当缺乏这种负荷刺激时，肌肉纤维的直径会变小，肌纤维的数量和密度也会减少，进而造成肌肉体积和力量的下降，这种现象称为肌肉萎缩。肌肉萎缩程度与时间密切相关，具体如下。

（1）24小时内：肌肉萎缩的初期阶段在24小时内就会开始。研究发现，在长时间卧床或禁食状态下，肌肉蛋白的降解会加剧，尤其是下肢肌肉。肌肉蛋白合成下降，而蛋白降解增加，在24小时内，肌肉质量就会有所降低。

（2）3天后：根据一些研究，肌肉质量下降3%～5%，尤其是在腿部肌肉（如股四头肌）中。对于卧床不起或受伤后被动休息的患者，肌肉萎缩进程较为明显。

（3）1周后：如果制动持续一周，肌肉萎缩进程加速，肌肉量和力量可下降10%～15%。特别是下肢肌肉和负重肌肉（如股四头肌、腓肠肌等）显著萎缩。

（4）2～3周后：随着时间的推移，肌肉萎缩加剧。股四头肌和小腿肌肉的萎缩在2～3周内可达到30%以上。对长期卧床或长期制动的患者来说，肌肉体积的减少是非常显著的（图6-1）。

（二）肌力下降

肌肉萎缩是导致肌肉力量下降的主要原因，神经-肌肉联动障碍也会造成功能性肌力下降。缺乏运动的肌肉，其力量和耐力会显著降低。特别是长时间不能进行任何负重或运动的部位，恢复时可能需要更长时间。

患者会感觉到患肢的力量明显下降，无法进行正常的运动，甚至简单的日常活动也可能变得困

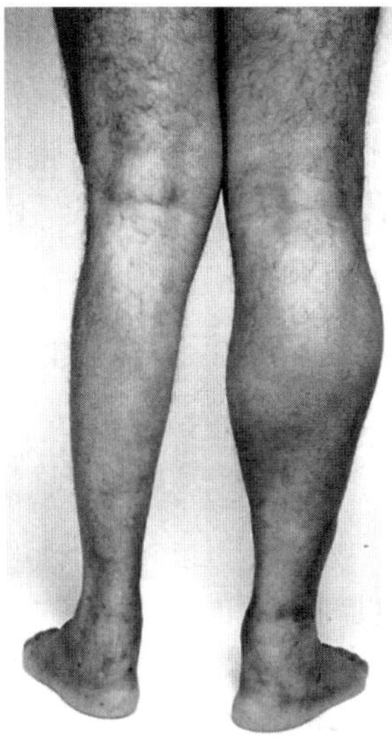

图6-1　肌肉萎缩

难。肌力下降与时间关系具体如下。

（1）24～48小时内：在长期卧床或肢体制动的初期阶段，肌力可能就会开始下降。一些研究显示，即使是短短的24～48小时，长时间不活动也会导致肌肉的初步萎缩，特别是下肢肌肉。例如，股四头肌和小腿肌肉的力量可以下降5～10%。

（2）3～5天：制动或卧床3～5天后，肌力的下降明显加剧。研究表明，下肢肌肉力量（尤其是股四头肌、腓肠肌等）会下降10～20%，并且开始出现肌肉的体积减小。

（3）1周：制动一周后，肌肉力量下降15～25%。研究发现，股四头肌的力量在制动1周后平均下降了20%，而下肢肌肉群的力量下降可高达30%。

（4）2周：制动2周后，肌力下降30%～40%。研究显示，长期卧床的患者股四头肌的力量可能减少约30%，并且由于缺乏负荷刺激，肌肉的质量开始显著下降。

（5）3～4周：制动3～4周后，肌力和肌肉体积的下降会变得更加明显，甚至可达50%。一项关于长时间卧床患者的研究发现，股四头肌在3～4周后力量下降了约45%。

（三）肌肉代谢改变

肌肉活动减少会导致肌肉细胞的代谢率下降，能量消耗减少。由于缺乏正常的运动刺激，肌肉内的蛋白质合成减少，分解增加。肌肉逐渐丧失其原有的功能，代谢活动减缓，肌肉细胞的能量消耗减少，肌肉的修复和再生能力也大大降低。研究发现，肌肉萎缩会导致肌肉细胞的线粒体功能受损，进而影响全身的能量代谢。线粒体数量减少和功能减退与肌肉萎缩密切相关，导致身体的能量消耗降低。长期制动部位的肌肉会出现代谢紊乱，肌肉细胞的营养供应不足，可能导致肌肉组织的进一步退化。在不活动或卧床期间，肌肉中的蛋白降解速率会显著增加。尤其是在下肢肌肉中，肌肉蛋白降解增加高达2倍，蛋白质合成速率降低。

（四）肌肉长度缩短

在正常活动中，肌肉通过伸展和收缩来适应运动和负荷。当某个肢体部位处于长时间的制动状态下（如骨折部位用石膏制动，关节活动受限），肌肉不能正常伸展和收缩，导致其纤维逐渐缩短。

这个过程称为肌肉的适应性收缩，即肌肉在不活动时出现的形态和结构变化。长期制动会导致肌肉的肌纤维发生结构变化。在这种情况下，肌纤维可能变得较短，肌肉长度缩小。同时，肌肉内的结缔组织（如肌腱、筋膜）也会发生适应性改变，硬度或紧张度增加，肌肉的伸展能力受到限制。在某些情况下，肌腱和韧带的硬化（称为“肌腱-肌肉-骨”复合体的刚性增加）也可能导致肌肉长度缩小，从而影响关节活动度。

关节活动范围减少，出现肌肉僵硬、关节的活动性降低，甚至在制动解除后仍需要较长时间来恢复正常的肌肉长度和关节活动度。下肢的股四头肌和腓肠肌受制动影响最为明显。研究显示，股四头肌和腓肠肌在长期制动后，长度可缩短15%～30%，在下肢石膏制动或长期卧床的情况下反映更显著。上肢肌肉（如肱二头肌、肱三头肌等）在长时间制动后，长度通常缩短5%～10%，由于上肢使用频率较高，因此相较于下肢，肌肉缩短的程度较小。

制动2～4周的变化：研究表明，在2～4周的制动期后，肌肉的长度可能缩短约5%～10%，在下肢肌肉中更加明显，这一变化通常出现在股四头肌、腓肠肌等负重肌群。由于肌肉的长期不活动，纤维组织逐渐变短，肌肉的伸展性下降。

6周以上的制动：长时间制动（如6周以上），肌肉的长度和力量的下降会更加显著。肌肉长度的缩短可达15%～30%，而且恢复的难度加大。此时，关节挛缩的风险增加，制动的肢体可能难以恢复正常的活动范围。

（五）肌肉的神经适应性下降

1．神经传导速度的变化 研究表明，长期不活动（如卧床、长时间坐位等）可能导致神经传导速度的减慢。例如，某些研究发现，长期卧床的病人在恢复期中，神经传导速度下降10%～15%。

2．神经-肌肉连接的影响 长时间不活动会导致神经肌肉接头处的传递效率下降，研究表明，不活动8～12周后，肌肉神经适应性下降20%～30%。患者可能会出现运动迟缓、力量减弱等情况，恢复期需要进行针对性的神经-肌肉康复训练。

二、制动对骨与关节的影响

（一）骨代谢异常

1．骨吸收加速 长时间的制动，尤其是骨折后的长期石膏制动或关节功能限制，导致局部骨骼失去正常的负重刺激，骨吸收（破骨细胞作用）相对增加。破骨细胞的活性增强，导致骨量减少、骨密度下降。

2．骨形成减少 骨骼正常的代谢过程中，成骨细胞负责骨形成。在制动期间，尤其是关节周围的骨骼缺乏运动和负荷刺激，成骨细胞的活性减弱，骨生成过程受到抑制。由于缺乏机械刺激使骨形成速度减慢，导致骨密度进一步下降。

3．骨质疏松 长期制动会导致骨代谢失衡，尤其是关节或骨折部位的制动，可能会发展为局部或全身性的骨质疏松。这种情况下，骨骼的结构和密度降低，骨骼变得更加脆弱，容易发生骨折。图6-2描述了正常骨与骨质疏松的对比。

4．骨钙流失 长时间制动、活动受限，骨骼缺乏正常的负重和运动，骨骼中的钙质流失增多，

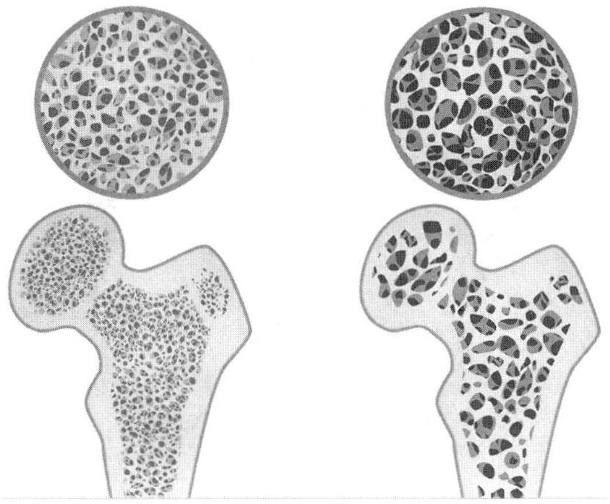

图6-2　正常骨与骨质疏松的对比

导致骨骼钙含量下降。钙是骨骼的重要组成成分，缺乏足够的钙质会影响骨骼的硬度和强度。

5. 骨细胞活性下降　在制动部位，特别是骨折或关节手术后的制动过程中，局部血液循环可能受到影响，导致骨组织的营养供应和代谢产物的清除能力下降。血流减少导致骨细胞（如成骨细胞和破骨细胞）的活性受到抑制，进一步影响骨代谢。

6. 骨骼重塑过程受到抑制　骨骼在正常情况下会经历一个持续的骨重塑过程，其中旧的骨质被破骨细胞吸收，新的骨质由成骨细胞合成。在制动期间，骨骼缺乏负荷或运动刺激，骨重塑过程可能受到抑制，导致骨组织更新不完全，影响骨密度和质量。

7. 骨折愈合延迟　制动导致的骨代谢障碍可能会延长骨折愈合时间。正常的骨折愈合需要良好的骨代谢支持，包括骨吸收、骨形成和骨重塑等过程的平衡。如果骨代谢受到抑制，骨折愈合过程可能会受到影响，出现假关节形成或愈合不良的情况。

（二）关节挛缩

关节挛缩指关节活动范围（range of motion, ROM）受限，由于关节周围软组织（如肌肉、筋膜、肌腱、关节囊、韧带、皮肤等）结构的短缩、粘连或纤维化，导致关节不能被动或主动地充分伸展或屈曲。它是肌肉骨骼系统伤病恢复期常见并发症，严重时会影响功能、疼痛、致残，甚至成为永久性障碍。在某些情况下，制动后的关节可能发生不正常的骨化或钙化过程，这些过程会导致关节周围的软组织硬化，限制关节的正常活动。在长期不活动后，关节囊、肌腱或韧带中可能出现钙化沉积，导致关节更加僵硬。长时间的制动可能导致神经和肌肉之间的协调能力丧失，影响对关节运动的控制。当神经对肌肉的控制作用减弱时，可能导致肌肉和关节周围的其他软组织出现不适当的紧张，从而增加挛缩的风险。

1. 软组织挛缩　这是由于软组织（如肌肉、韧带、关节囊等）在长时间制动后变短、僵硬或粘连，限制关节活动范围。软组织挛缩通常是可逆的，通过康复训练可以逐渐恢复关节功能。

2. 骨性挛缩　骨性挛缩是指由于骨性结构异常（如关节融合、异位骨化、畸形愈合等）导致的关节活动受限，属于不可逆性挛缩的一种，是关节挛缩中最严重、最难康复的类型（图6-3）。

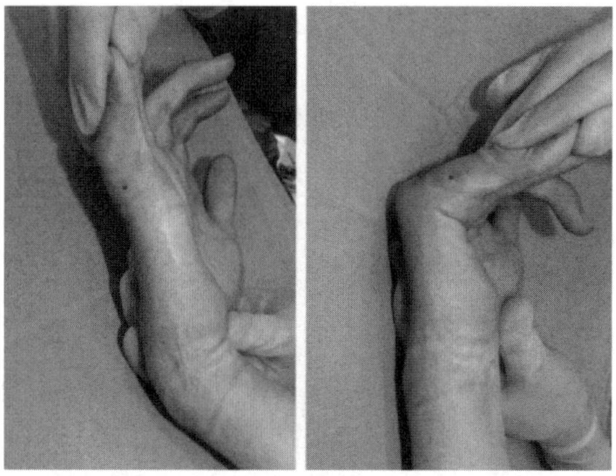

图6-3　骨性挛缩

视频：关节退行性形变康复治疗前后

（三）关节退行性病变

正常的关节运动会通过关节滑液和关节软骨的摩擦来分散负荷，保持软骨的营养供应和正常的功能。长期制动导致关节缺乏正常的负荷和运动，关节滑液分泌减少，软骨无法得到足够的营养和刺激，导致软骨细胞的代谢减慢，软骨逐渐变薄、磨损甚至出现裂缝。长期的制动导致关节及周围骨骼的负重减少，可能引发骨质疏松或骨密度下降。随着骨密度的减少，骨骼的强度降低，骨头变得更加脆弱，容易发生微小骨折或微损伤，长期不愈合的微裂纹可能加速关节退行性病变。肌肉功能的丧失会导致关节的稳定性下降，使得关节在运动过程中受到更多的压力和负荷，增加软骨和骨骼的磨损，进而加速退行性变化。由于制动可能会改变关节的正常运动模式，重新开始活动后，患者可能会用不正确的方式运动，给关节带来异常的压力。长期的异常运动模式可能导致关节软骨不均匀受力，促进关节的退行性变。关节退行性病变的最常见症状是关节疼痛，通常在关节活动时加重，休息时减轻。疼痛的部位可能集中在关节的负重区域，如膝关节、髋关节等。

（四）异位骨化

异位骨化（heterotopic ossification，HO）指骨组织在正常解剖位置以外的地方异常形成（图6-4），通常发生在关节周围的软组织（如肌肉、韧带、关节囊等）中。这种病理性骨化通常发生在创伤、手术或其他损伤后的修复过程中，并可能影响关节的活动范围、导致疼痛或功能障碍。长期的关节制动或不活动可能通过改变局部的血液循环、增加机械刺激和炎症反应，促进异位骨化的

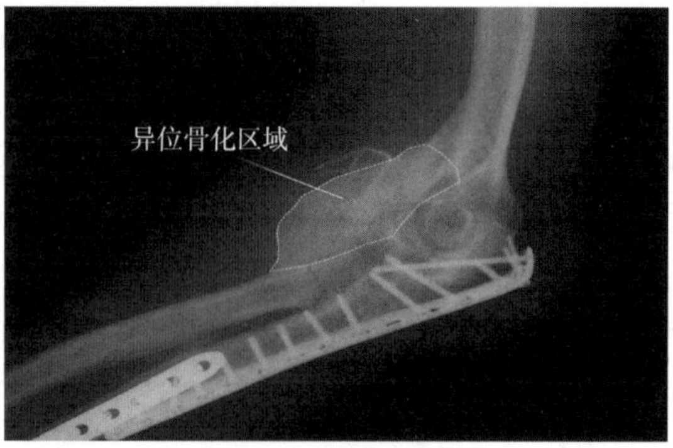

图6-4　异位骨化

形成。

研究表明，20% ～ 50% 的脊髓损伤患者会发展为异位骨化，其中四肢瘫痪（胸部或颈部损伤）的患者更容易发生异位骨化。对于大关节（如髋关节、膝关节）的置换手术，特别是在缺少预防措施的情况下，异位骨化的发生率可高达50% ～ 60%。

▶**知识拓展**

生物反馈装置

生物反馈装置在预防肌肉萎缩中发挥着积极作用，特别适用于长期卧床、术后制动或神经损伤等导致运动受限的人群。通过实时监测肌肉电活动或压力变化，将信息以可视化方式反馈给患者，帮助其主动感知并激活目标肌群，从而维持肌肉的张力和功能，延缓废用性萎缩的发生。特别是在早期康复阶段，即使肌肉收缩微弱，生物反馈也能增强神经——肌肉通路的再连接，促进功能恢复。结合其他康复训练手段，能显著提高康复效率。

第二节　制动对循环系统的影响

一、心脏工作负担增加

（一）心脏泵血功能受限

长时间的制动不动或低活动量会导致心脏缺乏足够的运动刺激，其收缩能力可能逐渐减弱，从而影响血液流动。特别是在久坐或卧床的状态下，心脏必须在较低的活动水平下维持基础的血液供应，增加了机体负担。

（二）静脉血液回流受阻

久坐或长期卧床时，静脉血液回流到心脏的过程受到阻碍，尤其是下肢的静脉血液回流困难。长期缺乏活动容易导致静脉血液积聚，从而增加心脏泵血的难度。

二、血压异常

（一）低血压风险

缺乏活动可能会导致血压降低。长期不动、制动姿势可能引发直立性低血压（即从坐位或卧位快速站立时，血压急剧下降）。这种情况通常发生在血管缺乏足够的收缩和舒张反应时，血液难以顺利回流到心脏。

（二）高血压风险

反过来长期的制动生活方式（例如久坐或不活动）也可能导致高血压的发生。这是因为缺乏运动导致的血管弹性下降，进而使得血管的舒张能力减弱，血液流动受阻，从而引发血压升高。

三、血栓形成

视频：
静脉血栓

（一）深静脉血栓形成

长时间制动不动，尤其是在卧床或坐姿时，静脉内血液的流速减缓，血液中的血小板和纤维蛋白等凝血因子容易聚集，从而形成血栓。深静脉血栓（deep venous thrombosis，DVT）可能导致严重的并发症，如肺动脉栓塞（pulmonary embolism，PE），对心肺系统造成重大风险。

（二）动脉硬化加重

缺乏活动还可能加速动脉硬化的进程，长期不运动会导致血管壁上脂肪和胆固醇的积累，最终导致血管狭窄和硬化，增加心血管疾病的风险。

四、心脏代偿性变化

（一）心室肥大

长期缺乏运动，心脏为了维持血液循环可能会进行代偿性增大，尤其是左心室，这种情况可能导致心脏增大并影响其正常功能，长期甚至可能引发心力衰竭。

（二）心血管适应性下降

在长期制动或低活动水平的情况下，心血管系统对压力的适应能力下降。运动训练可以增强心脏对剧烈运动或其他压力源的适应能力，而缺乏运动则会减弱这一能力。

五、其他心血管病理反应

（一）血脂异常

缺乏运动可能导致血脂水平的异常，表现为低密度脂蛋白升高和高密度脂蛋白降低。血脂异常是动脉粥样硬化、高血压、心脏病等心血管疾病的危险因素。

（二）血管内皮功能受损

血管内皮在正常的血液流动和血管健康中起着关键作用。运动能够促进血管内皮细胞的生长与损伤修复，而长时间的制动或不活动会导致内皮功能下降，加速动脉硬化的进程。

▶**知识拓展**

静脉血栓机械预防

弹力袜（graduated compression stockings，GCS）：促进静脉回流，减少下肢血液淤滞。适用于长期卧床患者或术后康复者。

间歇性气动加压装置（intermittent pneumatic compression，IPC）：通过周期性充气-放气，促进静脉血液回流。适用于高危术后患者。

为患者穿戴弹力袜时需考虑舒适度，实施间歇加压治疗需解释原理以消除焦虑，体现“以患者为中心”理念，践行“有时去治愈，常常去帮助，总是去安慰”的医学人文精神。

第三节　制动对呼吸系统的影响

一、肺活量下降

（一）肺通气不足

长期处于制动姿势（如卧床或长时间坐着）会限制胸腔的扩展，尤其是当身体不进行有效的运动时，呼吸过程中的肺部扩张受到限制，导致肺活量下降，空气流入肺部的量减少。

（二）呼吸深度减少

在缺乏运动的情况下，呼吸变浅、频率变低、深呼吸减少，肺泡的气体交换能力下降，氧气的吸收与二氧化碳的排出效率降低。

二、呼吸肌功能减弱

（一）膈肌和肋间肌的活动减少

长期制动姿势会导致呼吸肌，特别是膈肌和肋间肌的活动减少，影响呼吸的效率，从而增加呼吸负担。

（二）呼吸肌耐力下降

如果没有足够的活动，呼吸肌的耐力和力量可能下降，导致正常的呼吸和深呼吸变得更加困难。

三、换气受限

长时间制动不动导致的缺乏活动，会使得某些肺区的通气量不足，进而影响气体交换，增加感染的风险。尤其在卧床不动的患者中，常见下肺区域的通气差，容易发生肺不张（肺泡塌陷）或肺炎等并发症。

四、通气 / 血流比例失衡

长期不动会导致肺的通气和血流比例发生失衡，部分肺区可能存在低通气而高血流的情况，从而影响有效的气体交换。随着时间的推移，肺功能可能会持续衰退，导致身体的氧合能力降低。

五、增加肺部感染的风险

（一）肺炎风险增加

长期卧床或久坐的制动姿势容易导致肺部通气不畅和肺水肿，为病菌提供了生长的温床，尤其是对于免疫力较低的群体（如老年人、手术后患者或重症患者），肺部感染（如吸入性肺炎）发生的风险显著增加。缺乏活动的人，尤其是老年人，容易出现气道炎症和呼吸道阻塞，导致慢性呼吸道疾病加重，阻塞性肺疾病的发生率也会增加。

（二）阻塞性肺疾病

视频：慢性阻塞性肺疾病

缺乏活动的人，尤其是老年人，容易出现气道炎症和呼吸道阻塞，导致慢性呼吸道疾病加重，呼吸道感染的发生率也会增加。

▶知识拓展

慢性阻塞性肺疾病

慢性阻塞性肺疾病(chronic obstructive pulmonary disease,COPD)是常见的、可预防和治疗的慢性气道疾病，其特点是持续的气流受限及相应的呼吸道症状。60岁以上人群COPD患病率超27%。常表现为持续性咳嗽、咳痰、活动后气促和乏力，且易反复发生急性加重，诱发心功能不全、肺部感染等并发症。

第四节 制动对泌尿系统的影响

一、尿液滞留与排尿不畅

（一）膀胱排空受阻

长期卧床或久坐不动，可能导致膀胱排空不完全。尤其在腰部或腹部没有得到适当运动刺激的情况下，膀胱的收缩功能减弱，容易导致尿液滞留。

（二）尿频与尿急

久坐或长时间制动不动，可能导致对膀胱压力的调节不足，产生尿频、尿急等症状。尤其是老年人或患有神经系统疾病的人群，长期卧床或制动姿势会加重这些症状。

二、尿路感染

（一）尿液滞留导致感染

膀胱内尿液长时间滞留会成为细菌的培养基，增加尿路感染的风险。长期卧床的人群，尤其是老年人和免疫系统较弱的患者，更容易发生上尿路（如肾脏）或下尿路（如膀胱、尿道）的感染。

（二）导尿管导致感染

一些卧床患者可能需要使用导尿管以帮助排尿。长时间使用导尿管可能会导致尿道和膀胱的感染，甚至引发膀胱炎、肾盂肾炎等严重的尿路感染。

三、肾脏功能受损

（一）肾脏血流减少

长期制动姿势可能导致全身血液循环不畅，尤其是下肢血液回流受阻，导致肾脏的灌注不足。肾脏长期得不到足够的血液供应，可能导致肾功能的下降，甚至引发急性肾衰竭。

（二）肾结石形成

由于长期卧床和活动不足，尿液在肾脏中的流动变慢，导致尿液中的矿物质沉积形成结石。尤其是钙、草酸盐等成分的积聚，会增加肾结石的风险。长期制动不动的人群，尤其是在脱水或营养不良的情况下，更容易形成肾结石。

四、泌尿系统疾病加重

（一）尿失禁的发生

长期卧床或久坐的情况下，肌肉和神经系统长期不活跃，腹部和盆底肌肉的力量可能减弱，进而导致尿失禁。对于老年人或产后女性来说，盆底肌肉的支持功能减弱会增加尿失禁的发生概率。

（二）前列腺问题

对于长期卧床的男性患者，因为缺乏运动和活动导致前列腺充血或炎症，从而影响排尿功能。

五、水、电解质平衡紊乱

（一）水分滞留

由于活动减少，体内的水分循环变慢，导致体内水分和电解质的平衡紊乱，进一步影响尿液的生成和排泄。例如，可能出现水肿、尿量减少等情况。

（二）脱水风险

对于长期卧床的人来说，活动减少导致的进水量不足，可能加重脱水的风险。脱水不仅影响尿液的排泄，还会导致肾功能下降或尿液浓缩，进一步加大发生泌尿系统疾病的风险。

第五节　制动对消化系统的影响

一、肠道蠕动减慢

缺乏运动会导致肠道肌肉的活跃度下降，肠道蠕动减缓，肠道的正常蠕动变得不畅，进而影响了大便的排出。长期制动不动的患者，特别是老年人或长期卧床的病人，常常会面临便秘的问题。

二、胃肠功能紊乱

（一）胃排空延迟

长期缺少运动可能影响胃的运动功能，导致胃排空速度变慢。食物停留在胃内时间过长，可能引发胃胀气、恶心、腹痛等症状，甚至影响食欲。

（二）胃酸分泌失调

缺乏运动也可能引发胃酸分泌异常。有些人在制动状态下可能出现胃酸过多，导致胃部不适、胃痛等症状；而另一些人则可能出现胃酸分泌不足，影响食物消化。

三、胃肠道疾病加重

（一）消化性溃疡

长期卧床不动、情绪压力增加和不良饮食习惯可能导致胃酸分泌过多、胃黏膜受损，增加消化性溃疡（如胃溃疡和十二指肠溃疡）的风险。

（二）胃食管反流病

长期制动不动和久坐可能加重胃食管反流病的症状。因为在久坐的情况下，腹内压升高，更容易发生胃酸反流，导致胃食管反流病的症状加剧，如胃痛、胃灼热、食欲减退等。

视频：正常胃与食管反流对比

四、消化液的分泌减少和食欲降低

（一）肠道激素分泌异常

缺乏运动可能会影响一些调节食欲的肠道激素（如胃饥饿素）的分泌，导致食欲减退，影响营养的摄入。

（二）消化液分泌减少

长期不活动会导致消化系统的功能减弱，包括唾液、胃液和胰液的分泌量减少，影响食物的消化效率和营养的吸收，导致肝脏的解毒功能及整体消化功能减弱。

▶知识拓展

胃饥饿素

胃饥饿素（ghrelin）是一种胃黏膜主要分泌的肽类激素，由胃底部PD1细胞和小肠、胰腺、脑等器官少量合成。它是目前已知唯一一种具有促进食欲作用的外周激素，因而称为“饥饿激素”。其“促饥饿”功能提醒人类尊重生命节律，过度节食或暴饮暴食均会扰乱激素稳态，埋下肥胖、代谢综合征等隐患。

第六节　制动的其他影响

一、内分泌系统

（一）胰岛素抵抗与代谢紊乱

1. 胰岛素敏感性下降　长期制动不动会降低肌肉对胰岛素的敏感性，导致胰岛素抵抗。这种情况下，胰岛素的作用减弱，血糖难以进入细胞，导致血糖水平升高。胰岛素抵抗是2型糖尿病的一个重要诱因。

2. 糖代谢紊乱　缺乏运动会影响葡萄糖的代谢，导致体内糖代谢效率下降，进一步加剧肥胖和代谢性疾病（如糖尿病、代谢综合征等）的风险。

（二）激素分泌的紊乱

1. 应激激素（皮质醇）水平升高　长期制动不动可能导致身体压力反应，导致应激激素（皮质醇）水平升高。皮质醇是由肾上腺分泌的一种激素，通常在应对压力时分泌增加。持续的皮质醇升高可能导致多种健康问题，如免疫系统功能下降、肌肉萎缩、骨质疏松、体重增加（特别是腹部脂肪积累）等。

2. 性激素分泌受抑制　长期卧床或缺乏运动还可能抑制性激素（如睾酮、雌激素、孕激素等）的正常分泌。这些激素对生殖、运动、心血管等多个系统的功能至关重要。例如，男性的睾酮水平降低，可能导致性欲减退、肌肉量减少等；女性雌激素水平降低可能出现月经不调或更年期症状加剧。

（三）甲状腺功能的改变

1. 甲状腺激素分泌降低　缺乏运动会导致甲状腺激素（如T_3和T_4）分泌减少，影响基础代谢率。甲状腺激素在维持正常的代谢和能量消耗中发挥重要作用，减少运动会降低能量消耗，导致体重增加。

2. 免疫调节激素分泌减少　长期制动不动，尤其是在缺乏运动和活动的情况下，免疫系统的激素（如胸腺素等）的分泌可能受到影响，导致免疫功能下降，增加感染的风险，降低身体对病原的抵抗能力。

二、皮肤

长期制动在同一姿势（如长期卧床或坐着不动）会在皮肤表面产生持续的压力，尤其是骨突部位（如背部、臀部、脚跟、肘部、膝盖等），这种持续的压力会影响血液流动，导致局部供氧和营养供应不足，从而引发压疮（也称褥疮）。长期压迫还会抑制皮肤的自我修复功能，导致压疮加重。

三、情绪与心理

（一）抑郁症

长期制动不动的人群，尤其是长期卧床或久坐的患者，可能面临孤独、无聊、沮丧等情绪问题。这些负面情绪如果得不到有效调节，可能引发抑郁症。缺乏运动会导致大脑中神经递质（如多巴胺和血清素）水平下降，这些神经递质与情绪调节、幸福感体验等密切相关。运动可以促进这些神经递质的分泌，缺乏运动则会增加抑郁症的发生风险。

（二）焦虑症

长期处于制动状态，特别是在对未来感到无望或无力改变现状的情况下，可能会导致焦虑症的发生。运动能够缓解紧张感及精神压力，缺乏运动时，焦虑情绪可能加重，进一步影响日常生活。

（三）情绪波动和易怒

制动不动可能使个体失去应对生活压力的能力，容易感到易怒、情绪不稳定。久坐或长时间卧床时，身体没有适当的运动刺激，可能导致激素水平的不平衡，进一步影响情绪。

（四）社会互动减少

长期卧床或久坐不动往往伴随着社交活动的减少，社交隔离是影响心理健康的重要因素。社会支持和人际交往能够促进心理健康，减少孤独感。缺乏社会互动可能导致抑郁和焦虑的加剧，进而影响认知功能的保持。

（五）压力反应失调

缺乏运动会影响身体对压力的适应能力。运动能有效地降低压力激素（如皮质醇）的水平，增强身体应对压力的能力。长期不动的状态下，可能导致应激激素过度分泌，使得个体在面对压力时容易产生过度反应，增加焦虑、抑郁等心理问题的风险。

四、认知功能

（一）记忆力减退

缺乏运动会影响大脑的血液流动和氧气供应，减少神经生长因子的分泌，从而抑制神经元的生长和连接。长期不活动可能导致大脑结构的变化，特别是与记忆和学习相关的区域（如海马体）出现萎缩。此外，缺乏运动往往伴随着社会交往减少和认知刺激不足（如阅读、学习新知识、解决问题等），这些因素共同作用会加速认知功能的衰退，引发记忆力减退，并增加患阿尔茨海默病等认知障碍的风险。

（二）注意力与集中力减弱

长期制动不动，缺乏身体活动的刺激会使得大脑难以保持长时间的专注，可能导致注意力不集中、精神疲劳、工作效率降低。

（三）执行功能受损

长期不活动还可能影响大脑前额叶皮层的功能，前额叶与计划、决策、问题解决等执行功能密切相关。缺乏运动可能导致这些高级认知功能的下降，使得个体在日常生活中感到困难，影响决策能力和任务完成度。

（四）神经递质失衡

长期制动不动可能导致大脑中的一些关键神经递质（如多巴胺、血清素、去甲肾上腺素）失衡，这些神经递质对情绪调节、学习和记忆功能至关重要。缺乏运动会影响这些神经递质的合成与释放，增加抑郁、焦虑和认知障碍的风险。

（五）神经生长因子的减少

运动有助于大脑中神经生长因子（如脑源性神经营养因子）的分泌，这些因子有助于神经元的生长、修复。长期不动的人群，尤其是老年人，可能会出现神经生长因子的减少，从而影响认知功能和记忆力。

五、睡眠

（一）睡眠质量下降

运动有助于调整生物钟和促进深度睡眠，缺乏运动可能导致睡眠问题，如失眠、浅睡、夜间觉醒等。睡眠不足会进一步影响大脑功能和情绪状态，形成恶性循环。

（二）昼夜节律紊乱

缺乏日间活动可能导致昼夜节律的紊乱，长期不动的人群，尤其是老年人，更有可能出现昼夜颠倒的情况，影响睡眠与觉醒的规律，进一步加重精神健康问题。

▶知识拓展

微课：运动与制动在医学康复中的关系

制动与运动的关系

在康复医学中，运动和制动的关系通常是相辅相成的，具体的选择和搭配取决于个体的健康状况、伤病类型，以及所处的康复阶段。

在急性损伤或手术后，制动通常是优先选择，以确保受伤部位的稳定性，并减轻疼痛、促进愈合。随着康复进程的推进，制动逐渐减少，开始引入适度的运动（如被动运动、轻度负重运动等），以恢复关节功能和增强周围肌肉力量。

过长时间的制动可能导致肌肉萎缩和关节功能下降，因此需要在制动与适量运动之间找到一个平衡点，避免过度制动或过度运动。

—• 考试知识点总结 •—

—• 本章小结 •—

—• 协和云课堂……　拓展练习及参考答案 •—

（张超峰）

教学课件

第七章　上肢运动学

学习目标

素质目标

（1）具备识别肩、肘、腕等上肢关节的运动形式及生物力学特点的能力，理解各关节协同机制（如肩肱节律）。

（2）具备分析关节运动与功能关联的能力，能初步评估异常运动的潜在原因。

（3）具备主动保护上肢关节的意识，为运动指导与康复实践奠定基础。

知识目标

（1）掌握：上肢关节的基本结构和运动特点，关节肌的功能特点以及在运动中的作用。

（2）熟悉：上肢关节的功能解剖，关节运动障碍。

（3）了解：上肢关节的动力学分析，关节运动的神经支配。

能力目标

（1）能对日常生活中常见的正常关节的运动、受力情况进行简单的静力学分析，帮助和指导健康人群进行健身锻炼，避免运动损伤的发生。

（2）能对临床常见的异常关节的受力情况及损伤进行运动学、力学分析，为临床及康复治疗奠定基础。

案例导入

【案例】

患者，男，35岁，网球运动爱好者。在一次激烈比赛中不慎摔倒，用手撑地。随后患者感到右肘部剧烈疼痛，无法正常屈伸。紧急送往医院后，经过医生的仔细检查，确诊为肘关节扭伤。

【问题】

肘关节能够执行多种运动的基础是什么？

核心知识拆解

关节是连接人体各部分的关键，是运动枢纽，负责传递负荷、储存能量，是维持正常运动的重要器官。关节的形态、力学特性，决定了其运动特点。关节运动是发生自关节内的关节面间的运动，运动肌对关节运动的支配，以及韧带组织的张力变化，共同维持着关节动态与静态的稳定。一旦运动神经受损，或者关节形态结构改变，关节活动就会受影响，引发运动功能障碍。上肢的肩关节、肘关节和腕关节协同配合，助力手部完成各类精细动作。所以上肢关节以灵活运动为主，在神经系统、骨骼肌或关节受到损伤后可以出现运动障碍。

肩关节、肘关节和腕关节的正常结构是实现上肢功能运动的基础。在康复治疗中，了解这些关节的解剖结构有助于准确判断损伤部位和制定针对性的治疗方案。

指关节：由掌指关节和指骨间关节组成，能完成屈伸、收展等运动，是手部实现精细操作与力量传递的关键结构。

第一节　肩　关　节

视频：肩关节运动

狭义的肩关节单指盂肱关节，广义的肩关节则是由盂肱、胸锁、肩锁、肩峰下关节，以及肩胛骨与胸廓间结构共同构成的肩关节复合体（图7-1）。本文所述肩关节为广义概念，其组成结构中，部分虽无典型关节构造，却具备类关节功能。肩关节周围附着的韧带、肌肉及滑囊等组织，不仅奠定了肩关节稳定性与运动灵活性的形态学基础，还拓宽了其活动范围，丰富了功能，使其得以完成复杂且协调的肩部动作。因肩部受骨骼约束有限，故运动范围极为广阔，但稳定性欠佳，主要依赖韧带与肌肉结构维持稳定。

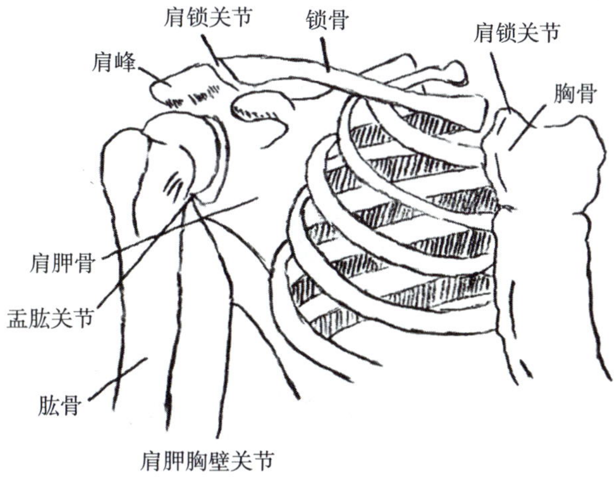

图7-1　肩关节复合体

一、肩关节功能解剖

肩关节作为人体活动度最大的关节，由多个关节构成。其活动本质上是复合体各部分间的联合与协同运动，在连接躯干与上肢的同时，与肘关节协同，精准调控手部在空间中的位置。

（一）骨

肩关节主要由胸骨、锁骨、肩胛骨、肱骨近端及胸廓等结构构成。

1. 胸骨 为长方形扁骨，位于胸前壁正中，整体呈现前凸后凹的形态。其自上而下可清晰划分为胸骨柄、胸骨体及剑突三部分（图7-2）。胸骨柄上缘中部略微下凹，称为颈静脉切迹。而在胸骨柄与胸骨体的连接处，会微微向前方突出，此部位名为胸骨角。该结构两侧恰好平对第2肋（软骨），在人体体表能够轻易触及，因而成为临床上计数肋和肋间隙的关键标志性结构。剑突则呈现薄且狭长的形态，其末端处于游离状态。

2. 锁骨 位于颈部与胸部的交界区域，其形态宛如字母“S”（图7-3）。锁骨内端较为粗大，称为胸骨端，凭借关节面与胸骨柄相互连接，共同构成胸锁关节；外侧端扁平，名为肩峰端，通过关节面与肩胛骨的肩峰相关节，进而形成肩锁关节。自胸骨端起始，向外侧延伸至肩峰端，锁骨的整个长度在人体体表均可通过触摸感知。

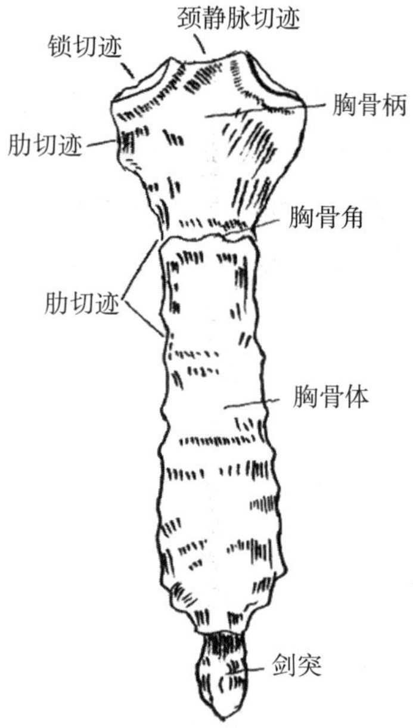

图7-2 胸骨

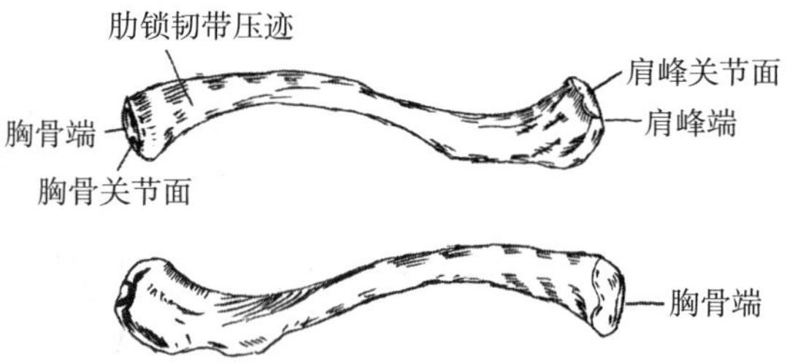

图7-3 锁骨

3. 肩胛骨　位于胸廓背面的外上方，处于第2～7肋骨之间，整体呈倒置的三角形，其底部朝上，尖部朝下，具有两面、三缘和三角的结构特征（图7-4）。在肩胛骨的三角中，下角在人体上肢运动时活动明显，从体表即可观察并触摸到其活动状态，这对于判断肩胛骨的运动情况有着重要参考价值。从肩胛骨的三缘来看，内侧缘又称脊柱缘，薄且锐利，当双侧手臂自然下垂于身体两侧时，内侧缘与脊柱平行；外侧缘又称腋缘，较为肥厚，从肩胛下角斜向延伸至肩胛外侧角；上缘短而薄，起点为肩胛上角，终点为喙突。此外，肩胛冈、肩峰、肩胛下角、内侧缘及喙突在人体体表均可被触摸到。肩胛骨的关节盂，其作用是容纳肱骨头，但在体表无法触及。同样，盂上结节（作为肱二头肌长头的起点）与盂下结节（作为肱三头肌长头的起点），在体表也不易触摸到。

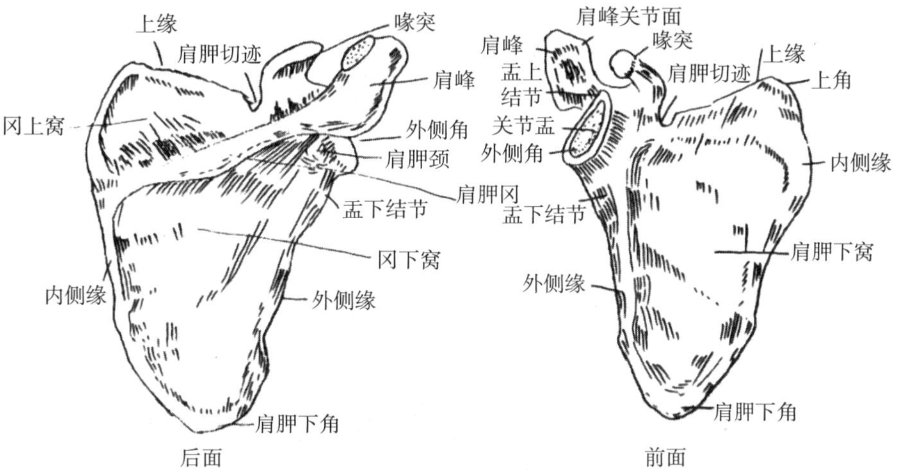

图7-4　肩胛骨

4. 肱骨　作为上肢最大的管状骨，由肱骨体及肱骨上、下两端构成（图7-5）。肱骨上端呈现半球状膨大，这一结构被称作肱骨头，其与肩胛骨的关节盂相互配合，共同形成关节连接。在肱骨上端与肱骨体的交界部位，有一处相对较细的区域，名为外科颈，此部位是肱骨骨折的多发处。沿着肱骨体的后面，可见一条由内上方向外下方倾斜的浅沟，称为桡神经沟。肱骨下端较为扁平，其末端存在两个关节面，外侧的关节面呈球状，名为肱骨小头，与桡骨相关节；内侧的关节面形似滑车，称作肱骨滑车，与尺骨相关节。在肱骨下端的两侧，各有一个明显的突起，分别是内上髁和外上髁，它们在人体体表能够轻易被触摸到。其中，内上髁后下方有一浅沟，即尺神经沟，尺神经由此通过。从功能上看，肱骨承担着支撑上肢的关键作用，并且参与肩关节和肘关节的构建，使得手臂能够顺利完成举、推、拉等丰富多样的活动，极大地拓展了上肢的运动范围和灵活性。

5. 胸廓　由12块胸椎、12对肋骨、1块胸骨，以及它们之间的连接结构共同组成（图7-6）。其形态上窄下宽，整体呈前后扁平状，具备上、下两个开口及前壁、后壁和外侧壁。值得注意的是，胸廓后壁与肩胛骨之间能够形成肩胛胸壁关节。

（二）关节

肩关节的骨连结主要为胸锁关节、肩锁关节、盂肱关节及肩胛胸壁关节。上肢运动过程中，肩胛骨可在胸壁上自如滑动（即肩胸“关节”的活动表现）；在进行屈曲和外展动作时，肱骨头会滑至肩峰下方（此为肱上“关节”的运动状态），同时肱二头肌长头腱于结节间沟内滑动。无论是真正

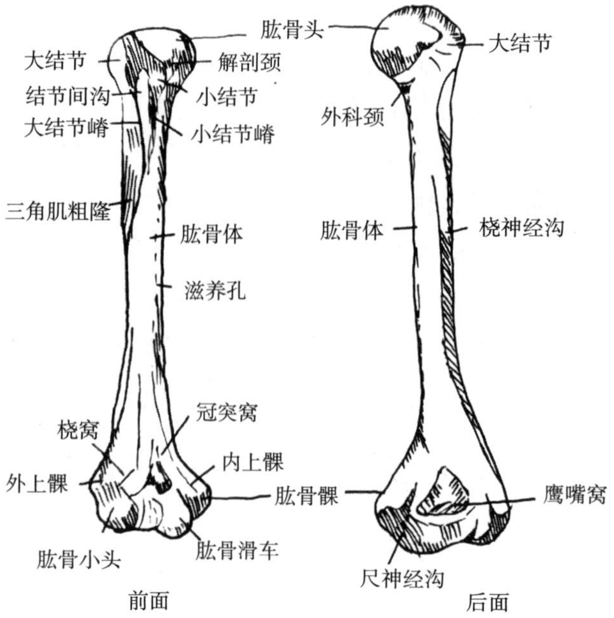

图7-5　肱骨

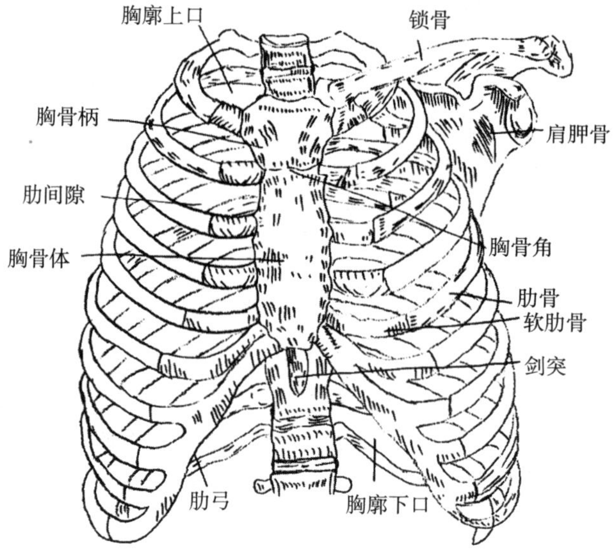

图7-6　胸廓

意义上的关节，还是具有功能性的关节，一旦出现疼痛或运动受限的情况，均可能致使肩部功能出现障碍。

1. 胸锁关节　作为上肢骨与躯干骨之间唯一的连接关节，在关节类型上属于鞍状关节（图7-7）。它由锁骨的胸骨端关节面、胸骨的锁切迹及第1肋软骨的上面共同构成。关节腔内存在关节盘，此关节盘发挥着关键作用，不仅能够使关节头与关节窝相互适配，有效提升关节的稳定性与灵活性，还具备阻止锁骨向内上方脱位的功能。在运动范围方面，胸锁关节允许锁骨外侧端向前、向后运动的幅度为20°～30°，向上、向下运动幅度约为60°，并且可绕冠状轴进行微小的旋转与环转运动。尽管胸锁关节自身的活动度相对较小，然而它却作为重要支点，极大地拓展了上肢的整体活动范围。关节囊环绕并附着于关节周边，其前后面的结构相对薄弱，厚度较薄，而上、下两面则稍

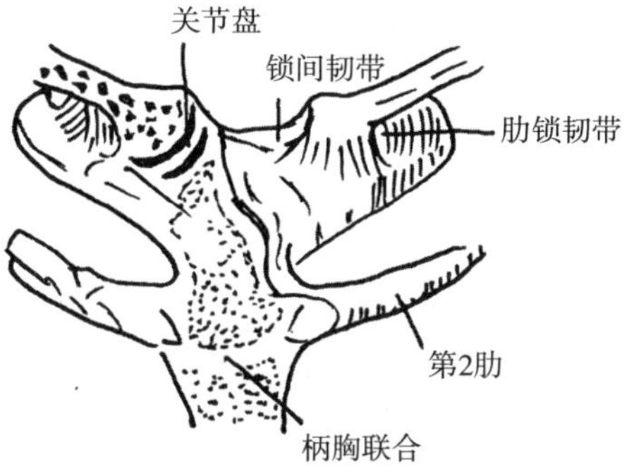

图7-7 胸锁关节

显厚实。在关节囊周围，分布着胸锁前韧带、胸锁后韧带、锁骨间韧带及肋锁韧带，这些韧带从不同方向对关节囊起到了加固作用。

2. 肩锁关节 由锁骨的肩峰端与肩峰的关节面共同构成，在关节类型中属于平面关节，同时也是肩胛骨活动的关键支点。在此关节结构下，肩胛骨与锁骨相连，二者不仅能进行相似的运动，还各自伴有独特的运动形式。肩锁关节具备三个运动轴及三个自由度，具体体现为提肩、外展和旋转运动。肩锁关节与胸锁关节的协同运动，为肩胛骨的活动创造了条件。当肩胛骨的肋面始终紧贴胸壁时，关节盂便能根据实际需求，灵活地朝向前方、上方或者下方。尽管肩锁关节自身的活动范围相对有限，但其对于肩部整体活动的顺畅开展，却发挥着不可或缺的重要作用。

肩锁关节的稳定性依靠多种结构共同维持，关节囊及其增厚部分形成的肩锁韧带，三角肌、斜方肌的腱性部分，以及喙锁韧带中的斜方韧带和锥状韧带。喙锁韧带向内下方延伸，能够有效阻止肩胛骨向内过度移位。当锁骨进行旋转运动时，该韧带会相应延长。在上肢外展过程中，喙锁韧带可适应肩锁关节20°活动范围的功能需求。整体而言，喙锁韧带是保障肩关节稳定性的关键结构。然而因其关节面自身特性，缺乏关节面对合所形成的内在互锁约束机制，致使肩锁关节稳定性极差。再加上其周围韧带较为薄弱，所以该关节极易发生脱位。当肩锁关节脱位需进行手术整复时，必须对喙锁韧带加以修复。若出现完全脱位的情况，不仅要修补喙锁韧带，还需同步修补受损的关节囊、筋膜及肌组织，并妥善处理撕裂的关节盘。

3. 盂肱关节 属于典型的多轴球窝关节。肱骨头近似球形，与之对应的关节盂却浅而狭小。即便关节盂周围环绕着由纤维软骨构成的盂唇，用于加深关节窝，但关节盂也仅能容纳肱骨头的1/4 ～ 1/3。肩关节这种独特的骨结构形状，虽极大地增加了运动幅度，却在一定程度上降低了关节的稳固性。因此，关节周围的肌肉和韧带对于维持其稳固性而言，发挥着至关重要的作用。

盂肱关节周围的韧带数量较少且较为薄弱，主要包括盂肱韧带（连接关节盂与肱骨）及喙肱韧带（连接喙突与肱骨大结节），它们分布于盂肱关节囊前方，对增强盂肱关节的稳定性有一定作用。

其中，盂肱韧带又细分为盂肱上、中、下韧带，这三条韧带在盂肱关节囊前呈“Z”字形分布。盂肱上韧带在盂肱关节全范围收缩或肱骨头出现向下、向后移位时处于拉紧状态，以此发挥稳定关节的作用；盂肱中韧带为盂肱关节前方提供稳定性，能够限制肱骨向前移位及向外旋转；盂肱下韧带在肩关节外展至90°时拉紧，对于维持盂肱关节在此位置时前后方向运动的稳定意义重大，在外展过程中，它限制了肩关节的外旋与内旋（图7-8，图7-9）。

4. 肩胛胸壁关节 并非传统概念里具有真正关节囊与关节面的关节，严格来讲，它是一种功能性关节。其本质涉及肩胛骨与胸廓之间的协同作用。此“关节”借助肌肉及软组织的连接，使肩胛骨得以在胸壁上灵活移动，而这一移动机制对保障肩部整体功能正常发挥及手臂顺利完成各类运动而言，有着重要意义。

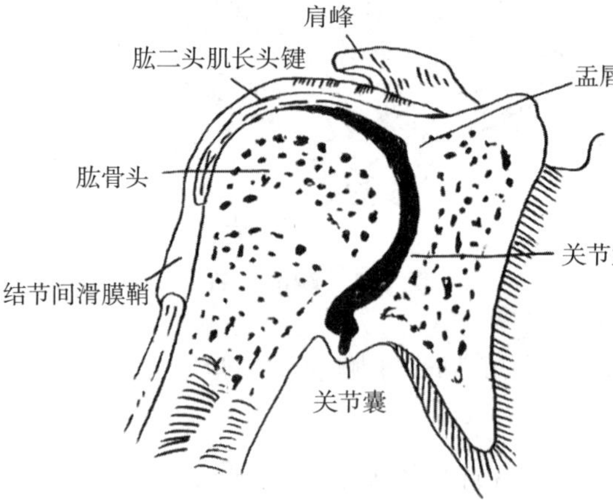

图7-8　盂肱关节（冠状切面）

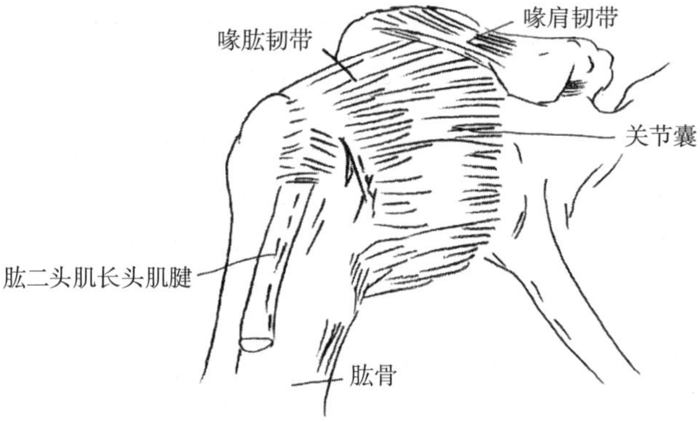

图7-9　盂肱关节（前面观）

（三）滑囊

作为关节的特殊附属结构，在肩关节处，分布着8个独立滑囊。其中，部分滑囊直接由盂肱关节腔延伸而来，如肩胛下滑囊及肱二头肌滑囊（鞘），其余滑囊则以独立结构的形式存在。这些滑囊于肌腱、关节囊、骨、肌肉、韧带或者肌群之间起着润滑作用。

在肱骨头上方，有两个极为重要的滑囊，分别是肩峰下滑囊和三角肌滑囊。肩峰下滑囊处于肩峰下间隙，位于冈上肌上方、肩峰下方，对质地柔软且易受损的冈上肌肌腱起到保护作用，助力其在坚硬的肩峰下顺利穿行。三角肌滑囊则在肩峰下滑囊外侧，是肩峰下滑囊的延续部分，能够有效降低三角肌、冈上肌肌腱与肱骨头之间的摩擦。

二、肩关节生物力学

（一）肩关节的运动范围

肩关节复合体是由多个关节协同作用的精密结构，其中胸锁关节作为复合体中位置最靠近端（靠近躯干）的关节，其功能类似机械杠杆或支撑支点，通过稳定的连接将锁骨锚定于胸骨，使肩胛骨与躯干始终保持相对恒定的距离，为整个肩部的运动提供基础支撑。

胸锁关节向外侧延伸，锁骨的远端与肩胛骨的肩峰构成肩锁关节，该关节及其周围坚韧的韧带（如肩锁韧带、喙锁韧带）共同将锁骨与肩胛骨牢固连接，既保证了锁骨与肩胛骨间的适度活动，又能抵抗上肢运动时产生的牵拉应力，维持肩部结构的稳定性。

1. 肩胛骨运动　肩胛骨能够进行外展、内收、上旋、下旋、上升及下降运动，这些运动包括了侧向、旋转和垂直这三个维度（图7-10，表7-1）。

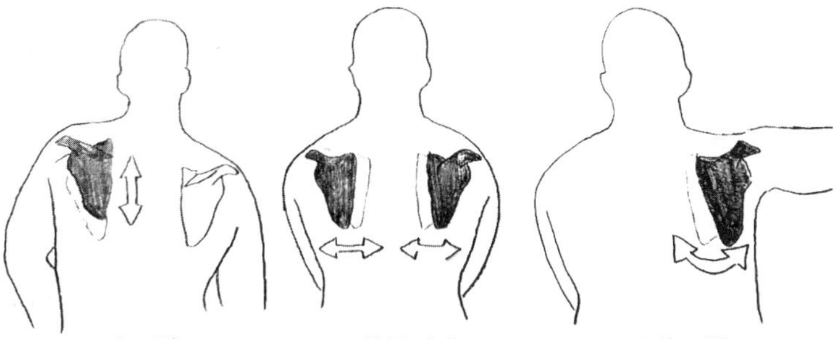

图7-10　肩胛骨运动

表7-1　肩胛骨运动与肌群

功能活动	正常范围	主动肌	神经支配
外展	肩胛下角相对身体中线在水平方向上的位移距离	前锯肌	胸长神经（C_5～C_7）
内收	10～12cm	菱形肌、斜方肌	肩胛背神经（C_4～C_5）、副神经
上旋	0°～60°	斜方肌、前锯肌	副神经、胸长神经（C_5～C_7）
下旋	0°～30°	肩胛提肌、菱形肌	肩胛背神经（C_4～C_5）
上升	肩胛下角的上下移动距离	斜方肌上纤维、肩胛提肌	副神经、肩胛背神经（C_4～C_5）
下降	10～12cm	斜方肌下部纤维	副神经

（1）外展与内收运动：指肩胛骨沿着肋骨进行的前后方向移动。肩胛骨沿肋骨向前移动，其内侧缘逐渐远离脊柱，称为外展，常见于含胸动作；与之相反，若肩胛骨沿肋骨向后移动，致使内侧缘向脊柱靠近，则称为内收，典型的扩胸动作便涉及内收运动。在正常生理状态下，肩胛骨外展与

内收的活动范围可达15cm。

（2）上旋与下旋运动：本质上是肩胛骨围绕矢状轴在额状面内进行的旋转动作。当肩胛骨关节盂朝上，同时肩胛骨下角向外上方转动时，这一运动过程被定义为上回旋，如单手肩上投篮时便会出现此类动作；反之，若肩胛骨关节盂朝下，肩胛骨下角向内下方转动，则称为下旋，如两臂从侧上举位置缓缓放回至身体两侧的动作，就包含下旋运动。在肩关节进行外展和屈曲动作期间，肩胛骨的旋转运动通常会协同参与。

（3）上升与下降运动：指肩胛骨在额状面内所进行的垂直方向移动。肩胛骨沿着垂直方向向上位移，称为上升，例如日常生活中的耸肩动作；与之对应，若肩胛骨垂直向下移动，则称为下降，例如常见的沉肩运动。

2. 盂肱关节运动 盂肱关节属于球窝关节，也称为万向关节，具有3个运动自由度，能够完成屈伸、内收、外展、内旋、外旋及环转等各类运动，是全身最灵活的关节。在屈伸运动中，又具体细分为前屈与后伸，以及水平屈和水平伸运动（表7-2）。

表7-2 盂肱关节运动与肌群

功能活动	正常范围	主动肌	神经支配
前屈	0°～135°	三角肌前部纤维、喙肱肌	腋神经（C_5、C_6）
后伸	0°～45°	三角肌后部纤维	腋神经（C_5、C_6）
内收	0°	背阔肌、胸大肌	胸背神经（C_6～C_8）、胸外侧神经（C_5～C_7）、胸内神经（C_8～T_1）
外展	0°～120°	三角肌中部纤维、冈上肌	腋神经（C_5、C_6）肩胛上神经（C_5、C_6）
内旋	0°～45°	三角肌前部纤维、胸大肌、大圆肌、肩胛下肌	肩胛下神经（C_5～C_7）、胸外侧神经（C_5～C_7）、胸内神经（C_8～T_1）、腋神经（C_5、C_6）
外旋	0°～45°	三角肌后部纤维、冈下肌、小圆肌	肩胛上神经（C_5、C_6）、腋神经（C_5、C_6）
环转	0°～360°	所有肩带肌群	臂丛神经的分支：腋神经（C_5～C_6）、肌皮神经（C_5～C_7）、肩胛上神经（C_5～C_6）、肩胛下神经（C_5～C_6）、胸外侧神经（C_5～C_7）、胸背神经（C_6～C_8）

（1）屈伸运动：通常有两种表述方式。其一，是在矢状面上进行的前屈与后伸运动；其二，则是于水平面上展开的水平屈（即水平位前屈）和水平伸（即水平位后伸）运动。

1）前屈和后伸运动：是中立位为上肢自然下垂，上肢以肩关节为中心，发生在矢状面上的屈伸活动。一般盂肱关节前屈范围为0°～135°，水平位后伸范围为0°～45°。但在其他关节参与下，肩关节复合体前屈范围为0°～180°。

2）水平屈、伸运动：是以肩关节水平外展90°肘关节伸直，掌心向下时为中立位，上肢以肩关节为中心，发生在水平面上的屈伸活动。一般水平位前屈范围为0°～135°，水平位后伸范围为0°～45°。

（2）内收和外展运动：以特定的中立位为基准，该中立位表现为上肢自然下垂，掌心向内紧贴体侧。这类运动发生于冠状面上。就正常的盂肱关节而言，其外展范围为0°～120°。由于胸廓的阻挡，解剖位置上的内收角度起始为0°。而在临床实践中，所提及的内收通常指肩关节内收且伴随前屈，这实际上是肩关节复合体的活动，其范围一般为0°～45°。当有其他关节协同参与时，肩关节复合体的外展范围能够拓展至0°～180°。在实现肩关节全范围180°外展的过程中，肩胛骨需要进行60°的上旋动作。

（3）内旋和外旋运动：通常以上肢自然下垂且屈肘90°的中立位为起始状态，在水平面上以肱骨长轴为旋转轴进行旋转，又称中立位旋转。解剖位置上，此时肱骨紧贴胸壁，内旋范围为0°～45°，外旋范围同样是0°～45°。临床上内旋0°～90°甚至0°～110°、外旋0°～80°，严格讲都属于肩关节复合体的内、外旋范围。内旋达0°～90°，是在解剖位基础上，肩关节轻度前屈与肩胛骨外展协同完成，可使手伸至躯干前侧。最大内旋110°，需在前臂背侧接触躯干后侧时，肩关节轻度后伸方可实现，便于手放到背后，完成后方臀部清洁等动作。肩关节外旋达80°，多伴有肩胛骨内收活动。

（4）环转运动：以肩胛骨关节盂为轴心，上臂能够进行圆周运动，整个手臂的运动轨迹呈现圆锥形，正常的运动范围为0°～360°。

从上述盂肱关节的屈伸、内收与外展、内外旋及环转运动可以看出，其卓越的灵活性运动功能，是基于肱骨头与关节窝面积差较大，以及关节囊薄且松弛等结构特点。当盂肱关节运动至特定角度时，肩胛骨和锁骨会参与其中，这充分彰显了肩关节复合体的重要功能（表7-3）。

表7-3　肩关节复合体的活动范围

功能活动	正常范围	功能活动	正常范围
前屈（上举）	0°～180°	外展（外展上举）	0°～180°
后伸	0°～60°	内收	0°～45°
水平屈	0°～135°	内旋	0°～110°
水平伸	0°～45°	外旋	0°～80°

3. 胸锁关节运动　通常与锁骨、肩胛骨协同进行。在肩关节屈曲和外展超过90°时，胸锁关节可伴随肩关节的运动而横向旋转约30°。这种运动对于整个肩胛骨、肱骨和锁骨共同参与的复合运动起着至关重要的辅助作用，尤其是在肩关节执行大幅度功能动作时，其辅助意义更为显著。

4. 肩胛胸壁关节运动　为使上肢能够维持在功能位，肩胛胸壁关节的运动依赖三角肌的张力来实现，这一机制使得三角肌在此过程中能够发挥最佳的收缩力。当上肢外展超过90°时，盂肱关节的接触面积会相应减少，这导致盂肱关节的稳定性降低。同时，肩峰下间隙明显变窄，使得肩峰下的肌腱、滑囊等组织受到的撞击和挤压显著增加。此时，肩胛骨会通过外旋来维持盂肱关节的稳定性，并减轻肩峰下肌腱、滑囊等组织所承受的撞击。当上肢充分外展或屈曲时，肩胛骨外旋是斜方肌上部纤维、肩胛提肌与前锯肌协同收缩，同时拮抗斜方肌下部纤维收缩的结果。

5. 肩锁关节运动 肩锁关节是连接锁骨外侧端与肩胛骨肩峰的微动关节，其运动虽幅度有限（总活动范围约20°），但对肩胛骨的空间定位和肩关节复合功能至关重要。其核心运动学功能是通过三维微调驱动肩胛骨协同运动：在手臂上举时（如外展/前屈），贡献肩关节总活动幅度的1/3，使肩盂朝上以完成高举动作；同时参与肩胛骨前后倾斜（前倾时调整盂肱关节位置避免撞击，后仰辅助挺胸姿态）和水平摆动。该关节的微动能力本质是上肢力链的核心传导枢纽——将肢体负荷分散至躯干（如推重物时力量经肩胛骨→锁骨→胸锁关节传递），并在盂肱关节受限时通过代偿性活动维持部分功能。若韧带损伤导致关节失稳，则会引发抬臂疼痛与功能障碍。

（二）肩关节的稳定性

1. 韧带和骨的稳定性 肩锁关节与胸锁关节的运动，受强大韧带限制，在一定程度上也受骨形态制约。但是，盂肱关节和肩胛胸壁关节在韧带与骨的稳定性结构方面较为薄弱。后两者主要依靠肌肉附着于躯干，盂肱关节还借助韧带强化的关节囊相连。正常站立或静坐放松时，无肩带肌收缩，此时水平的喙肱韧带、盂肱上韧带，以及关节囊内负压，将肱骨头稳固在肩胛骨的关节盂上。实验显示，刺破关节囊后，肱骨头随即半脱位。

日常坐立状态下，斜方肌上部常保持低水平持续收缩，不过多数人可自主使其放松。由于斜方肌上部兼具伸颈与提肩功能，其活动多与头部姿势相关，这也是伏案工作者颈部肌肉紧张、疼痛的常见诱因。斜方肌麻痹时，常伴随肩胛骨下垂与下旋。肩胛骨正常静息位，可能依靠15块附着于肩胛骨和胸壁的肌肉产生的被动性筋膜力及肋骨来维持。

2. 肩袖肌的稳定性 机制十分关键。当手提重物时，理论上三角肌、肱二头肌或肱三头肌应在其垂直作用线上收缩，以此维持肱骨头处于关节盂内。然而，肌电图检测发现，即便手上负荷达到10kg，这些肌肉却依次处于静息状态。与之形成对比的是，水平方向的肩袖肌，即冈上肌、冈下肌和小圆肌，此时呈现出肌电活动。这些肩袖肌收缩，将肱骨头紧紧压向关节盂，有效防止了肱骨头半脱位的发生。

3. 肱二头肌的稳定性 作用不容忽视。肱二头肌长头腱自肱骨头上方跨越而过，随后沿结节间沟向下延伸。当肱二头肌收缩时，长头腱产生的张力会促使肱骨头向内下方，紧紧压向肩胛骨的关节盂。这种作用力原理，类似于拉扯环绕柱子的绳索所产生的效果。正因如此，在手持重物并屈肘的过程中，肱二头肌能够发挥辅助功效，有效防止盂肱关节出现半脱位现象。

4. 三角肌的稳定性 在人类身体结构中，三角肌发育得极为发达，覆盖了盂肱关节的三个面。其功能重点在于作为盂肱关节的外展肌，不过，三角肌也包含少量旋转功能成分。在手臂上举初期，三角肌产生的肌力呈垂直方向，这会在关节盂与肱骨之间形成剪力，致使肱骨头向上顶至喙肩弓处。然而，腱袖肌水平且向下的作用力限制了这种运动。有研究表明，三角肌后部本身具备内收肌特性，或者在运动起始阶段就会对关节产生压力，且其力的作用线位于运动轴下方或接近运动轴。当手臂进行上举动作时，外展的杠杆臂长度增加，此时三角肌产生的大部分肌力转化为关节的稳定力，即把肱骨头压向关节盂。在完成提肩动作后，若进行手下压或手倒立动作，肩胛骨会外展并上旋，为肱骨的运动构建一个稳定平台，此过程依靠前锯肌和斜方肌的交替收缩来制动肩胛骨。

（三）肩关节复合体整体肌动力

肩部的每一个动作，均涉及多关节联动及肌群间的协同运作。肩部关节众多，部分肌群可跨越不同关节，进而产生多样的力与运动形式。而且，肢体体位的变化会改变关节与肌群间的关系，致使肌群对关节的作用及相关的力和运动随之改变。

在肩关节体系里，盂肱关节最为关键。因其骨结构稳定程度有限，某块主动肌发力时，需同步激活拮抗肌，以确保肩关节不会脱位，维持其稳定性。这种主动肌与拮抗肌的关系，可视为力偶。力偶能使物体产生转动效应，所以，类似力偶的主动肌与拮抗肌若出现失衡，便会引发相对运动。其扭矩大小及产生的相关角速度，取决于两块肌肉或肌群的相对活性。而相关肌肉的力量，则取决于兴奋肌的横截面积及其兴奋时所处的位置。

1. 外展 当肩关节进行外展动作时，三角肌与冈上肌协同收缩，促使肱骨头向上运动。与此同时，肩袖肌群中的冈下肌、小圆肌及肩胛下肌（除参与协同收缩的冈上肌外）发挥拮抗作用，通过做功来对抗肱骨头可能出现的半脱位，以维持肩关节的稳定。

2. 内收 作为外展的反向动作，涵盖了肱骨内收、肩胛骨下旋及锁骨旋前等运动。在此过程中，主要发挥作用的肌肉包括胸大肌、大圆肌和背阔肌。它们协同收缩，促使上肢完成内收动作，维持肩部运动的平衡与稳定。

3. 外旋 在肩关节外旋动作中，冈下肌是主要的原动肌。随着肩关节外旋活动度逐步变化，三角肌的后部纤维及小圆肌也会参与其中，协同冈下肌推动肩关节完成外旋动作，共同维持肩关节在不同外旋程度下的运动稳定。

4. 内旋 肩关节的内旋，主要由肩胛下肌、胸大肌、背阔肌及大圆肌共同协作完成。在整个内旋过程中，肩胛下肌呈现出一个特殊的变化规律：随着肩关节外展程度的逐渐增加，其收缩强度会相应降低。同样，胸大肌和背阔肌也遵循这一规律。当肩关节处于外展位且进行内旋动作时，三角肌的后部与中部纤维会协同参与离心收缩，助力完成内旋动作，维持肩关节内旋时的运动稳定与平衡。

5. 屈 在肩关节前屈动作中，主要发挥作用的肌肉为三角肌前部及胸大肌锁骨部。它们协同发力，驱动肩关节完成前屈动作，保障肩部运动的流畅性与稳定性。

6. 伸和过伸 与屈相对的伸动作，主要依靠三角肌后部、背阔肌、大圆肌及胸大肌胸骨部协同完成。这些肌肉共同发力，促使肩关节做出伸的动作。而从关节中立位开始向后的过伸动作，主要由三角肌后部和背阔肌主导。它们精准协作，驱动肩关节完成过伸，维持肩部运动在不同状态下的稳定性与协调性。

7. 水平内收和外展 当肩关节处于前屈或外展90°位置时，会发生水平内收与外展动作。在水平内收过程中，肱骨向内移动，带动肩胛骨外展，从而完成该动作，此动作的原动肌为胸大肌及三角肌前部纤维。而水平外展时，肩胛骨内收，肱骨向外运动，这一动作主要由三角肌后部纤维、冈下肌和小圆肌作为原动肌来实现。这些肌肉凭借其特定的起止点，在相应神经支配下，发挥各自主要作用，协同完成肩关节水平内收与外展动作，维持肩部运动的稳定性与灵活性（表7-4）。

表7-4　肩关节周围肌的起止点、主要作用和神经支配

肌群	肌的名称	起点	止点	主要作用	神经支配
浅层	三角肌	锁骨外侧1/3、肩峰和肩胛冈	肱骨三角肌粗隆	使肩关节外展	腋神经
深层	冈上肌	肩胛冈上窝	肱骨大结节		肩胛上神经
	冈下肌	肩胛冈下窝		使肩关节旋外	
	小圆肌	肩胛骨外侧缘上2/3背面			腋神经
	大圆肌	肩胛骨下角背面	肱骨小结节嵴	使肩关节后伸、内收、旋内	肩胛下神经
	肩胛下肌	肩胛下窝	肱骨小结节	使肩关节内收、旋内	

（四）肩关节基本动作的生物力学

在进行用力运动时，上肢的所有肌肉都可能参与收缩，这无疑增加了分析肌肉活性的难度。这些肌肉的收缩具有多种功能，它们既可以引发或抑制运动，也可以维持所需的身体姿势，还能够拮抗其他活动肌肉产生的不必要动作，进而稳定肩关节。在肩部运动过程中，肩袖肌虽不会产生特定的旋转动作，却始终通过收缩来稳固盂肱关节。因此，只有在较小阻力的活动状态下，才能够通过触诊和视诊的方式，较为准确地识别出原动肌，这对于分析以下动作具有重要的辅助作用。

以梳头时将手放置于头后这一常见动作为例，该动作需多个关节与肌群协同配合。首先，屈肘是必要动作，同时胸锁关节需抬高、上旋，肩胛骨要实现提升、上旋与外展，肩关节则要完成外展和完全外旋。在站立位下，诸多肩部肌肉参与其中：肱二头肌作用于肘关节；斜方肌与前锯肌以力耦合方式作用于肩胛骨；三角肌、冈上肌、冈下肌和小圆肌则作用于肩关节。当手臂逐渐越过头，为确保手部能精准放置，肱三头肌会收缩以控制屈肘动作。在这一过程中，多数肌肉呈向心收缩状态。但值得注意的是，当肩胛骨外展时，斜方肌和三角肌后部为离心收缩，在外展0°～60°区间，这两块肌肉的肌纤维先伸长，随后缩短。当肢体恢复原位时，动作则完全相反，胸锁关节下降、下旋，肩胛骨下降、下旋、内收，盂肱关节内收、伸直和内旋。尽管控制这些反向运动的原动肌与抬高时一致，但肌肉收缩类型转变为离心收缩，以此控制手臂平稳下降，保障动作的精准与流畅。

拉肌所参与的活动，与抵抗外阻力时进行的内收－伸直运动方向相反。诸如拉下气窗、拉动头顶上方滑轮这类拉的动作，均属于开链运动，具体动作如下：屈肘，胸锁关节的下降与回缩，肩胛骨的内收、下旋及下降，还有盂肱关节的内收与伸直。在此过程中，以下肌肉需进行向心收缩：屈肘肌；盂肱关节的内收肌与伸肌，包括背阔肌、胸大肌、肱三头肌长头及三角肌后部，另外，还有肩胛骨的下旋肌和下降肌，即胸小肌和菱形肌。这些肌肉协同作用，保障了此类开链运动的顺利完成。

引体向上属于闭链运动，其动作包含屈肘，盂肱关节的内收、伸展与内旋，以及肩胛骨的内收、下旋和下降。当进行头顶棒向下拉的动作时，参与引体向上的相同肌群会做向心收缩。这两种

运动，除了引体向上是身体向上运动，而拉头顶棒是向下运动之外，肌肉的活动情况基本一致。在引体向上动作中，当身体下降时，屈肘肌、伸肩肌、收肩肌及肩胛骨的下旋和下降肌等肌群会做离心收缩，以此实现伸肘、屈肘，外展盂肱关节，同时上旋、外展和抬高肩胛骨。同样，当患者抓住床头抬起自身身体以进行移动或使用便盆时，这种向上拉的动作，其肌肉活动与引体向上时极为相似。这些肌肉凭借特定的起止点，在相应神经支配下协同运作，完成各类动作，维持身体运动的稳定性与协调性。

对于瘫痪患者而言，操作轮椅及从座位上推起，是抬高或移动躯干的另一种有效方式。当患者将手放置在轮椅扶手后，通过伸肘、内收盂肱关节、促使肩胛骨下降与回缩等动作来抬高身体，这一过程属于闭链运动，需要相应肌肉进行向心收缩。反之，在下降身体时，则依靠相同肌肉的离心收缩，以实现屈肘、外旋肩肱关节，以及抬高和内收肩胛骨。参与这些动作的肌肉主要包括肱三头肌、胸大肌、背阔肌、大圆肌、三角肌后部、胸小肌、菱形肌和斜方肌。对于因第6颈髓节损伤而导致肱三头肌瘫痪的患者，由于丧失了抗重力或阻力伸肘的能力，此时可借助肩胛骨的下降肌来完成抬高和移动身体的动作。比如，患者可利用已屈曲的肘部向下推椅子扶手，或者将肘部锁定在伸直位向下推座垫，仅依靠肩胛骨的下降便能抬高身体。具备这种能力的患者（或健康人），通常能够将身体抬高13 ～ 18cm。此外，当患者借助拐杖行走并处于负重状态时，其肌肉活动与上述操作轮椅及从座位推起的动作极为相似。这些肌肉通过特定的起止点，在相应神经支配下协同运作，完成各类动作，维持身体运动的稳定性与协调性。

三、肩关节与运动障碍

肩关节是人体运动范围最广、最灵活的关节，而上肢作为生活中活动频繁的关节，因暴露于外界易受伤害，骨折、脱位、损伤等问题，严重影响肩关节功能。

1. 锁骨骨折 大多由间接暴力引发。当人侧方跌倒，肩部着地，或者前方以手、肘部撑地时，力量会传导至锁骨，致使骨质断裂。儿童多发生青枝骨折，成人则常见粉碎性骨折，好发部位为锁骨中、外1/3处。锁骨一旦骨折，其连续性中断，便无法支撑肩胛骨，进而造成肩关节运动障碍。具体而言，锁骨近端骨折端受胸锁乳突肌牵拉，向后上方移位；锁骨远端骨折端因肢体重量，以及胸大肌、胸小肌、肩胛下肌等的牵拉，向前下方移位，并且在这些肌肉与锁骨下肌的牵拉下，骨折端向内侧重叠移位。此时，患者往往头偏向患侧，以此减轻胸锁乳突肌的牵拉。同时，会用健侧手托住患侧前臂及肘部，降低患肢重量对骨折断端的牵拉，缓解因移位导致的疼痛。

2. 肩锁关节脱位 通常由直接或间接暴力引发，其中直接暴力较为常见。当肩峰遭受外力打击时，肩峰与肩胛骨被迫下降，这会致使肩锁韧带和喙锁韧带破裂或撕脱，进而使锁骨远端向上弹起，肩锁关节的正常对合关系遭到破坏，最终引发肩关节功能障碍。倘若暴力程度较大，还会致使附着于锁骨上的斜方肌和三角肌止点处的肌纤维断裂。

除直接暴力外，间接暴力也可导致肩锁关节脱位。例如，在跌倒时，若肩部与肘部均成90°屈曲状态，此时肱骨头会顶住肩胛盂与肩峰，向后传导的暴力能够使肩锁韧带和喙锁韧带破裂，造成锁骨外端向上移位，肩锁关节失去与肩峰的正常对合。受伤局部会出现肿胀、隆起，并伴有压痛，用力按压隆起部位可感觉到弹性。此外，肩部活动也会受到明显限制。

3. 粘连性肩关节周围炎 指肩关节周围的肌肉、肌腱、滑囊所发生的慢性损伤性炎症。其病理特征主要为这些结构出现增生、变得粗糙，以及关节内、外产生粘连。临床上，以肩关节在活动时疼痛，且伴有功能障碍为显著特点。该病症大多与肩关节长期制动、软组织发生退变等因素密切相关。

在疾病早期，以粘连现象为主，病变主要集中于关节囊。到了中期，关节囊退变进一步加重，出现挛缩情况，与此同时，关节周围组织也相继受到累及，滑膜呈现充血状态，组织弹性降低。此外，喙肱韧带挛缩会限制肱骨头外旋，冈上肌、冈下肌及肩胛下肌发生挛缩，再加上肱二头肌长头腱鞘炎，致使肩关节的活动受到明显限制。

在康复治疗过程中，需要强化对肩胛带肌群和韧带等的牵拉训练，也可辅助采用物理因子治疗手段，以促进病情改善。

▶知识拓展

协同分工的“运动枢纽”

肩关节由盂肱关节（肱骨头与肩胛盂构成）为核心，辅以肩锁关节、胸锁关节及肩胛胸壁关节共同完成运动。其球窝结构赋予了三轴六向的运动能力：矢状面的屈伸（前屈、后伸）、冠状面的外展内收（外展、内收）、垂直轴的内外旋及环转运动。这种灵活性依赖于骨骼、韧带（如喙肱韧带）、肌肉（如肩袖肌群）的精密配合，恰似团队中各成员分工明确、协同发力，方能“肩负重任”。肩关节的“多关节联动”启示我们，个体价值的实现需依托集体协作。正如肩胛骨与肱骨的配合，团队中每个人都应找准定位，既发挥专长又互补不足，方能实现整体效能最大化。

第二节 肘 关 节

视频：肘关节运动

肘关节作为连接上臂与前臂的关节，承担着实现腕部与手部在空间中的精准定位的重要作用。相较于肩关节，肘关节凭借较深的骨性臼结构，稳定性显著提高。它是人体重要的大关节之一。

一、肘关节功能解剖

（一）骨

1. 肱骨 远端由肱骨滑车分隔为内、外两部分。在水平面上，肱骨滑车关节面存在3° ～ 8°的内旋；其与肱骨长轴形成94° ～ 98°的外翻角（即滑车关节面与肱骨长轴的夹角）。在矢状面中，肱骨远端与肱骨长轴所成角度约为30°（图7-11）。肱骨远端的前方是冠状窝，后方则为鹰嘴窝。内上髁较为突出，这里是腕和手屈肌群、前臂旋前肌群及尺侧副韧带的起始点。而外上髁是腕和手伸肌群、前臂旋后肌群及肱桡肌的起始部位。

2. 尺骨 近端的关节面为肱骨滑车切迹，在矢状面上，该关节面与尺骨长轴成30°夹角。这一

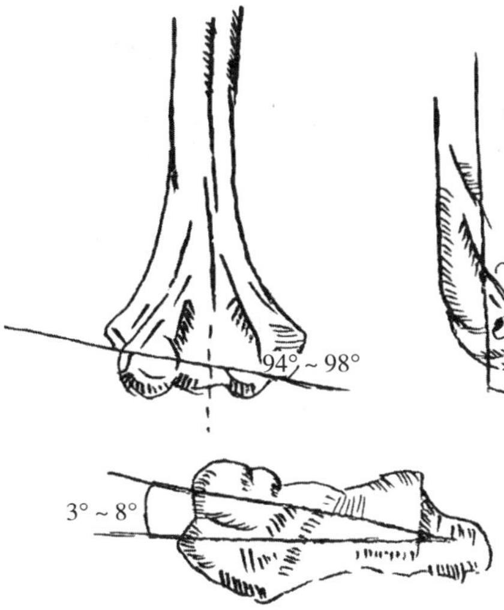

图7-11　肱骨远端

角度恰好与肱骨远端在矢状面上和肱骨长轴约30°的角度相互契合，二者协同作用，不仅增强了肘关节的稳定性，还确保了肘关节能够充分伸展。此外，尺骨冠状突外侧形成切迹，与部分桡骨小头共同构成了尺桡近端关节（图7-12）。

3. 桡骨　在矢状面上，桡骨颈与桡骨长轴所成角度为12°～15°。桡骨小头呈圆盘形状，当前臂进行旋前动作时，桡骨小头会绕尺骨旋转，并且会向近端方向发生1～2mm的移位（图7-13）。

当肘关节屈曲至90°时，肱骨内上髁、外上髁及尺骨鹰嘴这三点，会构成一个等腰三角形，该三角形称为肘后三角，其三角形的尖端指向远端方向。而当肘关节处于伸直状态时，这三点则会呈一条直线分布。

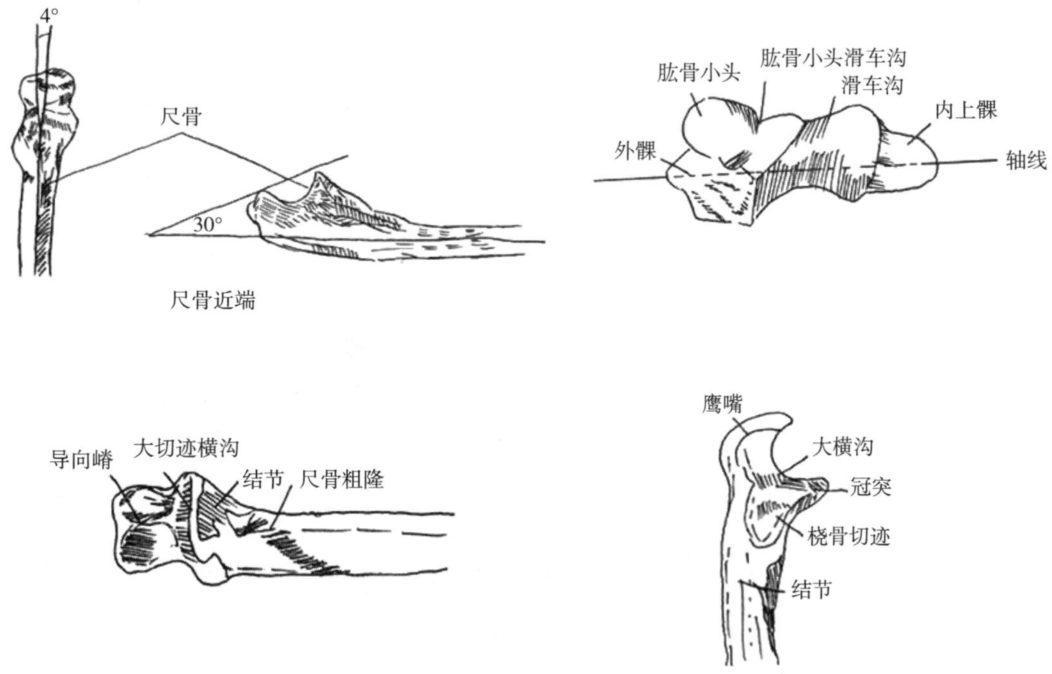

图7-12　尺骨近端

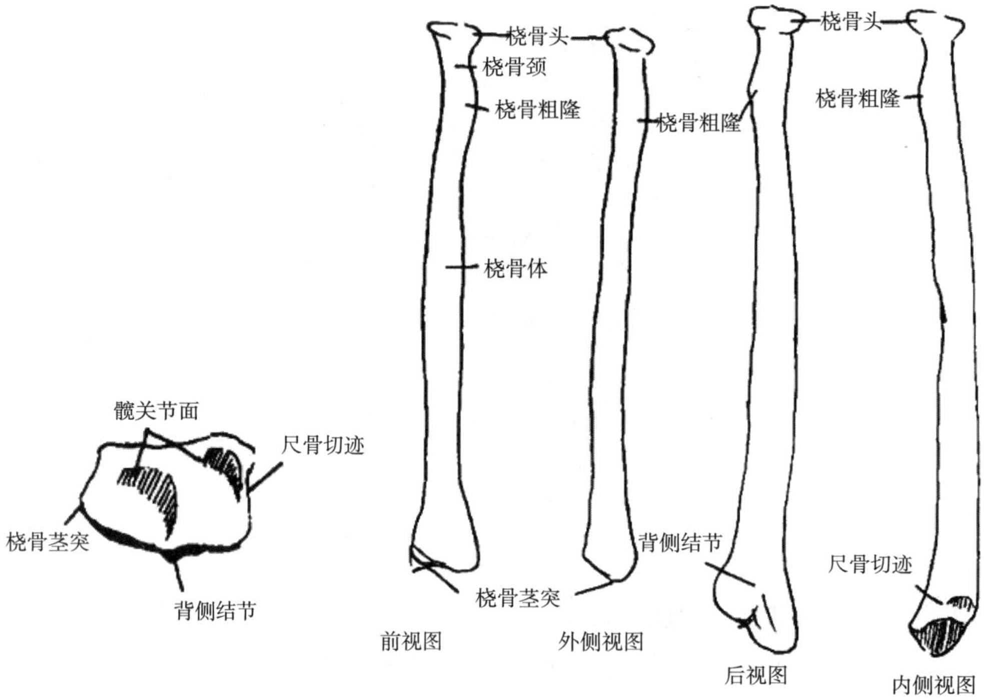

图7-13 桡骨前面观、后面观

（二）关节

肱骨远端、尺骨近端及桡骨近端共同构成肘关节，具体包括肱尺关节、肱桡关节和尺桡近端关节。

1. 肱尺关节 由肱骨滑车与尺骨半月切迹共同构成，属于铰链关节，在整个肘关节结构中，肱尺关节是最主要的组成部分。

2. 肱桡关节 由肱骨小头与桡骨头凹相互契合构成，在关节类型上属于球窝关节。

3. 尺桡近端关节 由桡骨头环状关节面与尺骨的桡骨切迹共同构成，从关节分类来看，它属于车轴关节。

（三）关节囊

关节囊完整包裹着肱尺关节、肱桡关节和尺桡近端关节这三个关节。其纤维层的前、后部分相对薄弱，而关节两侧分别有强韧厚实的桡侧副韧带和尺侧副韧带予以加固。在桡骨头环状关节面的周围，有桡骨头环状韧带环绕。此韧带紧密附着于尺骨桡切迹的前缘与后缘，进而形成一个完整的骨纤维环。该骨纤维环呈现出上大下小的形态，状若漏斗。如此特殊的结构设计，使得桡骨头仅能在环内进行旋转运动。同时，桡侧副韧带发挥着重要作用，可有效阻止桡骨头向远侧及外侧移位。

由于肱尺关节的关节面形态特殊，加上侧副韧带与桡骨头环状韧带的约束，肱尺关节与肱桡关节仅能围绕冠状轴进行屈伸运动。然而，桡尺近侧关节与桡尺远侧关节通过协同联合运动，能够让前臂实现旋前和旋后动作。这两个自由度的运动意义重大，它可以改变手与肩部之间的距离，实现前臂的旋转，在诸如引体向上、俯卧撑这类运动中发挥着关键作用。

（四）肘关节韧带

肘关节韧带主要有尺侧副韧带、桡侧副韧带、桡骨环状韧带等（图7-14）。

1. 尺侧副韧带　位于关节囊的尺侧。其中，前束起始于肱骨内侧髁的前下方，呈略微扇形的形态，止于尺骨冠突内侧的小结节。在前束纤维从起点向止点延伸的过程中，深层纤维与浅层纤维相互交织编织。后束起自肱骨内侧髁的内下方，其纤维呈扇形分布，止于尺骨鹰嘴内侧的骨面。而斜束则是一束紧密贴合骨面的纤维组织，它连接着前束和后束在尺骨上的止点。

2. 桡侧副韧带　位于关节囊的桡侧，起始于肱骨外侧髁的外下方。其纤维一部分附着于桡骨环状韧带，另一部分则附着于尺骨冠突的外下方。

3. 桡骨环状韧带　环绕于桡骨环状关节面周边，其起点与止点皆位于尺骨冠突下方，两端分别附着于尺骨桡切迹的前缘与后缘。该韧带与尺骨桡切迹共同围成一个上口大、下口小的骨性纤维环，此环恰好容纳桡骨头，发挥着防止桡骨头脱出的重要作用。

在幼儿4岁之前，桡骨头仍处于生长发育阶段，此时环状韧带较为松弛。若在肘关节伸直状态下，对前臂施加猛力牵拉，桡骨头极易被环状韧带卡住，或者致使环状韧带部分嵌入肱桡骨之间，进而引发桡骨小头半脱位。

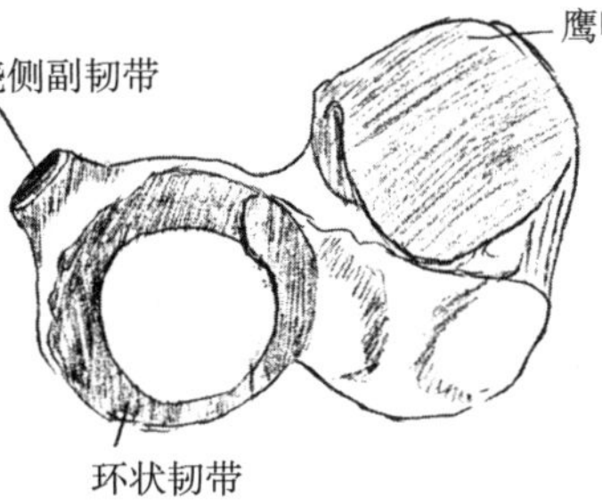

图7-14　桡侧副韧带和桡骨环状韧带（上面观）

（五）肘窝

肘窝是位于肘关节前方的三角形软组织区域。其上方以一条连接肱骨内上髁与外上髁的假想线作为底边，内侧边缘沿旋前圆肌走向，外侧边缘则沿肱桡肌走向。肘窝内包含的结构有肱二头肌腱、肱动脉及其分支（如桡动脉、尺动脉）、肱静脉、正中神经及部分桡神经。

（六）提携角

提携角指在人体处于解剖位时，肱骨长轴与尺骨长轴所形成的夹角。通常，该夹角为10°～15°（图7-15）。儿童的提携角小于成人；男性的提携角小于女性。提携角具有重要的生理意义，它能够有效避免上肢在摆动过程中与下肢发生碰撞，尤其是在人们伸直肘关节提重物的情况下，这一角度的存在保证了肢体运动的协调性与流畅性。

（七）肘关节肌

1. 肱二头肌　该肌肉位于上臂前面的皮下，分为长、短两头。长头起始于肩胛骨的盂上粗隆，短头起始于肩胛骨的喙突，两头最终都附着于桡骨粗隆及前臂筋膜。其功能是当近制动收缩时，促

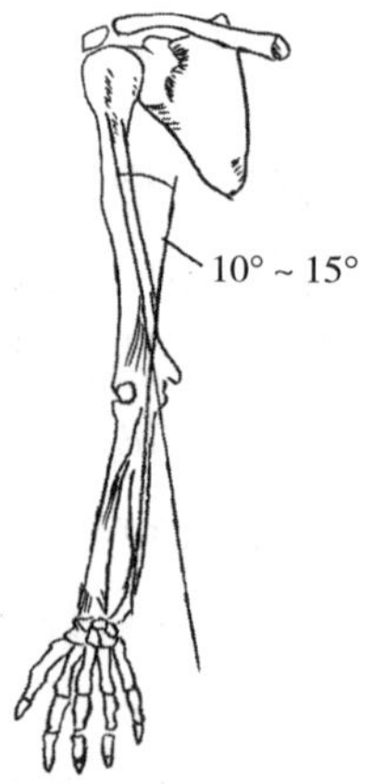

图7-15　提携角

使上臂在肩关节处进行屈的动作，同时让前臂在肘关节处完成屈和旋后的动作；而当远制动收缩时，则可使上臂向前臂靠近。

2. 肱肌　处于肱二头肌的深层位置。起始于肱骨前面的下半部分，止点为尺骨粗隆。在近制动收缩的状态下，能够使前臂产生屈的运动；而在远制动收缩的状态下，可让上臂在肘关节处完成屈的动作。

3. 肱三头肌　位于上臂后面的皮下，由长头、外侧头和内侧头构成。长头起始于肩胛骨的盂下粗隆，外侧头起始于肱骨体的外上部，内侧头起始于肱骨体的内下部。三个头最终汇合成一条肌腱，附着于尺骨粗隆。当近制动收缩时，可使前臂在肘关节处做伸展动作，其中长头还能使上臂在肩关节处进行伸展；当远制动收缩时，则可使上臂在肘关节处完成伸展动作。

4. 肘肌　位于肘关节后外下方的皮下位置。起始于肱骨外上髁，止于尺骨背面上部。在伸肘功能方面，肘肌与肱三头肌一致。若想增强伸肘肌群的力量，可通过倒立臂屈伸这类练习达成；而若要发展伸肘肌群的伸展性，则可借助屈肘臂上举等练习来实现。

5. 肱桡肌　位于前臂外侧的皮下浅层。其起点位于肱骨外上髁的上方，止点则在桡骨茎突。肱桡肌功能多样，除了具备屈肘功能外，在前臂旋转动作中也发挥着关键作用。因其处于前臂外侧正中位置，当前臂呈旋前位时，它能够促使前臂向旋后方向转动；而当前臂呈旋后位时，它又能使前臂向旋前方向转动。

6. 旋前圆肌　处于前臂前面上部的皮下浅层。它起自肱骨内上髁，止于桡骨体中部的外侧。旋前圆肌不仅具有屈肘功能，在近制动收缩状态下，还能使前臂完成旋前动作。通过进行负重弯举、引体向上等练习，可以有效增强包括旋前圆肌在内的屈肘肌群的力量；而进行后压臂等练习，则能够拓展其伸展性。

7. 旋前方肌　起始于尺骨前下1/4处，止于桡骨前下1/4处。主要功能是促使前臂旋前。

8. 旋后肌　起始于肱骨外上髁及尺骨上部的背面，止于桡骨背面的上1/3处，主要功能为使前臂产生后旋动作。

9. 上臂前面的肌　包括喙肱肌、肱二头肌和肱肌。

10. 上臂后面的肌　包括肱三头肌和肘肌。

11. 前臂前面的肌　由旋前圆肌、桡侧腕屈肌、掌长肌、尺侧腕屈肌、指浅屈肌、指深屈肌、拇长屈肌及旋前方肌共同组成。

12. 前臂后面的肌 由肱桡肌、桡侧腕长伸肌、桡侧腕短伸肌、尺侧腕伸肌、旋后肌、指伸肌、示指伸肌、小指伸肌、拇长伸肌、拇短伸肌及拇长展肌共同组成。

二、肘关节生物力学

（一）肘关节的运动范围

从肘关节整体运动来看，肱尺、肱桡和尺桡近侧这三个关节，仅能围绕两个运动轴活动。在冠状轴上，肱尺关节与肱桡关节协同作用，完成屈伸动作；在垂直轴方向，尺桡近侧关节参与其中，实现旋前与旋后运动。受尺骨结构限制，肘关节无法进行内收和外展。需注意，肘关节完整的回旋运动，离不开桡尺远侧关节的配合（表7-5）。

尺骨滑车切迹呈较深的骨性凹窝，与肱骨滑车紧密咬合，极大增强了肘关节的稳定性。关节囊前后壁薄且松弛，为屈伸运动提供了较大幅度空间。此外，所有韧带均不与桡骨直接相连，这为桡骨绕垂直轴进行回旋运动创造了有利条件。

肘关节平均屈曲角度为145°，通常在120° ～ 160°区间波动。当手臂与前臂的肌肉、软组织相互接触时，会阻碍肘关节进一步屈曲。因此，肌肉发达者或肥胖人群，其肘关节的屈曲程度往往会有所降低，甚至可能导致手无法触及自身肩部，这种因肌肉与软组织因素造成的运动限制，属于肌性限制。而瘦弱者肘关节进一步屈曲的动作，则主要是因尺骨冠突嵌入肱骨冠突窝而终止。在整个肘关节屈曲运动过程中，60° ～ 140°这80°的运动区间，是人们利用上肢完成日常基本生活与工作所必备的，可将其定义为肘关节的功能运动弧。

肘关节的平均伸展角度为0°，伸展运动在尺骨鹰嘴进入肱骨鹰嘴窝时停止。在正常情况下，其伸展的运动范围个体差异极小。肌肉强壮的人，肘关节通常难以出现过伸现象；而身形瘦弱的人，肘关节可能会有5°甚至超过5°的过伸。在临床实践中，肘关节过伸对于脊髓损伤及四肢瘫痪的患者有一定意义。这类患者无法依靠自主伸肘动作来推门或推动其他物品，也不能通过伸肘将身体从座位上抬起。倘若这些患者的肘关节存在一定程度的过伸，那么他们便有可能借助重力和杠杆原理，将肘关节制动在过伸位置，进而实现推门或推动一些较轻物体的动作。同时，还能利用过伸的肘关节将臀部从座位上微微抬起，以此改善局部血液循环，预防压疮的产生。

对于桡尺联结的运动范围而言，当前臂处于中间位置时，一般认为旋前和旋后角度各为90°，然而多数人的旋前角度仅能达到80°。在检查旋前和旋后运动范围时，需将肘关节保持在半屈位，并使其紧贴胸侧壁，如此便能避免肩关节旋转运动对检查结果造成干扰。从旋后位开始，整个旋前运动的幅度略小于180°，平均为170°。若肘部处于伸直状态，由于肩关节内旋和外旋动作的参与，手掌的旋转幅度接近360°。

肘关节不仅具备屈伸活动功能，还参与上肢另一项关键功能——前臂旋转。在前臂旋转中，中立位为“拇指向上”的状态，此位置恰处于完全旋前与完全旋后之间。前臂旋转主要在肱桡关节及近端尺桡关节处发生。旋转过程中，桡骨小头于桡骨头环状韧带内转动，同时桡骨远端相对尺骨远端的桡骨切迹进行旋转（表7-6）。

一般来说，前臂旋前幅度约为90°，旋后幅度也约为90°，整体旋转范围共计180°。在日常生活里，部分活动仅需前臂约100°的旋转角度，即从旋前约50°至旋后约50°，这一区间被视作前臂旋转

表7-5 肘关节的运动

关节运动	运动轴	运动幅度	动作举例
屈伸	冠状轴	120° ~ 160°	负重弯举
旋前、旋后	垂直轴	140° ~ 180°	乒乓球正反手攻球

的功能弧度。因此，即便前臂旋转弧末端的40°功能丧失，患者依旧能够完成部分日常活动。这主要得益于肩关节的内旋与外旋功能，它们能够对因前臂内外旋障碍而受限的上肢活动范围进行弥补或代偿。

由于肘关节的关节面形态特殊，关节面之间契合度极高，且侧副韧带强韧厚实，使得其附加运动相较于肩部、腕部以及指部要少得多。

当肘关节处于半屈位且上臂制动不动时，若有向后的作用力施加于前臂，肘关节会出现少量地向后移位现象。在桡尺近侧关节处，桡骨头能够在肱骨小头上进行被动的前后方向滑动。不过，这些运动的范围较为有限。所以在检查时，需要被测试者保持肌肉放松，并处于一个便于检查的体位。这是因为任何肌肉的收缩都会致使关节间隙变窄，进而减小这些附加运动的可活动范围。

肘关节的紧锁位，也就是其最为稳定的位置，是肘关节处于伸直状态，同时前臂以中间位为基准，旋后5°。

表7-6 肘关节运动与肌群

功能活动	正常范围	主动肌	神经支配
屈	0° ~ 145°	肱二头肌、肱肌	肌皮神经（$C_5 \sim C_7$）
伸（过伸）	0° ~ 10°	肱三头肌、肘肌	桡神经（$C_5 \sim T_1$）
前臂旋前	0° ~ 90°	旋前圆肌、旋前方肌	正中神经（$C_6 \sim T_1$）
前臂旋后	0° ~ 90°	旋后肌、肱二头肌	桡神经（$C_5 \sim T_1$） 正中神经（$C_6 \sim T_1$）

（二）肘关节稳定性

肘关节的稳定依靠结构性稳定系统与动力性稳定系统协同维持。结构性稳定系统构建起了肘关节的稳定环，此稳定环由四个关键柱体构成，分别是内侧柱、外侧柱、前柱及后柱。内侧柱由内侧副韧带、尺骨鹰嘴内侧1/2部分及肱骨内侧髁共同组成；外侧柱包含桡骨头、外侧副韧带复合体（如外侧关节囊）及肱骨外侧髁；前柱由尺骨冠突、前关节囊及肱肌构成；后柱则由尺骨鹰嘴、后关节囊及肱三头肌组成。值得注意的是，这四个柱体中任意一个遭受损伤，都极有可能致使肘关节出现不稳定的状况。动力性稳定系统主要由跨越肘关节的众多肌群所构成，其中有前臂屈肌群、伸肌群、旋前圆肌、旋后肌，还包括肱二头肌、肱三头肌、肱肌、肱桡肌及肘肌等。

1. 肘关节尺侧副韧带复合体的解剖及生物力学作用 肘关节尺侧副韧带复合体由前束、后束及横束组成，前束起于肱骨内侧髁前下方，止于尺骨冠突内侧，是抵抗外翻应力的核心结构；后束从肱骨内侧髁内下方延伸至尺骨鹰嘴内侧，在屈曲后期辅助稳定；横束则连接前、后束的尺骨止点，增强整体连接性。

生物力学上，该复合体是肘关节抗外翻稳定的主要静态结构，前束在屈伸各角度均起主导作用，尤其屈肘 90°时承担约 55% 的外翻负荷，后束在屈曲超过 90°后协同限制松弛；同时，前束限制尺骨外旋，后束与横束防止内旋过度，且与周围肌肉（如旋前圆肌）形成动态-静态协同，在投掷等高强度动作中维持关节稳定。

2. 肘关节桡侧副韧带复合体的解剖及生物力学作用 桡侧副韧带复合体由桡侧副韧带与桡骨环状韧带共同组成，二者均起始于肱骨外侧髁。其中，桡侧副韧带起始于肱骨外侧髁的外下方，桡骨环状韧带起始于桡骨冠突的外侧，随后桡侧副韧带与桡骨环状韧带共同形成一个宽阔的联合止点，附着于尺骨冠突的外侧，位置大致处于桡骨头近缘水平。

有研究显示，当肘关节屈曲至40°时，若单独切断桡侧尺副韧带，肘关节的旋转度会增加15%±7%；若在此基础上进一步切断桡侧副韧带，旋转度则会增加30%±9%；而若在桡骨颈前正中位置切断桡骨环状韧带，旋转度更是会增加45%±17%。基于此可知，肘关节桡侧副韧带复合体在维持关节外侧稳定性方面，发挥着约50%的作用。另外，若单独切断前臂伸肌群，肘关节旋转度会增加11%±5%。这表明伸肌及伸肌腱膜对肘关节稳定性起到协同作用。其中，尺侧伸腕肌腱膜因其独特的机械位置，在抗旋转不稳方面优势显著。它起于肱骨外侧髁下方，止于尺骨近端，在桡骨头中心线以远5cm处。在桡侧副韧带复合体中，桡侧副韧带（包含桡侧尺副韧带）发挥主要作用，桡骨环状韧带则起协同辅助作用。

3. 肘关节副韧带稳定系统 肘关节副韧带是维持肘关节稳定的独立系统。其中，桡侧副韧带复合体主要抵抗外旋、外翻应力，维持肘关节后外侧旋转稳定；尺侧副韧带复合体则抵抗外翻应力，保障肘关节的外翻稳定。伸肌腱与屈肌腱处于尺（桡）侧副韧带浅层，是副韧带稳定系统的协同部分。桡骨头能够传导应力、辅助维持肘关节稳定，不过在桡侧副韧带完好时，其对肘关节外侧稳定的作用有限，属于桡侧副韧带的协同结构。

（三）肘部的闭链运动

肘部的闭链运动通常在手制动的情况下出现，例如做引体向上或俯卧撑动作。以引体向上为例，屈肘肌通过向心收缩使身体上升，通过离心收缩控制躯干缓慢下降。在引体向上和俯卧撑这两种运动中，肩关节与肘关节相互配合，使得跨越多个关节的肌肉能够维持较为理想的长度-张力关系。

尽管胸大肌并不跨越肘关节，但在闭链运动过程中，它可以通过内收肩部来实现伸肘动作。在做俯卧撑时，能够很容易观察到或触摸到胸大肌发挥这一作用。对于因脊髓损伤导致肱三头肌（C_7～C_8支配）麻痹，而胸大肌（C_5～C_7支配）功能完好的患者而言，胸大肌的这种特性极为实用。例如，在推动轻质物体、关闭抽屉或关门等日常动作中，患者先将手置于物体上并屈肘，随后胸大肌收缩，便可达到伸肘完成动作的目的。

（四）肘关节的屈伸及限制因素

肘关节的屈伸动作同时在肱尺关节与肱桡关节上进行。肱尺关节内，有着曲面状的肱骨滑车，它与尺骨近端形态适配的滑车窝相互构成关节。肱骨小头恰好位于肱骨远端滑车的外侧，呈圆形隆起，与桡骨头近端相关节。屈伸运动沿滑车进行，此运动轨迹平分肱骨和尺骨的纵轴。在屈伸过程中，瞬时中心在该轴2～3mm的范围内变动。

肱桡关节形似球窝关节，但由于它与肱尺关节及远侧桡尺关节紧密相连，其运动被限定在两个轴向上，即进行屈伸及旋前、旋后运动。

肘关节的伸展动作主要受到三个因素的制约：①鹰嘴与鹰嘴窝发生冲击碰撞；②关节前韧带产生张力；③屈肌（如肱二头肌）的阻挡。一旦出现肘过伸的情况，必然会引发以下情况中的一种：鹰嘴骨折并伴有肘关节后脱位，同时关节囊撕裂；虽然肌肉通常不会受到损伤，但肱动脉有可能被扯断。

肘关节的屈曲受限可分为主动屈曲受限和被动屈曲受限。对于主动屈曲受限而言，首要限制因素是上臂与前臂前方肌肉相互挤压；其次，相对骨面的接触及关节囊韧带后方产生的张力也会产生影响。而被动屈曲受限，除了肌肉紧密接触之外，桡骨头紧贴桡骨窝、冠突抵制冠突窝、后关节韧带的张力，以及肱三头肌因运动产生的张力，都是较为关键的影响因素。

三、肘关节与运动障碍

1. 肱骨髁上骨折 指发生在肱骨远端内外髁上方的骨折，多发生于10岁以下儿童，是儿童常见的骨折类型之一，多由间接暴力引起。如儿童在奔跑摔倒时，手掌着地，暴力经前臂向上传导，加上身体前倾产生的杠杆作用力，导致肱骨髁上薄弱处发生骨折。患者受伤后，肘部会出现明显疼痛、肿胀、压痛，肘关节活动受限。局部可能出现畸形，如伸直型骨折可呈现“靴状”畸形。由于骨折部位临近肱动脉、正中神经、桡神经等重要血管神经，骨折移位时可能会对其造成损伤，进而出现手部皮肤苍白、发凉、麻木，手指活动障碍等表现。

2. 肘关节脱位 是临床上较为常见的脱位类型，多数由间接暴力引发。当人跌倒时，若肘关节处于半伸直状态且手掌着地，暴力会沿着尺骨和桡骨向近端传导，在尺骨鹰嘴处形成杠杆作用，致使前方关节囊撕裂，进而使尺、桡骨向肱骨后方脱出，造成肘关节后脱位。若肘关节在内翻或外翻位时受到暴力冲击，则可能出现尺侧或桡侧的侧方脱位。而当肘关节处于屈曲位，肘后方遭受暴力，尺、桡骨会向肱骨前方移位，引发肘关节前脱位。

脱位发生后，局部解剖结构改变，进而导致肌肉力学状态改变及关节支撑功能受损，最终引发肘关节功能障碍。受伤后，患者会明显感到肘关节处空虚，同时肘后三角关系也发生改变。

3. 桡骨小头半脱位 在5岁以下儿童中较为多发。这一年龄段的儿童，其桡骨头尚处于发育阶段，结构不够完善，与之相关联的环状韧带也较为薄弱。当儿童的腕部或手部受到向上提拉并伴有旋转动作时，肘关节囊内会形成负压。在此负压作用下，原本薄弱的环状韧带，甚至部分关节囊，就容易嵌入肱骨小头与桡骨头之间。一旦牵拉力消失，桡骨头无法自行回到正常的解剖位置，而是向桡侧偏移，从而导致桡骨小头半脱位的发生。

4. 肘部肌腱损伤

（1）肱骨外上髁炎（网球肘）：肱骨外上髁作为前臂伸肌肌腱的附着之处，常因特定因素发生炎症，也就是人们熟知的“网球肘”。这本质上是一种前臂伸肌肌腱在肱骨外上髁止点处的慢性炎症。其根源主要在于局部肌腱止点长期经受反复的牵拉刺激，日积月累形成损伤。尤其是在前臂过度旋前或旋后状态下，无论是被动牵拉伸肌（如握拳、屈腕动作），还是主动收缩伸肌（像伸腕行为），都会给肱骨外上髁处的伸肌总腱起点施加较大的张力。

在人群分布上，肱骨外上髁炎在网球运动员、羽毛球运动员、家庭主妇、钳工等群体中较为常见。他们的日常活动往往涉及频繁的前臂伸肌运动，使得肱骨外上髁承受较大压力。

从症状和体征来看，患者通常会逐渐察觉到肘关节外侧出现疼痛，且在用力握拳、伸腕时，疼痛会加剧，严重影响到正常持物。病情严重者，甚至连扭毛巾、扫地这类看似简单的日常小动作，都难以顺利完成。

（2）肱骨内上髁炎（高尔夫球肘）：肱骨内上髁是前臂屈肌肌腱的附着部位，肱骨内上髁炎常见于高尔夫球运动员，所以也被称作“高尔夫球肘”。它实际上是前臂屈肌肌腱在肱骨内上髁止点处的慢性炎症。主要成因在于，局部肌腱止点长期经受反复的牵拉刺激，进而形成积累性损伤。

在人群分布方面，该病症在高尔夫球运动员、纺织女工、瓦工等群体中尤为常见。这些人群的日常工作或运动，频繁涉及前臂屈肌的活动，使得肱骨内上髁持续承受较大压力，最终引发炎症。

5. 肘外翻　当提携角大于20°时，即可判定为肘外翻。肘外翻常见的诱发因素中，肱骨髁上骨折最为多见，其次还包括肱骨远端骨折、肱骨内外髁骨折等。若这些骨折发生后未能及时复位，或者复位效果不佳，又或是肱骨外髁骨骺过早闭合，甚至出现缺血性坏死的情况，以及肘关节脱位后未经复位或复位不良，都有可能导致肘外翻。

在严重的肘外翻病例中，尺神经会因长期受到牵拉，进而与周围组织发生粘连，极易引发迟发性尺神经炎，甚至出现尺神经麻痹等症状表现。

6. 肘内翻　当提携角小于0°时即为肘内翻。肘内翻的成因里，肱骨髁上骨折最为常见。此外，像肱骨远端骨骺完全分离、肱骨内髁骨骺损伤、肱骨内髁骨折复位不理想，以及陈旧性肘关节脱位等情况，也都可能引发肘内翻。

第三节　腕　关　节

视频：腕关节运动

腕关节紧密连接着前臂与手部，为手部能够自如开展各类复杂运动奠定了坚实基础，在人体中占据极为重要的地位。通常所提及的腕关节，主要指桡腕关节，这是一个处于前臂远端与手部近端的复合关节，由桡骨下端及多个腕骨共同构成。桡腕关节主要包括屈伸、尺偏和桡偏等运动，这些看似平常的动作，实则对手部功能的正常发挥起着关键作用，无论是精细的捏、握、抓，还是较为大幅度的摆动手臂，都离不开腕关节的协同运作。

一、腕关节功能解剖

腕关节在解剖学上属于椭圆关节。其构成区域包含15块骨骼，这些骨骼借助广泛的韧带系统，彼此相连，形成了17个关节。腕关节主要包括桡腕关节、桡尺骨间关节及腕掌关节（图7-16，图7-17）。

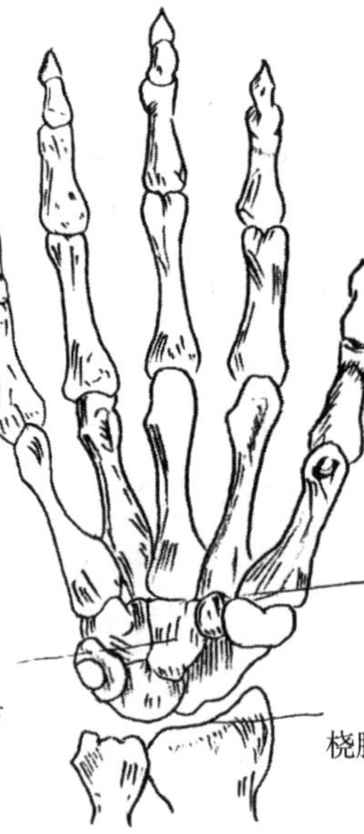

图7-16　腕关节

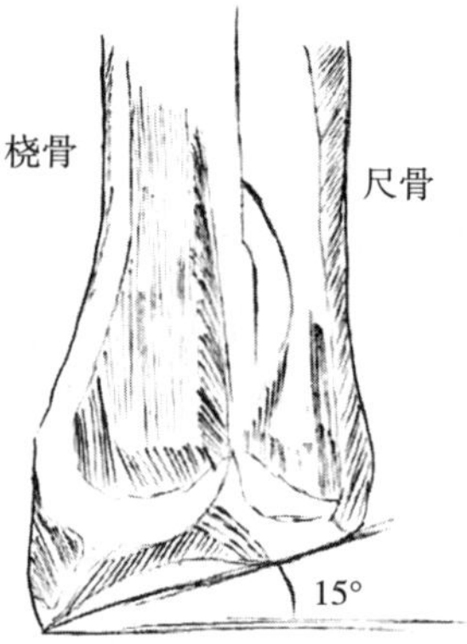

图7-17　桡腕关节近端

（一）骨

1. 尺骨头　在腕背尺侧，存在一处明显的隆起，当前臂处于旋前状态时，该隆起尤为显著。而在前臂进行旋后运动的过程中，这一隆起会逐渐变小，直至完全消失。出现这种现象的原因在于，前臂旋后时，桡骨远端会围绕尺骨头进行旋转。

2. 桡骨茎突　在桡骨下端的外侧部位，能够触摸到向下突出的桡骨茎突。相较于尺骨茎突，桡骨茎突更向远端伸展，使得二者的连线与水平面形成大约15°的夹角。尺骨茎突处附着着尺侧副韧带，桡骨茎突处则附着着桡侧副韧带。

3. 腕骨　腕部由8块呈立方形的腕骨构成。多数腕骨的近侧、远侧、内侧及外侧均有关节面，掌侧与背侧面则为粗糙骨面，用于附着韧带，但豌豆骨较为特殊，仅有一个关节面。

远侧列的4块腕骨，即大多角骨、小多角骨、头状骨和钩骨，共同组成了一个相对稳固的横截面，并与掌骨相连形成腕掌关节。这4块骨之间紧密协作，由坚韧的骨间韧带紧密相连。近侧列的月骨和三角骨活动度相对较大，它们与桡骨共同构成了桡腕关节。手舟骨在解剖结构和功能上横跨近侧列与远侧列。豌豆骨以籽骨形式发挥作用，能够强化腕骨最有力的原动肌——屈腕肌的力学优势，且与三角骨形成独立的小关节。

大多角骨位于拇指腕掌关节的近侧、手舟骨的远侧，可在此处触摸到。

头状骨处于腕骨中央位置，与中指在同一条直线上，在手背面相应位置处稍有凹陷。腕部尺侧与桡侧的外展运动轴呈矢状方向贯穿头状骨。

月骨在桡骨背侧结节的远侧、头状骨的近侧，当进行被动屈腕操作时，月骨会清晰凸显；被动伸腕时，月骨则会回缩。月骨是腕骨中最容易脱位的骨头。

手舟骨位于桡骨远端附近，可被触摸感知。当腕部内收时，手舟骨更加突出，易于触摸；而腕部外展时，手舟骨则会回缩。在所有腕骨中，手舟骨最易发生骨折。它与大多角骨共同构成解剖鼻烟窝的底部，解剖鼻烟窝是位于拇长展肌腱、拇短伸肌腱及拇长伸肌腱之间的凹陷区域。需注意，手舟骨属于近侧列腕骨，大多角骨属于远侧列腕骨。

豌豆骨可在手掌侧面靠近尺侧边缘处触摸到，能够被捏住并进行侧向来回移动，尺侧腕屈肌腱附着于这块骨头。

近侧列与远侧列腕骨之间形成腕中关节，两列中相邻的腕骨之间构成腕骨间关节。从整体来看，腕骨的掌面呈凹面形态，组成了腕管的基底与侧壁。

桡骨远端和尺侧腕骨（即月骨和三角骨）通过韧带及软骨结构与尺骨相连，这一结构称为尺腕联合体。

（二）腕关节的韧带、筋膜、血管和神经

腕骨由8块短骨组成，包括手舟骨、月骨、三角骨、豌豆骨、大多角骨、小多角骨、头状骨和钩骨，它们彼此之间通过坚韧的韧带连接，这些韧带的主要功能是维持腕骨的稳定排列，限制腕骨的过度或异常移动，从而保证腕关节活动的协调性和安全性。

腕关节的韧带构造确实复杂，从解剖学分类来看，主要可分为以下三大类。

掌侧韧带：位于腕关节的掌侧面（即靠近手掌的一侧），是腕部最坚韧、最重要的韧带群之一。它们起自桡骨、尺骨的掌侧缘或某些腕骨，止于相邻的腕骨或掌骨基底，能有效防止腕骨向掌侧脱位，并在腕关节屈曲等运动中提供重要的稳定性，例如桡腕掌侧韧带、腕骨间掌侧韧带等。

背侧韧带：分布于腕关节的背侧面（即靠近手背的一侧），相对掌侧韧带较薄弱。其连接方式与掌侧韧带类似，起自桡骨、尺骨的背侧缘或腕骨背侧，止于相邻腕骨，主要作用是限制腕关节过度屈曲，在腕关节背伸时维持关节稳定，如桡腕背侧韧带、腕骨间背侧韧带。

内在骨间韧带：主要位于腕骨之间的间隙内，连接相邻的腕骨，包括近排腕骨间韧带和远排腕骨间韧带等。它们能进一步加强腕骨间的连接，限制腕骨间的过度分离或异常滑动，对维持腕骨的整体结构和协同运动至关重要。

这些韧带极大地增强了腕关节的稳固性。它们的主要作用包括允许并引导腕骨运动、限制关节过度活动、将手部力量传递至前臂，以及在运动过程中防止腕骨脱位。

当手部遭受强烈撞击，特别是在手处于过伸、尺偏且伴有一定旋转角度的摔倒情形下，极易出现骨折、韧带损伤，甚至两种损伤同时存在的状况。临床上，判断韧带损伤是否合并腕骨脱位颇具难度。常见的损伤类型为舟月韧带或月三角韧带损伤，患者会出现疼痛、肿胀、压痛以及活动范围受限等症状。

桡腕关节的关节囊在前后位置较为松弛，而前后左右各个方向都有韧带予以加固。关节外侧有腕桡侧副韧带，内侧则是腕尺侧副韧带，前面还有桡腕掌侧韧带，在所有相关韧带中，掌侧韧带最为坚韧。至于腕中关节，其韧带分别分布于掌侧和背侧。

腕部的韧带性结构中包含屈肌和伸肌支持带，它们的作用是约束手部的肌腱。屈肌支持带厚度在1～2mm，宽度为2.0～2.5mm。它位于手关节掌侧，由筋膜局部增厚形成，是一条十分强劲的韧带。 腕横韧带横跨于腕骨沟之上，架设在腕尺侧隆起（由钩骨和豌豆骨构成）与腕桡侧隆起（由大多角骨和舟骨构成）之间。它与骨面共同围成腕管，管内有屈指肌腱、血管以及神经穿行。腕横韧带不 仅能够保护内部结构，还可类比为弓弦，增强腕部的弹性，发挥缓冲作用。

（三）腕关节的肌和肌腱

1. 腕关节的肌　作用于腕关节的肌肉包含桡侧腕长伸肌、桡侧腕短伸肌、尺侧腕伸肌、桡侧腕

屈肌、掌长肌及尺侧腕屈肌（表 7-7）。

（1）屈腕关节的肌：腕关节的屈肌肌群包括桡侧腕屈肌、掌长肌、尺侧腕屈肌、指浅屈肌及指深屈肌等。当这些肌肉在近制动状态下收缩时，能够使手在腕关节处完成屈的动作。该肌群中，多数肌肉起始于肱骨内上髁及前臂筋膜（深部的屈肌则起于尺骨和骨间膜），它们长短各异，分别附着于掌骨和指骨的掌面。在这一众屈肌里，桡侧腕屈肌和尺侧腕屈肌对腕关节屈曲的贡献最为显著。而掌长肌的情况较为特殊，其形态宛如一条细小的肌腱，甚至在约 13% 的人群中并不存在。尺侧腕屈肌作为最强的屈肌，它包绕着豌豆骨，并借助豌豆骨作为籽骨来增强力学优势，有效减少肌腱整体的拉伸程度，进而提升自身发力效果。

由于在大多数日常动作中，都或多或少会涉及腕关节的小幅度屈曲，所以对这一屈肌肌群的针对性训练不容忽视。像反缠重锤练习，或者反握负重进行腕屈伸练习等，都是行之有效的训练方式，能够有效发展屈腕肌群的力量。

（2）伸腕关节的肌：腕关节的伸肌肌群由桡侧腕长伸肌、桡侧腕短伸肌、尺侧腕伸肌、指伸肌及示指伸肌等构成。其中，腕伸肌（尺侧腕伸肌、桡侧腕长伸肌、桡侧腕短伸肌）起始于肱骨外上髁附近区域。当处于近制动收缩状态时，这些肌肉能够促使手在腕关节处完成伸展动作。该肌群分为深浅两层，浅层肌肉大多起始于肱骨外上髁，深层肌肉则起始于桡骨、尺骨的背面及骨间膜，它们分别附着于掌骨和相应指骨的背面。这些肌肉在前臂大约 1/3 的长度位置就已变为肌腱形态。

腕伸肌不仅作用于腕关节，在肘关节处同样能够产生和引发运动。由此可见，肘关节的位置状态对腕伸肌功能的发挥至关重要。桡侧腕长伸肌和桡侧腕短伸肌在肘关节处呈弯曲状态，这使得当肘关节伸展时，它们作为腕伸肌的作用能够得到增强。而尺侧腕伸肌在肘关节处呈伸展状态，所以在肘关节屈曲时，其作为腕伸肌的效能会被强化。

在伴随和辅助指屈以完成抓握动作的过程中，腕关节的伸展动作同样举足轻重。在此类运动中，腕伸肌会被激活。腕屈肌和腕伸肌协同作用，分别引发尺骨和桡骨相关的屈、伸动作。尺侧方向的屈曲（尺偏）由尺侧腕肌（由尺侧腕屈肌和尺侧腕伸肌共同构成）完成；桡侧方向的屈曲（桡偏）则由桡侧腕屈肌、桡侧腕长伸肌及桡侧腕短伸肌协同产生。尽管桡偏的运动范围仅为尺偏的一半，但在众多持拍类运动项目中，桡偏却发挥着极为关键的作用。

（3）外展腕关节的肌：在腕关节矢状轴的外侧，分布着一系列兼具屈腕与伸腕功能的肌肉，包括桡侧腕屈肌、桡侧腕长伸肌、桡侧腕短伸肌及示指伸肌等。这些肌肉从前臂出发，延伸至拇指和掌骨，在行程中均经过桡腕关节矢状轴的桡侧。当处于近制动收缩状态时，它们能够促使手（尤其是拇指）在腕关节处进行外展动作。若要强化这些肌肉的功能，其训练方式与屈腕、伸腕肌群类似，可采用负重腕外展等练习方法。

（4）内收腕关节的肌：在腕关节矢状轴的内侧，存在着负责屈腕与伸腕的肌群，主要包括尺侧腕屈肌和尺侧腕伸肌等。这两块肌肉起始于前臂尺侧，途经桡腕关节矢状轴的尺侧，最终附着于腕骨和掌骨。当它们在近制动状态下收缩时，能够使手产生内收动作。若要增强这些肌肉的力量，训练方法可参考屈腕、伸腕肌群的练习方式，也可通过负重腕内收练习来实现。

表7-7 腕的肌群和功能

关节	肌	功能	神经支配
屈腕关节	尺侧腕屈肌 桡侧腕屈肌 掌长肌	屈腕、腕关节尺偏 屈腕、腕关节桡偏 屈腕	尺神经 正中神经
伸腕关节	桡侧腕长伸肌 桡侧腕短伸肌 尺侧腕伸肌	伸腕、腕关节桡偏 伸腕、腕关节桡偏 伸腕、腕关节尺偏	桡神经

2. 腕关节的肌腱 腕关节四周被10条腕部肌肉的肌腱环绕。在腕关节活动时，有3块屈肌与3块伸肌发挥作用，它们掌控着腕伸和腕屈过程中桡骨与尺骨的相对位移。此外，还有4块肌肉负责调控前臂的外旋和内旋动作。这10块肌肉里，有8块起始于前臂，2块起始于肘关节上方。除了尺侧腕屈肌腱附着于籽骨外，其余所有肌腱均跨越腕骨，并附着于掌骨。正因如此，腕关节的动态稳定性存在一定局限。

每一条腕肌肌腱都有其特定的偏移范围。例如，桡侧腕短伸肌和桡侧腕长伸肌的最大偏移幅度均约为37mm；桡侧腕屈肌的偏移幅度约40mm；尺侧腕屈肌的偏移幅度约33mm；旋前圆肌的偏移幅度约50mm。一旦因损伤或手术引发粘连，致使任何一条肌腱的偏移功能受损，都极有可能严重阻碍腕关节的正常活动。

3. 鼻烟窝 近侧边界是桡骨茎突，桡侧边界由拇长展肌肌腱与拇短伸肌肌腱构成，尺侧边界则为拇长伸肌肌腱。其窝底是手舟骨和大多角骨。桡动脉从鼻烟窝内穿行而过，在此处能够触摸到桡动脉的搏动。当手舟骨发生骨折时，鼻烟窝区域会因肿胀而致使原本的凹陷消失，同时还伴有明显的压痛感。

二、腕关节生物力学

（一）腕关节的运动范围

腕关节属于椭圆关节，有2个运动轴和面，分别在矢状面做尺偏和桡偏运动，在冠状面做屈伸运动。腕关节在做复合运动时，即桡偏时背伸和尺偏时掌屈，能达到最大的活动范围。

1. 屈伸运动

（1）屈曲（掌屈）：即手心向掌侧弯曲，正常范围0°～85°（测量以手掌与前臂的夹角为准，最大限度时手掌可接近前臂掌侧）。

（2）背伸（伸腕）：即手背向背侧伸展，正常范围0°～85°（手背向后仰，手背与前臂的夹角可达此范围）。

屈伸运动是腕关节最主要的活动形式，主要由桡腕关节主导，腕骨间关节协同配合，日常抓握、提物、书写等动作均依赖此运动。

2. 收展运动

（1）尺偏（向尺侧倾斜）：即手向小指侧（内侧）倾斜，正常范围30°～40°（此时手掌向尺骨方向靠近，是腕关节各方向中活动度较大的一种）。

（2）桡偏（向桡侧倾斜）：即手向拇指侧（外侧）倾斜，正常范围15° ～ 20°（因桡骨茎突的阻挡，此方向活动度明显小于尺偏）。

收展运动主要由腕骨间关节和桡腕关节共同完成，如手部向两侧摆动时即涉及该运动。在腕关节的外展与内收运动中，腕中关节贡献了约1/2的外展幅度及1/3的内收幅度，剩余的运动幅度则由桡腕关节完成。这些外展和内收运动，均以通过头状骨的轴为中心展开。

当腕关节外展至正常运动极限时，会产生一种硬质感的终末感，这是手舟骨与桡骨茎突相 互接触所导致。相对而言，内收的运动范围更大，其运动至极限时产生的终末感，源于桡侧副韧带 所承受的张力。

（二）腕掌关节的运动范围

1. 拇指腕掌关节 关节囊既厚实又松弛，这种特殊结构使得掌骨与大多角骨之间能产生一定位移，掌骨可从大多角骨处被牵开，最远距离可达3mm，并且掌骨还具备15° ～ 20°的旋转自由度。凭借这样的构造，腕掌关节能够实现屈、伸、收、展、环转及对掌等一系列丰富多样的运动。

第1掌骨较为独特，其位置向内侧旋转了近90°，这一特殊形态致使拇指的屈伸运动在冠状面上进行。具体而言，当拇指在手掌所处平面内朝着掌心靠近，这个动作就是屈；反之，当拇指背离掌心移动，即为伸。而拇指的收展运动与屈伸运动的平面不同，是在矢状面上完成的。在与手掌垂直的平面里，拇指远离示指的动作是展，靠近示指则是收。

对掌运动是拇指独有的关键运动模式，其过程为拇指向掌心方向趋近，直至拇指尖与其余四根手指的指尖掌侧面相互触碰。对掌运动极大地增强了手部的抓握能力，对人们开展各类劳动作业与体育运动意义重大。通过对掌，手掌的凹陷程度进一步加深，这一动作是人类完成握持物品及进行精细操作时不可或缺的核心环节。

除了拇指对应的腕掌关节外，其余的腕掌关节由小多角骨、头状骨、钩骨与第2 ～ 5掌骨底共同组成。这些关节被统一包裹于同一个关节囊内，属于平面关节类型。它们的活动范围较为有限，在手部整体运动过程中，主要发挥辅助与稳定手部结构的作用。

2. 其他腕掌关节 第2 ～ 3腕掌关节的活动范围极为有限，通常仅在1° ～ 2°之间，甚至更小。第4腕掌关节的掌指运动幅度相对大些，为10° ～ 15°。而第5腕掌关节则更为灵活，其运动范围在25° ～ 30°。尽管单个腕掌关节的活动量看似不大，但它们对于手部功能的实现却至关重要。这些关节的协同运作，使得手部的横弓形态能够发生改变，例如从紧握拳头时的状态转变为手掌完全张开时的状态。

（三）附加运动

当处于前臂与手部放松状态时，腕关节呈现不稳定态势，这使得腕关节能够产生一定程度的被动运动。若检查者一只手制动住桡骨和尺骨的远端，另一只手置于近侧腕骨处，便会发现腕骨能够轻易地向背侧、掌侧、尺侧及桡侧方向滑动移位，且各方向的位移幅度可达数毫米。倘若检查者将双手放置在腕关节的两侧，同样能够观察到腕关节的被动运动，只是这种情况下运动幅度相对较小。

此外，每一块掌骨与其相邻掌骨之间也能够进行被动运动。例如，检查者运用左手的拇指与中指，分别从掌侧和背侧对头状骨进行制动，再用右手的拇指和中指抓取其他腕骨（如大多角骨、手舟骨、月骨以及钩骨），此时头状骨便能够进行一定量的被动活动。值得注意的是，腕关节在全伸位时最为稳定。

（四）前臂的旋前–旋后

前臂借助远侧桡尺关节实现的运动，尽管这一运动并不属于腕关节运动的范畴，却在腕关节功能发挥及确定手在空间中的位置方面，起着复杂且关键的作用。尺骨与腕骨之间并不存在实际的直接接触，二者被一个纤维软骨盘分隔开来。这种特殊的结构排列方式，使得尺骨在前臂进行旋前和旋后动作时，能够顺畅地滑动，而不会对腕关节或腕骨的运动造成干扰。

（五）腕关节的稳定性

腕关节由近侧关节和腕中关节构成双铰链系统，这赋予了腕关节自身独特的稳定性。依据双关节肌和双关节链理论，在压力复合作用下，该结构易出现锯齿形损伤。实际上，由于腕骨缺乏肌肉附着来维持稳定，长屈肌和伸肌产生的压力，极有可能致使腕骨在近侧腕骨间关节和腕中关节处发生弯曲。但是，复杂的韧带约束及多关节面之间精准的相互配合，在一定程度上保障了关节的稳定。

从腕部纵向矢状面观察，手舟骨和月骨呈楔形，其掌侧面宽于背侧面。基于压力作用原理，楔形物会向最窄处挤入，所以手舟骨和月骨易旋转至延长位。这种结构对于对称的双关节面系统而言具有优势，因其稳定性仅集中于单一方向，使得反向作用力能够相互抵消。

手舟骨和月骨倾向于处于延长位，所以稳定力主要需指向屈的方向。在此过程中，手舟骨跨越远侧列和近侧列发挥着重要作用。手舟骨在腕中水平位置具有自然制动倾向，大多角骨和小多角骨与手舟骨背面以关节相连，推动手舟骨远端呈弯曲状态。如此一来，手舟骨能够抵消月骨的伸展趋势，进而在屈伸过程中增强了双关节面腕骨联合体的稳定性。

腕关节联合体在四指与拇指肌肉活动时，要实现动力稳定性，就需要外力与内力达到良好平衡。手指和腕部周围伸肌与屈肌系统的布局，有助于实现原动力的对抗平衡。

（六）腕和手运动的相互影响

腕部运动对提升手指与手部精细动作的控制能力起着基础性作用。通过调整腕部使之与手指呈相反方向的位置，能够改变指肌腱的功能长度，从而使手指得以实现最大幅度的运动。腕伸与指屈这两个动作相互促进，腕伸动作增加了指屈肌的长度，使得手指在伸展状态下仍具备良好的屈曲能力。反之，腕部适度屈曲会增强长伸肌的伸展效果，促使手指自动张开，助力手指完全伸直。

腕关节的结构特点有利于腕伸肌协同运动，进而实现更有力的指屈动作。指屈肌腱跨越腕部时处于腕弓深处，且靠近腕部的屈伸轴，这就最大程度减少了对腕部位置的影响。相较而言，外部的屈腕肌和伸腕肌分布广泛，为腕关节的位置调整提供了较大的力臂。

当腕部位置发生改变时，指屈肌腱的功能长度随之变化，进而导致手指的合力改变，最终影响抓握能力。同时，腕部位置的变化还会改变拇指与其余四指的相对位置，同样对抓握能力产生影响。例如，当腕部处于放松弯曲状态时，拇指掌侧仅能达到食指远侧指骨关节的水平位置；而当腕部伸展时，拇指与食指掌侧能够被动接触，形成抓握与掐捏动作的最佳位置。

（七）动力学

腕关节的主要动力学功能，是实现压力负荷在手与前臂之间的双向传递。然而，对这一功能的研究颇具复杂性，因为在腕中关节和桡腕关节处，关节角度始终处于动态变化之中。在腕中关节，其相对的关节面契合度颇高；与之不同的是，近侧的桡－腕联合体的关节面则存在较大差异。

当腕关节承受较小负荷时，近侧列桡骨与远侧列桡尺面之间的初始接触区域，位于手舟骨、月骨及远侧桡骨盘中部。但随着负荷增大，接触面积会逐渐扩展至覆盖尺骨远侧端的纤维软骨盘。一旦移除纤维软骨盘，月骨与远侧列桡－尺面之间的接触面积便会消失，这无疑会增大这些结构单位面积所承受的应力。

三、腕关节与运动障碍

（一）腕管综合征

腕管综合征，是因腕管压力升高或其腔隙缩小，致使腕管内的正中神经遭受压迫，进而引发手掌桡侧三个半手指出现感觉异常、神经性疼痛等症状。病情严重时，还会出现手指运动障碍、鱼际肌萎缩等状况。

腕管属于相对狭窄且坚韧的骨纤维隧道，它缺乏伸展性，对压力的缓冲能力也极为有限，这就使得正中神经极易受压，成为引发腕管综合征的关键因素。例如当发生腕骨骨折时，骨折部位可能会压迫正中神经，从而诱发腕管综合征。

除此之外，桡腕关节的运动，特别是伸腕动作，会使腕管内压力升高。指浅屈肌、指深屈肌的肌腹位置过低，或者蚓状肌的肌腹位置过高，在运动过程中，这些肌肉部分可能会移入腕管内，导致腕管内容积增大，进而使腕管内压力上升。正中神经与腕横韧带直接接触，而腕横韧带坚韧且弹性差，任何致使腕管内压力增高的原因，都可能增大正中神经所承受的张力，最终造成正中神经损伤，引发腕管综合征。

（二）腕关节的脱位

腕关节脱位大多是因直接暴力致使韧带受损而引发。此类脱位存在复位难度大的问题，即便完成复位，脱位部位也难以维持在复位后的位置。

从脱位机制来看，腕关节脱位可划分为伸展型与屈曲型；依据脱位的具体情况，则可分为月骨脱位、舟骨月骨脱位、经舟骨月骨脱位、月骨周围腕骨脱位、舟骨月骨周围脱位及经舟骨月骨周围脱位。在这些类型中，月骨脱位及月骨周围腕骨脱位在腕部损伤中所占比例达10%。

▶知识拓展

腕筋瘤

腕部腱鞘囊肿是一种常见的伤病，多发生于关节的肌腱滑动部位。在临床上，该病症最常出现在舟骨与月骨关节的背面，处于拇长伸肌腱和指总伸肌腱之间；其次，也会出现在腕部掌面桡侧，位于桡侧腕屈肌腱与拇长展肌腱之间，因而称为“腕筋瘤”。腕部腱鞘囊肿在青壮年女性中较为多见。从中医视角属“筋结”范畴，多因长期劳损致局部气血瘀滞，筋脉失养，聚而成瘤，强调“不通则痛”的整体观。现代医学视角则归结为慢性肌腱摩擦或外伤导致关节囊/腱鞘退变。中西医对“劳损致病”的共识，体现了医学文化的多元融合。

第四节　指　关　节

手作为人体最为复杂且精妙的结构之一，由众多关键部分协同构成。手部骨骼系统涵盖腕骨、掌骨及指骨。掌骨共有5块，自拇指一侧起，依次编号为第1至第5掌骨。掌骨宛如一座桥梁，巧妙地连接着腕骨与指骨，其独特的形状和内部结构，高度契合手部多样化的功能需求，为手部运动提供了必要的支撑与传导。

指骨则由近节指骨、中节指骨（拇指较为特殊，仅含近节与远节指骨）及远节指骨共同组成。每根手指在指骨数量与结构上存在的细微差异，赋予了手指卓越的运动能力，使其得以轻松完成各类复杂的屈伸、抓握等动作，充分展现出手部功能的多样性与精细度。

一、指关节功能解剖

（一）骨

1. 掌骨　属长骨，一体两端。近端与腕骨相连，各掌骨关节面形状、朝向有别，契合腕骨复杂的关节运动。掌骨是手部骨骼的关键构成，共五块，从拇指侧起，依次为第1至第5掌骨。每块掌骨形态独特，以适配手部多样功能。第1掌骨短而粗壮，为拇指强大的抓握、对掌功能提供支撑，使拇指得以与其他手指相对，实现精准捏取，如捡拾小物件。第2掌骨近端关节面大且平坦，与大多角骨、小多角骨等形成稳固连接，便于握持重物时分散压力。

掌骨体呈棱柱形，侧面有肌肉附着的粗糙面，是手部运动与力量传导的关键。不同肌肉借此附着，驱动掌骨完成屈、伸、收、展等动作。远端与指骨构成掌指关节，其关节面呈球形，赋予掌指关节多向运动能力，包括屈伸、侧方收展及一定旋转，极大提升了手部动作的灵活性。

2. 指骨　分为近节指骨、中节指骨和远节指骨，其中拇指仅有近节指骨与远节指骨。

近节指骨较为粗壮，近端与掌骨构成掌指关节，关节面与掌骨远端球形关节面契合，确保关节运动顺畅。其体部为棱柱形，周围附着众多韧带与肌肉，维持指骨稳定，助力手指实现多样运动。

中节指骨（除拇指外的手指具备）细长，两端分别与近节、远节指骨形成关节。关节面形状特殊，与相邻指骨配合，使手指屈伸运动保持良好轨迹。中节指骨的存在，提升了手指运动的复杂性与灵活性，如弹奏乐器时，它能让手指能做出更复杂的弯曲曲线，完成精细动作。

远节指骨位于手指最末端，远端形成指甲床。远节指骨虽短小，却在手部功能中不可或缺。精确触摸和抓握时作用关键，可触摸物体感知质地、温度等信息，抓握细小物体时，其形状和位置有助于手指贴合物体，增强抓握稳定性。

（二）关节

1. 掌指关节 是连接手掌与手指的重要关节，共 5 个，分别由第1至第5掌骨的头部与相应近节指骨的基底构成，属于髁状关节（椭圆关节），其运动具有两个自由度，即主要围绕冠状轴完成屈伸运动，同时可围绕矢状轴进行一定程度的收展运动。

内侧与外侧副韧带分别附着于掌骨头及指骨基底部。在关节屈曲状态下，这两条韧带附着点之间的距离，相较于关节伸直时更大。因此，在关节伸直时，手指能够进行外展和内收动作。而当掌指关节屈曲至90°时，副韧带会变得紧张，此时便无法再进行外展运动。握拳时，掌指关节处于最为稳固的状态。

掌骨深横韧带附着于掌板的掌面。拇收肌、第一背侧骨间肌、拇短屈肌及拇短展肌的附着腱内，各有两块籽骨。此外，籽骨还通过多条韧带与指骨基底部相连。在拇指进行精细掐捏物体的动作时，籽骨能够促使拇指产生动力性旋转。

2. 指骨间关节 属于屈戌关节，仅有1个自由度。其具备与掌指关节类似的掌板机制，同时还带有额外的控制韧带。这些韧带分布于屈指腱鞘两侧，横跨关节掌侧面，能够有效防止指关节过度伸展。

指间关节是连接相邻指骨的滑车关节，除拇指仅有1个（连接近节与远节指骨）外，其余四指各有2个，分别为近侧（连接近节与中节指骨）和远侧（连接中节与远节指骨）指间关节。其关节面由近侧指骨远端的滑车与远侧指骨近端的凹面构成，周围有侧副韧带、掌侧韧带（掌板）加固，仅能围绕冠状轴做屈伸运动，近侧指间关节屈曲范围为90° ～ 110°，远侧为60° ～ 90°，拇指指间关节为80° ～ 90°，且均能伸直至接近0°，部分人可有轻微过伸。这种结构既保证了关节的稳定性，又通过单一自由度的屈伸运动，为手指精细动作（如抓握、书写、捏取）提供了精准控制，是手部功能实现的重要解剖基础。

（三）肌与肌腱

参与手部运动的肌肉，除了源自前臂的长肌腱之外，还包含众多短小的肌肉。所有手肌均分布于手的掌侧面，具体可分为外侧群、中间群及内侧群（表7-8）。

1. 外侧群 称为鱼际，由4块专门负责拇指运动的肌肉构成，分别是拇短展肌、拇短屈肌、拇对掌肌及拇收肌。这些肌肉大多起始于屈肌支持带。在神经支配方面，拇短屈肌由正中神经和尺神经共同支配，拇收肌受尺神经支配，而拇短展肌和拇对掌肌则均由正中神经支配。外侧群的这些肌肉协同作用，能够实现拇指的屈、内收、外展及对掌等多种运动。

2. 中间群 由蚓状肌、骨间掌侧肌和骨间背侧肌组成。在神经支配上，第1、2蚓状肌由正中神经支配，其余各肌均受尺神经支配。

蚓状肌有4条，呈细长形态。其主要功能为屈掌指关节，同时伸指骨间关节。骨间掌侧肌共有3块，除了具备屈掌指关节、伸指骨间关节的功能外，其主要作用是内收第2、4、5指，即让示指、环指和小指向中指靠拢。骨间背侧肌共4块，主要作用是使第2、4指外展，也就是让这两根手指离开中指，此外，它同样有屈掌指关节和伸指骨间关节的功能。

中间群肌肉在手掌中部的凹陷区域形成掌心。整体来看，这群肌肉可实现手指的屈伸动作，还能使手指向中指靠拢或从中指处分开。

3. 内侧群　称为小鱼际，由负责控制小指运动的肌肉构成，具体包括小指展肌、小指短屈肌和小指对掌肌，这些肌肉均由尺神经深支支配。小鱼际肌群协同工作，能够实现小指的屈、外展及对掌运动。掌短肌处于小鱼际近侧部的浅筋膜之中，属于退化的皮肌，其功能在于制动浅筋膜，从而对深层的尺神经和尺血管起到保护作用，该肌肉由尺神经支配。

作用于手指的肌肉可划分为外来肌与固有肌。外来肌起始于前臂或者肱骨，因此当这些肌肉收缩时，除影响手指运动外，还会作用于腕关节，引发伸腕或者屈腕动作。而固有肌的起点和止点均位于手骨。具体如下。

（1）外来肌：包括指伸肌、示指伸肌、小指伸肌、拇长伸肌、拇短伸肌、拇长展肌、指浅屈肌及拇长屈肌。

（2）固有肌：包括蚓状肌、骨间肌、鱼际肌群、小鱼际肌群。

1）蚓状肌：共4条，起自指深屈肌腱的桡侧，向远端延伸并止于近节指骨背面及伸肌腱扩张部。它们的主要作用是屈掌指关节、伸指间关节，参与手指的精细屈曲与伸展协调动作。

2）骨间肌：分为掌侧骨间肌和背侧骨间肌。①掌侧骨间肌：共3块，位于掌骨间隙内，主要作用是使手指内收（向中指靠拢），同时辅助屈掌指关节、伸指间关节。②背侧骨间肌：共4块，同样位于掌骨间隙，功能为使手指外展（远离中指），并协同参与掌指关节屈曲和指间关节伸展。

3）鱼际肌群：位于手掌桡侧（拇指侧）的隆起部位，由4块肌肉组成，是控制拇指运动的核心肌群。①拇对掌肌：主要负责拇指的对掌运动（拇指与其他手指指尖相对），是人类手部实现精细抓握的关键肌肉。②拇短展肌：作用是使拇指外展（远离手掌桡侧），向外侧展开。③拇收肌：功能为使拇指内收（向手掌中线靠拢）。④拇短屈肌：主要负责拇指掌指关节的屈曲。

4）小鱼际肌群：位于手掌尺侧（小指侧）的隆起部位，由3块肌肉组成，主要控制小指运动。①小指对掌肌：可使小指完成对掌动作（向拇指方向靠拢），辅助手部抓握时的稳定性。②小指展肌：能使小指外展（远离手掌尺侧），向外侧展开。③小指短屈肌：主要作用是屈小指的掌指关节，使小指向手掌方向弯曲。

这些固有肌相互配合，与前臂传来的外在肌协同作用，共同实现手指的内收、外展、屈伸及对掌等复杂运动，是手部完成精细操作（如写字、穿针、捏持细小物体）的解剖学基础。

（四）手部韧带

掌指关节的内侧与外侧副韧带，分别附着于掌骨头和近节指骨基底部。相较于掌指关节伸直状态，在关节屈曲时，内、外侧副韧带的紧张程度更高。正因如此，掌指关节在伸直时，手指能够进行外展和内收动作。而当握拳时，掌指关节处于最为稳固的状态。

指骨间关节拥有与掌指关节类似的纤维结构，即掌板，同时还配备了额外的控制韧带。这些控制韧带分布于屈指腱鞘两侧，横跨关节掌侧面，其功能在于防止指间关节过度伸展。

在拇指部位，有两块籽骨附着于掌板的掌面，并且籽骨通过多条韧带与指骨基底部相连。当拇指进行精细捏挟物体的动作时，籽骨能够促使拇指产生动力性旋转。

二、指关节生物力学

指关节的生物力学聚焦于其运动与受力过程中，骨骼、软骨、韧带、肌肉等结构的力学特性及相互作用，核心体现在运动学与动力学的协同。作为复合结构，掌指关节为髁状关节，有屈伸和收展两个自由度，屈曲时关节面接触面积增大以分散负荷，收展则由骨间肌调控；指骨间关节是屈戌关节，仅能屈伸，近侧幅度大于远侧，运动时呈滚动加滑动的复合形式。关节软骨凭借低摩擦系数减少磨损、缓冲冲击，掌板在屈曲时滑动储能并限制过度背伸，侧副韧带则抵抗横向力维持稳定，肌肉通过肌腱传递动力，实现不同强度的运动。抓握时掌指关节承受轴向压力与剪切力，捏持时指骨间关节压强较大，这些结构通过协同，既保障了手指精细灵活的运动，又能承受日常负荷，是手部功能实现的关键。

（一）指关节的运动范围

视频：指关节运动

指关节的运动范围与其解剖学结构密切相关，不同关节因骨性结构、韧带限制及功能需求的差异，运动形式和幅度各有特点。其中，拇指具有独特的方向性，而拇指指骨间关节的特殊结构，为拇指乃至整个手指赋予了较大的活动范围与多样的运动方式。分为拇指运动、掌指关节运动、指间关节运动。

1. 拇指 由掌骨、近节指骨和远节指骨构成，涉及腕掌关节、掌指关节、指间关节，其中腕掌关节为关键运动枢纽，整体运动以对掌、屈伸、收展为核心。

（1）腕掌关节（连接第一掌骨与腕骨）：是拇指功能的核心，可完成屈伸（0°～20°）、收展（0°～60°）及旋转（实现对掌动作，使拇指指尖与其他四指指尖相对），对掌时拇指可跨越掌心至小指侧，是人类手部精细抓握的标志性动作。

（2）掌指关节：屈伸范围为0°（伸直）～50°（屈曲），因关节囊较松弛，可伴随轻微侧方运动，但幅度有限（5°～10°）。

（3）指间关节：仅能屈伸，范围为0°（伸直）～80°（屈曲），屈曲时远节指骨可贴近近节指骨，辅助捏持动作。

2. 掌指关节 连接掌骨与近节指骨，除拇指外均为髁状关节。示指至小指的掌指关节，因关节头为髁状、关节窝较浅，允许屈伸、收展运动。

（1）屈伸：幅度最大，伸直为0°，屈曲范围为90°～100°（小指因掌骨较短，屈曲幅度略大于食指）。

（2）收展：以中指为中线，内收（向中指靠拢）15°～20°，外展（远离中指）20°～30°，受骨间肌牵拉控制，其中小指外展最灵活，食指次之。

运动特点：屈曲时关节面接触面积增大，可分散抓握时的负荷；收展运动为手指并拢或分开提供基础，如弹琴时的手指张开动作。

3. 指间关节 属于屈戌关节，仅能屈伸，分为近侧和远侧。

（1）近侧指间关节（PIP）：连接近节与中节指骨，关节面为滑车状，屈伸范围最大：伸直为0°，屈曲为90°～110°（中指、无名指略大于示指、小指），屈曲时中节指骨可贴近近节指骨，是手指弯曲的主要发力点（如握拳时的主要弯曲关节）。

（2）远侧指间关节（DIP）：连接中节与远节指骨，结构更稳定，屈伸范围较小：伸直为0°，屈曲60°～80°（小指略大于食指），主要辅助指尖动作（如捏持细小物体时的微调）。

运动限制：因侧副韧带和掌板的约束，无收展或旋转运动，确保指尖运动的精准性。

（二）手弓

为适应手部抓握大型物体的需求，手掌逐渐演化出凹陷形态，进而形成了三个朝向各异的弓。人体手部的骨骼依据这三个弓的结构有序排列，包括两个横弓，即近端横弓与远端横弓，以及一个纵弓（图7-18）。

近端横弓以头状骨作为标志性骨骼，主要由远端腕骨构成，其结构相对稳定。远端横弓则以第3掌骨头为标志，通过四指所有的掌骨头共同形成，相较于近端横弓，具有更大的活动度。

纵弓由四指的整体部分及腕部近端共同构成，并且与两个横弓紧密相连。第2、3掌骨处于纵弓的核心位置，是主要的中心部分。纵弓依照手指的走向构建而成，拇指及第4、5手指灵活性极高，能够围绕第2、3手指进行活动。这一结构特点使得手部既能充分伸展，又能灵活握拳，从而完美适应各类物体形状的变化。

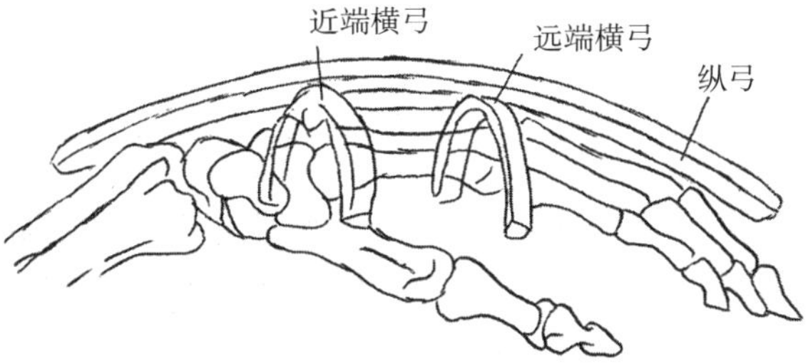

图7-18　手弓

（三）手功能模式

手功能模式通常呈现为多关节的复合运动形式。在腕关节的调控下，拇指可实现内收、外展、屈曲、伸展及对掌等功能。与此同时，借助四指以及手部的两个横弓和一个纵弓的协同作用，手能够完成力量型抓握与精细型抓握这两种关键的功能动作。

手功能模式的确定，主要依据功能操作过程中物体的基本形状与重量，进而决定与之适配的抓握模式（表7-9）。

三、指关节与运动障碍

1. 手部伸、屈肌腱断裂　大多由利器切割或间接暴力引发，患者通常有清晰的外伤史。肌腱一旦断裂，其连续性会完全丧失，屈伸功能也因此失去动力来源。因此，受伤后，患指无法正常进行屈或伸的动作。

部分肌腱断裂病症，例如锤状指，可采用特殊体位的外制动方式进行保守治疗。然而，多数肌腱断裂情况需要通过手术，对肌腱损伤状况进行探查，并施行肌腱再接手术，术后还需辅助外制动治疗。此外，术后还需开展手指屈伸运动的康复训练，以促进手部功能恢复。

表7-9　手的功能模式

抓握形式		功能
力性抓握	勾状抓握	四指屈拎物体，无拇指参与
	球形抓握	四指屈、掌指关节对掌，对球形物体的抓握
	圆柱形抓握	四指屈、拇指对指，对圆柱形物体抓握，用笔乱画
	拳握	握住小而重的物体或握拳击打
精细抓握	侧捏（桡侧）	持钥匙
	侧捏（尺侧）	用拇指背面弹物体
	近端指腹-指腹（近节指骨掌侧）	持稍重、体积小的物体
	远端指腹-指腹	写字，使用筷子，解衣扣
	指尖-指尖	持细小的物体

2. 手部狭窄性腱鞘炎　常因手部长期、频繁且快速地活动，如织毛衣、演奏乐器、打字，以及手指长时间持续用力，如洗衣服、长时间快速书写等行为所诱发。当肌腱在腱鞘内反复活动时，摩擦会致使局部肌腱与腱鞘初期出现充血、水肿、渗出等无菌性炎症反应。随着时间的推移，局部损伤不断加剧，进而发展为慢性纤维结缔组织增生，出现肥厚、粘连的情况，腱鞘随之增厚。与此同时，肌腱也发生变性、变形，呈现出两端变粗的葫芦形，或中间膨大、两端较细的纺锤形。这使得变性膨大的肌腱在增生狭窄的腱鞘内难以顺利通过，最终引发手部屈伸活动障碍。在手部狭窄性腱鞘炎中，屈指肌腱鞘炎较为常见，患者屈指时会伴有弹响，因而俗称为“弹响指”。

3. 鹅颈指畸形　手内在肌挛缩引发的典型畸形，表现为掌指关节屈曲、近侧指间关节过伸及远侧指间关节屈曲。这种畸形在类风湿关节炎患者中较为常见。

4. 纽扣指畸形　该畸形表现为掌指关节过度伸展，近侧指间关节屈曲，远侧指间关节处于过度伸展的畸形位置。这种情况常见于多种病症，如伸指肌腱在近端指间关节处的中央腱束出现松弛或断裂，类风湿关节炎、骨性关节炎、指关节脱位及骨折等。

5. 杵状指（趾）畸形　手指或足趾的末端指（趾）节呈现出显著的增宽、增厚状态，指（趾）甲从根部至末端呈拱形隆起，外观形如杵状。此时，指端背面皮肤与指（趾）甲所构成的基底角≥180°。这一特殊体征多见于多种情况，包括呼吸系统疾病、心血管疾病、营养障碍性疾病，以及伸指肌腱止点断裂等。

6. 掌指关节侧副韧带损伤　在手指关节的各类损伤中，拇指掌指关节侧副韧带损伤较为常见，且损伤部位以尺侧居多，远超过桡侧。此类损伤通常在手指遭受过伸、侧方或旋转方向的暴力打击时发生。受伤后，患者会出现一系列典型症状，例如受伤局部迅速肿胀、疼痛明显，拇指掌指关节在进行伸展、屈曲、内收及外展等常规活动时受到限制，并且拇指还会出现侧方不稳定的情况，伴随异常活动。

7. 指间关节侧副韧带损伤 手指间关节韧带损伤，通常在手指遭受过度扭伤、极度过伸及侧向暴力打击时发生。韧带损伤一般呈单侧性，常伴随手指间关节半脱位或脱位现象。损伤后，主要表现为局部出现肿胀与疼痛症状，手指间关节在侧向受力时呈现出异常活动状态，不过手指的屈伸功能基本保持正常。

▶知识拓展

康复中的运动训练：如何恢复受损关节的运动功能？

针对指关节运动障碍的康复训练需结合生物力学原理，分阶段进行：

早期（消肿止痛阶段）：通过被动运动（如用健手辅助患指缓慢屈伸）维持关节活动度，避免粘连，但需控制力度，防止加重损伤（如侧副韧带损伤后，初期禁止侧方牵拉）。

中期（肌力恢复阶段）：借助弹力带、握力球等工具进行主动抗阻训练，增强屈肌、伸肌力量（如用手指捏握不同硬度的球，逐步提升指间关节的发力能力）。

后期（功能整合阶段）：通过功能性动作训练（如扣纽扣、写字、使用筷子），将单一关节运动整合为协同动作，恢复日常生活能力，此阶段需强调运动的精准性和协调性。

—• 考试知识点总结 •—

—• 本章小结 •—

—• 协和云课堂…… 拓展练习及参考答案 •—

（张彦龙）

第八章　下肢运动学

教学课件

学习目标

素质目标

（1）具备解析下肢各关节运动机制及协同规律的能力。

（2）具备分析下肢运动异常与功能障碍关联、评估康复需求的能力。

（3）具备结合生物力学原理制定个性化训练方案的能力和精准干预的职业素养。

知识目标

（1）掌握：下肢髋、膝、踝等关节的解剖结构与运动形式。

（2）熟悉：各关节在步行、跑跳等动作中的协同机制，下肢运动的生物力学特征及力传递规律。

（3）了解：常见下肢运动异常的病理机制及与功能障碍的关联。

能力目标

（1）能精准测量评估下肢关节运动参数及肌肉活动，为康复评估提供数据。

（2）能将关节运动学理论用于康复实践与训练，实现理实结合。

（3）能据患者病情和康复目标，制定符合下肢关节运动学的个性化训练方法。

案例导入

【案例】

患者，女，38岁。右膝半月板缝合术后3月，主诉行走时右腿“发僵”，上下楼梯需扶扶手。步态分析显示：右足跟着地时膝关节过伸10°，支撑相中期髋内旋幅度较健侧增加8°，踝关节背屈仅5°（健侧12°）。

【问题】

1. 从运动学视角分析患者行走时右腿“发僵”原因。

2. 解析髋、膝、踝如何联动完成行走。

·核心知识拆解·

骨盆由骶骨、尾骨和左右侧的两块髋骨构成。髋骨与骶骨和骶骨与尾骨间均有坚韧韧带连接形成关节，一般不可活动。临床上可通过观察大骨盆形状和测量某些径线间接了解真骨盆情况。

髋关节由髋臼和股骨头构成，髋臼边缘有关节唇加深关节窝，切迹上连髋臼横韧带，关节囊厚坚韧，附着于髋臼唇外缘及横韧带，包绕股骨头和股骨颈，止于股骨颈基底部，股骨颈后外侧一小部分露于囊外，故股骨颈骨折除基底部外均为囊内骨折。髋关节周围有韧带加强，如髂股韧带、耻股韧带、坐股韧带等，股骨头韧带对运动无限制作用。股骨头与髋臼结合方式及周围结构决定髋关节稳定性，其为多轴性关节，但运动幅度小于肩关节，稳定性大，以适应支撑功能。髋关节肌功能因髋关节角度改变而变，如梨状肌、臀中肌、股直肌等在不同情况下，功能也会随之变化。髋关节不同位置受力情况不同，站立时受重力及外展肌拉力影响，单足站立和行走时外展肌产生反向力矩维持平衡。

膝关节由股骨、胫骨和髌骨组成，有三个关节结构，腓骨近端和胫骨构成近端胫腓关节，不属于膝关节。膝关节伸直位依靠肌腱和韧带锁定，几乎无活动。大部分肌为双关节肌，运动主要在矢状面伸屈，屈曲位有旋转和小范围内外翻被动运动。单足站立时，重力线与负重肢负重线落在膝关节一个接触点上，髂胫束起承重作用。

踝关节由胫腓骨远端关节面和距骨关节面组成，是滑车关节，主要运动是跖屈和背伸，稳定性靠骨、韧带、肌维持，踝穴结构至关重要。

足分前足、中足和后足，足骨及韧带形成三个弓，纵弓张力由胫骨后肌等支持，压力由跖筋膜等支持，横弓由跗骨与跖骨排列而成。足弓维持靠骨形体、韧带、筋膜、肌肉收缩、肌腱紧张，如弓弦保持弹性及形态。

第一节　骨　　盆

视频：骨盆运动

骨盆由两侧髋骨、骶骨和尾骨，经左右骶髂关节、耻骨联合、骶尾联合及骶腰韧带、前后骶髂韧带、骶棘韧带、骶结节韧带等连接，形成盆状骨性结构。骨盆位处躯干下部，承担保护盆腔脏器及传递头、臂、躯干力量至下肢的功能。

一、骨盆功能解剖

（一）骨与关节

骨盆由骶骨、尾骨和两侧的髋骨构成，髋骨每侧各一，每块髋骨由髂骨、耻骨和坐骨合成。骨盆各骨之间形成诸多关节，诸如腰骶关节、双侧骶髂关节、耻骨联合等。

1. 腰骶关节　骨盆借助第1骶椎（S_1）与第5腰椎（L_5）形成关节（图8-1）。此关节与其他椎

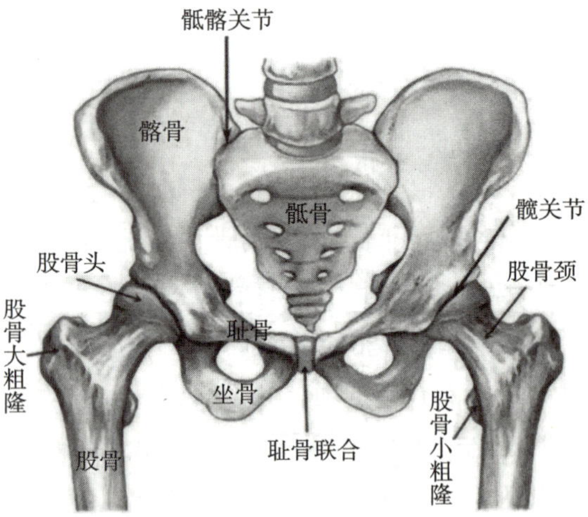

图8-1　骨盆的结构

体关节类似，经椎间盘连接，且与前纵韧带、后纵韧带相关联。与常规椎体连接有所差异，腰骶关节配备髂腰韧带、腰骶韧带两条韧带，以增强关节稳定性。骶骨上平面与水平面所形成的夹角即腰骶角，当人体躯干保持正常直立状态时，该角度约为30°。若存在肥胖或骨盆前倾情况，致使腰椎前凸角度增大，腰骶角随之变大，L_5与S_1之间剪切应力上升，会增加腰骶间盘受损及腰椎滑脱的风险。

2. 骶髂关节　属于滑膜关节，由骶骨和两侧髂骨构成。尽管通常被视作平面关节，但实际上骶骨和髂骨的关节面并非平整，而是凹凸契合，赋予关节更高稳定性。骶髂关节周遭环绕着强劲的韧带，包括骨间韧带、骶髂前韧带、骶髂后韧带、前纵韧带、骶棘韧带、骶结节韧带。这些韧带约束骶骨在髂骨上的活动，仅容许极其微小的滑动与旋转。

3. 耻骨联合　是两侧耻骨凭借纤维软骨盘相连所形成的微动关节，周边有韧带予以加固。在女性分娩之际，耻骨联合能够产生轻微分离。

（二）肌与韧带

1. 骨盆的肌　日常提及的盆底肌对骨盆运动影响甚微，参与骨盆运动的肌群主要为躯干及髋关节肌群，且常成对协同工作。当腰背肌收缩将骨盆后侧向上牵引时，屈髋肌同步收缩带动骨盆前侧下移，形成骨盆前倾；而腹肌收缩使骨盆前侧上提，臀大肌与腘绳肌协同收缩拉动骨盆后侧下移，致使骨盆后倾。骨盆侧倾时，非支撑侧受重力影响下降，此时肌群的主要功能在于控制姿势并限制倾斜幅度，例如，右侧下肢处于支撑相时，左侧骨盆因重力作用下降，竖脊肌与腰方肌收缩促使躯干左倾，控制左侧骨盆过度下沉；同时，右侧髋外展肌（臀中肌及臀小肌）收缩牵引右侧骨盆下移，共同限制骨盆过度倾斜。这些肌群通常协调一致地收缩，共同维持骨盆稳定，为躯干及上肢功能活动提供坚实基础。

2. 骶髂关节的韧带　骶髂关节后方，骨间韧带填充于骶粗隆与髂粗隆之间的间隙，其由多种方向的纤维构成，覆盖关节全长的一半区域。多层骶髂后韧带覆盖于骨间韧带及骶骨后方，附着于髂骨粗隆并延伸至臀后线，再向内下方连接骶骨。骶髂关节腹侧则为较薄且较后方韧带面积小的骶髂前韧带。骶髂前、后韧带共同作用，将骶骨悬于髂骨之上，在承受重力压迫骶骨向下时，发挥类似避震器的功能缓冲压力，同时其长度限制了逆倾斜运动的幅度，防止关节过度活动导致损伤，体现了人体运动系统的自我保护机制与精妙设计。强厚的前纵韧带覆盖于腰椎前方，并向下延续附着于骶骨与髂腰韧带。骶结节韧带与骶棘韧带为宽且长的韧带，连接骶骨、坐骨结节及坐骨棘，凭借其良好的杠杆作用有效防止因重力致使骶岬向前下方倾斜，其长度同样限制了向前下倾斜运动的范围，与骶髂关节的骨性结构及强厚广泛的韧带系统共同构建了关节的自锁机制。当压力增大导致骶骨沿髂骨表面下移且后韧带紧张时，紧张的后韧带促使两侧髂骨向中线靠拢，宛如钳子般将骶骨紧紧夹持，阻止髂骨下降，保障关节稳定。

二、骨盆的生物力学

两侧对称的髂骨及骶骨，借助两个骶髂关节与前方的耻骨联合连为一体，构成一个骨关节环，即骨盆环。两髂嵴的连线将骨盆环分割为前、后两区域。骨盆后侧担当主要的承重职责，称为承重弓，由骶股弓和骶坐弓构成。站立状态下，躯干的重力自骶骨经两侧骶髂关节传递至髂骨后部，继而向下传导至股骨头，形成骶股弓承重模式。而处于坐位时，重力从骶髂关节传入，沿着髂骨后部下行，经坐骨上支抵达坐骨结节，构成骶坐弓负重模式。骨盆前侧则是由两侧耻骨的上、下支及耻骨联合构成的弓形结构，衔接两侧承重弓，称为联接弓或约束弓，临床上常简称为前环，主要功能是阻止承重弓向中线汇聚或分离，是稳定并强化承重弓的关键力学要素。

人体处于不同体态时，骨盆各关节所承受的应力存在差异。单腿站立或行走迈步之时，支撑腿将体重传递至地面所形成的反作用力向上，同侧髋关节随之上升，另一侧则因下肢重力作用而下降，耻骨联合处因此产生剪力。与此同时，骶髂关节会呈现出与同侧髂骨运动方向相反的活动趋势。但由于耻骨联合与骶髂关节结构牢固，实际上在耻骨联合以及骶髂关节处并不会出现真正的活动。倘若遭受创伤，导致耻骨联合脱位或骶髂关节受损，便会出现移位及异常活动，使得每行走一步都可能引发疼痛。

平卧状态下，骶骨后方、骶尾部及髂嵴后部承担的部分躯干重力，不足以令骨盆环产生活动。但髋关节的屈曲或伸直动作会使髋腰肌处于紧张状态，进而影响骨盆环的倾斜程度，并引起骶骨、坐骨结节及尾骨位置的相应改变。

三、骨盆与运动功能障碍

骨盆作为连接脊柱与下肢的力学枢纽，其结构与功能的完整性对维持人体姿势稳定、高效传递力量及完成日常活动至关重要。常见的骨盆运动功能障碍主要表现为骶髂关节功能障碍、骨盆倾斜（前/后/侧倾）及骨盆旋转。这些障碍常源于肌肉失衡（如髂腰肌过紧导致前倾；单侧腰方肌紧张导致侧倾）、韧带松弛或张力异常（尤其在孕期或创伤后）、姿势习惯不良（如长期塌腰坐姿）、创伤（如跌倒、撞击）或下肢生物力学异常（如长短腿、足弓塌陷）的代偿。康复评估需综合静态姿势观察（髂嵴、ASIS/PSIS相对位置）、动态动作分析（步态、单腿站立、前屈测试）、触诊（关节间隙、压痛、韧带张力）及特殊激发试验。治疗核心在于恢复骨盆正常对位与关节活动性（通过手法松动、牵拉紧张组织）、重建神经肌肉控制与稳定性、纠正肌肉失衡及改善整体生物力学（如姿势再教育、功能性训练）。理解这些功能障碍的机制是制定精准康复方案的基础。

▶知识拓展

超声图像自动配准的骨盆创伤术中的三维导航技术

由上海交通大学汪方团队研发，借助术前多模医学图像建立骨盆创伤三维模型，通过耦合红外线导航定位参考架的超声探头获取骨盆术中空间坐标，将术中超声图像与虚拟手术规划图像进行配准，可跟踪骨折复位情况。其实现了骨盆手术的微创、实时、非X线暴露的三维导航目的，能提高骨盆骨折手术的精确性和成功率，降低手术并发症。

第二节　髋　关　节

髋关节由髋臼与股骨头构成，属于球窝关节，具有内在稳定性。髋关节通过头、臼软骨面相互接触传导重力，支撑人体上半身重量并提供下肢活动度。在可动关节中，髋关节最为稳定，其结构能够完成日常生活中所需的大范围动作如行走、坐下和蹲起等。若球窝关节排列紊乱，会导致关节软骨和骨内应力分布改变，引发退行性关节炎等损害，且损害会因关节承受巨大压力而逐渐加剧。

一、髋关节功能解剖

髋关节是人体最大、关节窝最深、最典型的球窝关节，既坚固又灵活，主要功能是负重及多方位运动，吸收和减轻震荡，在机体活动中起到杠杆作用。

（一）骨关节与功能结构

1. 髋臼　由髂骨、坐骨和耻骨三骨组成，朝向前下外方，内下方形成髋臼切迹，切迹与髋臼横韧带相连。髋臼边缘有纤维软骨性质的关节唇，使髋臼变深，防止脱位，保证关节稳定性，但限制了关节活动范围。髋臼侧壁为马蹄形关节面，软骨衬垫于前、上和后三面，中间部位无关节软骨覆盖，称为髋臼窝。窝内有股骨头韧带、可移动脂肪块和滑膜。髋臼窝允许股骨头韧带做必要运动，负重时成为重要滑液储存地。步行时，髋臼各关节面软骨受股骨头挤压，未被挤压时，髋臼窝内滑液回到关节软骨面之间并被吸入软骨，这种交替挤压和放松保证了关节软骨营养，而髋臼或股骨头某部位持续受力会导致关节软骨退变。髋臼顶部是髋关节主要负重区，厚而坚强，后1/3能维持关节稳定，较厚。下1/3与上、后部相比，较薄，受较小暴力就能骨折，此部分断裂对髋关节功能影响较小。

2. 股骨头　略呈球状，但非正圆形，中立位负重时能取得最大适应和接触面（图8-2）。除圆韧带进入处外，其余被软骨覆盖，中央软骨较厚，周缘部分较薄。软骨厚度不同造成股骨头不同区域刚度和强度不同，影响应力从髋臼经股骨头到股骨颈的传递。

3. 股骨颈　为管状结构，横断面略呈扁圆状，内下方骨皮质最坚厚，颈中心几乎为空。股骨颈连接股骨头与股骨干，形成颈干角和前倾角。

（1）颈干角：指股骨颈与股骨干间的角度（图8-3），婴儿时期约150°，成人正常范围110°～140°，多数在125°～135°。颈干角正常时，股骨头负荷与股骨颈应力达生理平衡；颈干角减小（髋内翻）时，股骨头负荷减少，股骨颈应力增大；颈干角增大（髋外翻）时，股骨头负荷增加，股骨颈应力减少，剪应力变为压缩力。髋内翻或髋外翻都会引起股骨近端负荷及应力改变，导致结构异常和功能障碍。

（2）前倾角：下肢中立位时，股骨头与股骨干不在同一冠状面，股骨头居前，股骨颈向前倾斜与冠状面形成的角度。婴儿期为20°～30°，随年龄增长逐渐变小，成人平均为12°～15°，女性稍大于男性。前倾角大于12°，股骨头部分裸露，走路时为保持股骨头处于凹窝内，使髋内旋；小于12°，走路时有外旋倾向。前倾角为臀中肌提供矢状面上的杠杆臂，使肌效能成倍增加，杠杆臂越长，保持直立姿势所需臀中肌力越小，但过度前倾会妨碍髋关节外旋活动，有脱位潜在趋势。小儿出生时前倾角约30°，随骨生长和肌收缩牵拉逐渐变小，6岁时减到15°。这是临床采用保守方法治疗小儿足内收步态的原因。先天性髋关节脱位常伴有过度前倾，不正确的应力会导致髋关节软骨磨

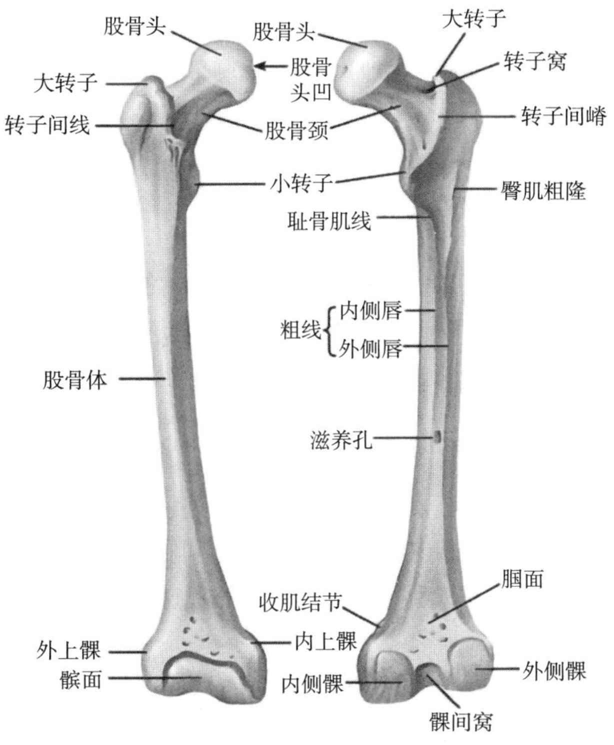

图8-2　股骨的结构

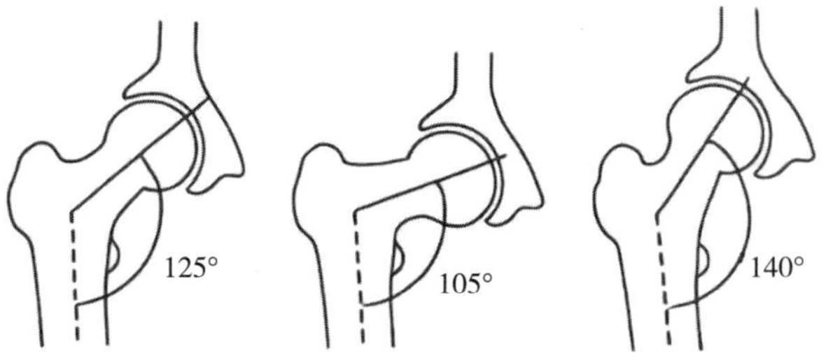

图8-3　颈干角

损增加，更容易发生骨性关节病。

4. 股骨近端的内部骨结构　完全适应生理应力类型和大小，包括骨小梁分布方向和数量。正常情况下，股骨头主要受压缩应力，骨小梁由股骨头周边沿压缩合力方向下行，汇合至内侧骨皮质，形成主要压缩骨小梁。由于股骨头和股骨颈承受剪应力，颈上方产生张力，骨小梁由外侧骨皮质沿张力方向延伸至内侧皮质，形成主要抗张力骨小梁。两组骨小梁约成60°交叉，交叉之间应力最小，骨小梁减少，此区称Ward三角。在此两组骨小梁之间，分别有次要抗压缩骨小梁和次要抗张力骨小梁。由大转子下行至外侧骨皮质的骨小梁，称为粗隆部骨小梁。颈干角的改变会引起股骨近端负荷与应力改变，导致骨小梁重新调整。髋外翻时，压缩力增加，抗压缩骨小梁增加，抗张力骨小梁减少甚至消失；髋内翻时，抗张力骨小梁增加，抗压缩力骨小梁减少。骨小梁结构的改变可反映出股骨近端负荷与应力的变化。

（二）髋关节的关节囊、韧带和股骨头的血供

1. 髋关节关节囊　由坚韧纤维组织形成，内衬滑膜，附着于髋臼唇外缘及髋臼横韧带，向下包绕股骨头和股骨颈，止于股骨颈基底部，股骨颈后外侧一部分露于囊外，故股骨颈骨折除基底部骨折外均为囊内骨折。髋关节伸直位时，关节囊紧张，可将股骨头限制在髋臼内；屈曲、内收及轻度内旋时关节囊松弛。过度屈曲又受向后暴力时，股骨颈后面部分在关节囊外，关节囊松弛减弱对股骨头限制作用，加上后方耻股韧带和坐股韧带薄弱，髋关节易发生后脱位。

2. 髋关节韧带　最强大的髂股韧带（图8-4），起于髋臼上缘髂骨部分，跨髋关节囊前方，分两股止于股骨颈基底部前方及小转子前方，又称Y形韧带。关节囊前下方有耻股韧带，后方有坐股韧带。韧带间形成薄弱区，遭受外力时股骨头可经此脱出。圆韧带为关节内韧带，又叫股骨头韧带，

由髋臼进入股骨头，有供给血液及稳定股骨头的作用。屈髋关节时，圆韧带松弛；伸髋时，圆韧带紧张。站立位时，髂股韧带防止骨盆在股骨上向后运动（髋过伸）；耻股韧带限制外旋；坐股韧带限制内旋。耻股韧带和坐股韧带的张力限制髋关节外展。

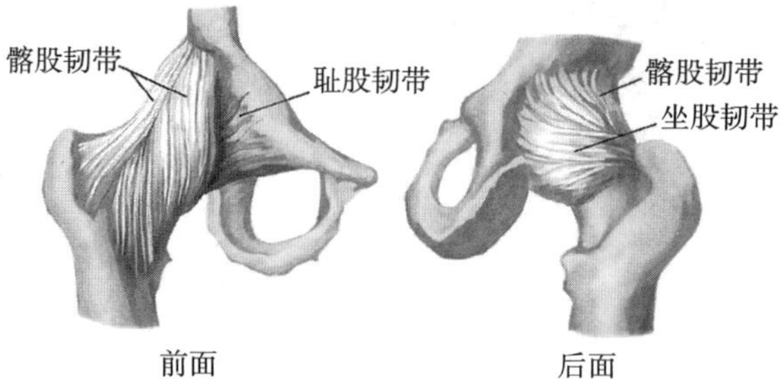

图8-4 髋关节韧带

3. 股骨头的血供 股骨头近端血供应主要来自旋股内动脉，少部分来自旋股外动脉。两者形成囊外动脉环，另发出颈升分支进入关节囊，形成囊内动脉环，最后进入骨内。囊外动脉环不完整时易发生股骨头缺血性坏死。

（三）髋关节稳定性

髋关节稳定性由骨性稳定结构及周围韧带软组织维持。与上肢关节相比，髋关节灵活度下降，但稳定性加强，适应其作为人体主要负重关节的功能。

1. 髋关节骨性结构特点 髋臼前部低，后部隆起，下部有深而宽缺口，横韧带通过并封闭形成半球形凹窝，周边软骨组织形成厚边缘，加大髋臼深度，使其面积超过球形一半。顶端为主要负重区，厚而坚实，后部亦较厚，加强关节稳定性。股骨头直径较大，与髋臼结合面差小，使髋关节成为稳定关节。

2. 髋关节囊及周围韧带结构特点 髋关节囊紧张坚韧，上方附着于髋臼周缘和髋臼横韧带，下方附着于股骨颈基底部，几乎完全包绕股骨颈，限制股骨头在关节内运动。髋关节囊周围有多条坚韧韧带加强制动，髂股韧带、耻股韧带和坐股韧带分别从髋关节前方、前下方和后方覆盖并稳定关节囊；髋关节内的圆韧带，在髋关节屈曲（尤其结合外旋）时，防止股骨头过度旋转或半脱位，提供股骨头血供并加强连接。髋臼周围的髋臼横韧带防止股骨头脱出；股骨颈周围的轮匝韧带与髋臼周缘紧密结合，提高股骨头稳定性。

3. 髋关节周围肌 髋关节是人体最有力、最发达的自由关节，周围肌数目众多，进一步加强关节稳定性。

二、髋关节生物力学

视频：髋关节运动

（一）运动轴和运动

1. 髋关节运动轴 髋关节作为球窝关节，可绕股骨头中心在无数轴上运动；为简化分析，常以互相垂直的三个解剖轴（冠状轴、矢状轴和垂直轴）描述其活动。而股骨的解剖轴与机械轴，则是评估下肢力线、规划骨科手术（如关节置换）及预防关节退变的关键解剖基准。

（1）股骨的解剖轴和机械轴：解剖轴是通过股骨干的直线，机械轴是髋关节中心和膝关节中心的连线，直立位上机械轴通常垂直于地面。

（2）冠状轴：站立时，屈伸的轴是水平冠状轴。左右股骨头中心点连线称总髋轴。站立位骨盆向前（后）转动，或仰卧位拉两膝靠近胸腔时，运动发生在总髋轴周围。

（3）矢状轴：站立时，收展运动轴为水平矢状轴。肢体对骨盆运动如提腿向侧，或骨盆对下肢运动如躯干向站立侧腿方向倾斜。正确名称应为髋关节的外展或内收。髋关节外展约45°，常伴骨盆抬高；两条腿接触，内收角度为0°，但两腿交叉内收角度可达30°～40°。这不是纯平面运动，在跑步、转向和交叉大腿时是重要运动。

（4）垂直轴：站立时，内旋和外旋的轴是垂直的，与股骨机械轴一致。内旋是大转子向前移动接近骨盆前部，外旋是相反方向运动。

2. 行走时髋关节的运动范围 股骨头与髋臼结合方式、股骨头大小、髋臼深度、股骨头与髋臼结合面差、关节囊周围韧带、关节囊周围肌决定了髋关节稳定性，使其成为人体负重和行走主要关节。髋关节与肩关节虽同为三轴关节，但因股骨头深纳于髋臼内，关节囊紧张，坚韧韧带限制活动，髋关节运动幅度远不及肩关节，而具有较大稳定性，以适应支撑功能。髋关节可作屈伸、收展、旋内旋外和环转运动。关节囊前面髂股韧带限制髋关节伸、展运动，伸髋范围仅35°，内侧和外侧大量肌附着且力量大，约束大腿内收、外展运动。

因韧带性限制，正常人髋关节运动范围终末感通常坚硬（表8-1），例如屈髋关节同时伸膝的运动被腘绳肌长度限制。但屈髋关节同时屈膝的运动例外，这种运动被腰部脂肪组织限制，在严重肥胖症群体中，这种限制会影响其功能如系鞋带及拾取、携提物体等。

表8-1 髋关节的基本运动范围

关节运动	运动轴	运动幅度	动作举例
屈伸	冠状轴	140°	前后踢腿
外展内收	矢状轴	45°	侧踢腿
旋内旋外	垂直轴	40°～50°	交叉步跑
环转	多轴复合运动	无单一角度值	单腿画圈运动

（二）髋关节肌的功能作用

髋关节作为人体直立行走负重关键下肢关节，稳定性至关重要。同时需行使重要运动功能如行走、弹跳、弯腰、摆腿等，要求具有一定活动度。髋关节是三轴关节，可作屈伸、内收和外展、旋内和旋外、环转等运动，关节运动轴与周围肌分布一致。髋关节周围肌可分为6组，除围绕冠状轴和矢状轴排列的屈伸肌、内收肌、外展肌外，还有排列在垂直轴相对侧的旋内、旋外两组肌。髋关节周围肌数目多，可分为多群，各肌群共同作用行使髋关节功能（表8-2）。

表 8-2　主要髋关节肌起止点、神经支配和功能

肌肉名称	起点	止点	神经支配	功能
髂腰肌	髂骨内面和 $T_{12} \sim L_4$ 锥体	股骨小转子	腰丛、股神经（$L_1 \sim L_4$）	屈髋、外旋髋
股直肌	髂前下棘	胫骨粗隆	股神经（$L_2 \sim L_4$）	屈髋、伸膝
缝匠肌	髂前上棘	胫骨粗隆、胫骨内侧	股神经（$L_2 \sim L_4$）	屈、外旋、外展髋；屈膝
耻骨肌	耻骨上支	股骨耻骨肌线	股神经（$L_2 \sim L_4$）	内收、屈髋
阔筋膜张肌	髂前上棘	胫骨外侧髁	臀上神经（$L_4 \sim L_5$）	屈、外展、内旋髋
臀大肌	髂骨后面、骶骨、尾骨	股骨后上面、髂胫束	臀上神经（$L_5 \sim S_2$）	伸、外旋髋
半膜肌	坐骨结节	胫骨内侧髁后面	坐骨神经（$L_5 \sim S_2$）	伸髋、屈膝
半腱肌	坐骨结节	胫骨近端前内侧面（鹅足）	坐骨神经（$L_5 \sim S_2$）	伸髋、屈膝
股二头肌	长头：坐骨结节；短头：股骨嵴外侧	腓骨小头	长头：坐骨神经（$S_1 \sim S_3$）；短头：腓总神经（$L_5 \sim S_2$）	长头：伸髋、屈膝；短头：屈膝
深部外旋肌：梨状肌、上行肌、下行肌、闭孔内肌、闭孔外肌、股方肌	骶骨、坐骨结节、坐骨和耻骨支	大转子及附近区域	闭孔外肌：闭孔神经；$S_1 \sim S_2$ 神经分支	外旋髋
臀中肌	髂骨外侧面	股骨大转子外侧面	臀上神经（$L_4 \sim S_1$）	外展髋
臀小肌	髂骨外侧面	股骨大转子前侧面	臀上神经（$L_4 \sim S_1$）	外展、内旋髋
股薄肌	耻骨	胫骨近端前内侧面（鹅足）	闭孔神经（$L_2 \sim L_3$）	内收髋
长收肌	耻骨	股骨粗线	闭孔神经（$L_3 \sim L_4$）	内收髋
短收肌	耻骨	股骨粗线和耻骨肌线	闭孔神经（$L_3 \sim L_4$）	内收髋
大收肌	坐骨和耻骨	股骨粗线	闭孔神经和坐骨神经（$L_3 \sim L_4$）	内收髋

1. 髋关节肌的组成

（1）屈伸运动肌：髋关节屈曲主要由髂腰肌、股直肌、阔筋膜张肌、缝匠肌完成，其拮抗伸肌为臀大肌、半膜肌、半腱肌及股二头肌长头。髋关节屈曲角度为140°。股二头肌长头、半腱肌和半膜肌起于坐骨结节，止于胫骨上端内侧（半腱肌/半膜肌）及腓骨头（股二头肌）。当膝关节伸直时，这些肌肉因被动张力增加，会限制髋关节屈曲范围至80°～90°。髂股韧带紧张且位于关节囊前方，限制髋关节后伸，向后伸角度为35°。髂股韧带防止髋关节过伸对维持人体直立姿势意义重大。髂腰肌是主要的屈髋关节肌，下肢制动时可使躯干屈。髋关节屈伸运动与下肢其他关节耦合，形成直立行走，下肢活动几乎都伴有髋关节屈伸运动。

（2）收展运动肌：髂腰肌是主要屈髋肌，下肢制动时可使躯干屈。髋关节屈伸活动与下肢其他关节耦合，形成直立行走，下肢活动几乎都伴有髋关节屈伸活动。髋关节肌后群肌臀中肌、臀小肌及局部阔筋膜张肌与大腿内侧肌群相互拮抗形成髋关节内收、外展运动。髋关节内收、外展运动范围总和只有45°。髋关节屈曲时，关节囊周围韧带松弛，内收、外展角度增大，这一运动机制是人体实现快速变向、平衡调节及防跌倒的核心生物力学基础。髋关节内收、外展运动有利于人体变向运动。

（3）旋转运动肌：髋关节旋转运动由旋内和旋外两组肌拮抗完成。旋内肌有臀中肌前部肌束、臀小肌及局部阔筋膜张肌；旋外肌有髂腰肌、臀大肌、闭孔内肌、梨状肌、股方肌、闭孔外肌及臀中肌、臀小肌外侧部。髋关节旋外肌力量强于旋内肌，且旋外范围也大于旋内。髋关节旋转运动受关节囊影响，活动范围约为50°。髋关节旋转功能使人体下肢具有多向运动性。髋关节是稳定性最高的间接关节，关节结合形态、韧带附着、强大肌保护使其成为人体负重行走主要关节之一。

2. 髋关节肌的功能特点

（1）髋肌负重和不负重的功能：研究髋关节肌需分负重和不负重两种情况。负重闭链运动更重要如单腿站立、攀登、坐位站起等。此时髋肌需有力收缩制动肢体远端，引发髋关节运动和骨盆运动。轻度或中度肌功能减退在闭链运动中易表现，而在对某一侧下肢重量的开链运动中可能无明显表现。评估髋关节肌不能仅评估开链运动下肌肉功能，更要注重负重闭链运动下肌肉功能评估。

（2）肌的不同部分的作用差异：如臀大肌和臀中肌覆盖面大，某部分产生的动作可能与其他部分不同，但最终所有肌纤维收缩共同产生主要作用。臀大肌主要作用为伸，臀中肌主要作用为展。臀大肌上部肌纤维可展，下部肌纤维可收；臀中肌前部肌纤维可内旋，后部肌纤维为外旋。

（3）关节角度改变肌的作用：关节角度可改变三个不同轴髋肌杠杆作用，使某运动肌效能增加或减少。髋关节有较大运动范围和较长肌力臂，杠杆作用改变常见于髋区。臀中肌和阔筋膜张肌在伸髋位时是内旋肌，但髋关节90°时内旋杠杆作用增加。在髋关节某些位置，肌拉力线改变明显，使肌产生拮抗作用，例如梨状肌，髋伸展时为外旋肌，髋屈时变为内旋肌。大腿内收肌群也是这样，伸髋时拉力线在髋关节轴前方，屈髋时在轴后方。内收肌群在髋关节运动中的功能角色具有动态可变性，其运动功能取决于髋关节的屈曲角度。髋关节屈位如攀登动作，大腿内收肌群为有力髋伸肌；髋关节伸位时，大腿内收肌群为屈髋肌。

（4）在髋区的双关节肌的作用：髋肌包括单关节肌和跨过两个关节作用或潜在作用于这两个关节的双关节肌。根据肌长度-张力关系原理，双关节肌效能受被跨越两个关节位置影响，例如股直肌屈膝时屈髋作用增强；腘绳肌伸膝同时伸髋效能更大，屈髋同时屈膝时为有效屈膝肌。

（5）屈髋肌在不同体位下的作用

1）人体在直立位下屈髋：直立单腿屈髋时，髂腰肌、股直肌、缝匠肌和阔筋膜张肌收缩，阔筋膜张肌内旋作用被缝匠肌外旋作用补偿。股直肌伸膝作用被重力和其他屈肌作用阻止。髂腰肌具内旋和外旋功能，但实践效果看是单纯屈肌。这些肌共同作用产生单纯屈髋。屈髋早期，内收肌也可能作用，尤其抗阻力时。伸髋时，屈髋肌最大等长收缩力矩增大，屈髋时减小。

2）人体在坐位下屈髋：坐位髋关节已屈曲90°，屈髋肌要在缩短情况下再作用产生附加屈曲。髋关节屈曲小于90°时，缝匠肌和阔筋膜张肌强力收缩，但已丧失许多增加张力能力，无髂腰肌协助不能进一步屈髋。临床观察单纯髂腰肌麻痹患者，在坐位时，仅屈髋肌就能产生足够张力使屈髋超过90°，这些患者能屈髋走路，但在坐位时需用手提腿。从向后端坐位回到端坐位时，屈髋肌特别是髂腰肌控制脊柱和骨盆与股骨间位置。双侧髂腰肌麻痹时，患者重心线落到髋关节后方即倒向后，在无靠背椅子上需用手支持防向后跌倒。

3）人体坐起和直腿抬高体位的屈髋：在仰卧位坐起或直腿抬高的动作中，腹肌协同屈髋肌完成制动骨盆和脊柱作用。①坐起时，颈屈肌和腹肌向心收缩直至躯干屈曲，随后保持等长收缩，髂腰肌是抬起躯干和骨盆主要肌。头颈躯干重力产生的力矩大，需髂腰肌产生大力。若腹肌强度不足保持腰屈曲位，腰大肌力会使腰椎过伸，反复此动作可能引发微创伤和背部疾病。患者做仰卧起坐时应侧身用手推起来。②直腿抬高，尤其双侧同步时通过髂腰肌主导的屈髋肌群（阔筋膜张肌、股直肌等协同）产生巨大收缩力，内收肌群则主要维持股骨稳定而非直接发力。该合力峰值可达体重的1.5～3倍，经腰大肌肌腱传递至腰椎横突及髂骨附着点，形成腰椎前剪切应力。由于屈髋肌需对抗下肢重力矩（力臂≈股骨长度），其负荷显著放大。若腹肌（尤其腹横肌/腹直肌）无法稳定骨盆，将导致骨盆前倾并迫使腰椎过伸，增加L_4～L_5椎间盘后缘压力及小关节剪切风险。

（6）伸髋的肌的作用：髋关节屈伸轴后面有5个重要肌肉，它们在任何位置都是伸髋肌，包括臀大肌、股二头肌长头、半腱肌、半膜肌和内收肌（在屈髋位）。检查伸髋肌应在两种运动中进行，即下肢制动躯干运动或躯干制动下肢运动。在许多活动中，躯干和下肢往往同时运动。

1）俯卧伸膝时，伸一侧髋关节：被检查者俯卧在诊察台上，一侧髋悬于诊察台边缘，可观察到伸髋范围约为90°。当改变伸髋肌条件为外旋或内旋时，发现外旋会增加臀大肌的伸髋力，而内旋则会减弱臀大肌的伸髋力，同时增加半膜肌和半腱肌的伸髋力。

2）俯卧屈膝时，伸一侧髋关节：屈膝、伸髋时触摸腘绳肌，可发现腘绳肌出现明显缩短和变厚。在这种结合屈膝、伸髋的运动中，长度-张力关系是最不理想的，这些肌可能已接近或到达功能不全位。保持屈膝在锐角做完全伸髋动作时，大腿后区会有不舒服的压缩感，儿童或青年人的不适感可能并不明显，但老年人可能会因极度不舒服而出现痉挛，应注意避免。由于腘绳肌在缩短范围内收缩时张力极低，因此屈膝伸髋动作需依赖臀大肌的强力收缩。针对臀大肌的单独测试，曾有提议采用这一动作；尽管此动作中臀大肌能发挥最大效能，但此时腘绳肌也处于最大收缩状态，故无法单独评估臀大肌的作用。

3）俯卧屈膝时，两侧髋关节伸：在俯卧一侧伸髋时，骨盆保持相对稳定，仅需伸脊柱肌轻度协同收缩，但两腿同时抬高（后伸）时骨盆的杠杆作用（伸髋肌收缩和下肢的重力）变得明显，需要伸脊柱肌特别是腰部的伸脊柱肌显著增强活动。这些肌的高度紧张是可以看到和触摸到的。

4）在坐位的伸髋肌：坐位或立位时，躯体和骨盆前倾都受伸髋肌控制。伸髋肌离心收缩允许屈体捡地板上物体，而向心收缩则产生回到直立位的动作。伸髋肌麻痹的患者除非用上肢将骨盆支撑制动在下肢上，否则就会向前跌倒。这种伸髋肌的动作同样见于上下扶梯，从坐位起立和行走中。这些动作常与股四头肌（伸膝）和腘绳肌（伸髋）同时收缩相关。在坐位前倾，立位时弯腰触足趾、爬梯或从椅子站起来等功能动作中，腘绳肌均为主要的伸髋肌，做上述的快速动作有中等或大的阻力时，臀大肌也会参与活动。

（7）展髋肌的作用：臀中肌、臀小肌、阔筋膜张肌和臀大肌上部纤维参与外展髋关节。某些位置时，其他肌也有外展髋的功能，如下外展位时的缝匠肌，屈髋位时的梨状肌与闭孔肌，外展位时的髂腰肌。用CT测量四块外展肌的截面积，臀中肌占60%，臀小肌占20%，阔筋膜张肌和梨状肌各占10%。这些外展肌平均截面积为43cm²，而股四头肌为175cm²，腘绳肌为58cm²。髋外展肌具有良好的杠杆作用优势，因大多数外展肌止于大转子或股骨干，离髋关节旋转中心点有5～7.5cm，且它们的肌力线与关节轴形成较大角度：阔筋膜张肌83°，臀中肌72°，臀小肌61°，而髌韧带角仅为15°～20°。

由于杠杆作用优势，相对较小臀肌可产生较大力矩。据报道平均最大等长力矩男性为12～15.2kg/m，女性为7.7～10kg/m。这些数据可因位置、制动类型和年龄而有差异。

当伸髋肌在伸长时收缩将产生最大力矩，当肌肉缩短时其力矩线性下降。

（8）单腿站立时髋肌的作用：单腿站立时，在闭链运动中髋外展肌主要功能是保持骨盆水平。单腿站立时（发生在走路的每一步中），85%的身体重量（头、臂、躯干和对侧下肢）必须以股骨头为支点用髋外展肌平衡，形成第一类杠杆。因股骨头到体重垂线距离（重臂）长于肌肉止点到股骨头距离（力臂），展髋肌须产生大于85%体重的力才能平衡，两个向下的力即重力和肌的拉力共同形成股骨头和髋臼间的巨大压力。在单腿站立位，关节压力约是体重2.5倍；在行走的站立相，足跟着地时，对股骨头的两相合力或压力超过体重4倍；在单腿支持中期，减少体重1.3倍；单腿支持末期（足跟离地时）又增高为体重3.4倍。

（9）髋关节在内收髋时的肌作用：腿在伸、屈或旋转位时做抗阻内收髋关节动作，5块内收肌（耻骨肌、长收肌、股薄肌、短收肌和大收肌）同时收缩。内收肌截面积远超外展肌，因为内收肌不仅能内收还能屈、伸和旋转髋。一般认为与外展肌协同收缩起稳定作用，因此这些肌在步行时均可见到肌电活动。

（10）髋关节在内收肌的旋转作用：在坐位或站立时可检查内收肌的旋转作用（注意避免屈髋动作）。虽然内收肌止于股骨后面的粗线，但旋转轴是通过股骨头到股骨髁的机械轴。当股骨内旋时粗线接近耻骨，而外旋时粗线与耻骨距离加大。在断离关节的骨盆和股骨标本上，测量坐骨结节和粗线中心的距离可看到这种现象。

（11）髋关节肌旋转中的作用：在髋关节周围大多数肌都有旋转作用，用哪一块来旋转取决于关节位置和屈、伸、展、收。例如臀大肌在髋伸直时有外旋髋关节功能，但屈髋时其上部肌纤维只有内旋作用。6块小的外旋肌（梨状肌、上孖肌、下孖肌、股方肌、闭孔内肌、闭孔外肌）有很好的外旋拉力角，但在屈髋时外旋功能减弱；到屈髋90°时，它们拥有相当的外展功能，梨状肌可从伸髋时的外旋肌转变为屈髋时的内旋肌。在屈髋时，臀中肌、臀小肌的前部和阔筋膜张肌能增加内旋的杠杆作用。

（三）髋关节力学基础

髋关节在不同位置时受力情况不同，站立时受重力及外展肌拉力；单足站立和行走时，因人体重心在两侧股骨头连线之后，重力对关节产生扭矩作用，此时外展肌产生反向力矩维持平衡，股骨近段受到压应力、张应力、横向环行应力和剪切应力。

1. 髋关节静力学

（1）双腿站立时的静力学分析：双腿站立位，重力线通过耻骨联合后方，髋关节是稳定的，基于关节囊和韧带稳定作用，无需肌肉收缩就能直立。直立时作用在股骨头上的反作用力为压在上方体重的1/2。每个下肢重量为人体重的1/6，所以每个髋关节负荷是余下2/3体重的一半，即1/3体重。若髋关节周围肌防止晃动并保持身体直立姿势，这个力的增加与肌活动数目成正比。

（2）单腿站立时的静力学分析：单腿直立时，上部身体重力线在三个平面内偏移，产生绕髋关节力矩，必须由肌力平衡，就增加了关节反作用力。力矩值取决于脊柱姿势、未负重腿和上肢位置，特别是骨盆倾斜度。躯干侧倾越过髋关节时反作用力最小。一侧下肢负重时，髋关节负重为除去一侧下肢重量的体重加上外展肌肌力。此时在负重髋关节股骨头上部形成支点，在额状面，股骨头到髋外展肌的臂与到骨盆侧的重力臂比例为1∶3，而承重比例为3∶1，因此外展肌需承受3倍于体重的重量；矢状面上，人体重心在髋关节轴后方，髋受向后旋转的弯力矩。人体为保持平衡，需外展肌紧张。若重心远离负重髋关节，臂延长，需外展肌力增大，承力增加；重心移向负重髋关节，承力减少；重心全移到负重髋关节上，外展肌承力为0，髋仅承受部分体重压力。

2.髋关节动力学 做各种动作时，需髋肌平衡体重，髋关节受到相当大压力。将髋关节作为支点，支点到身体重心的力臂远大于支点到髋肌的力臂，髋肌力量远大于人体重量，关节受力会大于体重。髋肌除增加稳定性外，还可调节股骨受力状态。正常人站立时，若臀中肌等肌未紧张，股骨颈受弯曲力矩，上方产生张应力，下方产生压应力。若负荷过大，易造成张力破坏。而肌收缩作用会抵消上方张应力部分，避免股骨颈骨折。

正常行走时髋关节动作平衡有节奏，耗能最低。双髋轮流负重，重心左右来回移动4.0～4.5cm。髋关节在步态周期中有两个受力波峰，分别在足后跟着地及趾尖离地时。缓慢行走时，惯性力作用可不计，视为与静力学相同。但髋关节快速运动时，受加速和减速作用，受力增加。合力等于体重加惯性力，一般认为是体重的3.9～6.0倍。走路时（速度为1.5m/s），髋关节最大受力约2.5倍体重；跑步时（速度为3.5m/s），关节最大受力为5～6倍体重。

髋关节通过头、臼软骨面相互接触传导重力，负重面为股骨头上半球与半球形臼的重叠部分。关节软骨的弹性将应力分散传递到各作用点。正常股骨颈应力分布为合力通过颈中心偏下方，内侧压应力高，外侧张应力高。光弹性试验等证明股骨颈上部头颈交界处所受张应力最大。髋关节畸形时应力分布改变；髋内翻时内侧压力、外侧张力均增大；髋外翻时，张应力随外翻程度增加逐渐减小甚至消失。合力通过颈中央时，内侧、外侧承受平均压力。

为分析髋关节受力，假设整个身体集中于一点，即身体重心。静止站立时，重心与双髋共同轴在同一冠状平面，位于第二骶椎前方。正常行走时，髋关节双侧轮流负重，重心左右移动。髋关节受力因运动方式不同而不同。实验表明，髋关节承受2000次负荷时，软骨会遭严重振动形成激惹，使软骨和骨发生不可逆变形，造成骨广泛损伤。老年人髋关节活动量1年约一百万次，高负荷、高频率运动更容易产生退行性关节病。

作用于髋关节的力可分为张应力、压应力、弯曲应力和剪切应力四种，通过体重负荷和肌肉收缩作用综合表现。人类髋关节为适应直立行走、劳动需要，其力学性能优良，具有下列生物力学特点。

（1）股骨上端形成多平面弯曲角（颈干角、前倾角），与骨盆和下肢呈多曲结构。其骨小梁呈多层网格状，应力分布合理，受力性能最佳，自重轻而负重大。

（2）具有自动反馈控制特点，以适应张应力和压应力需要。按照沃尔夫（Wolff）定律，股骨上端有独特扇形压力骨小梁系统和弓形横行张力骨小梁系统；在转子平面又形成另外的骨小梁系统。可根据受力大小通过人体自动反馈系统作用增加或降低骨小梁密度，使得组织以最小重量获得最大功效。

（3）髋关节生物力学结构具有变异性。骨小梁组织结构的数量和质量受个体职业、活动状况、内分泌、物质代谢、营养、年龄、疾病等诸多因素影响。

（4）股骨干的力学轴线是股骨头旋转中心至股骨内外髁的中点，股骨上端承受的剪切应力最大，所以股骨颈多因剪切应力而骨折，大转子以下多因弯曲和旋转应力而骨折。髋关节生物力学体系处于动态平衡之中，可随时调整保持身体重心稳定。骨小梁的分布和截面形状均适应外力作用需要，特别是能最大限度地防止弯曲应力作用。

三、髋关节与运动功能障碍

临床上，许多髋部疾病都由机械应力与组织耐受力不平衡引起。为降低机械应力，达到新平衡，常采用减少关节负荷或扩大关节负重面积的治疗方法，这已成为髋关节治疗学生物力学的基本原理。

一种直接减少负荷的方法是减少体重，体重每减1kg，髋关节受力可减约3kg。使用手杖或拐杖是降低髋关节负荷的有效常用方法，手杖通过长杠杆臂起作用，显著降低患髋负荷。行走时躯干向患髋倾斜（跛行）是减少负荷的代偿运动，可将重心转移至更靠近患髋股骨头中心，缩短杠杆臂，减少外展肌力，降低股骨近端负荷。例如，髋外展肌麻痹时，单腿站立保持骨盆平衡不可能，但常能瞬时保持平衡足以跛行，因其将头、躯干、臀重心外移超过髋关节运动轴。截瘫患者可学习多种补偿方法控制髋部，在膝和足用夹板或矫形器制动情况下，借助平行杆或双拐运动下肢或抬高躯干。这些运动的有效代偿是背阔肌，在闭链运动中背阔肌的止点和起点距离缩短，产生髋部提高，使腿向前移动，两侧收缩则使身体抬高摆向前方，即“摆过步态”。

第三节　膝　关　节

膝关节是全身结构最复杂、最大、所受杠杆作用力最强的关节，包含股骨、胫骨和髌骨三块骨，拥有2个运动自由度，内侧胫股关节、外侧胫股关节和髌股关节三个互相关节面均被同一个关节囊包裹。膝关节的可动性主要依靠骨性结构提供，而其稳定性则主要依赖软组织（韧带、肌和软骨）来维持。尽管膝关节的运动范围不如肩、髋关节广泛，却有着更为精确且复杂的运动规律。膝关节损伤极为常见，往往是因为力作用于股骨和胫骨的长杠杆臂而产生较大的力矩所致。

一、膝关节功能解剖

膝关节作为人体的主要负重运动关节，具有支持体重、参与降低或抬高体重及允许身体旋转等重要功能。在步行时，膝关节通过减少身体重心的垂直和侧方震荡来降低能量消耗，能够支撑相当于体重4～6倍的垂直力。当膝关节的功能结构发生改变，影响其运动学特性时，可能会引起关节功能异常及膝关节应力增加。

（一）骨关节与功能结构

膝关节由股骨、胫骨及髌骨构成，其中股骨和胫骨属于长骨。髌骨位于关节前方，附着有股四头肌和髌韧带，在膝关节运动中起着关键作用，能够增加股四头肌的力臂，从而提升关节运动的力学效应。此外，腓骨也是膝关节的组成部分之一，连接于胫骨的外侧后方，其头上附着的外侧副韧带为关节外侧提供了稳定性。膝关节主要包括胫股关节和髌股关节两个关节接触面，表面覆盖有关节软骨，起到润滑和减少关节面摩擦的作用。

1. 胫股关节的形态与运动的关系 胫股关节分为内侧胫股关节和外侧胫股关节。股骨的内、外髁与胫骨内、外上髁分别构成内、外侧胫股关节。外侧胫股关节的前1/3为逐渐上升的凹面，后2/3为逐渐下降的凹面；内侧胫股关节面呈碗状凹陷。这样的结构使得膝关节在矢状面上能够进行屈伸活动，且外侧胫骨关节面的凹陷结构使得膝关节的屈伸活动具有多个瞬时活动中心，而非同轴运动。股骨的内、外侧髁与较小的胫骨髁相接，胫骨的髁间隆起和楔形的内、外侧半月板增加了关节面的适应性。股骨髁的纵向关节面约为胫骨髁关节面长度的两倍，因此膝关节的屈伸运动并非单纯的屈戍运动，而是在开始屈膝时以滚动为主，屈膝终末时则更多地依赖滑动。由于股骨外侧髁关节面长于内侧髁，两者的运动也存在差异。

2. 髌骨与髌股关节 髌骨是一块籽骨，位于关节前方，与股骨髁部下方的鞍状关节面（滑车面）相关节。髌骨的关节面有一明显的纵嵴，将其分为内侧和外侧两部分。髌骨具有以下功能：通过增加与运动轴的距离（力臂距离）来增强股四头肌的杠杆作用和力矩；在屈膝时为股骨髁关节面提供骨性保护；减少对股骨髁的压力并分散股骨髁上的力；在抗阻高度屈膝时，防止对股四头肌腱的损伤性压力。

股四头肌从各边稳定髌骨，并引导髌骨与股骨之间的运动。髌骨经髌韧带附着于胫骨粗隆，其两边有致密的纤维性支持带。当屈膝时，髌骨在股骨髁面上滑动，髌股关节面也随之发生变化。在运动开始时，接触区位于髌骨的远侧1/3；当屈膝接近90°时，关节面移向基底部，覆盖髌骨的近侧1/2。在屈膝120°时，会产生两个区域的接触和压力。髌骨在整个运动范围内通过延长股四头肌力臂来帮助膝伸直，并改善股骨上的压应力分布。从完全屈曲到完全伸直，髌骨对股四头肌力臂长度的作用也在改变。完全屈曲时，髌骨在髌间窝内，对股四头肌力臂长度的作用最小；当膝伸直时，髌骨从髌间窝抬起，产生显著的肌腱前移。在伸直到45°时，随着力臂长度迅速增加，髌骨延长力臂约30%。若切除髌骨，髌腱将更接近胫股关节的旋转中心，由于髌腱作用在较短的力臂上，在伸直后45°时，股四头肌需产生更大的力来维持相同的力矩，这可能超过股四头肌的能力，尤其对有关节内疾病或年龄较大的患者影响更为显著。

3. 膝内翻和膝外翻 从前方观察，伸直膝关节可见股骨干和胫骨干形成一个向外开放的角度，该角度通过两者的纵轴测量，平均值一般为170°。此角度是由于股骨干的内收位和股骨垂直体体重传送到足和地面的代偿方向所形成。当受单腿负重时，力朝向膝关节的内侧。若此角度小于170°，称为膝外翻；若接近180°或向内侧开放，则称为膝内翻。

4. Q角 股四头肌腱和髌韧带在髌骨中心形成一个角，称为Q角，即股四头肌肌力线与髌韧带力线的夹角，正常值为11° ～ 18°。Q角大于20°时，发生髌股关节异常的风险较高，例如髌骨软骨软化和髌骨运动轨迹异常。当髌骨在滑车上移动时，关节面形态、外侧较窄的滑车面及内侧软组织的稳定结构共同防止髌骨向外侧过度移位。若髌胫束紧张或股内侧肌无力导致不平衡，可能引起髌骨在股四头肌收缩时向外侧移动，进而导致关节接触区和压力改变，产生疼痛和功能障碍。

（二）膝关节的辅助结构

膝关节的关节囊和韧带系统对膝关节的保护及其稳定性起着至关重要的作用。

1. 关节囊 膝关节关节囊薄且松弛，存在许多隐窝，附着于股骨髁和胫骨髁的上下。关节囊上方起自股骨髁间线，两侧仅高于关节边缘1.25cm，故股骨的内外上髁均在囊外，下方止于胫骨关节面远侧边缘0.3 ～ 0.6cm，并与周围韧带相连。膝关节周围存在许多滑膜囊，部分与关节腔相通，部分独立存在。当膝关节屈伸时，滑液会在隐窝之间流动，以润滑关节面。在受伤或其他因素导致关节腔内液体过多时，半屈膝位有助于减少关节腔内压力，从而缓解疼痛。

2. 半月板 是位于膝关节股骨与胫骨之间的纤维软骨盘，填充在两侧胫骨髁上，内侧半月板较大，呈“C”形，外侧半月板较小，呈“O”形，两者前端常借膝横韧带相连。

半月板的骨性附着通过其角部连于胫骨的前、后髁间区和通过冠状韧带连于半月板的周缘和胫骨的边缘，冠状韧带属于关节囊的一部分，因此半月板不附着于胫骨的关节面，具有可动性。此外，半月板前部借韧带纤维与髌骨相连，股四头肌装置借此调节半月板在关节前部的活动；后部借纤维组织与半膜肌、腘肌相连，以调节半月板在关节后部的活动。

半月板的主要功能是增加胫股关节的适应性并分散压力。膝关节负重区在内、外侧胫股面几乎相等，在膝关节过伸时负重最大，屈膝时负重区向后移动且变小。切除半月板会减少股骨髁和胫骨髁的接触面积，导致压力增加，从而可能引发骨关节炎。

被动和主动的力均可使半月板在胫骨上移动，韧带和肌的附着也可直接牵动半月板。例如，半月板髌纤维在伸膝时使半月板向前移动，而腘肌的附着使半月板向后移动。若半月板不能随股骨髁一起移动，例如在剧烈扭转或强力运动时，半月板可能被股骨髁压碎或撕裂。通常，在膝关节屈曲、回旋再突然伸直时，半月板容易受到挤压而损伤。因此，在进行较剧烈的运动前，充分的准备活动、保持正确的膝关节姿势和用力顺序，以及加强膝关节周围肌力训练，对于维持膝关节的稳定性至关重要。

3. 膝关节的韧带 膝关节拥有众多韧带，包括关节囊外韧带和关节囊内韧带。由于膝关节的屈伸运动没有骨性阻碍，丰富的韧带附着对于保障膝关节运动的稳定性起着关键作用。

（1）髌韧带：位于膝关节前方，是股四头肌腱的延续，自髌骨向下止于胫骨粗隆，扁平而坚韧，其浅层纤维越过髌骨连于股四头肌腱，起到从前加固和限制膝关节过屈的作用。

（2）副韧带：包括胫侧副韧带和腓侧副韧带。胫侧副韧带呈宽扁束状，位于膝关节内侧偏后方，起于内侧，止于膝关节内侧，能够加强并限制膝关节过伸；腓侧副韧带位于膝关节外侧稍后方，起自股骨外侧髁，止于腓骨头，起到外侧加固和限制膝关节过伸的作用。强厚的胫侧和腓侧副韧带可防止膝关节在额状面上的被动运动，即胫侧副韧带限制胫骨在股骨上的外展，腓侧副韧带限制胫骨内收。此外，当伸膝时，副韧带阻止胫骨的前、后移位。副韧带在股骨髁附着处偏于屈伸轴的后上方，这种结构使得伸膝时韧带紧张，而屈膝时松弛，为膝关节终末旋转后的稳定性提供了保障，同时也允许在屈膝时进行轴向旋转。股骨髁后方较大的凸度以及髁间隙的存在，使得屈膝时关节面的适配性降低，从而有利于轴向旋转。

（3）交叉韧带：前交叉韧带（anterior cruciateligament，ACL）自胫骨髁间前窝向外后上方，呈散开状止于股骨外髁内侧面的后部；后交叉韧带（posterior cruciate ligament，PCL）自胫骨髁间后窝斜向前上方，止于股骨内髁的外侧面，两者相互交叉，位于膝关节中央的股骨髁间窝内。尽管交叉韧带与关节囊紧密相连，但其表面覆盖滑膜，属于囊外结构。在整个膝关节屈伸运动过程中，交叉韧带并非全部同时紧张，而是始终保持相对恒定的长度，产生髁面的滑动。ACL断裂可导致胫骨在股骨上向前脱位（前抽屉征），并且ACL还能限制膝关节的内、外旋转。PCL则能够限制胫骨在股骨上的后移位（后抽屉征）。在闭链运动中，如跑步时足着地，PCL有助于防止股骨髁在胫骨髁上向前移位。PCL在正常情况下仅允许少量被动运动。

二、膝关节生物力学

（一）膝关节的运动

膝关节的运动特点主要由其骨骼形状和韧带的制导作用决定，主要包括伸屈运动、在屈曲位置时的旋转运动，以及小范围的内、外翻被动运动。膝关节的屈曲范围通常在120°～130°。由于股直肌跨越髋和膝两个关节（起自髂前下棘），当伸髋时屈膝，运动范围会减小，且过伸运动范围较小，正常情况下不超过15°。

1. 伸展与屈曲运动 膝关节的伸展与屈曲发生在矢状面上，股骨髁与胫骨髁的相对运动在大部分过程中为滑动方式，其运动轴横贯内外髁，称为额面轴，随滑动而变动。伸展时轴偏前，运动半径较长；屈曲时轴偏后，运动半径逐渐变短，最前与最后方半径之比为9∶5。此额面轴的轨迹呈心形，称为伸屈运动的瞬时中心曲线。在伸展的最后20°，股骨髁与胫骨髁的相对运动转变为滚动方式，但股骨内外髁的滚动幅度不同，外髁在最后20°开始滚动，内髁则在最后10°开始滚动，因此，股骨髁在最后伸直时会发生内旋（即小腿外旋），此过程通过胫股关节面的滑动实现关节紧密嵌合，股骨内侧髁关节面较外侧延长，迫使伸膝末期每推进1°即伴随0.3°～0.5°股骨内旋。这种终末旋转使胫股接触面积增大，前交叉韧带张力提升，形成生物力学自锁效应（扣锁机制），显著增强膝关节在完全伸直位的稳定性。相反，从伸直位开始屈曲时，在最初的20°伴随股骨外旋（即小腿内旋），此时股骨髁以滚动运动为主导，因其接触点的位移高于滑动，因而能提供更高的初始稳定性。

2.旋转运动 仅在膝关节屈曲位存在，旋转轴（垂直轴）位于胫骨髁间隆突的内壁。胫骨平台的内侧髁关节面呈椭圆截面，其纵轴指向隆突内壁。屈膝时，内、外侧副韧带放松，外侧更为明显，允许股骨外髁在胫骨平台上有更大的旋转幅度。旋转轴并非制动不变，随着屈曲角度的增加会略微向后移动。在伸膝过程中伴随有旋转运动，从伸直到屈曲时，小腿内旋，反之则外旋。旋转范围因屈曲位置不同而异，以90°屈曲位为最大，外旋约40°，内旋约30°。

按照一般人正常步速（约95步/分）计算，步态周期中膝关节的运动范围在5°～67°。在负重期开始的足跟着地阶段，膝关节接近完全伸直，而在摆动期开始后，膝关节先加大屈曲至约70°，随后逐渐伸直。但实际上，在整个步态周期中，膝关节并不会完全伸直达到0°。只有在单腿负重站立时，膝关节才会完全伸直并呈现扣锁状态。在上下楼梯时，所需的度数与人的身高及台阶的高度有关。

3.膝关节的终末旋转 当伸膝关节时，胫骨在制动的股骨上外旋约20°，这种旋转运动发生在伸膝的最后20°，称为膝关节的终末旋转。这是单纯的机械现象，出现在被动和主动的伸膝运动中，无法随意产生或阻止。在闭链运动中，例如从椅子上站起来，股骨在制动的胫骨内旋时也能观察到终末旋转。这种螺杆机制提供了抵抗矢状面力的机械稳定性，使得人类在直立时无需股四头肌收缩，或在伸膝降低肌力情况下，能够抵抗前后方向的力。尽管膝关节终末旋转的幅度不大，但它对于正常的膝关节功能至关重要，如同轴旋转一样，膝关节的成功康复需要对这两个运动进行评估和修复。

4.附加运动 膝关节在完全伸直的紧锁位时，韧带和关节囊结构紧张，关节稳定，此时不会产生任何附加运动。然而，当膝关节屈曲25°或更大时，胫骨可在股骨上牵开几毫米，并向前、后、内侧和外侧滑动1～3mm，同时进行内收和外展运动。过度的滑动可能表明软组织结构（如韧带、半月板或关节囊）出现松弛。

（二）膝关节的肌

膝关节的肌属于大腿肌群，起自股骨或骨盆，肌束跨越膝关节，止于小腿骨。近固定和远固定收缩时，这些肌肉可以使膝关节运动。根据膝关节的运动形式，可将这些肌肉分为屈肌、伸肌、旋内肌和旋外肌四个肌群。

1. 膝关节肌的组成

（1）屈肌：主要包括股二头肌、半腱肌、半膜肌、腓肠肌、跖肌和腘肌。近固定收缩时，可使小腿在膝关节处屈；远制动收缩时，可使大腿在膝关节处屈。

（2）伸肌：股四头肌是主要的伸膝肌群，由股直肌、股内侧肌、股外侧肌和股中间肌组成。这四块肌肉形成强健的肌腱，止于髌骨，向下延续为髌韧带，附着于胫骨粗隆。股中间肌位置较深，不能从体表看到。

（3）旋转肌：使胫骨在股骨上内旋的肌有半腱肌、半膜肌、腘肌、股薄肌和缝匠肌；使胫骨在股骨上外旋的肌有股二头肌，阔筋膜张肌可能起到协助作用。

2. 膝关节肌的功能特点 膝关节肌分为单关节肌与双关节肌。作用于膝关节的单关节肌仅有5块，包括股外侧肌、股中间肌、股内侧肌、腘肌和股二头肌短头。其余肌肉跨越髋关节和膝关节（如股直肌、缝匠肌、股薄肌、半腱肌、半膜肌、股二头肌长头和阔筋膜张肌的髂胫束）或跨过膝关节和踝关节（如腓肠肌）。因此，髋关节和踝关节的运动或位置都会影响膝关节的活动范围及这些肌肉所产生的力量（包括被动和主动功能不足）。

视频：膝关节运动

一般情况下，双关节肌很少同时用于两个关节的运动。它们的主要作用是克服一个关节来自重力或其他肌肉收缩的阻力。如果双关节肌在两个关节同时缩短，完成其全部运动范围，那么该肌肉会缩短很长的距离，并迅速失去力量。通常情况下，肌肉在一个关节逐渐延长，而在另一个关节产生运动，从而保持良好的长度-张力关系。

（1）伸髋-屈膝运动：当人俯卧或立位伸髋同时屈膝时，腘绳肌需要在这两个关节同时缩短，这使得屈膝动作难以完成。在进行此类运动时，机体会很快失去肌肉强度，缩短长度几乎耗尽。部分人可能会出现腘绳肌痉挛。限制腘绳肌完全缩短的另一个因素是股直肌的牵拉。此时，股直肌在髋和膝两处同时被拉长，导致股直肌萎缩，使骨盆前倾，从而造成臀部不自然抬高。

（2）屈髋-伸膝运动：在仰卧或坐位进行直腿抬高（屈髋，膝保持伸直）时，动作在一定范围内并无太大困难。而超出这一运动范围时，主要的困难源于腘绳肌无法进一步拉伸，股直肌力量减弱也会产生一定影响，因为它在髋和膝两处同时被缩短。如果腘绳肌挛缩或痉挛限制了直腿抬高（如限制在30°），那么在步行时，每一步的距离将会缩短。当伸髋时，一侧膝关节可以完全伸直，但对侧小腿无法像正常情况那样向前移动（屈髋伸膝），这将导致步幅缩短，并常用屈膝行走来代偿。

（3）屈髋–屈膝运动：当先屈膝，再屈髋时，屈髋可以使腘绳肌在髋部得到延长，从而获得更好的长度–张力关系。而在屈膝和屈髋同时进行时，屈髋肌和腘绳肌协同收缩，产生功能性运动。

（4）伸髋–伸膝运动：常见于从坐位起身、爬梯、跑步和跳跃等动作中。当股四头肌伸膝时，腘绳肌执行伸髋动作，使腘绳肌在膝部得到伸长。这种运动利用了长度–张力曲线的有效部分。

（5）踝跖屈–屈膝运动：腓肠肌作为跨膝、踝双关节肌，能够同时完成这两个动作。如果同步进行屈膝与跖屈运动，腓肠肌必须缩短很长的距离，导致肌力输出迅速下降。

（6）踝跖屈–伸膝运动：股四头肌伸膝的同时，腓肠肌和比目鱼肌执行踝关节跖屈。当股四头肌伸膝时，腓肠肌在膝部被拉长，利于踝关节跖屈。踝跖屈–伸膝常见于抬高足趾尖、跑步和跳跃等动作。

3. 膝关节稳定性的维持 在人体移动和进行复杂运动时，膝关节不仅提供了支撑稳定性，还确保了下肢运动的灵活性。膝关节的骨性特点、关节囊、韧带和关节肌共同为膝关节的稳定性和灵活性提供了保障。

（1）骨性特点：膝关节属于屈戌关节，主要在冠状轴上进行屈伸运动。股骨下端、胫骨上端和髌骨独特的骨性结构增强了关节的稳定性。

（2）关节囊的紧张：膝关节囊的复合结构使其强大而紧张，从而增加了膝关节的稳定性。

（3）周围肌和韧带的强大：膝关节周围有众多且强大的韧带和肌肉，能够限制和引导膝关节的运动，增强其稳定性。内侧稳定性由胫侧副韧带和缝匠肌提供；外侧稳定性由腓侧副韧带和髂胫束维持；前方稳定性由股四头肌和交叉韧带提供；后方稳定性由腘窝肌和交叉韧带维持。

（4）螺旋扣锁机制：当膝关节完全伸直时，所有韧带拉紧，膝关节被锁定，胫骨相对于股骨的运动几乎停止，这是膝关节最为稳定的姿态。

（三）膝关节力学基础

膝关节在运动中承受着巨大的力量、快速的变化及不同的负荷频率，这些因素的不同组合可能导致各种损伤类型，例如急性损伤（包括骨折、韧带断裂等）和运动技术损伤（包括疲劳骨折、末端病等）。为了合理安排训练、预防伤病及实施有效的治疗和康复措施，必须深入研究这些因素的作用及其对组织适应性的影响。

膝关节特别适合进行生物力学分析，因为其运动可以简化为单平面运动和单肌肉活动。

1. 运动学 规定了运动范围，并描述了冠状面（额状面）、矢状面（正中面）和水平面（横截面）三个面上的关节面运动。

运动范围可以通过测角仪进行粗略测量，精确测量则可采用电子测角技术或X线摄影技术等。

胫股关节在矢状面上的运动范围最大，从膝完全伸直到完全屈曲，范围为0° ～ 140°。在水平面上，运动范围与屈伸程度相关。当膝完全伸直时，由于股骨髁与胫骨髁的交错，肌肉无运动。随着屈曲程度的增加，横截面上的运动开始增加。当屈曲90°时，膝关节外旋范围为0° ～ 45°，内旋范围为0° ～ 30°。屈曲超过90°时，运动范围会相应减少。在额状面上，完全伸直时几乎不可能进行内收和外展运动，而当膝屈曲90°时，侧向运动范围虽有所增加，但最大也只有几度。

运动范围与关节功能密切相关。运动学研究表明，进行基本日常生活活动（如行走和上、下楼梯及坐下等）时，膝关节至少需要屈曲90°；日常生活活动几乎都需要膝关节屈曲115°～117°，并且能够完全伸直；进行体育活动时，则需要全范围的运动；而像体操、田径等一些运动项目则需要超出正常范围的关节活动度。从慢走到跑步，站立相中膝关节的屈曲需求逐渐增加。在平地行走时，整个周期内膝关节并未完全伸直，其运动范围为5°～75°。

关节面运动指关节两个面之间的相对运动，即两个面之间接触点的运动。以胫股关节的矢状面为例，若将股骨的关节面视为一个圆形，在正常情况下，由于前后交叉韧带的限制作用，胫骨应以该圆形的中心为轴进行匀速滑动。这个圆心即为一个不动点，称为瞬时中心。接触点的运动方向应为该点圆的切线方向，即与圆的半径垂直。然而，股骨髁的关节面实际上是一个光滑的半椭圆形，也可以被视为一系列圆形的集合。在关节活动的每个位置，都存在一个接触点及其对应的不动圆形中心，这些中心共同构成了瞬时中心轨迹。不同平面的运动方式会形成不同的轨迹。因此，关节面运动可以通过瞬时中心法（instant center technique）来研究。根据同心圆原理，可以在股骨上任意选取两个点，在关节从一个位置运动到另一个位置时，确定这两个点的位移。将每个点的原始位置和位移后的点连成直线，再分别作这两条直线的垂直平分线，两条垂直平分线的交点即为该运动圆的圆心，也就是瞬时中心。通过在不同位置（通常每隔10°）拍摄一系列X线片，可以确定每个运动间隔的瞬时中心，从而描绘出该平面的瞬时中心轨迹。一旦瞬时中心轨迹确定，就可以在X线片上标出每个运动间隔的接触点，并从瞬时中心到接触点画出直线（即该瞬时运动圆的半径），从接触点绘制该直线的垂线，以表示接触点的位移方向（图8-5）。在正常关节中，位移方向的直线与负重方向相切，表明股骨在胫骨上滑动。如果瞬时中心出现在关节面上，则表明关节存在滚动运动。

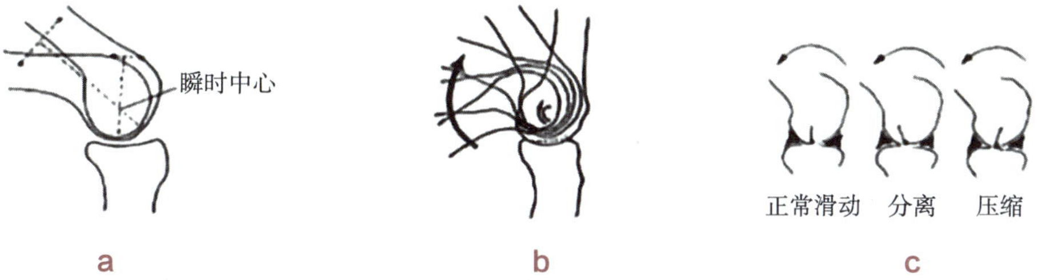

图8-5　膝关节瞬时中心测定及关节面运动

a.瞬时中心测定法；b.膝关节屈伸时瞬时中心轨迹；c.关节面运动。

由于瞬时中心法只能描述单一平面内的运动，如果在被测平面以外的其他平面存在超过15°的运动，则无法使用瞬时中心法来描述关节面运动。在膝关节中，关节面运动发生在股骨和胫骨之间及髌骨和股骨之间。前者在所有三个平面上均有运动，但在横截面和额状面上运动幅度较小；后者则在额状面和横截面上同时发生运动。Frankel等对25个正常膝关节进行了研究，测定了从屈曲90°到完全伸直过程中的瞬时中心轨迹，发现其呈半圆形，并分析了关节面运动，所有案例均显示出切线滑动现象。

2.动力学　用于分析作用在关节上的力，包括静力分析和动力分析。静力分析研究平面状态下作用在关节上的力，而动力分析则研究作用在身体上但合力不为0的力。

（1）胫股关节的静力分析：任何位置和承载形式下都可对关节进行静力分析。完整的关节静力分析较为复杂，因此常采用简化方法来分析主要作用力，这种方法仅能获得最小值。这种方法称为简化分离体图法（simplified free body technique），仅限于分析作用在分离体上的三个主要共面力。这三个力通常是地面反作用力（*W*）、髌腱拉力（*P*）和关节反作用力（*J*）。如果已知这些力的大小、方向、作用线和作用点四个特性，可将它们作为矢量标在图上。若已知三个作用力的点及其中两个力的方向，在平衡状态下就能确定所有其他特性，从而绘制出力三角形（triangle of force），并计算出3个力的大小。例如，在爬梯时，一腿上举，估算另一负重腿胫股关节上关节反作用力的最小值。将负重腿的三个力绘制在分离体图上，由于下肢处于平衡状态，三个力的作用线必交汇于一点。已知两个力的作用线，即可确定第三个力的作用线（已知作用点）。延长力*P*和力*W*的作用线至相交点，从交点向力*J*作用点作线，得到力*J*作用线，从而绘制出力三角形（图8-6）。首先绘制力W的矢量，然后从力*W*箭头绘制力*P*的矢量，再从力*W*起点绘制力*J*作用线，力*J*与力*P*的交点即为矢量*P*的头部和矢量*J*的起点（因小腿处于平衡状态，三角形必须闭合），此时可在图上换算出力*P*和力*J*的大小。在此例中，髌腱拉力是体重的3.2倍，关节反作用力是体重的4.1倍。由此可见，主要肌力对关节反力值的影响远大于体重，若考虑其他肌肉的作用，关节反力值还会进一步增大。

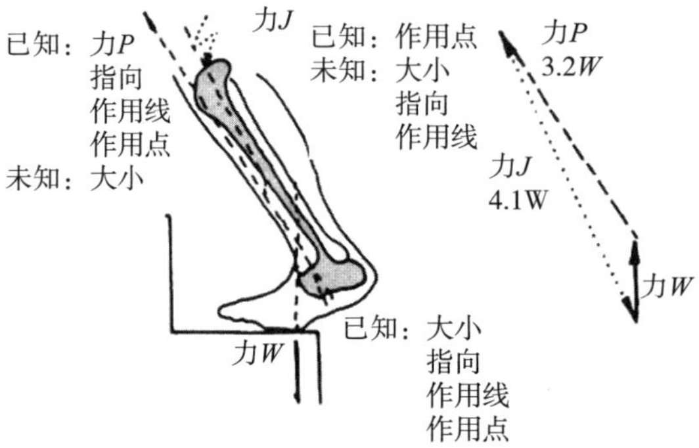

图8-6 分离体图及力三角的应用

（2）胫股关节的动力分析：动力分析除了考虑静力分析中的所有因素，还需考虑以下两个因素。

1）身体部分的加速度。

2）该部分身体的质量惯性矩（质量惯性矩用于表示加速物体所需的力矩值，与物体形状相关）。

动力活动计算某一特定瞬间关节上的最小值，可按以下步骤进行：①确定产生解剖结构的运动身体部分以及使该部分运动的主要肌肉。②角加速度涉及角度变化，需通过摄影记录该身体部分的整个运动过程，以计算其特定运动的最大角加速度。③通常采用数据表（因计算复杂）来确定该部分的质量惯性矩。④计算关节力矩值，常采用牛顿第二定律。根据该定律，当运动为角运动时，力矩是身体部分的质量惯性矩和该部分角加速度的乘积。公式如下：

$$T-Ia$$

式中，T代表力矩，I代表质量惯性矩，α代表角加速度。

力矩不仅是质量和角加速度的乘积，还与使身体部分加速的主要肌力以及关节瞬时中心到力线的垂直距离（力臂）的乘积有关，公式如下：

$$T-Fd$$

式中，F代表力，d代表垂直距离。

由此可得F−Ia/d。

由于主要肌力对关节反作用力的影响远大于体重，因此在动态状态下，影响关节力大小的主要因素是身体部分的加速度和质量惯性矩。增加身体部分的角加速度会使关节力矩按比例增加。虽然质量惯性矩由解剖学决定，但可通过外力进行调整。例如，在膝关节伸肌锻炼过程中，若在足部穿上重靴，其质量惯性矩会相应增加。正常情况下，当膝关节从90°屈曲到完全伸直时，关节反作用力约为体重的50%。对于体重70kg的人，此力约为350N。若足部穿上重10kg的靴子，将增加100N的重力，从而使关节反作用力增至原来的4倍。

动力分析还用于研究步行时胫股关节的反作用力、肌力和韧带力的峰值。莫里松（Morrison）测算了男女平地行走时通过胫骨平台传递的关节反作用力，并结合肌电图记录了肌肉活动，以确定步态周期各阶段中哪些肌肉在胫骨平台上产生关节反作用力的峰值。在足跟着地后的瞬间，关节反作用力为体重的2～3倍，在站立相后期的足尖离地阶段，关节反作用力为体重的2～4倍，此时关节反作用力的峰值。这两种姿势均与腘绳肌的收缩相关。腘绳肌对膝关节具有减速和稳定作用。在膝关节屈曲位的站立相中期，关节反作用力约为体重的2倍，与股四头肌的收缩有关，该肌可防止膝关节屈曲。在摆动相后期，腘绳肌收缩引起的关节反作用力约等于体重。值得注意的是，在步态周期中，从摆动相到站立相，关节反作用力从外侧胫骨平台转移至内侧。在站立相中，当出现峰值时，主要由内侧平台承担；而在摆动相中，当力较小时，主要由外侧平台承担。胫骨内侧平台的接触面积比外侧大50%，其软骨厚度也是外侧的3倍，因此内侧平台具有更大的尺寸和厚度，能够承受更高的力。

在正常膝关节中，关节反作用力由半月板和关节软骨共同承担。塞洪（Seedhorn）等通过研究发现，在受载状态下，切除半月板后胫股关节所受应力比正常情况高出3倍，且集中于平台中央的软骨。从生物力学角度看，半月板在关节镜下仅去除不稳定部分或进行缝合，有助于改善胫股关节的应力分布并延缓骨关节病的发展。

在胫股关节中，韧带所受的力低于作用在胫骨平台上的力，且主要为拉力。步行时，后交叉韧带承受的力最高，约为体重的1/2，其峰值出现在足跟着地后和站立相后期。

髌骨为膝关节提供了两个重要的生物力学功能，它在整个运动范围内通过增加股四头肌力臂来改善股骨上的压应力分布。正常情况下，膝关节在不同角度伸直时，股四头肌所需的力量各不相同，最后15°的伸直需要的力量最大。切除髌骨后，在完全主动伸直膝关节时，股四头肌所需的力量比正常情况增加约30%。对于某些患者，尤其是老年人，这可能超出股四头肌的能力范围。

在大多数活动中，股四头肌的收缩和体重共同作用于髌股关节，屈曲角度越大，股四头肌的力值和髌股关节的压力也随之增加。在平地行走时，髌股关节的反作用力相当于体重的1/2；而在上下楼梯时，这一数值约为体重的3.3倍。对于患有髌骨软骨病的患者，进行大幅度屈膝活动时会感到疼痛。但在坐位情况下，当小腿自由下垂进行伸膝抗阻力训练时，膝关节在最后的完全伸直阶段，髌股关节的反作用力较低，而股四头肌的力量继续增加。因此，对于髌骨软骨病患者，在屈膝＜20°的范围内进行股四头肌训练，可以避免引起过大的疼痛。

三、膝关节与运动功能障碍

膝关节内侧副韧带损伤在体力劳动和体育运动中十分常见。无论是膝关节处于伸直位还是屈曲位，外力强制小腿外展导致膝关节突然外翻时，均可能引起胫侧副韧带损伤。当膝关节处于微屈状态时，外力直接作用于膝外侧也可能造成胫侧副韧带损伤。若损伤严重，如胫侧副韧带完全断裂，患者将经历剧烈疼痛，患肢无法负重，失去正常功能。在受伤现场，及时进行局部制动、冷敷、加压包扎和抬高患肢等急救措施至关重要。伤后1～2天，可在粘膏支持带的保护下开始股四头肌静力收缩（每次5分钟）、直腿抬高练习（采用10次最大负荷量，每天抬腿10次）及等长伸膝练习（每天15次）。

当关节囊韧带中部发生断裂时，常常合并内侧半月板边缘撕裂，甚至可能同时伴有交叉韧带断裂，这种情况下，膝关节的稳定性将受到严重破坏，形成奥多诺休三联征。若膝内侧副韧带从股骨上撕裂，撕裂处的骨膜被掀起，骨膜下血肿将发生机化，可能形成骨刺、骨针或骨斑，进而发展为骨化性病变。

膝关节损伤后的康复训练旨在消除疼痛，恢复关节的站立、行走和负重功能。若康复训练未能及时开展，可能会引发一系列废用综合征，如肌肉萎缩、关节萎缩、骨质疏松、继发性骨折等，甚至可能导致关节制动于某一位置，使患者下肢功能难以恢复。康复训练必须遵循生物力学原理，以避免废用综合征的发生。

第四节　踝　关　节

在人类日常活动如站立、行走、下蹲中，踝关节的稳定性与灵活性至关重要。其稳定性由骨性结构、韧带系统和肌肉动力共同维系。过去，踝关节与足的功能常被低估，被视为下肢与地面的简单连接。然而，近年深入研究发现，踝足结构复杂度远超手部，能完成诸多精细动作。足的内在结构和复杂动力学组织能有效吸收振动、提供运动稳定性，并在直立与步行时推动身体前进。此外，踝关节需适应身体速度、运动方向及路面条件的复杂变化，承受较高负荷。

一、踝关节功能解剖

踝关节（距小腿关节）由胫骨、腓骨下端关节面与距骨体滑车构成。距骨马鞍形顶与胫骨下平台形成主要关节。外踝较内踝低且偏后约1cm，内踝顶端分两钝性突起供韧带附着。内、外踝与韧带协同维持踝关节侧方稳定。腓骨作用渐受重视，可传导1/6体重，外踝构成踝穴外侧壁，其轴线与腓骨干纵轴交角向外10°～15°，适配距骨外侧突。

（一）骨关节与组成

1. 关节窝　踝关节关节窝呈叉状（踝穴），由胫骨下关节面、内踝关节面及腓骨外踝关节面构成，对增强踝关节稳定性意义重大。

2. 关节头　由距骨体上、下及两侧关节面组成，滑车状关节面，距骨体上关节面（滑车关节面）前宽后窄，为踝关节多样运动提供结构基础。

（二）关节的辅助结构

踝关节韧带与关节囊关联紧密。关节囊前后薄松利于跖屈，两侧厚韧形成韧带维持稳定。

1. 内侧韧带　三角韧带（内侧副韧带）（图8-7）呈强韧的扇形结构，按走行方向分为胫距前韧带、胫跟韧带及胫距后韧带，并依纤维深度划分为浅深两层。浅层起于向前分三束止于舟骨结节（胫舟束）、弹簧韧带（胫弹簧束）及距骨颈（胫距前浅束），向后延续为胫跟束止于跟骨载距突；距骨突上部；深层核心为胫距后深韧带，起于内踝后丘，水平止于距骨内侧关节面后缘。三角韧带作为踝关节内侧核心稳定器，通过其浅深两层纤维束协同抵抗距骨外移与外翻倾斜，维持胫距关节对位并分散负荷。

2. 外侧韧带　踝关节外侧韧带从前向后依次为距腓前韧带、跟腓韧带及距腓后韧带（图8-8）。距腓前韧带在踝跖屈位时限制距骨内翻与前移；跟腓韧带在踝中立位时承担60%内翻限制负荷；距腓后韧带作为最强韧结构，主要抵抗踝背屈＞20°时的距骨后向移位与过度外旋。

3. 下胫腓韧带　分为下胫腓前韧带、骨间韧带、横韧带，骨间韧带最坚固。踝背屈时腓骨上移、外后旋，下胫腓韧带可维持关节稳定。

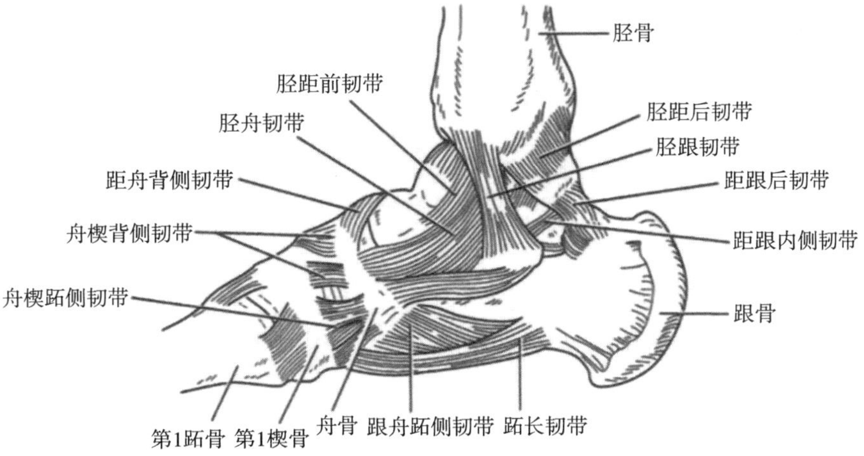

图8-7　踝关节内侧韧带

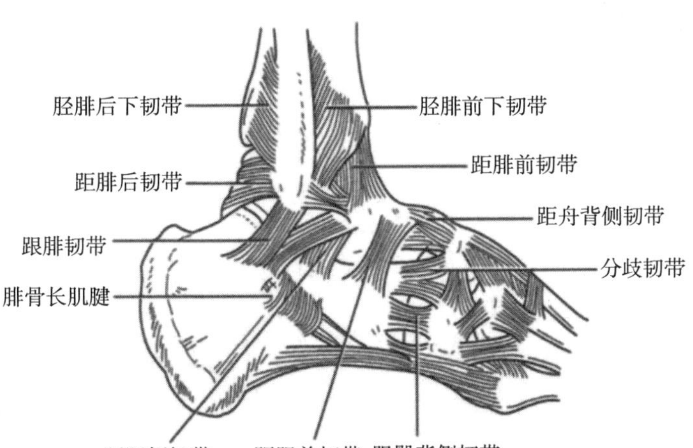

图8-8　踝关节外侧韧带

视频：踝关节运动

二、踝关节生物力学

（一）踝关节的运动

1. 运动轴 踝关节运动轴从后下外指向前上内，与内外踝尖端下方连线基本一致，在冠状面平均向外倾斜8°，横断面平均向外旋转6°。此轴线使踝关节多维复合运动，背伸伴外旋、外翻，跖屈伴内旋、内翻。

研究发现，踝关节旋转轴随活动改变，非制动轴线。胫距活动多围绕瞬时旋转中心，被动跖屈时胫距关节分离，功能活动时平行滑动，被动背伸时压缩。

2. 踝关节运动 包括矢状面（背屈/跖屈）、冠状面（内翻/外翻）与水平面（内旋/外旋）三向活动。核心功能为矢状面运动（背屈0°～20°、跖屈0°～50°），因踝关节轴自内后斜向外前（倾斜角10°～15°），屈伸时伴生水平面旋转：小腿制动时，背屈引发距骨外旋（5°～10°），跖屈驱动距骨内旋（8°～12°）。终末背屈与跖屈位因距骨滑车关节面曲率差异，均趋向内翻，此时三角韧带通过限制距骨外移与外翻倾斜（而非直接限外旋）维持关节对合。

3. 胫腓连结 包括近端滑膜关节（上胫腓关节）与远端纤维联合（下胫腓连接），两者通过骨间膜形成力学耦联。连结运动小，但对踝关节正常屈伸运动必要。胫腓关节运动受多结构限制。踝背屈时胫腓关节向上滑动，损伤或制动会限背屈。胫腓韧带连结在屈伸运动中致胫腓关节小量移动，影响胫腓关节。内外踝受压（如石膏过紧）使踝穴狭窄，距骨滑车嵌入受阻，会使背屈受限。

（二）踝关节肌

踝关节骨性结构侧方稳定性强，前、后方向差，故主要运动为屈伸及内、外翻。周围大量韧带肌肉（表8-3）使其在一定运动范围内具较强稳定性。

表8-3　踝关节周围各肌起止、作用和神经支配

肌肉名称	起点	止点	神经支配	功能
腓肠肌	股骨内外髁	跟骨结节	胫神经（S_1、S_2）	屈膝、踝跖屈
比目鱼肌	胫腓骨后面	跟骨结节	胫神经（S_1、S_2）	踝跖屈
跖肌	股骨外侧髁	跟骨结节	胫神经（L_4、L_5、S_1）	屈膝（极弱）、踝跖屈
胫后肌	胫腓骨、骨间隙	足舟骨周	胫神经（L_5、S_1）	踝内翻、跖屈
趾长屈肌	胫骨后面	2～5趾远端	胫神经（L_5、S_1）	屈2～5趾、协助踝跖屈和内翻
踇长屈肌	腓骨后面、骨间隙	踇趾远端	胫神经（L_5、S_1、S_2）	屈踝趾、协助踝跖屈和内翻
胫前肌	胫骨外侧面、骨间隙	内侧楔骨和第一跖骨基底部	腓深神经（L_4、L_5、S_1）	踝内翻、背屈

续 表

肌肉名称	起点	止点	神经支配	功能
趾长伸肌	胫腓骨、骨间隙	2～5趾远端	腓深神经（L_4、L_5、S_1）	伸2～5趾、协助踝背屈
跗长伸肌	腓骨、骨间隙	跗趾远端	腓深神经（L_4、L_5、S_1）	伸踝趾、协助踝内翻、背屈
腓骨长肌	腓骨远端外侧、骨间隙	内侧楔骨和第一跖骨基底面	腓浅神经（L_4、L_5、S_1）	踝外翻、协助踝跖屈
腓骨短肌	腓骨远端外侧	第五跖骨基底面	腓浅神经（L_4、L_5、S_1）	踝外翻、协助踝跖屈
第三腓骨肌	腓骨远端、中部	第五跖骨基底面	腓深神经（L_4、L_5、S_1）	协助踝外翻、背屈

1. 踝关节的背屈肌

（1）组成：胫骨前肌、跗长伸肌、趾长伸肌、第三腓骨肌依次排列。肌腱附着点离关节远，杠杆臂长省力。胫骨前肌肌腹离踝关节额状轴远，背屈肌力最大，且与跗长伸肌肌腹位于足关节矢状轴内侧，有内收及足内翻功能。趾长伸肌和第三腓骨肌肌拉力线在踝关节额状轴前上方，有背屈功能，肌腱在足关节矢状轴外侧，能使足外展、外翻，第三腓骨肌肌力较大。踝关节背屈肌群（胫骨前肌、趾长伸肌、跗长伸肌、第三腓骨肌）在矢状面协同背屈，而在冠状面/水平面因肌腱止点差异形成功能拮抗。

（2）功能：胫骨前肌是主要背屈肌，截面积是伸趾肌总和2倍。胫骨前肌麻痹时，伸趾肌背屈功能有限。单独趾长伸肌可强力外翻。4块背屈肌麻痹致步行摆动时足下垂，需过度屈髋膝防足趾触地。在开链运动中，前群肌负责足和足趾运动，因足轻且杠杆作用好，所需肌力小。单腿站立闭链运动中，这些肌强力收缩，各足肌相互作用维持重心。

2. 踝关节的跖屈肌

（1）组成：踝关节的跖屈肌由小腿三头肌、胫骨后肌、跗长屈肌、趾长屈肌、腓骨长肌、腓骨短肌组成。肌腱位于踝关节额状轴后或下方。小腿三头肌是跖屈最有力的原动肌，由三个肌腹组成——其中比目鱼肌为单关节肌，腓肠肌为双关节肌，三者共同形成跟腱，止于跟骨结节。辅助跖屈肌包括腓骨长肌、腓骨短肌（主要参与足外翻，兼辅助跖屈）、胫骨后肌（主要参与足内翻，兼辅助跖屈），以及跗长屈肌、趾长屈肌（通过屈趾动作辅助跖屈）等。

（2）功能：背屈或跖屈时，胫骨后肌为距下关节内翻或旋后肌，其他肌运动范围有限或仅在开链中起作用。小腿三头肌收缩致跟骨内翻。胫骨后肌在足底广泛附着，对足弓动力性支持作用大，其收缩适应足弓稳定需求，还能稳定距骨上足舟骨。胫骨后肌麻痹致足弓下降现平足畸形。趾长屈肌和跗长屈肌在闭链运动中支持足弓并作用于地面。腓骨长、短肌联合第三腓骨肌在闭链运动中支持足弓，调节足对地面适应性并控制位置，其麻痹致踝不稳定易内翻扭伤。腓骨肌虽属跖屈肌，但杠杆作用差，需强力收缩稳定跖骨使小腿三头肌力有效传递。比目鱼肌功能单一为跖屈，腓肠肌功能含踝跖屈和膝屈，其跖屈效果与膝屈曲度相关，伸膝位腓肠肌被动拉长用力强。

（三）踝关节力学基础

踝关节与足部、膝关节旋转轴构成三自由度关节，适应不同路面行走。

1. 踝关节的负荷 完全负重时距骨体滑车关节面的2/3与胫骨下端关节面接触。全足站立负重时踝关节压缩应力是体重的2倍，前足站立是体重的3倍。距骨倾斜会增加关节面压力。正常情况下，距骨与踝穴紧密接触，对均匀承重意义重大，运动时通过距骨旋转滑动、腓骨平移维持紧密匹配。踝跖屈时距骨内旋，踝背屈时距骨外旋伴腓骨后外移动和外旋。

2. 踝关节稳定性的维持 踝关节是负重大关节，其稳定性和灵活性对立统一。背屈时距骨颈与胫骨远端关节前缘接触，关节囊后部及后侧韧带肌肉阻止进一步背屈。跖屈时距骨后结节接触胫骨后唇，前关节囊及侧副韧带前部分阻止过度跖屈。胫骨前后唇阻止距骨前后移动和过度屈伸。横向稳定性靠距骨体嵌入踝穴、副韧带及下胫腓联合韧带维持。生理负荷下，踝关节内翻稳定性及部分旋转稳定由关节面接触面积维持，外侧韧带损伤多因踝跖屈位暴力致内翻、内旋引起，此时外侧韧带稳定作用大于关节面接触。

3. 踝关节的生物力学特性 正常步态时踝关节反作用力不小于髋膝关节，但因负重面积大，单位面积应力小于髋膝关节。踝关节在跳跃起跳蹬地阶段作用关键，其力量影响身体稳定性、上位环节效率及动作完成时间。跳高时踝关节及时提踵可提高重心初始高度，影响腾空姿势效果。跑步时踝关节活动由小腿三头肌肌腱弹性形变与复原进行，制动阶段肌腱形变储备能量。

三、踝关节与运动功能障碍

因外侧韧带较内侧松弛，踝关节扭伤临床上较为常见。症状为患肢疼痛、肿胀、皮下青紫等，多由间接外力致，例如行走踏凹处使踝突然内翻内收，损伤外侧副韧带，严重者可合并骨折。不及时治疗可导致韧带松弛、关节不稳定，继而引起关节面反复撞击、软骨损伤、骨赘增生，最终骨性关节炎。扭伤后可用拇指压迫痛点止血，做内翻强迫试验及踝抽屉试验，有条件者可冰敷或用氯乙烷喷湿棉花球压迫包扎后抬高患肢送医。

▶知识拓展

踝关节不稳定本体感觉改变的神经肌肉反馈机制

踝关节稳定结构的完整性对维持稳定至关重要，肌收缩与韧带联合抑制踝关节活动度以稳定。损伤后不稳定理论中，去传入作用即神经肌肉反射回路传入信号延迟减弱是关键，由Freeman等提出并被广泛接受解释功能性不稳定。健康人维持稳定步态或站立需精确神经肌肉控制。机械稳定结构和神经肌肉反射回路改变是反复扭伤潜在因素，可致踝关节轻微刺激下反复扭伤。踝关节外翻肌无力与功能性不稳定共存，反复内翻扭伤踝关节内外翻肌力矩比值降，损伤外翻肌初始运动无力，但也有文献表明外翻肌肌力与不稳定无关，内翻离心、跖屈离心肌力降对功能性不稳定意义重大。踝关节韧带、肌群协调维持动态稳定，本体感觉信号传导及肌肉控制在调节稳定机制中作用重要。躯体感觉、反射性反应、运动控制信息传递功能下降致踝关节不稳定，其运动控制反馈和前馈机制均改变。

第五节 足和足弓

足是由26块骨以及关节、肌肉、韧带、神经、血管等构成的复杂整体，双足的主要功能是作为一种半刚性基柱为躯干提供牢固支撑。从功能重要性出发，足踝关节可分为必要关节、重要关节和不重要关节三大类。必要关节是双足直立行走所必需，包括踝关节（背伸、跖屈）、距下关节（内、外翻和前、后旋）、距舟关节（内、外翻和前、后旋，行走时缓冲力量）、第二至第五跖趾关节（屈曲足趾、站立晚期足趾偏心性伸直分担跖骨头负重）。重要关节有一定功能，例如增加活动度或缓冲冲击力等，但不向其他关节传导应力，包括跟骰关节（使足适应不平坦路面）、骰骨-第四五跖骨关节（站立中期足外侧半缓冲冲击力）、第一跖趾关节（中立位以外的主动屈曲和被动伸直）、第一近侧趾间关节（保持其中立位）。不重要关节间有坚强韧带相连，活动度小且对足踝功能影响有限。

一、足和足弓的功能解剖

（一）骨关节与功能结构

1. 距下关节（跟距关节）

（1）结构特点：跟骨上面有三个关节面（后、中、前），分别与距骨下面对应的关节面构成关节（图8-9）。跟骨后关节面凸起，中、前关节面凹陷，阻止距骨在跟骨上前、后移位。距骨中、后关节面间有沟形成跗骨窦，沟内有跟距骨间韧带连接两骨，其内富含感受器、神经纤维直达小脑，可视为距下本体感觉中心，用于闭链运动快速反射。距下关节分前、后两部分，各有独立关节囊，由跗骨管和跗骨窦分开，前距下关节由凹跟骨前、中关节面和凸距骨前、中关节面组成，后距下关节由凸跟骨上关节面和凹距骨下关节面组成，关节面凹凸变化使其能做复杂扭转活动。

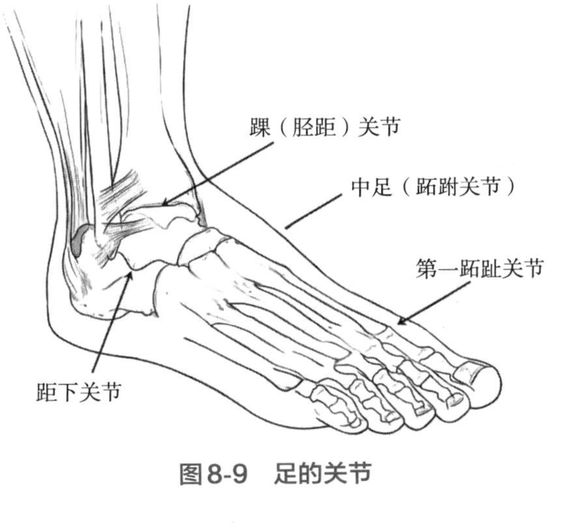

图8-9 足的关节

（2）距下关节的旋转轴和运动

1）距下关节旋转轴：从跟骨后外向前、上、内经跗骨窦的线代表距下关节三向轴，该轴在矢状面（跟骨中点到舟骨中点的平面）向背侧倾斜42°，在横断面（垂直于足部长轴的平面）向内倾斜16°。

2）距下关节运动：距下关节轴指向内、前、上方，活动主要是内翻和外翻（额状面）、内收和

微课：足弓基本结构

外展（横断面），以及较小的跖屈和背伸（矢状面），且三平面活动同时发生，即内翻、跖屈、内收或外翻、背伸、外展同时出现。距下关节平均活动度为内翻20° ～ 30°，外翻5° ～ 10°，步行所需活动范围10° ～ 15°。研究发现距下关节呈螺钉样活动，螺旋角12°，距骨每旋转10°就会前移1.5mm，多数文献将其描述为单轴关节。

2. 跗横关节 又称中跗关节或Chopart关节，包括距舟关节和跟骰关节，二者虽有独立活动，但需共同完成功能活动。足在触地时作为弹性结构化解冲击力，足趾离地时作为坚固结构推动身体前移，跗横关节在其中起关键转变作用。

（1）结构特点

1）距舟关节：由凸距骨头、凹舟骨近端面和韧带组成，能引导距骨头屈伸、滑动、滚动和回旋。

2）跟骰关节：由跟骨前突和骰骨近端组成，呈马鞍状，关节轴从前上到后下为52°，骰骨关节面内角骨嵴覆盖骰骨上缘，骰骨下内侧骨性突起与跟骨冠状凹相关节，增加内翻位关节稳定性。

（2）跗横关节的旋转轴和运动

1）跗横关节旋转轴：跗横关节（Chopart关节）包含两条功能轴。纵轴与地面成15°，在额状面控制足跟外翻－内翻；矢状面向内侧倾斜9°，使外翻时同步足部旋前；斜轴与地面成52°，联动矢状面背屈/跖屈与横断面内旋/外旋，矢状面上向内倾斜57°，使背屈时驱动前足外展。

2）跗横关节运动：研究表明距舟关节沿向内倾斜轴线活动，足从外翻位向中立位、内翻位活动时，舟骨相对距骨跖屈、内收、内翻；下肢从内旋向外旋位活动时，舟骨相对距骨同样出现跖屈、内收、内翻。

3. 跗跖关节 由三块楔骨和骰骨的远侧面与5个跖骨底构成。因第二楔骨与第二跖骨及邻近楔骨牢固连接，仅允许小量屈伸运动，其他跗跖关节可沿中足弧度小量旋转，第四、五跗跖关节最灵活，其背屈、跖屈及旋前、旋后总运动范围分别为9°和11°。

4. 跖趾关节和趾骨间关节 这些关节与手相应结构对应但功能有异。

（1）跖趾关节：掌指关节（metacarpophalangeal joint，MCP）允许屈90°，过伸0° ～ 30°，而跖趾关节（metatarsophalangeal joint，MTP）允许过伸90°屈仅30° ～ 45°，其大幅度过伸用于足趾站立和步行。趾的收展运动量小于手部，肌肉控制也较差。

（2）趾骨间关节：与手部相似，大踇趾一个关节，其他趾两个，即近侧和远侧趾骨间关节。

（二）足部韧带

足部骨间联结稳固，除关节囊外，还有跟舟跖侧韧带、跖长韧带、跟骰跖侧韧带（跖短韧带）和跖骨头横韧带等众多小韧带加强。

（三）足部肌

控制足部活动的肌有足内肌和足外肌。

1. 足内肌 多集中在足底，分四层（表8-4、图8-10），与跖腱膜、足的韧带和腱连接紧密，形成强力复合体。其主要功能是行走和跑步时支持足弓，补充长屈趾肌的力，并在摆动相中对抗屈肌保持趾伸直。

表8-4　踝关节周围各肌起止、作用和神经支配

	肌肉名称	起点	止点	神经支配
第1层	踇展肌	跟结节、跖腱膜	踇趾近节趾骨基底部	足底内侧神经（$L_4 \sim L_5$）
	趾短屈肌	跟结节、跖腱膜	第2～4趾的趾背腱膜	足底内侧神经（$L_4 \sim L_5$）
	小趾展肌	跟结节、跖腱膜	第5趾近节趾骨基底部	足底外侧神经（$S_1 \sim S_2$）
第2层	跖方肌	跟骨跖面	趾长屈肌腱	足底外侧神经（$S_1 \sim S_2$）
	蚓状肌	趾长屈肌腱	2～5趾的趾背腱膜	第1蚓状肌足底内侧神经；第2～4蚓状肌足底外侧神经
第3层	踇短屈肌	骰骨和外侧楔骨	踇趾近节趾骨基底部	足底内侧神经（$L_4 \sim S_1$）
	踇收肌（两个头）	2～4跖骨基底部跖趾韧带	踇趾近节趾骨基底部	足底外侧神经（$S_1 \sim S_2$）
	小趾短屈肌	第5跖骨基底	小趾近节趾骨基底部	足底外侧神经（$S_1 \sim S_2$）
第4层	骨间背侧肌	1～5跖骨邻近骨面	2～4趾的趾背腱膜	足底外侧神经（$S_1 \sim S_2$）
	骨间足底肌	3～5跖骨内侧面	3～5趾的趾背腱膜	足底外侧神经（$S_1 \sim S_2$）

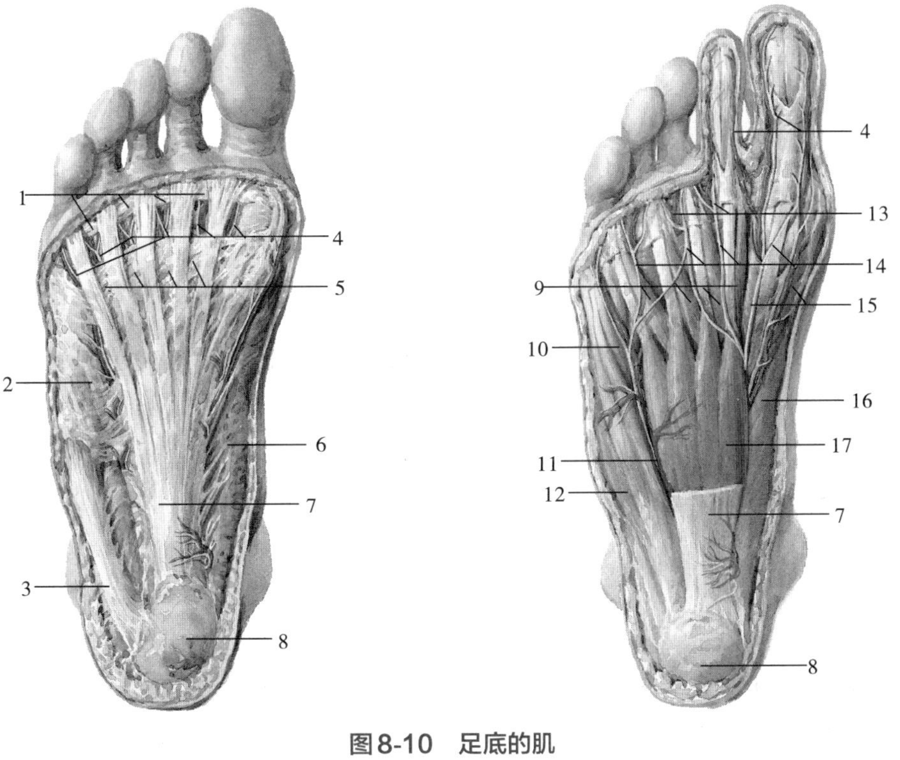

图8-10　足底的肌

注：1.跖骨浅横韧带；2.足底外侧筋膜；3.足底腱膜外侧束；4.趾足底固有动脉和神经；5.横束；6.足底内侧筋膜；7.足底腱膜；8.跟骨结节；9.蚓状肌；10.小趾短屈肌；11.足底外侧动脉和神经；12.小趾展肌；13.趾足底总动脉；14.趾足底总神经；15.踇短屈肌内侧头和外侧头；16.踇展肌；17.趾短屈肌。

2. 足外肌 来自小腿的前、后及外侧间隔，足的活动除足内肌外，还需足外肌协同。例如腓骨长肌及胫骨前肌腱经足底支持足弓；胫骨后肌、腓骨长短肌、伸蹬及趾肌和屈蹬及趾肌等协同完成足的站立、起步、行走、跑跳等功能。

二、足弓生物力学

足骨分后足（距骨和跟骨）、中足（足舟骨、骰骨和三块楔骨）、前足（跖骨和趾骨），这些足骨形成内侧纵弓、外侧纵弓和横弓（图8-11）。

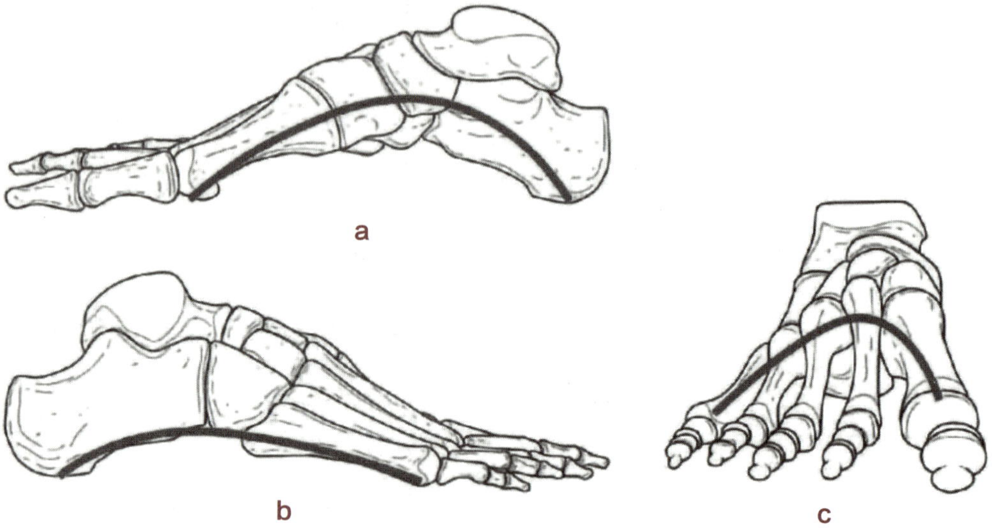

图8-11 足弓

a.内侧纵弓；b.外侧纵弓；c.横弓。

1. 内侧纵弓 由跟骨、距骨、舟状骨、3块楔骨和内侧3块跖骨组成，舟骨是最高点。内侧纵弓弹性好，缓冲作用强，活动度大，扭伤风险相对较高。

2. 外侧纵弓 由跟骨、骰骨和外侧第4、5跖骨形成。跟骨内侧结节为后支点，第5跖骨头为前支点，最高点是跟骰关节，外侧纵弓弓形扁平，站立行走时消失，弹性差，主要承载重力。

3. 横弓 由骰骨、3块楔骨和跖骨基底构成。呈半穹隆形，其足底的凹陷朝内，当两足紧紧并拢时，则形成一完整的穹隆。当我们两只脚紧紧并拢时，两个横弓能合起来形成一个完整的穹隆。腓骨长肌、蹬收肌和韧带共同维持横弓。

足弓虽具备机械弓的特征（如楔形骨结构），但缺乏外周支撑。其稳定依赖韧带连接跖骨的跖面与背面，形成坚实拱梁：承重时拱梁发生弯曲，拱顶承受压力，拱底跖面则产生张力。跖腱膜与足内外固有肌、外在肌的收缩，相当于“连接杆”作用，可阻止拱底两端分离，从而提升承重能力。足底外在肌与固有肌走行于足弓下方，闭链运动时通过收缩紧张足弓：其中，胫骨后肌与腓骨长肌对横弓作用显著，同时可紧张纵弓；长屈肌、短屈肌跨越内侧纵弓，小趾展肌贯穿外侧纵弓全长；趾短屈肌、足底方肌及趾长屈肌沿跖中部全长分布，能紧张纵弓；收肌则主要影响横弓。足趾肌群在开链运动中功能有限，但在行走、跑步等闭链运动中发挥关键作用。

三、足和足弓与运动功能障碍

足底筋膜炎或跟骨骨刺是常见运动损伤，跑步运动员和舞蹈家等经常进行有氧训练的群体发病率高。患者行走时可出现足跟附近疼痛，且在跳跑时加剧。跖腱膜近侧附着处（跟结节）可见压痛，跖趾关节被动过伸牵拉腱膜时或深压跖腱膜附着处产生疼痛。病因多为足弓支持机制反复受重压致跖腱膜累积性微损伤，也可能是突然扭伤。常由多种因素结合引起，如支持足弓的肌强度不足、足弓负荷明显增加、足不良对线等。足不良对线常见，如内翻跟骨需在跟距关节旋前补偿使跖骨头平行承重，但长期不良对线致足弓超负荷，补偿运动和肌收缩不再支持时产生疾病。询问病史常发现活动强度明显增加或跑步路面改变、换鞋等情况。治疗原则是无症状可不治，有疼痛则减少跖腱膜牵扯力，足弓下陷可用矫正鞋垫垫高足弓或垫高足跟内侧使足轻微内翻。

▶**知识拓展**

3D打印鞋垫矫正足部疾病

在康复领域，足部生物力学至关重要。例如扁平足患者，其足弓塌陷致力学传导异常，长期会引发膝关节、髋关节乃至腰部疼痛。通过3D打印定制鞋垫，依据生物力学原理，为足弓提供精准支撑，重塑力线，缓解疼痛。但在运用这一技术时，要给予患者充分关怀。初用鞋垫，需逐步增加穿戴时长，避免肌肉、韧带拉伤。对于儿童等骨骼未发育成熟者，更要定期复查，3 ~ 6个月为宜，依据足部发育情况及时调整或更换鞋垫。而且，鞋垫材质易受汗水、细菌侵扰，要叮嘱患者定期清洁，保持卫生，时刻将患者健康放在首位。

—• **考试知识点总结** •—

—• **本章小结** •—

—• **协和云课堂……　拓展练习及参考答案** •—

（李　渤）

教学课件

第九章　脊柱运动学

学习目标

素质目标

（1）具备分析运动异常与功能障碍关联、评估康复需求的能力。

（2）具备整体理念及职业责任感。

知识目标

（1）掌握：脊柱的解剖结构基础，包括脊柱各节段的骨骼构成、关节连接方式及周围软组织（肌肉、韧带等）的解剖特点。

（2）熟悉：脊柱运动学核心原理，包括脊柱在矢状面、冠状面、水平面的运动形式、活动范围及运动学特征。

（3）了解：影响脊柱运动功能的因素，包括年龄、性别、体质及病理状态等对脊柱活动度的影响机制。

能力目标

（1）能结合脊柱运动学原理分析异常运动模式。

（2）能通过视诊、触诊及量角器等工具进行脊柱运动功能评估。

案例导入

【案例】

患者，男，27岁。主诉反复腰痛3个月，近期加重伴左下肢放射痛1周。3天前指导学员进行大重量硬拉训练时突发腰部剧痛，左下肢过电样疼痛至足底，咳嗽时疼痛加剧。体格检查：腰椎前凸变直，L_4 ～ L_5棘突压痛（＋），左侧直腿抬高试验45°阳性，左侧拇背伸肌力Ⅳ级。MRI显示L_4 ～ L_5椎间盘向左后方突出，压迫相应神经根。诊断为L_4 ～ L_5椎间盘突出症（急性发作期）。

【问题】

1. 从脊柱运动链角度分析，硬拉训练中哪些错误动作模式可能导致脊柱力学失衡？
2. 结合脊柱运动学原理，应设计哪些康复训练？

·核心知识拆解·

颈椎、胸椎及腰椎都可以执行屈曲、伸直、侧弯（侧屈）及水平面的（轴）转动。每一特定区域的活动度主要由骨的形状与功能、肌肉及韧带的结构而定。正常情况下两块脊椎间的活动度较小，然而特定区域多节脊椎的活动度相当可观。疾病、外伤或高龄，可能会导致与脊椎相关的神经、肌肉及骨骼出现问题。例如，椎间盘突出会压迫附近的神经根，造成疼痛、肌肉无力及神经反射下降等情况，此外，脊柱的不良姿势及特定动作会增加邻近神经受到挤压的可能性。本章主要介绍正常姿势、脊柱运动的解剖结构及其在运动学上的交互作用，为脊柱及头部常见功能性障碍的康复训练奠定良好的理论基础。

第一节 脊 柱

一、脊柱功能解剖

脊柱由椎骨、椎间盘、椎间关节、椎旁关节、韧带及肌肉紧密连接而成，椎骨有33块，包括颈椎7块、胸椎12块、腰椎5块、骶椎5块及尾椎3～5块（通常为4块）。成人的骶椎融合成1块骶骨，尾椎融合成1块尾骨，故成人椎骨共26块。其上承接颅，中附肋骨，下连下肢带骨，是人体的中轴骨骼（图9-1）。在人体理想姿势下，重力线会通过颞骨的乳突、第二骶椎的前方、髋关节的稍后方

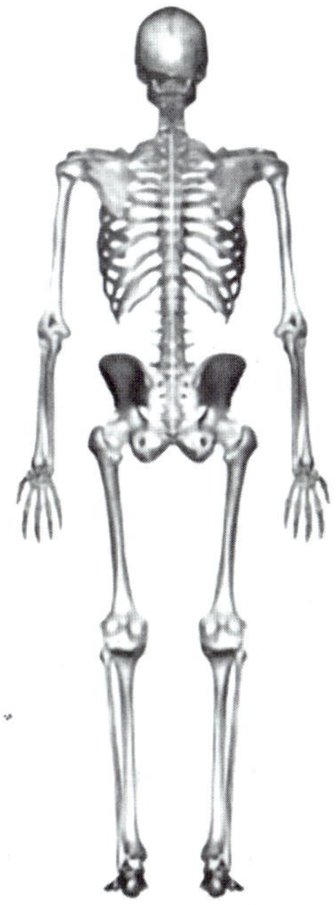

图9-1 脊柱的位置

及膝关节、踝关节的稍前方（图9-2）。在理想的生物力学姿势下，重力线行经每一脊椎曲度的凹面，由此产生的力矩能够协助维持每一脊椎曲度。值得一提的是，此力矩仅需最少的肌肉收缩，且对周边结缔组织造成的压力最低，便能助力人体轻松站立。因此，理想的生物力学体姿可显著降低人体维持姿势时所消耗的能量。

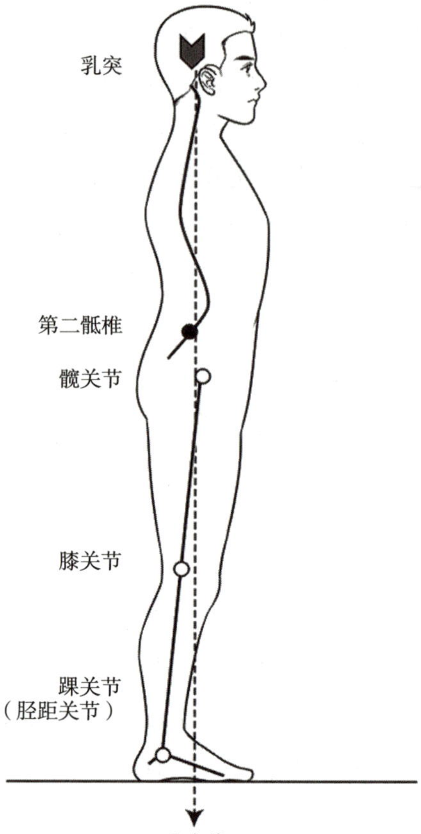

图9-2　理想站姿下的重力线示意图

（一）脊柱全貌

人类的脊柱由一系列自然的生理曲度构成，脊椎正常的曲度为整个中轴骨骼提供强度及稳定性，具有正常曲度的脊柱比起完全笔直的脊柱能够承受更多的压力（图9-3）。

1. 正面观　可见每节椎体、横突和椎间盘。椎体厚度自上而下逐步增厚。其宽度变化略复杂，从第2颈椎至第1胸椎逐渐增宽，第2～4胸椎稍缩窄；从第5胸椎至骶椎宽度再度逐渐变宽，特别是在第10胸椎以下，增宽更为显著；而从骶椎向下又明显变窄；椎体两侧的横突在颈部和上部胸椎中较长，从下部胸椎逐渐缩短，至第1～3腰椎又逐渐增长，第3腰椎以下又缩短。这些变化是为了适应人体负重和运动的需要。

2. 后面观　所有椎骨的棘突构成了一条正中线。其中，颈椎棘突较短，呈分叉的形态，略微朝后下方伸出；胸段的棘突细长，呈叠瓦状排列，上部胸椎的棘突斜向后下方延伸，中部胸椎的棘突几乎垂直向下，下部胸椎的棘突倾斜度减小，且向后下方倾斜；而腰椎的棘突近似水平向后伸出，呈板状，各棘突之间的间隙较大。鉴于这种结构特点，在进行腰椎穿刺时，第4和第5节腰椎之间的

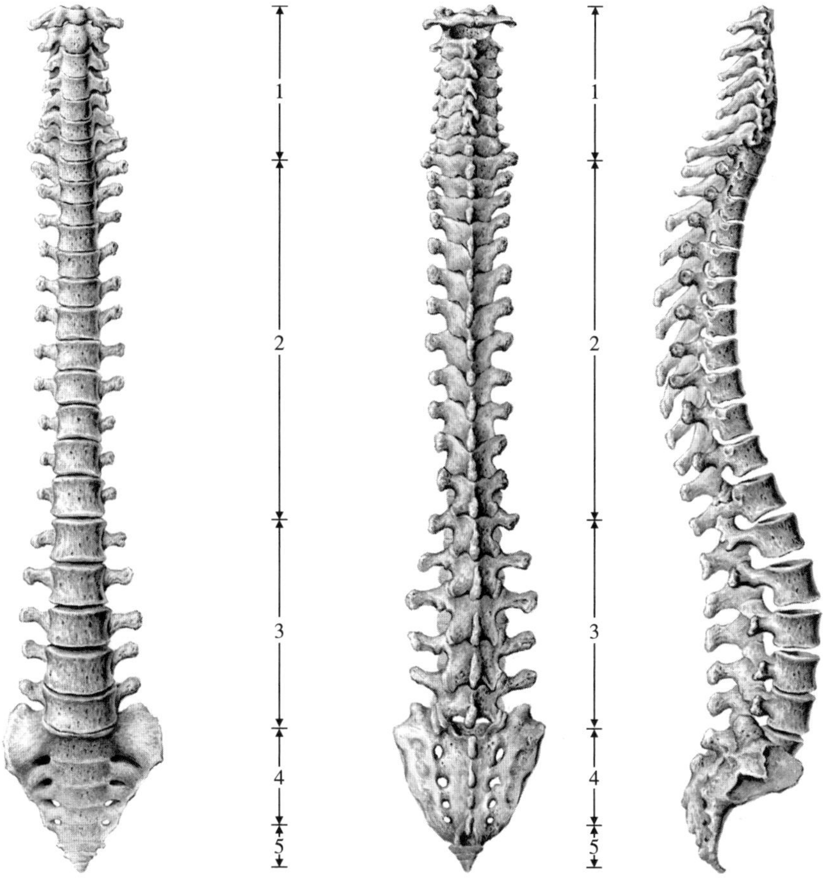

图9-3　脊柱的正常曲度

注：1. 颈椎；2. 胸椎；3. 腰椎；4. 骶骨；5. 尾骨。

椎板间隙是常用的位置。正常人的脊柱可有轻度侧屈，右利手的人上部略凸向右侧，下部则代偿性地凸向左侧。

3. 侧面观　脊柱呈“S”形，共有4个弯曲。其中，胸曲与骶曲凸向后方，属于原发性弯曲；颈曲和腰曲凸向前方，是继发性弯曲。这些弯曲并非由单一因素决定，椎间盘的形状在其中起到关键作用。在胚胎时期及婴儿阶段，脊柱整体表现为后凸状态。随着婴儿粗大运动逐步发育，当婴儿开始从俯卧位练习抬头及学习坐起时，颈椎会逐渐形成前凸。而当婴儿开始站立与学习步行时，腰大肌所产生的张力促使腰椎向前凸出，进而塑造了脊柱的独特形态。

脊柱弯曲的存在增强了脊柱的弹性和支持功能，对运动时维持人体重心和缓冲震荡有着重要的意义。当保持这些正常曲度时，压力可以经由牵张的结缔组织及脊柱凸面肌肉所产生的张力抵消。然而，脊柱自然的曲度并非固定不变。例如，躯干伸直可以增加颈区及腰区的前凸，但会减少胸区的后凸。相反，躯干屈曲会减少颈区及腰区的前凸，增加胸区的后凸。疾病、外伤或习惯性的姿势不良都可能会造成脊椎曲度增大或减少，这些变化可以让肌肉及关节承受异常压力，也能减少肺部扩张时胸腔的容积，进而引起疼痛、姿势异常等功能障碍。很多人会由于肌肉紧张、无力、外伤、不良习惯、疾病或遗传等因素形成错误的姿势（图9-4），经过长时间积累后，这些姿势可能会明显地降低脊椎稳定性，且需要其他肌群以代偿的方式来改变正常躯干、下肢及整体的动作模式。例如，“倾背”体姿常与腰伸肌紧张及腹肌过度牵张（或无力）相关，此姿势会增加腰椎的椎间盘及关节的剪应力，因而治疗师在治疗背痛及头痛时，姿势矫正常作为康复训练中一个重要步骤。

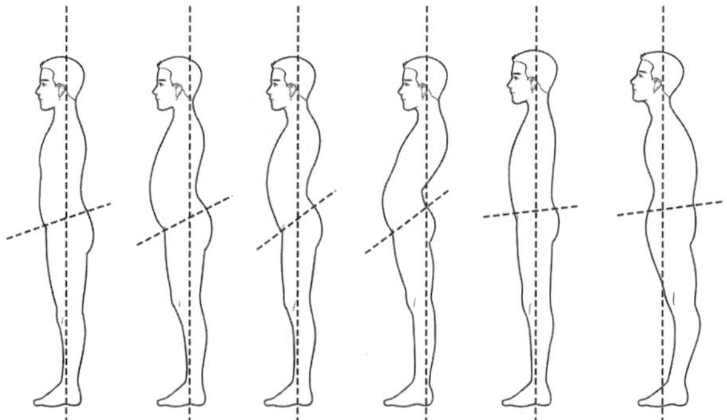

图9-4　常见错误姿势

（二）椎骨

所有的脊椎都具有一些共同的结构特征，以胸椎为例（图9-5），椎骨由前方呈圆柱形的椎体和后方呈板状的椎弓组成，两者共同围成椎孔。所有椎骨的椎孔相互连接，形成椎管，其内容纳脊髓、脊膜及血管等组织。值得注意的是，脊柱运动会改变椎管孔径的大小。相邻椎骨的椎弓根上、下切迹共同围成的孔道为椎间孔，脊神经根、血管和淋巴管等由此通过离开椎管。

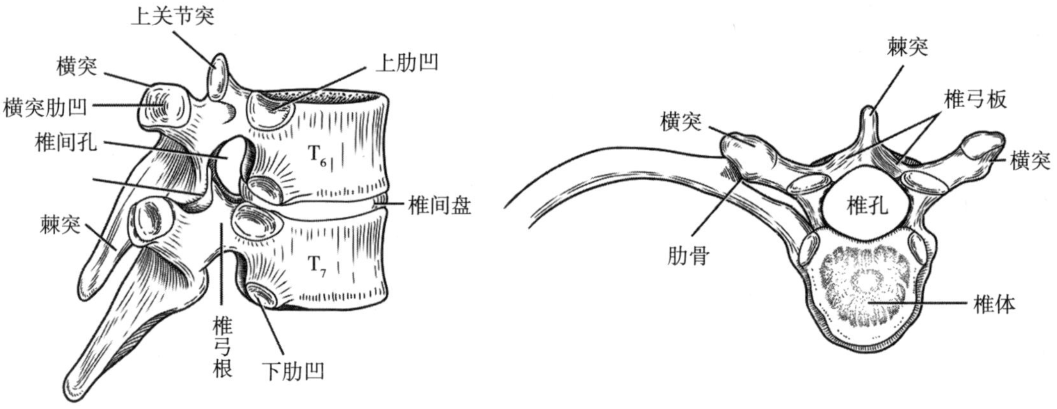

图9-5　椎骨的解剖结构

1. 椎体　是构成脊柱的基础。椎体表面有一层较薄的皮质骨，即骨骺环，内部则充满海绵状的松质骨，是脊柱内主要的承重结构。在以骨骺环为界限的椎体上，覆盖着透明软骨板。

2. 椎弓　自椎体两侧的后上端向后突出，并发出7个突起（表9-1）。椎弓与椎体相连的较细部分叫椎弓根，椎弓根后端最为致密，是主要的负荷区，两侧椎弓根向后拓宽形成椎弓板。

表9-1　椎弓的7个突起

名称	数量	位置	功能
棘突	1个	伸向后方或后下方，尖端可在体表触摸到	是脊柱众多肌肉和韧带的附着点，如杠杆臂一样为附在其上的肌肉提供理想的力学环境，使得脊柱能够更好地完成各种动作并保持稳定
横突	1对	伸向两侧	
上、下关节突	2对	在椎弓根与椎弓板连接处分别向上、下伸出	关节突关节的空间方向很大程度上决定了脊柱节段运动的方向和范围，其作用类似于引导火车运动方向的铁轨

（三）脊柱的连结

1. 椎间盘　是连接相邻两个椎体的纤维软骨盘，构成脊柱整体高度的20%～33%，其主要由髓核、纤维环、软骨终板三部分组成（表9-2，图9-6）。椎间盘通过髓核的流体静压将纵向压力转化为放射状张力，经纤维环的胶原纤维分散至周围，同时纤维环承受剪切及扭转应力，髓核与纤维环协同维持脊柱负荷的均匀传递（图9-7）。

表9-2　椎间盘的组成

名称	组成	位置	功能
髓核	由富亲水性的葡萄糖胺酸聚糖的胶状凝胶所组成，含水量为70%～90%	除了下腰椎的髓核位置偏后，其他髓核均位于椎间盘的中央，其上、下与透明软骨板毗邻，周围被纤维环包绕成椭圆形	担任缓冲、减震、分散及传递相邻椎骨间力量的作用
纤维环	由10～20个多层纤维软骨环按同心圆排列而成，富有韧性	环中的胶原纤维穿入椎体骨质中，牢固连接在相邻椎体上；每一层的纤维与深层的纤维呈交叉状来加强环壁	当两块椎骨被体重或是肌肉力量压迫时，髓核会被往外挤压并将力量传递给纤维环，此环壁张力可以稳定椎间盘
软骨终板	无血管组织，中间部较薄且呈半透明	覆盖在椎体的上、下表面与纤维环、髓核之间	协助提供椎间盘营养物质

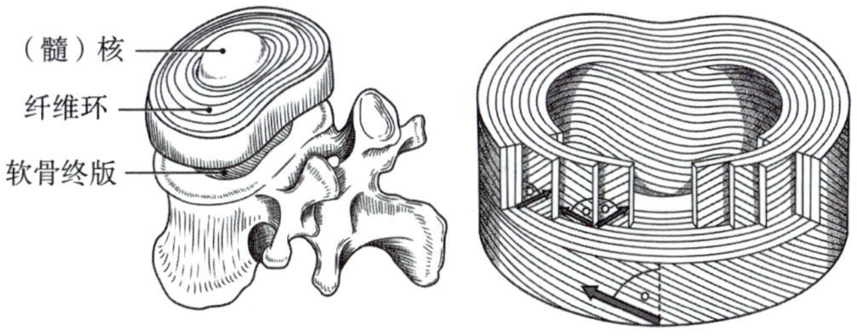

图9-6　椎间盘的解剖结构

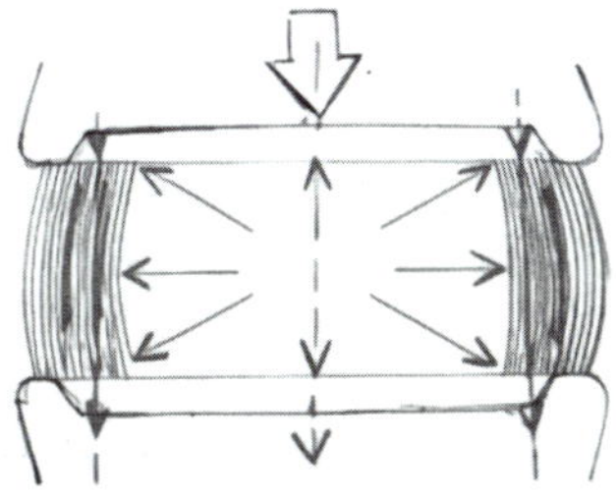
图9-7　椎间盘的力量传递机制示意图

2. 脊柱间的韧带 主要分为位于椎体间的韧带和椎弓间的韧带（表9-3，图9-8）。

表9-3 脊柱间的韧带

分类	名称	位置	组成	功能
椎体间韧带	前纵韧带	位于椎体前面，宽且坚韧，上至枕骨大孔的前缘，下达第1或第2骶椎的前面	人体最长的韧带，可分为三层，深层纤维紧密地将相邻椎体缘和椎间盘前端的纤维环连接起来，而与椎体的连接较为疏松；中层纤维跨越2～3块椎体；浅层纤维则跨越3～5块椎体	限制颈椎和腰椎过度后伸，稳定脊柱
	后纵韧带	位于椎体的后面，窄而坚韧。其上起自枢椎，下达骶管。其中央部较厚，向两侧延展的部分宽而薄，是椎间盘多向后外侧突出的原因之一	分为两层，深层纤维呈齿状紧密地附着于相邻椎体缘和椎间盘，而与椎体结合较为疏松，其中部常有裂隙供椎体静脉穿过；浅层纤维则跨越3～4块椎体	稳定脊柱，限制脊柱过度前屈和防止椎间盘向后突出，强化后纤维环。椎间盘的反复损伤可引起后纵韧带钙化
椎弓间韧带	黄韧带（弓间韧带）	呈扁平状，中线部位连接相邻椎弓板之间的韧带	由弹性纤维构成，延展性好，有很大的弹性，协助围成椎管，腰椎处最厚	在脊柱后伸时收紧，屈曲时保持一定的张力，限制脊柱过度前屈。由于黄韧带与椎间盘活动中心有一定的距离，故黄韧带的张力可使椎间盘内出现持续的静止应力，或称预应力。这种预应力为脊柱的稳定提供了内源性支持。相反，当脊柱不稳定时也会导致黄韧带的肥厚、松弛和钙化
	棘间韧带	相邻的棘突之间，前接黄韧带，后方移形为棘上韧带和项韧带	—	限制前屈
	棘上韧带	是连接胸、腰、骶椎各棘突尖端之间的纵行韧带，在颈部扩展为项韧带供肌肉附着	—	限制前屈
	横突间韧带	相邻横突之间	颈椎部纤维较少；在胸椎处呈圆形；在腰椎处薄且呈膜状	限制对侧屈

3. 关节突关节 属于滑膜关节，其组成结构较为复杂。其由相邻椎体的下关节突与上关节突共同构成，这两个关节突由结缔组织构成的关节囊包绕。在关节内部，存在滑膜间隔，起到分隔与润滑等作用；脂肪组织垫，能对关节起到缓冲和保护效果；另外，纤维半月板也是关节突关节的一部分，参与维持关节的稳定性与正常运动（图9-9）。

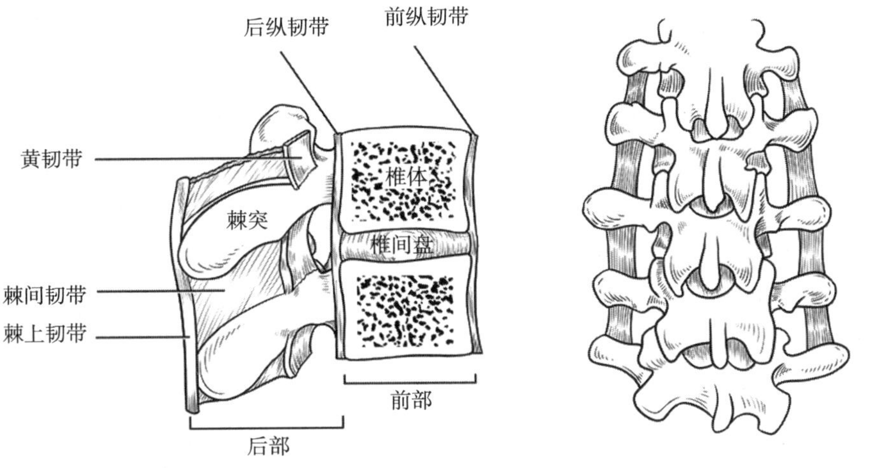

图9-8　稳定脊柱的主要韧带

a.椎体、椎弓间韧带；b.横突间韧带。

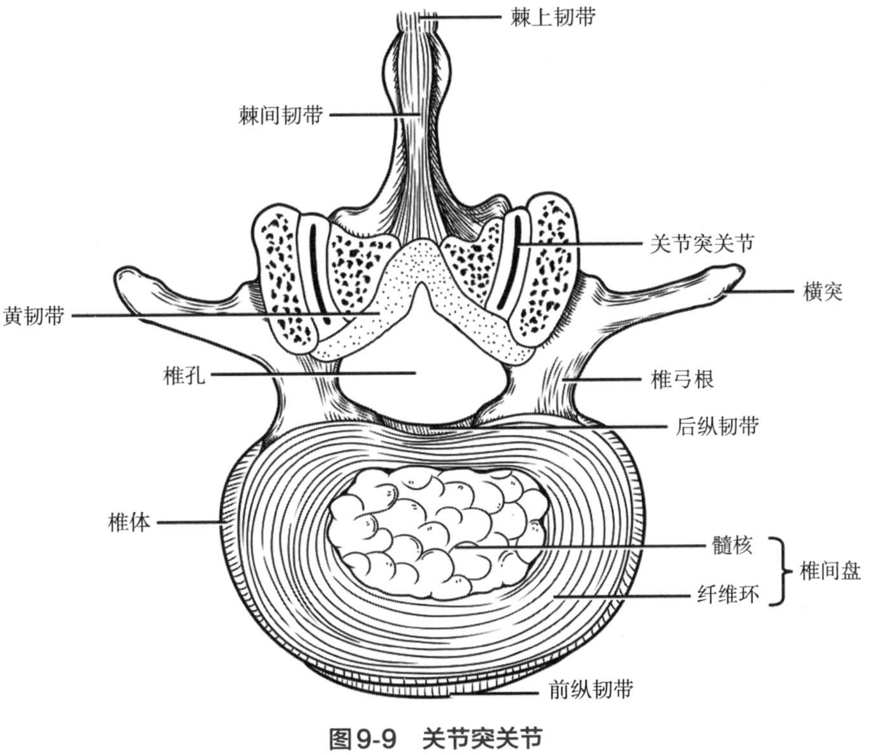

图9-9　关节突关节

二、脊柱生物力学

（一）脊柱的节段运动

人体脊柱的功能主要包括四方面：①承载功能，脊柱将头颈部和躯干的负荷传递至骨盆；②运动功能，脊柱的各个节段之间通过关节和椎间盘连接，提供在三维空间范围内的生物运动；③保护功能，脊柱的椎管和椎间孔内有脊髓和神经，脊柱就像是一个保护套，保护椎管内容纳的脊髓和神经等组织；④缓冲减震，脊柱的生理曲度增加了脊柱的弹性，使其能够吸收身体在运动时产生的震荡，从而保护内脏器官和大脑不受损伤；椎间盘也具有弹性，能够在身体活动时起到缓冲减震的作用。

1. 脊柱运动的功能单位 是脊柱生物力学研究中的核心概念，指脊柱中能够独立执行基本运动功能的最小解剖结构组合。从结构来看，脊柱运动的功能单位（functional spinal unit，FSU）可分为前后两个部分。FSU 的前部由两个相邻椎骨的椎体及其间的椎间盘，以及前纵韧带和后纵韧带共同构成；FSU的后部则由相邻椎骨关节突关节、椎弓（及其上的横突、棘突）以及连接它们的韧带结构（如黄韧带、棘间韧带、棘上韧带等）结构组成。从功能上讲，FSU前部主要是提供脊柱的支持（称重）功能以及吸收对脊柱的冲击能量，FSU 后部主要负责引导和控制脊柱的运动（主要通过关节突关节），同时与韧带和肌肉协同提供运动过程中的稳定性和限制过度活动。人体中典型的FSU共有23个。由于寰椎和枢椎之间、骶尾椎之间不存在椎间盘，因此这些部位没有典型的 FSU。

（1）椎体：主要功能为承载轴向应力。当身体负重逐渐增加时，为了更好地承担压力，椎体需要具备更强的支撑能力，因此其高度和横截面积会逐渐增大。这也解释了为何腰椎的椎体相较于胸椎、颈椎的椎体更宽且更厚。椎体外层的骨皮质以承载应力负荷为主，内部的骨松质以吸收能量为主。因此，在暴力作用下，骨皮质先发生骨折，随着负荷的加大，骨松质才出现破坏。有报道显示，40岁前后骨皮质承重与骨松质承重的比值分别为4.5∶5.5与6.5∶3.5，这也是老年人易发生骨折的原因之一。

（2）椎间盘：主要是将椎骨串联起来形成脊柱，犹如弹簧一样，能够缓冲各种震荡。当负荷作用于脊柱时，椎体承载的负荷通过透明软骨终板传导至髓核，凝胶状的髓核将来自脊柱的轴向应力呈垂直且放射状分布于整个髓核，这些呈放射状分布的垂直负荷被纤维环的纤维所吸收（图9-10）。脊柱的运动会引起髓核的移动（表9-4，图9-11），建立椎间盘运动模型如图9-12、图9-13所示。在脊椎生物力学损伤方面，不论是脊椎负荷的程度，抑或是肌肉与韧带的支撑效果，椎间盘内压才是起到最终决定性作用的因素。根据研究显示，椎间盘的压力会因姿势的差异而有所不同（图9-14）。

表9-4 髓核的移动

不同情况	髓核位置	椎间盘模型
不受外力	椎体位于椎间盘的正上方，髓核位于椎间盘的中央	纤维环如同箍紧木桶的铁箍一样承载负荷，又像弹簧圈一样来对抗髓核产生的应力
脊柱前屈	髓核向后移动，纤维环后部受拉伸、变薄	髓核像轴承的滚珠灵活地向活动的对侧移动并承载负荷
脊柱后伸	髓核向前移动，纤维环前部受拉伸、后部松弛	透明软骨板具有缓冲外力和传递应力的作用，此外还具有半渗透膜作用，水分可以扩散进入髓核

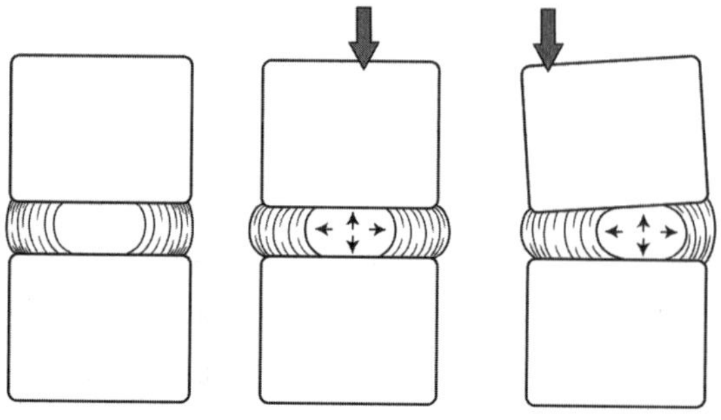

图9-10 椎间盘的压力传导示意图

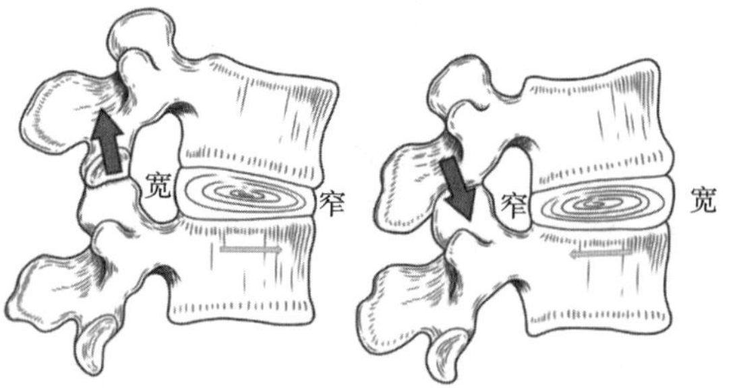

图9-11 脊柱屈伸时椎间盘的形态变化

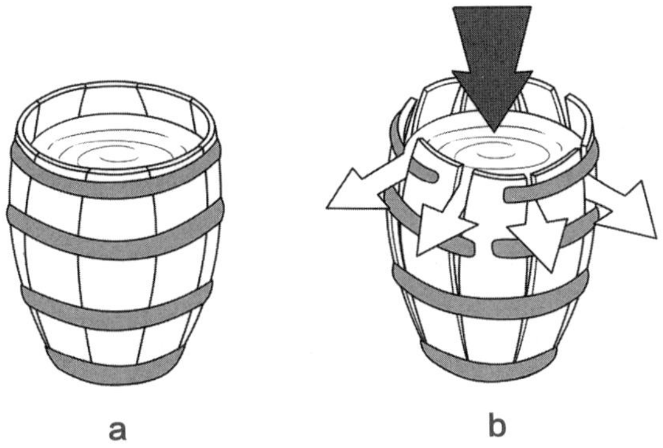

图9-12 木桶的铁箍

a.当木桶的压力过大时，铁箍会断裂；b.纤维环的作用就类似木桶的铁箍。

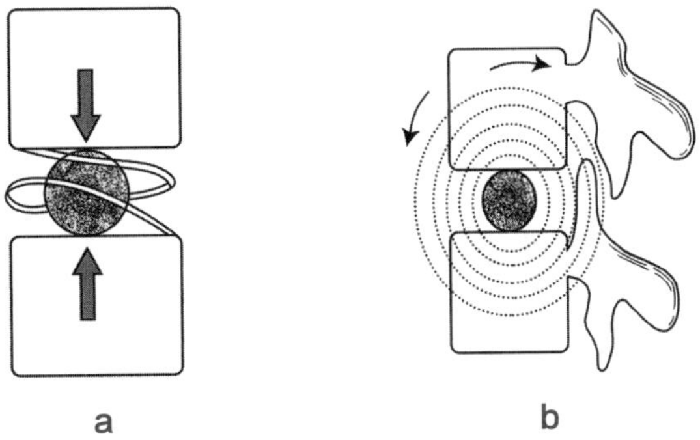

图9-13 弹簧和滚珠

a.纤维环就像弹簧圈，它可对抗髓核产生的阻力；b.髓核就像滚珠，在脊椎小关节的稳定和导引下，椎体在髓核上滚动。

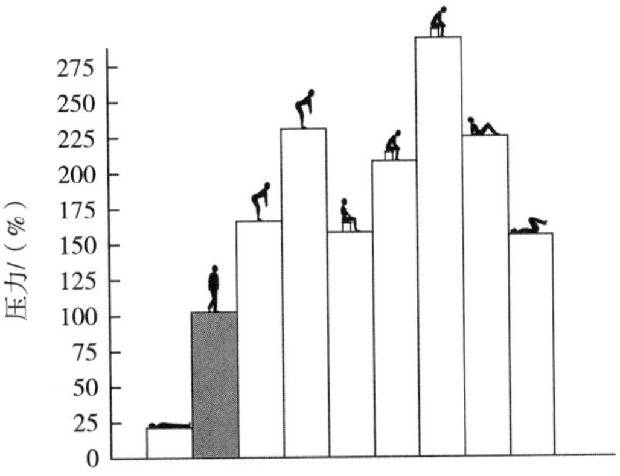

图9-14 不同体位对第3腰椎间盘内压力的影响

（3）关节突关节：椎体间的运动通过椎间盘和关节突关节相互影响，关节突关节只能做轻微的滑动，但其关节面可引导脊柱节段运动，关节突关节的关节面决定着椎体间的运动类型（图9-15）和活动范围（表9-5），并可避免椎间盘过度剪切、屈曲、侧屈和旋转。关节突关节在脊柱后伸时打开，在前屈时关闭。关闭时压力增加液体从关节软骨中流出，随后重吸收回软骨。在日常运动中，关节内加压与减压交替循环，关节内变得更加润滑。以久坐为例，此时关节长时间承受压力，关节软骨易因脱水出现关节僵硬、酸痛等症状。关节突关节的劳损、退变是引起慢性疼痛的最常见原因之一，其退变也易造成脊椎节段性不稳。

表9-5　关节突关节的运动

关节突位置	关节面	运动
C_1～C_2之间关节突关节	接近水平面	水平面运动受限较少，头部可充分地转向左侧或右侧
C_2～C_7之间关节突关节	与水平面成45°夹角、与冠状轴平行	屈伸、侧屈及旋转运动
胸椎之间关节突关节	朝向最接近冠状面	允许充分侧屈，但幅度受肋骨附着的限制；可进行旋转运动及少许的屈伸活动
腰椎（上段）关节突关节	朝向接近矢状面	利于矢状面屈伸，限制其轴向旋转运动
腰椎（下段）关节突关节	朝向冠状面过渡	利于身体侧屈，有助于适应走路、跑步时髋关节的上下活动
L_5和S_1之间关节突关节	近冠状面排列	利于防止下段腰椎相对骶骨向前滑

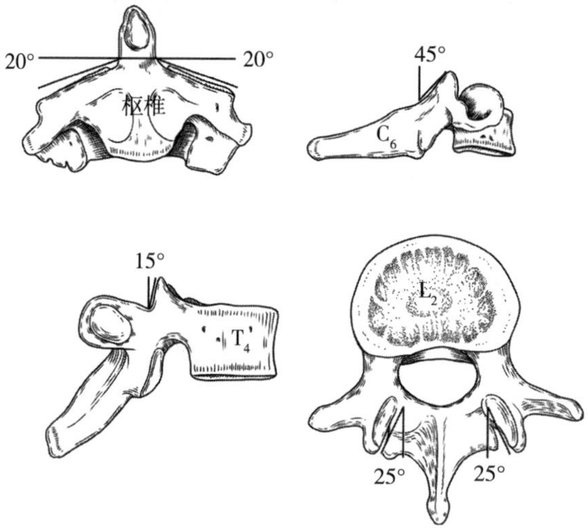

图9-15　关节突关节的关节面朝向的近似值

视频：脊柱的活动

2. 节段运动　脊柱在三维空间中的活动能力可细分为六个自由度（图9-16），具体如下。①冠状轴（X轴）活动：脊柱能够围绕X轴进行前屈和后伸的动作，体现了脊柱在前后方向上的灵活性。②纵轴（Y轴）旋转运动：在水平面上，脊柱可以绕Y轴顺时针或逆时针旋转，展示了脊柱在水平面上的转动能力。③矢状轴（Z轴）侧屈活动：脊柱能够绕Z轴进行左侧屈和右侧屈，揭示了脊柱在左右方向上的弯曲功能。④纵轴方向上的上下移动：脊柱可沿Y轴方向进行上下的压缩与牵伸运动，这反映了脊柱在垂直方向上的伸缩性。⑤矢状面的前后位移：在矢状面上，脊柱能够实现前后的微小移动，进一步体现了其在该平面上的活动度。⑥冠状面的左右侧向滑移：在冠状面上，脊柱可以进行左右的侧向滑移运动，展示了脊柱在这一平面上的横向移动能力。

脊柱的活动包括在冠状轴上的前屈和后伸，在矢状轴上的侧屈，在纵轴上进行的旋转等（图9-17）。由于个体间脊柱的解剖结构存在显著差异（如椎体形态、椎间盘厚度、关节突关节角度等），且受性别、年龄、职业及日常活动习惯等因素影响，不同个体的脊柱活动范围（如屈伸、侧屈、旋转角度）存在明显差异。目前学界尚未建立统一的标准化参考值，但大量研究证实，不同人群的脊柱活动度分布模式及变化趋势具有高度一致性。White 和 Panjabi 在 1978 年列举的脊柱各节段的运动范围参考值见图 9-18。

椎体可以在任何一个轴上做旋转、滑动或复合型运动。由于相邻椎骨关节突关节的关节面不是完全一致的，关节接触面会在运动过程中动态调整以适应负荷分布，从而导致脊柱节段运动表现为多自由度运动模式间的动态耦合。耦合是指沿一个方向的平移或旋转运动，同时伴有另一个方向的旋转或平移运动。例如当脊柱承载轴向力偶时，其轴向旋转运动被视作主动运动，而与此同时相伴产生的前屈、后伸以及侧弯活动，则称为耦合运动。耦合作用的关键意义体现在，一旦某个 FSU 发生异常活动，那么与之邻近的其他 FSU 极有可能出现同样异常活动情况。

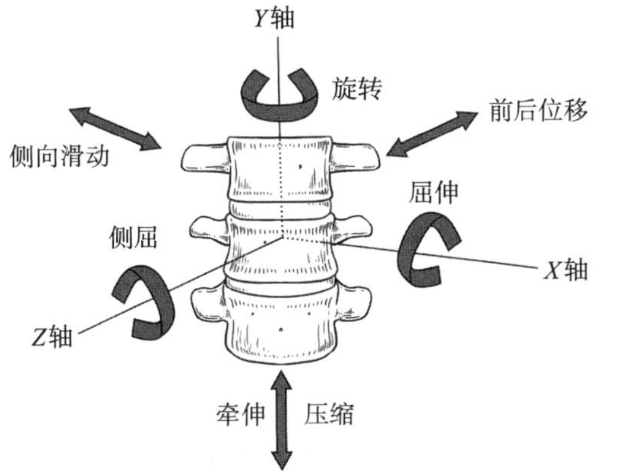

图 9-16　脊柱的节段运动

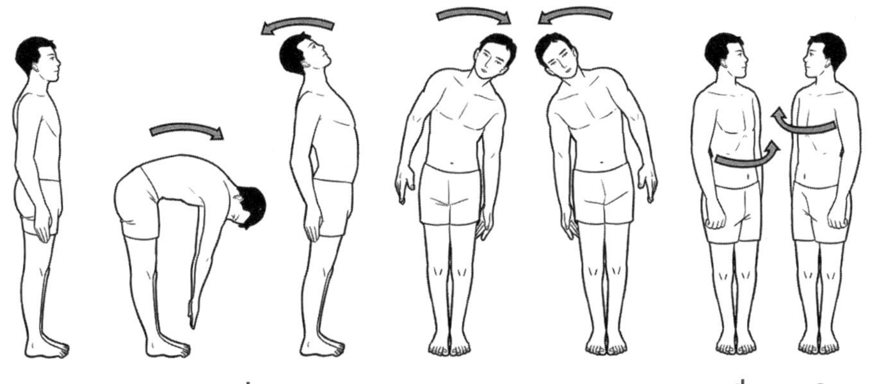

图 9-17　脊柱的活动

a. 中立位；b. 前屈；c. 后伸；d. 侧屈；e. 旋转。

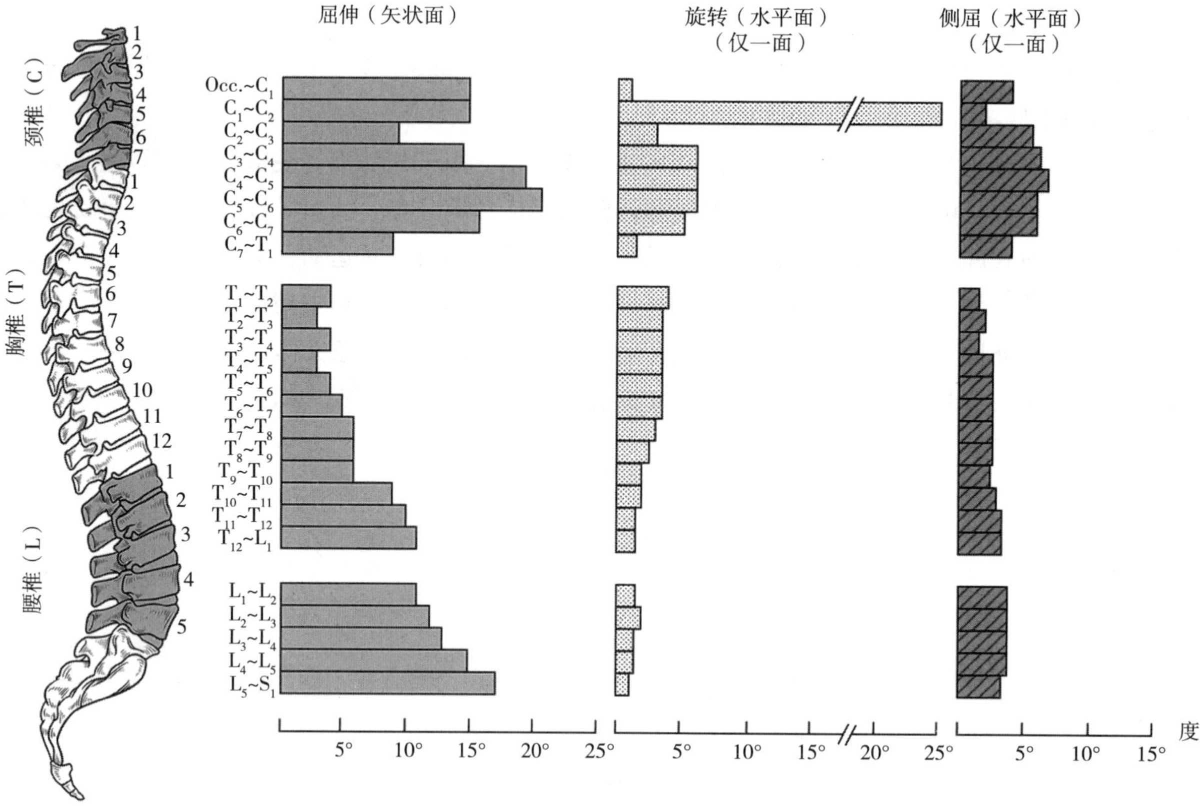

图9-18　脊柱的运动范围参考值

（二）脊柱的动力学

脊柱的肌肉以相反的方向相互交叉排列，这是脊柱活动的动力结构，这种排列既能稳定脊柱，又可利用最小的力获得最大的运动效应。按其解剖位置可分为躯干前侧肌肉、外侧肌肉和后侧肌肉。

1. 前侧、外侧肌肉　包括腹直肌、腹外斜肌、腹内斜肌和腹横肌，这些统称为腹肌。腹肌不仅对维持人体核心稳定性、腹腔胸腔的压力有重要意义，还对人体的排便、咳嗽、分娩等动作有重要的辅助作用。尽管髂腰肌和腰方肌不属于躯干肌，但与脊柱的运动也高度相关。

（1）腹直肌：见图9-19。

1）附着点：耻骨嵴（上）、剑突和5～7肋软骨（下）。

2）功能：屈曲躯干、骨盆后倾、增加腹内压和胸内压。

3）神经支配：肋间神经（T_7～T_{12}）。

（2）腹外斜肌：纤维沿下内侧方向走行，类似于将手插入衣袋时手指的方向，是躯干向对侧（相反侧）旋转的主要肌肉（图9-20）。

1）附着点：5～12肋外侧（外侧）；髂嵴和白线（中线附着点）。

2）功能：双侧收缩屈曲躯干、骨盆后倾、增加腹内压和胸内压，单侧收缩向对侧旋转躯干、侧屈躯干。

3）神经支配：肋间神经（T_8～T_{12}）。

（3）腹内斜肌：位于腹外斜肌深部，是躯干向同侧（相同侧）旋转的主要肌肉。该肌肉的纤维走向朝上内侧方向（从髂嵴朝向胸骨），几乎垂直于腹外斜肌较深部的肌纤维（图9-21）。

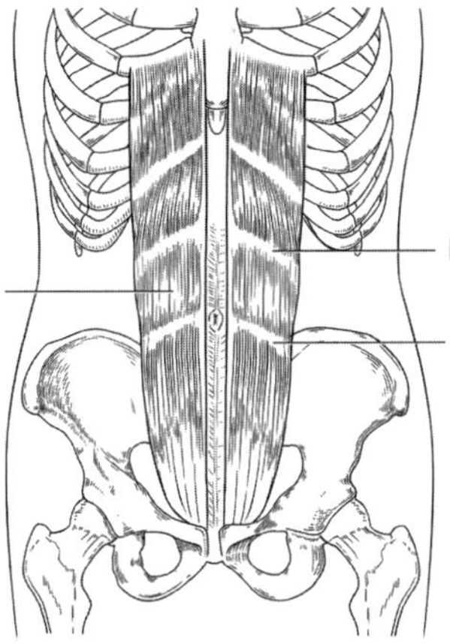

图9-19　腹直肌

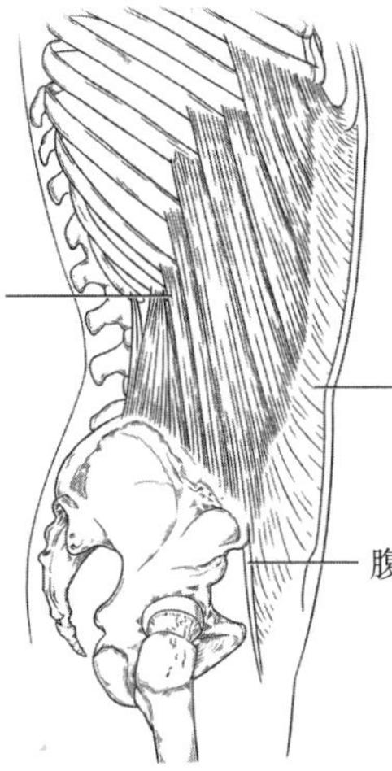

图9-20　腹外斜肌

1）附着点：髂嵴、腹股沟韧带和胸腰筋膜（外侧）、第9～12肋、白线（中线附着点）。

2）功能：双侧收缩屈曲躯干、骨盆后倾、增加腹内压和胸内压、增加胸腰筋膜张力、单侧收缩侧屈躯干、使躯干向同侧旋转。

3）神经支配：肋间神经（T_8～T_{12}）。

（4）腹横肌：位于腹肌最深层，对维持腹压、稳定脊柱具有重要意义（图9-22）。

1）附着点：髂嵴、胸腰筋膜、第6～12肋软骨和腹股沟韧带（外侧）；白线（中线附着点）。

2）功能：增加腹内压、增加胸腰筋膜张力。

3）神经支配：肋间神经（T_7～T_{12}）。

（5）髂腰肌：腹肌收缩引起骨盆后倾，髂腰肌收缩引起骨盆前倾，一起激活可以将骨盆稳定在矢状面上（图9-23）。如仰卧起坐动作，由躯干屈曲→髋关节屈曲，若腹肌无力通常会强烈收缩屈髋肌。

1）附着点：①腰大肌，T_{12}～L_5的横突（近端）、股骨小转子（远端）。②髂肌，髂窝（近端）、股骨小转子（远端）。

2）功能：屈曲躯干、骨盆前倾、屈髋。

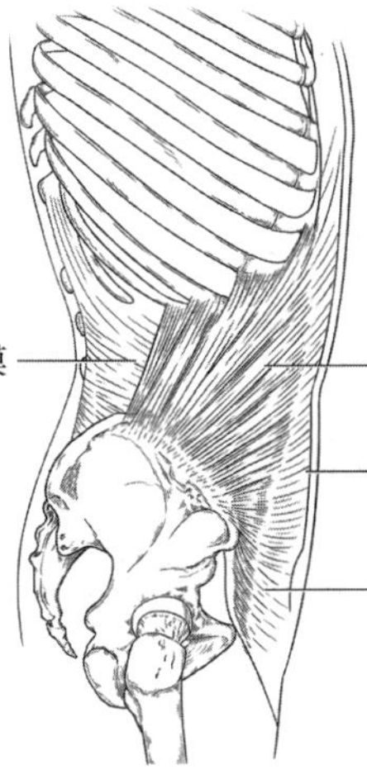

图9-21　腹内斜肌

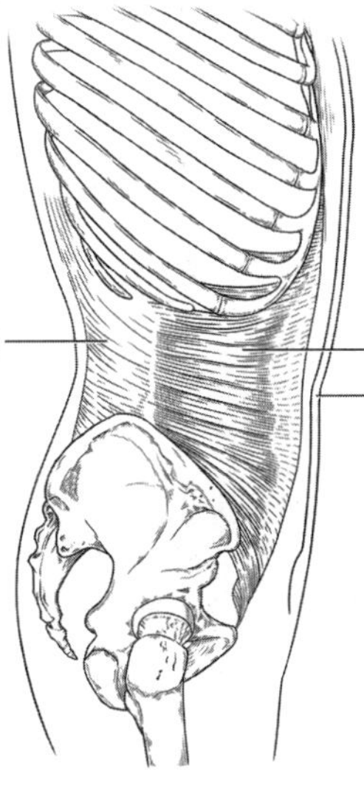

图9-22　腹横肌

3）神经支配：股神经。

（6）腰方肌：又称“提髋肌”。髋屈肌弱或无力的患者常进行腰方肌收缩训练来完成一侧骨盆上提，帮助迈步时完成廓清运动（图9-24）。

1）附着点：髂嵴（下）、L_1～L_8的横突和第12肋（上）。

2）功能：双侧收缩伸展腰椎，单侧收缩躯干侧屈、提同侧骨盆。

3）神经支配：肋下神经（T_{12}～L_3）。

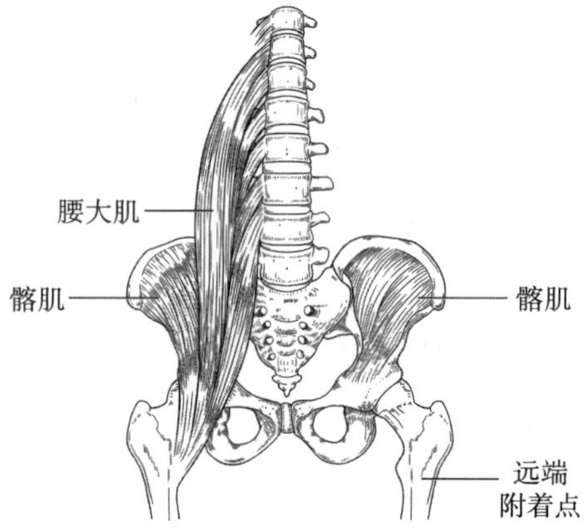

图9-23　髂腰肌

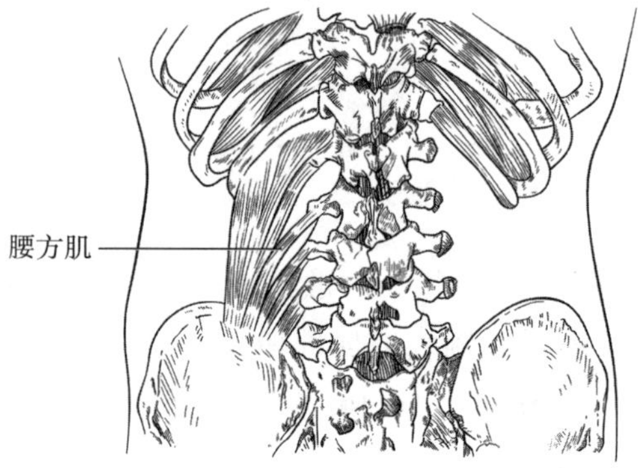

图9-24　腰方肌

2. 后侧肌肉　主要包括浅层的竖脊肌、中部的多裂肌和深层的横突间肌、棘间肌和回旋肌（图9-25，表9-6）。竖脊肌又包括棘肌、最长肌和髂肋肌。半棘肌、多裂肌和回旋肌的肌纤维大部分走向相同，均是从一个椎体的横突向上跨越多个椎体棘突并呈斜向走行，在腰段和颈段比较发达。另外，横突棘肌的运动功能主要是伸展脊柱和使脊柱向对侧旋转。肌肉的肌拉力线越短、越接近水平面，旋转作用就越强，例如多裂肌比半棘肌的旋转作用强。在躯干向右侧旋转过程中，左侧腹外斜肌（对侧回旋肌）与右侧腹内斜肌（同侧回旋肌）协同收缩，形成核心驱动力；同时左侧横突棘肌（属背部深层肌群）通过增强脊柱节段稳定性与旋转力矩，进一步强化旋转动作。横突间肌附着点在

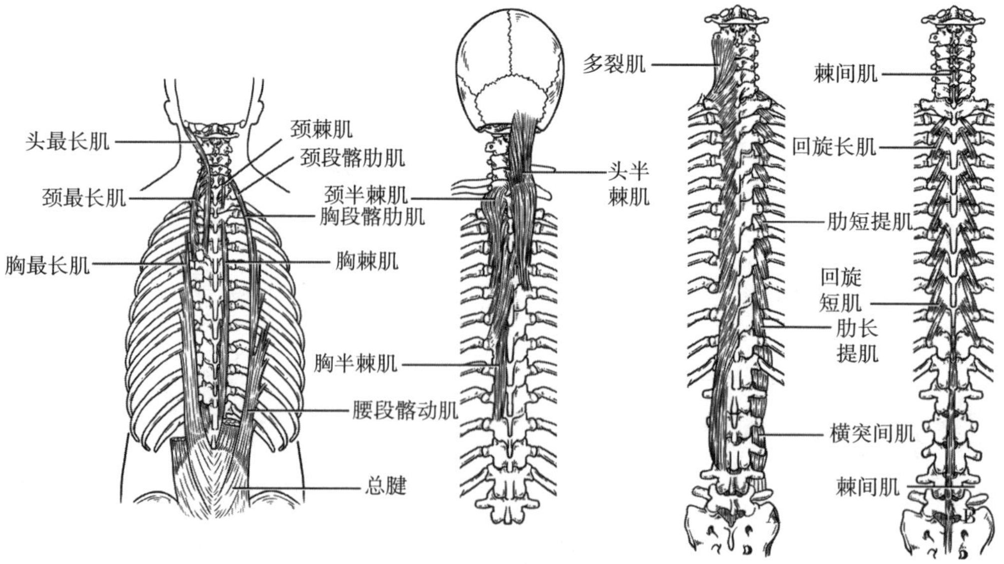

图9-25　后侧肌群

两个连续的横突上，单侧收缩可协助脊柱完成侧屈。棘间肌附着点在两个连续的棘突上，可以使脊柱伸展。这些肌肉成对存在且呈节段性分布，为脊柱的稳定性提供了有效的微细控制。

表9-6　后侧肌肉

肌肉		附着点	功能	神经支配	备注
竖脊肌	最长肌	胸段：总腱（下），T_1 ～ T_{12}横突（上） 颈段：T_1 ～ T_4横突（下），C_2 ～ C_6横突（上） 头段：T_1 ～ T_5横突和C_3 ～ C_7邻近的关节突关节（下），颞骨乳突（上）	双侧收缩：脊柱伸展 单侧收缩：脊柱侧屈	相邻脊神经的背支	脊柱背部肌肉和髋部肌肉的柔韧性会限制躯干前屈的幅度，例如腘绳肌紧张躯干前屈时，表现为髋关节屈曲受限伴腰椎节段过度屈曲；若下背部肌群紧张，则表现为腰椎节段屈曲受限伴髋关节过度屈曲
	棘肌	胸段：总腱（下），T_1 ～ T_6的棘突（上） 颈段：C_7 ～ T_1的项韧带和棘突（下），C_2 ～ C_4的棘突（上） 头段：与头半棘肌融合	双侧收缩：脊柱伸展		
	髂肋肌	腰段：总腱（下），第6 ～ 12肋肋角（上） 胸段：第6 ～ 12肋肋角（下），第1 ～ 6肋肋角（上） 颈段：第3 ～ 7肋肋角（下），C_4 ～ C_6横突（上）	双侧收缩：脊柱伸展 单侧收缩：脊柱侧屈		
半棘肌		下：C_4 ～ T_{12}的横突 上：位于下侧附着点上方6 ～ 8节的椎体棘突，头半棘肌只附着在下项线以上	双侧收缩：脊柱伸展 单侧收缩：脊柱旋转到对侧	邻近神经的背支（C_1 ～ T_{12}）	一般跨越6 ～ 8椎间连接
多裂肌		下：T_1 ～ T_{12}的横突，L_1 ～ L_5的多个关节突，骶骨 上：位于下侧附着点上方2 ～ 4节的椎体棘突		邻近神经的背支（C_4 ～ S_3）	一般跨越2 ～ 4椎间连接
回旋肌		下：所有椎体的横突 上：位于下侧附着点上方1 ～ 2节的椎体		邻近神经的背支（C_4 ～ L_4）	一般跨越1 ～ 2椎间连接

三、脊柱与运动功能障碍

脊柱作为人体的中轴支柱和神经传导通路，其运动功能障碍广泛影响姿势控制、活动能力和神经功能。常见障碍主要包括姿势异常（如颈椎前引、胸椎后凸增加、腰椎前凸过大或变平）、节段性活动障碍（如颈椎或腰椎小关节紊乱/卡压、胸椎活动度下降）、椎间盘源性功能障碍（椎间盘退变、膨出、突出导致力学和神经刺激）及脊柱失稳（动态控制能力下降）。这些障碍常源于肌肉失衡、不良姿势习惯与重复负荷（如久坐低头、不当搬运）、退行性变（椎间盘脱水、小关节增生）、创伤（压缩骨折）或神经张力异常。功能障碍的核心在于破坏了脊柱的动态稳定性、运动节律及神经空间。小关节紊乱可引发局部锐痛、活动受限及牵涉痛（如颈椎至肩胛，腰椎至臀部）。椎间盘问题常导致轴性痛（如腰部深部酸痛）、神经根性症状（放射性疼痛、麻木、无力，如坐骨神经痛）及姿势代偿性疼痛。康复评估需整合静态姿势分析（矢状面/冠状面曲度、肩/骨盆位置）、动态动作评估（各节段主动活动度、运动控制质量、如俯身拾物测试）、触诊（棘突排列、关节突压痛、肌肉张力）、神经动力学测试及特殊检查实验。治疗核心在于恢复节段性关节活动性、重建神经肌肉控制与稳定性、纠正肌肉失衡、改善姿势习惯与运动模式等。理解脊柱各节段生物力学特性及其相互影响，是制定个体化康复方案的关键，需始终贯穿生物-心理-社会整体康复理念。

第二节　颈　　椎

一、颈椎功能解剖

（一）椎骨

颈椎由7块椎骨构成，是整个脊柱中最小、最灵活的部分，可以分成上下两个部分：C_1、C_2称为上颈椎，为非典型的椎骨；C_3～C_7称为下颈椎，由典型的椎骨组成。颈椎的骨骼特征见表9-7和图9-26。

表9-7　颈椎的骨骼特征

名称	椎体	棘突	锥孔	横突
寰椎（C_1）	无	无，后侧有小结节	三角形	颈椎节段最大
枢椎（C_2）	有高且垂直伸出的齿突	大且有分叉（双棘突）	大，呈三角形	形成前后结节
C_3～C_6（典型颈椎）	椭圆形，有钩突	分叉	大，呈三角形	末端有前后结节
隆椎（C_7）	椭圆形	大且易被触及，常称为“脊髓突起”	三角形	厚且突出，可能有一个大的前结节且形成一个“额外的肋骨”

1. 寰椎　第一颈椎又称寰椎（C_1），呈环状，与其他颈椎不同，其没有椎体、棘突和关节突，形状如同枕骨与枢椎之间的垫圈（图9-26）。其主要功能是支撑头部重量，结构上由前后两弓及两侧块构成。前弓较为短平，前纵韧带附着于前弓的上、下边缘。此外，其后表面的正中央，有一处凹陷的关节面，名为齿突凹后弓相比前弓长，且曲度较大。在后弓上面的斜行沟内，有椎动脉和枕下神经穿行而过，且后弓的上缘和下缘分别附着着寰枕后膜与黄韧带。C_1的两个侧块连接前、后弓，粗大坚韧，其上有两个成肾形的关节面，是C_1的上关节凹，朝内、上、后方向，与枕骨髁构成寰枕关节。寰椎下方有一对略显凹陷的下关节凹，这对下关节凹与枢椎的上关节凹共同形成寰枢关节。C_1没有棘突，但有后结节，是项韧带及头后小直肌的附着部位，能够对头部过度前屈起到限制

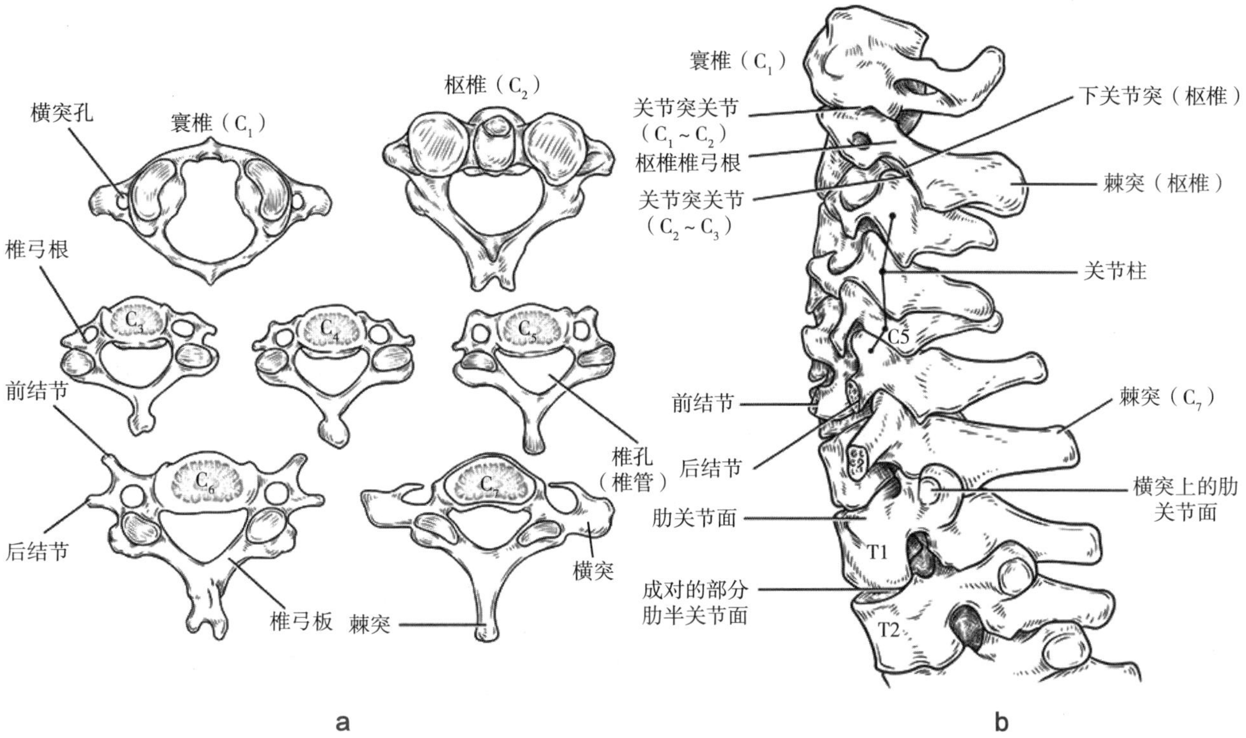

图9-26　颈椎椎骨

a. 上面观；b. 侧面观。

作用。此外，寰椎两侧的横突孔尺寸较大，椎动脉和静脉由此穿过。

2. 枢椎　即为第2节颈椎（C_2），其前部有一向上的垂直柱状隆突称为齿突，与C_1的齿突凹相关节，是头和上颈部之间旋转运动的转轴，具有枢纽作用，故称为枢椎。齿突顶部稍粗，长约1.5cm，呈指状，根部较细，若存在发育不良、融合障碍或遇突然外力时容易引发脱位、骨折。枢椎椎弓后棘突双分叉且椎弓板较大，常覆盖C_3的棘突，可通过体表触及。枢椎上关节突关节的关节面向后下倾斜，呈椭圆形且对平坦，有利于寰椎在水面内绕枢椎旋转。此外枢椎横突短小，向外侧突出。

3. 第3～7颈椎　椎体较小，呈椭圆形，横径大约是矢径的两倍。椎体外侧后缘向上隆起称为钩突，第3～7颈椎骨（C_3～C_7）的椎体通过钩突在后外侧形成连接，钩突与相邻椎体间形成钩椎关节。椎孔较大，呈三角形。关节突呈短柱状，位于横突之后，从侧面观C_3～C_7关节突关节的朝向，其同水平面和冠状面均成45°夹角，如斜面屋顶上的瓦。C_3～C_7横突的形态较小，并且短而宽，存在横突孔，椎动脉会从孔中穿过（第七颈椎除外），横突及其后的关节突有肌肉附着（图9-27）。横突的前结节肥大可能进而形成颈肋，从而引发压迫症状，这种情况在第7颈椎出现较为常见。第3颈椎到第6颈椎的棘突较短，其末端会分叉，呈矢状位朝着斜后方伸展。第7颈椎的棘突是整个颈椎中最长的，末端肥厚而

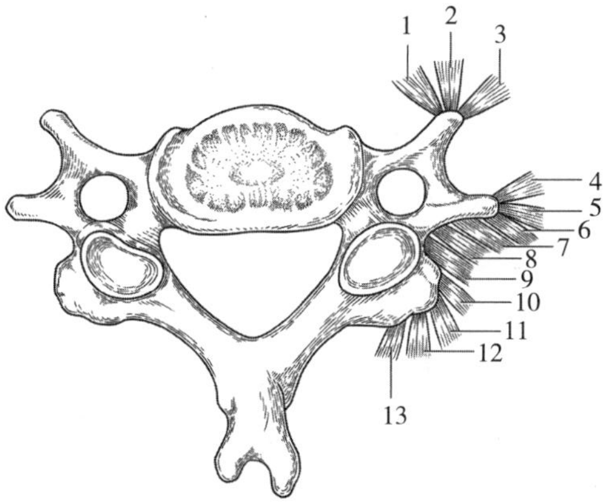

图9-27　C_2～C_7颈椎的横突和关节突肌肉的附着

注：1.颈长肌；2.头长肌；3.前斜角肌；4.中斜角肌；5.后斜角肌；6.肩胛角肌；7.颈夹肌；8.颈髂肋肌；9.颈最长肌；10.头最长肌；11.头半棘肌；12.颈半棘肌；13.多裂肌。

且无分叉；当头部向前屈时，棘突会明显耸起，故被叫作隆椎，在技术操作中常被作为椎骨定位的标志性结构。棘突在C_3至第1或第2胸椎区间逐渐增长，力学角度认为，这可延长其上附着的肌肉的力臂，并通过逐渐增大力矩，适应固定的头部负荷。

4. 体表可触及的骨性结构 人体在体表可触及的骨性结构（见表9-8）。

表9-8 体表可触及的骨性结构

体表可触及的骨性结构	触诊方法
寰椎的后弓	位于枕骨下面的后外侧，检查者拇指指腹由枕外隆突的下方向前、上、内侧轻轻滑移时可触及
寰椎后结节	检查者可在枢椎棘突的上方触及
寰椎的横突末端	检查者拇指指腹从乳突尖前方向下滑移，可在乳突与下颌角的凹陷中触及一小的钝性骨突为寰椎横突的外侧端，随后指腹向后下方滑移可触摸其下部颈椎的横突
枢椎的棘突	被检查者取仰卧位，检查者在枕外隆突的连线中部可触及，呈倒“V”形
隆椎的棘突	被检查者取坐位或立位，令被检查者头前屈，隆椎棘突会明显隆起，但容易与T_1的棘突混淆，此时可令患者屈伸颈部，棘突前后移动的为隆椎的棘突，固定不动则为T_1的棘突

（二）颈椎的连结

1. 椎间盘 在枕骨与第1颈椎之间及第1颈椎与第2颈椎之间并没有椎间盘，其余的颈椎之间都有椎间盘连接。椎间盘的形状为楔形，其高度总和大约占颈段脊柱高度的1/4，并且其前缘的高度大约是后缘高度的两倍，这一结构特点形成了颈椎的前屈。颈部出现椎间盘突出的情况并不普遍，但由于后纵韧带较强韧、钩椎关节具有保护作用及髓核的位置偏前等因素，也可能会导致颈椎椎间盘突出的情况发生。除此之外，椎间盘发生退化时会导致椎间孔变小，这常常会造成神经出口处出现卡压性疼痛。

2. 钩椎关节 属滑膜关节，又称Luschka关节，是下位椎体的钩突与上位椎体前、后唇的斜坡处咬合而成，有限制椎体向侧方位移的作用（图9-28）。钩椎关节由于衰老、过度磨损或关节炎症等因素，会引起椎间盘脱水，进而丧失减震和间隔作用，最终将导致钩突受到骨的压迫而形成骨赘（骨刺）（图9-29）。

3. 关节突关节 颈椎区的关节突关节的关节面呈卵圆形，表面覆盖着关节软骨。其关节囊附着于关节软骨边缘，不仅薄且十分松弛，同时富有弹性。这种结构特点使颈椎在脊柱中的活动范围变大，但稳定性降低。当遭受屈曲的外力时，颈椎区极易出现半脱位、全脱位的情况，严重时甚至会发生关节突跳跃，进而损伤脊髓。此外，寰枕关节则是由寰椎侧块的上关节凹与枕髁共同构成。

4. 寰枕关节 属椭圆关节，由寰椎的上关节凹与枕髁构成（图9-30）。二者咬合密切，因而限制了寰枕关节的轴向旋转运动。其关节囊较松弛，内侧部薄弱，有时缺如；其后部、外侧部肥厚。双侧寰枕关节作为联动关节，主要实现头颈部的屈伸与侧倾运动，其活动范围受限于关节囊韧带张力及齿状韧带的锚定作用。

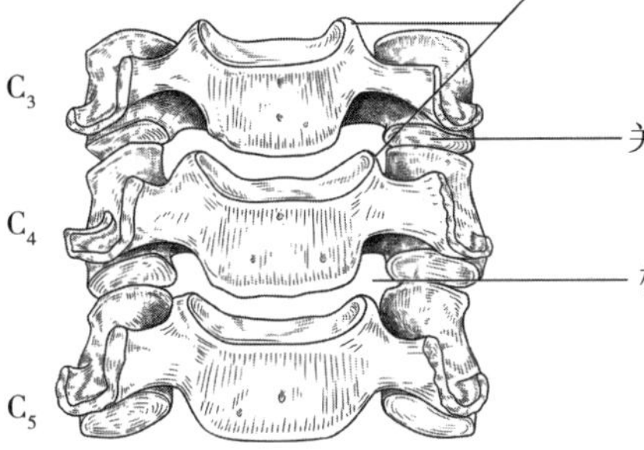

图9-28　钩椎关节

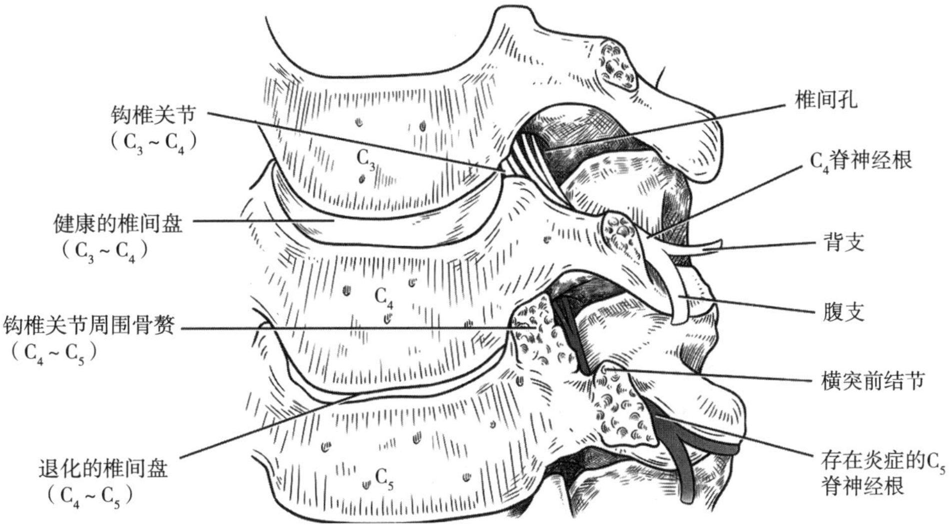

图9-29　骨赘形成

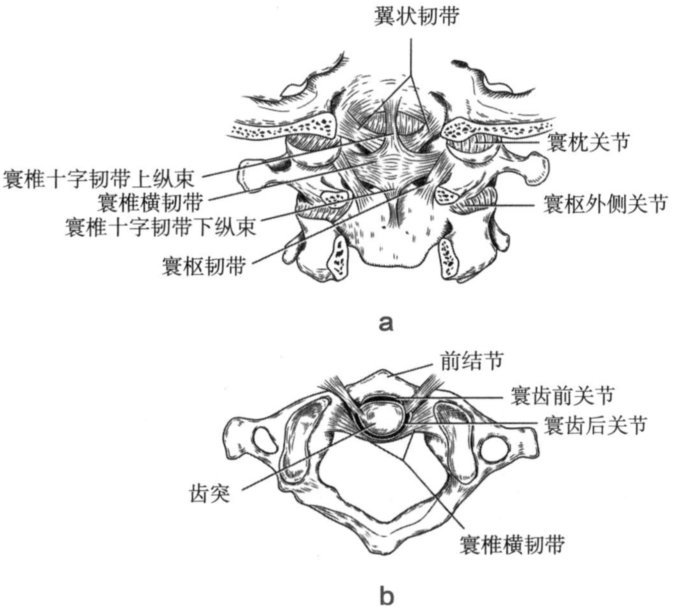

图9-30　寰枕关节、寰枢关节

a.后面观；b.上面观。

5. 寰枢关节 包括1个寰齿前关节（由寰椎的齿突凹和齿突构成）、1个寰齿后关节（由寰椎横韧带和齿突构成）和两个寰枢外侧关节，4个关节均属于滑膜关节，关节囊壁薄且松弛，但有寰枢关节的加强结构稳定关节（表9-9，图9-31）。4个关节联合使头部进行旋转运动，屈伸运动相对较少。此外，颈椎50%的旋转运动均发生在此关节。

表9-9 寰枢关节的加强结构

韧带	位置	功能
翼状韧带	2条，由齿突尖向外上方移形，止于枕髁内侧	限制头部和寰椎的过度旋转及防止寰枢关节向侧方半脱位
齿突尖韧带	位于寰椎十字韧带深面，连接齿突尖与枕骨大孔前缘	稳定关节
寰椎十字韧带	位于齿突后方	防止齿突向前脱位
覆膜	椎管内的坚韧薄膜，从枕骨斜坡呈扇形下降，覆盖于前三条韧带的后面	稳定关节

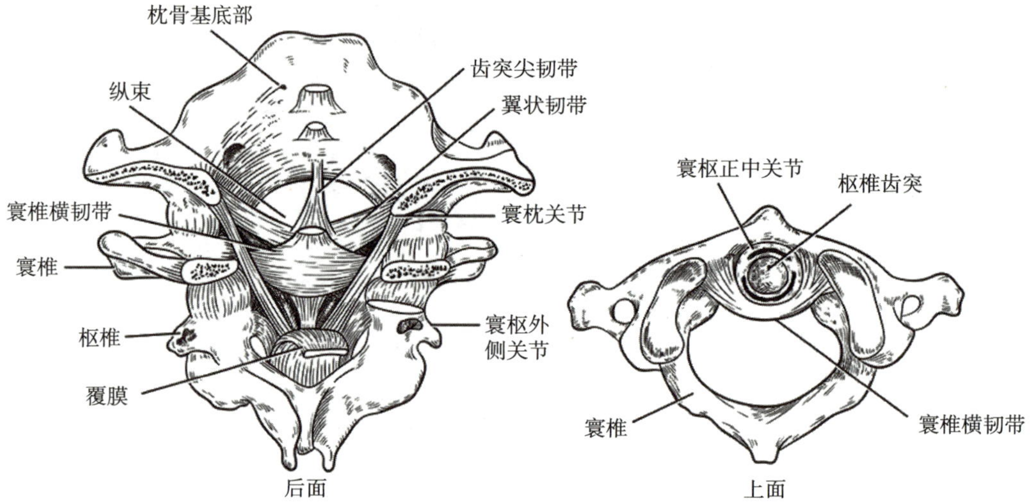

图9-31 寰枢关节的加强结构

（三）韧带

颈椎的韧带具有多种特点与功能。后纵韧带在颈椎处呈现出较宽且厚的形态，自寰椎向上逐渐移形为薄膜。与之相比，前纵韧带则稍显薄弱。黄韧带弹性丰富，对维持头颈部处于直立位起着辅助作用。棘上韧带与横突间韧带在颈部发育程度不高，主要功能是限制颈椎过度前屈。而项韧带在颈部强而有力，是维持头颈部处于直立位的关键韧带。其起于C_2～C_7棘突尖端，向后扩展形成三角形板状的弹性纤维膜，上方附着于枕外隆突与枕外嵴（图9-32）。

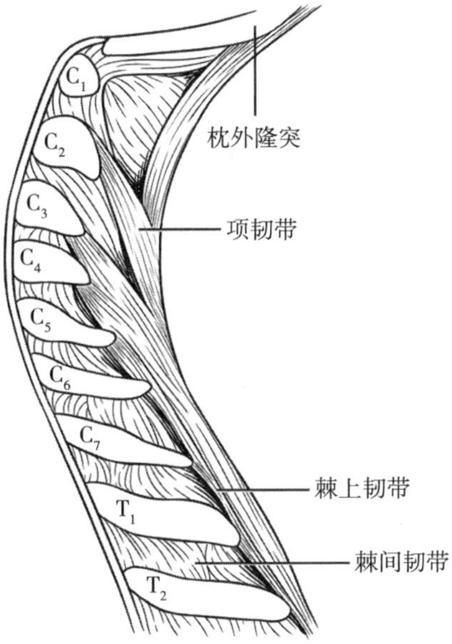

图9-32　项韧带

二、颈椎生物力学

视频：颈部的活动

（一）颈椎的运动学

颈椎的椎间盘相对较厚，可达椎体高度的1/3。颈椎的活动度是脊柱中最大的，关节运动包括前屈、后伸、侧屈和旋转等（图9-33，表9-10）。临床上根据颈椎的运动学特点可将其分为上部颈椎（寰椎、枢椎）和下部颈椎（C_3 ~ C_7）。寰枕关节和寰枢关节常协同发挥作用，因此二者又叫枕-寰-枢复合体。

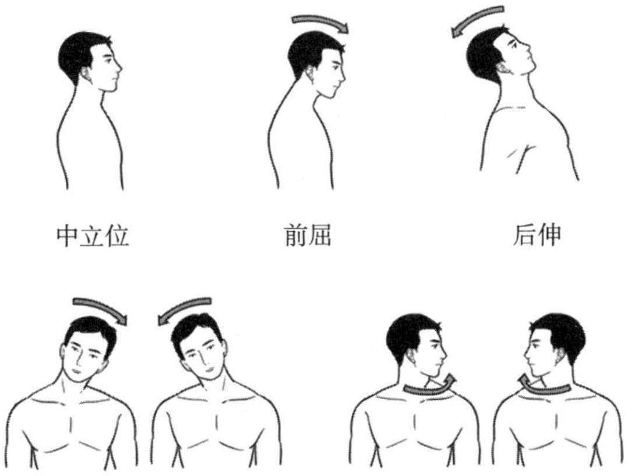

图9-33　椎关节的正常活动范围

表9-10　颈椎关节的正常活动范围

颈椎关节	前屈	后伸	侧屈	旋转
寰枕关节	少量运动	少量运动	极小运动	忽略
寰枢关节（复合体）	少量运动	少量运动	忽略	主要运动
颈椎节段（C_2～C_7）	主要运动	主要运动	主要运动	少量运动
整个颈椎的活动度	45°～50°	45°～60°	40°～45°	60°～80°

1. 屈曲和伸展　颈椎矢状面运动中，大约25%发生在上部颈椎，其余由下部颈椎（C_2～C_7）完成。由于枕骨髁的凸面和寰椎的凹面吻合度较高，寰枕关节的运动类似摇椅，屈曲时枕骨髁向前滚动，伸展时向后滚动，并伴随有相反方向的滑动（图9-34）。寰枢关节也会发生少量的屈曲和伸展。下部颈椎（C_2～C_7）的屈伸范围是由关节突关节的斜面决定，其关节面位于水平面和冠状面之间约45°的平面内。在伸展过程中，上椎骨的下关节面相对于下椎骨的上关节面向后下滑动，屈曲时相反。下部颈椎的屈伸活动主要发生在C_5～C_6节段。突然的暴力加速或减速（如追尾事故），会引起颈部过度前倾或后伸，超出生理活动范围，应力会集中于活动范围比较大的C_5～C_6节段，进而导致周围软组织（椎间盘、韧带及小关节）损伤，这种损伤称为挥鞭伤（Whiplash Injury）。

当寰枕关节进行后伸动作时，会使寰枕后膜对椎动脉产生切割和挤压，进而压迫枕段的椎动脉。若患者还存在椎动脉沟畸形的情况。压迫便更加严重，这通常是颈部后伸时出现姿势性眩晕的主要原因。在颈椎后伸时，椎间孔变小，这是由于后纵韧带和黄韧带发生皱缩，椎管的前后径随之减小的缘故。颈椎后伸还会让颈椎的前凸程度增加，过度后伸可能会使在横突孔中穿行的椎动脉受到强烈的牵拉，从而出现塌陷现象，或者使椎动脉分支供养的平滑肌发生痉挛，最终引发基底动脉供血不足。

寰枕关节后伸可造成寰枕后膜对椎动脉产生切割挤压，进而压迫枕段椎动脉；若患者伴随有椎动脉沟畸形，则压迫更为严重，这通常是颈部后伸时出现姿势性眩晕的主要原因。当颈椎后伸时，椎间孔会变窄，由于后纵韧带和黄韧带的皱缩，椎管的前后径亦减小。后伸亦会使颈椎的前凸增加，过度后伸可能会使穿行于横突孔中的椎动脉受到强烈的牵拉而塌陷，或导致椎动脉分支供养的平滑肌发生痉挛，引发基底动脉供血不足。颈部的前屈动作一方面可使椎间孔增大，减轻神经根压力；另一方面也可使黄韧带拉长变薄，增加椎管的管径，同时伴随脊髓和神经根向头端移动。但过度的屈曲易诱发颈椎椎间盘突出，还可能使已受压迫的神经根张力增高。

2. 侧屈　寰枢关节基本无侧屈活动。寰枕关节侧屈范围极小，两侧均约为50°，侧屈时常伴旋转动作，当旋转到一定程度后会出现侧向平移，因而枕寰枢复合体运动时，寰椎可两侧类似半月板的作用。当寰枕关节侧屈时，枕骨髁向同侧滚动、对侧滑动，枕骨髁的侧方韧带和关节囊韧带可制约其滑动范围，避免其与枢椎齿突相撞及对高位脊髓产生挤压。枕寰枢复合关节的过度侧屈可引起寰椎错位，进而出现头晕、头疼等症状。颈部大部分侧屈运动发生在C_2～C_7之间，关节突关节的45°斜面引导颈椎发生侧屈运动。除寰枢关节外，颈部的侧屈运动均伴随旋转，同样颈部也不存在单纯的旋转运动。由图9-35可见，颈部的侧屈运动可引起对侧钩椎关节分离，椎间孔增大，并伴随椎骨（棘突）旋向对侧。

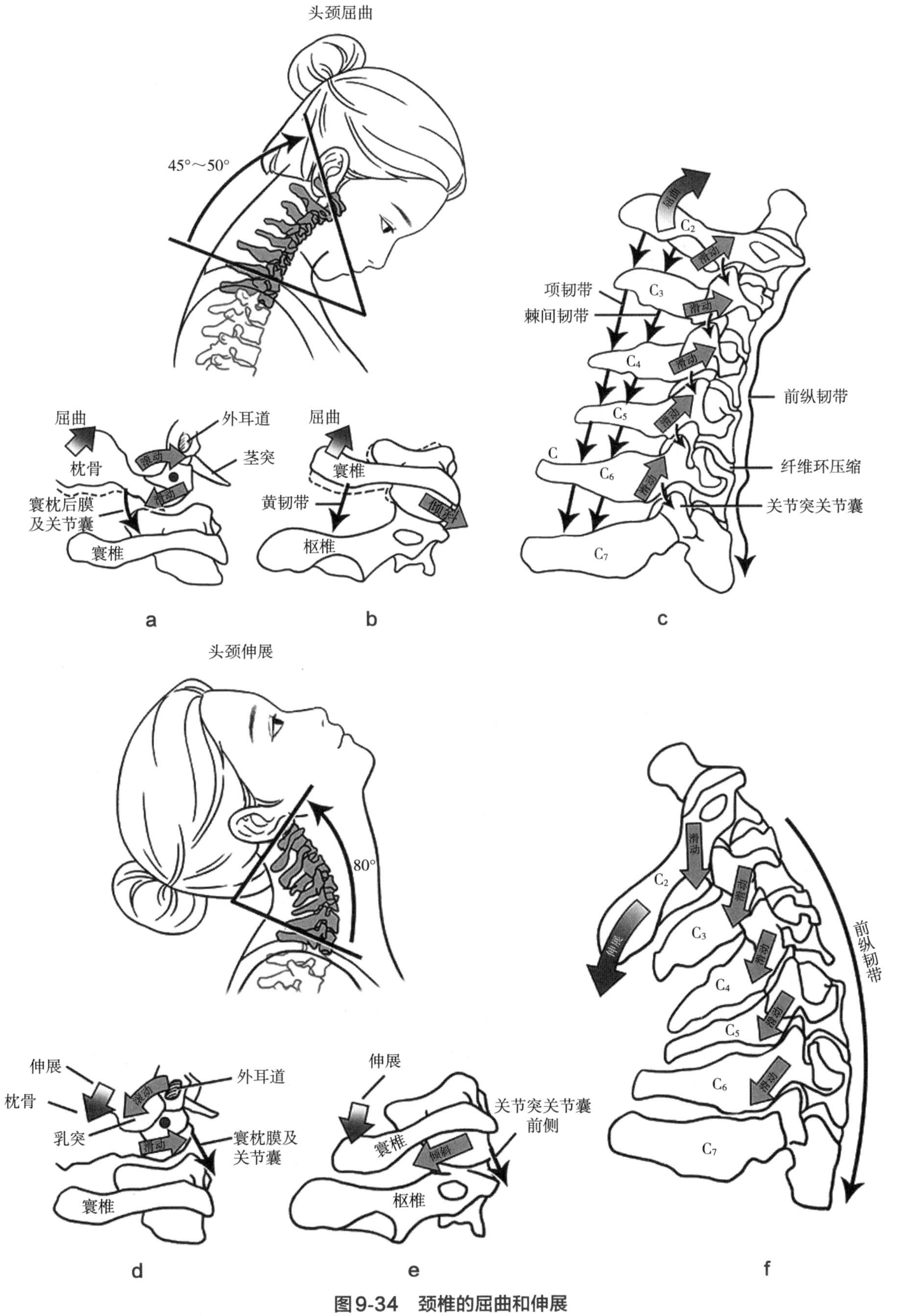

图9-34　颈椎的屈曲和伸展

a.寰枕关节；b.寰枢关节；c.颈椎节段（C_2～C_7）；d.寰枕关节；e.寰枢关节；f.颈椎节段（C_2～C_7）。

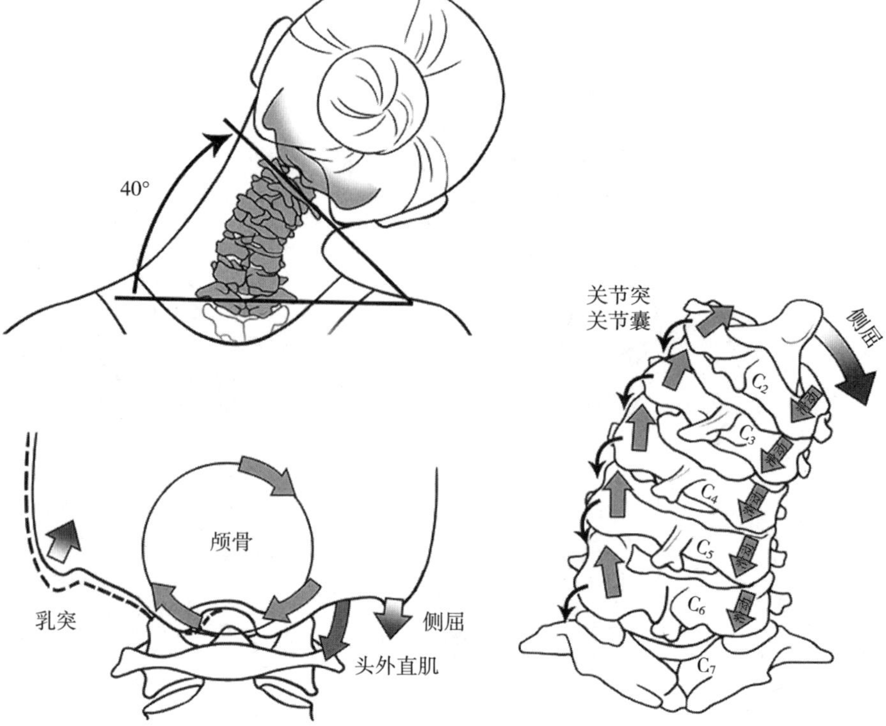

图9-35　颈椎的侧屈

3. 旋转　寰枕关节抗旋能力极强，基本无旋转运动；寰枢关节则承担颈部一半的旋转运动，其旋转机制类似方向盘，枢椎的垂直齿突作为转动中心，保持不动，允许环形的寰椎向左右两侧任意方向上安全地旋转45°，因此头部的旋转本质上是将颅骨和寰椎作为一个整体，相对于枢椎的转动。寰枢关节旋转运动对椎动脉影响最大，椎动脉从枢椎的横突进入枕骨大孔的这段路径中存在多个连续的弯曲，寰枢关节过度的旋转会引起上段椎动脉过度牵拉，造成塌陷，影响脑部血供。C_2 ～ C_7的旋转运动主要由关节突关节的斜面引导，且伴随着侧屈的耦合运动，旋转幅度随节段下移逐渐越小。旋转时，活动节段上位椎骨的下关节突向后方内侧移动，而对侧的下关节突则向前方外侧移动，因此同侧椎间孔增大、对侧椎间孔减小（图9-36）。

4. 颈椎的共轭现象　脊柱的所有运动均是多个活动节段联合运动的结果，关节突关节的关节面引导了脊柱活动的共轭现象，包括侧屈和旋转共轭、屈伸与水平面位移共轭、旋转与垂直轴位移共轭。通常将与脊柱运动外负荷方向相同的脊柱运动视为主动运动，其他方向的运动则称之为偶联运动。如下位颈椎侧屈时（主动运动），棘突转向侧屈的凸侧（偶联运动），且旋转幅度随节段下移逐渐减小；下颈椎屈伸活动（主动运动），伴有旋转和平移运动（偶联运动）；下位颈椎旋转运动（主动运动），伴有向同侧的侧屈活动（偶联运动）。因而外力作用使脊柱的运动超过其生理活动幅度时，易引起小关节脱位。

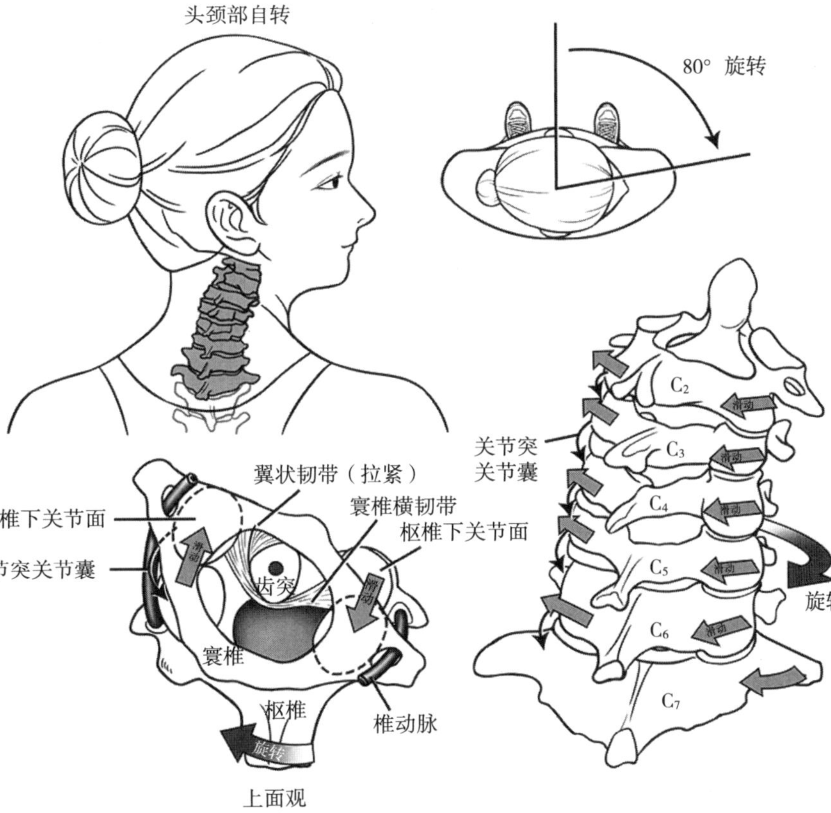

a b

图9-36 颈椎的旋转

a.寰枢关节（C_1～C_2）；b.颈椎节段（C_2～C_7）。

（二）颈椎的动力学

颈项部的肌肉除了为颈部运动提供动力源，还具有稳定颈椎、保持头部姿势的作用。可将颈项部的肌肉分为前侧肌肉和后侧肌肉，在该节段中几乎每块肌肉都具有侧屈或旋转的功能。

1. 颈部前侧的肌肉 胸锁乳突肌及前斜角肌、中斜角肌、后斜角肌位于颈部前侧浅层，其长度远长于深层肌。这些肌肉除能够驱动颈部产生运动之外，还发挥着类似“绳索”的作用，有助于维持颈部各节段的稳定性。在颈部前侧的深层，存在着颈长肌和头长肌，二者能够使头部和颈部完成屈曲动作，是颈部重要的动态稳定肌。而较短的头前直肌和头外侧直肌则负责控制颈部的精细运动，这对视觉和前庭觉的定位功能有重要意义（表9-11，图9-37）。

表9-11 颈部前侧的肌肉

分布	肌肉	附着点	功能	神经支配	备注
浅层	胸锁乳突肌	胸骨端：胸骨柄的上表面（上） 锁骨端：锁骨内侧1/3（上） 颞骨的乳突（下）	双侧收缩：头颈部屈曲、上颈段和头部伸展 单侧收缩：头颈部向对侧旋转、头颈部侧屈	副神经	一侧过紧会出现斜颈（歪脖子）
	前斜角肌	$C_3 \sim C_7$的横突（上） 第1肋（下）	双侧收缩：颈部弯曲、提肋助吸气 单侧收缩：侧屈	颈神经腹支（$C_3 \sim C_7$）	①斜角肌具有稳定颈椎的作用，类似于缆绳支撑着天线塔。②慢性阻塞性肺病患者由于呼吸困难，常引起斜角肌过度使用，从而产生肥大。③胸廓出口综合征：臂丛神经和锁骨下动脉位于前斜角肌和中斜角肌之间，若这些肌肉中任何一块紧绷或肥大，可能会引起神经血管束被压迫，进而导致手或手臂无力、麻木或疼痛
	中斜角肌	$C_2 \sim C_7$的横突（上） 第1肋（下）			
	后斜角肌	$C_5 \sim C_7$的横突（上） 第2肋外表面（下）			
深层	颈长肌	$C_3 \sim T_3$的椎体和横突（下） $C_1 \sim C_6$的椎体和横突	颈部屈曲	$C_2 \sim C_8$腹支	
	头长肌	$C_3 \sim C_6$的横突（下） 枕骨大孔前面（上）	双侧收缩：头颈部屈曲	$C_1 \sim C_3$腹支	
	头前直肌	C_1的横突（下） 枕骨髁的前面（上）	头部屈曲（仅寰枕关节）	$C_1 \sim C_2$腹支	
	头外侧直肌	C_1的横突（下） 枕骨髁的前面（上）	单侧收缩：侧屈（仅寰枕关节）	$C_1 \sim C_2$腹支	

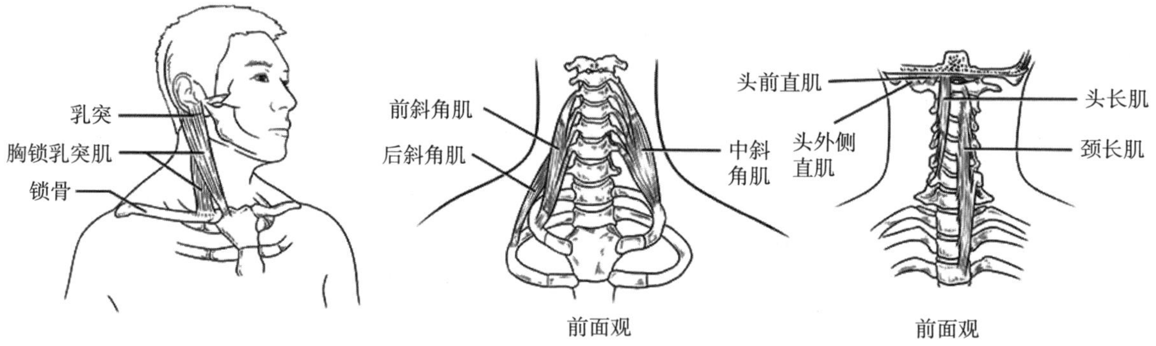

图9-37 颈部前侧的肌肉

2. 颈部后侧的肌肉 头夹肌、颈夹肌是颈后浅层伸肌，位于斜方肌上束和中束的深层，具有使头颈部伸展、侧屈和向同侧旋转的作用。而位于枕后的4对深层肌肉（头后大直肌、头后小直肌、头上斜肌和头下斜肌）虽然短粗，但可以较好地控制寰枢关节和寰枕关节，能精细的控制视觉和前庭觉的定位，亦称为枕下肌（表9-12，图9-38）。

表9-12 颈部后侧的肌肉

分布	肌肉	附着点	功能	神经支配	备注
浅层	头夹肌	棘间韧带下半部分和C_7～T_3的棘突（下） 乳突和上项线外侧1/3处（上）	双侧收缩：头颈部伸展 单侧收缩：头颈部侧屈、头颈部向同侧旋转	背支（C_2～C_8）	头夹肌、颈夹肌可增强斜方肌上束的头颈运动功能
	颈夹肌	T_3～T_6的棘突（下） C_1～C_3的横突（上）	双侧收缩：颈部伸展 单侧收缩：颈部侧屈、颈部向同侧旋转	背支（C_2～C_8）	
	肩胛提肌	肩胛骨的内侧缘、肩胛骨上角和肩胛冈根部之间（下） C_1～C_4的横突（上）	双侧收缩：头颈部伸展 单侧收缩：头颈部侧屈、头颈部向同侧旋转	肩胛背神经，C_3、C_4脊神经腹支	
枕后肌群	头后大直肌	C_2棘突（下） 下项线的外侧面（上）	双侧收缩：伸展头颈部（寰枕和寰枢关节） 单侧收缩：侧屈（仅寰枕关节），旋转到同侧（仅寰枢关节）	枕下神经（C_1背支）	这些肌肉过紧与触痛通常与“头前伸”的姿势有关
	头后小直肌	C_1后结节（下） 下项线的内侧（上）	双侧收缩：伸展头颈部（寰枢联合）		
	头上斜肌	C_1横突（下） 下和上项线之间的外侧面（上）	双侧收缩：伸展头颈部（仅寰枕关节） 单侧收缩：头颈部侧屈（仅寰枕关节）		
	头下斜肌	C_2棘突的顶端（下） C_1横突的下缘（上）	双侧收缩：伸展（仅寰枢关节） 单侧收缩：旋转到同一侧（仅寰枢关节）		

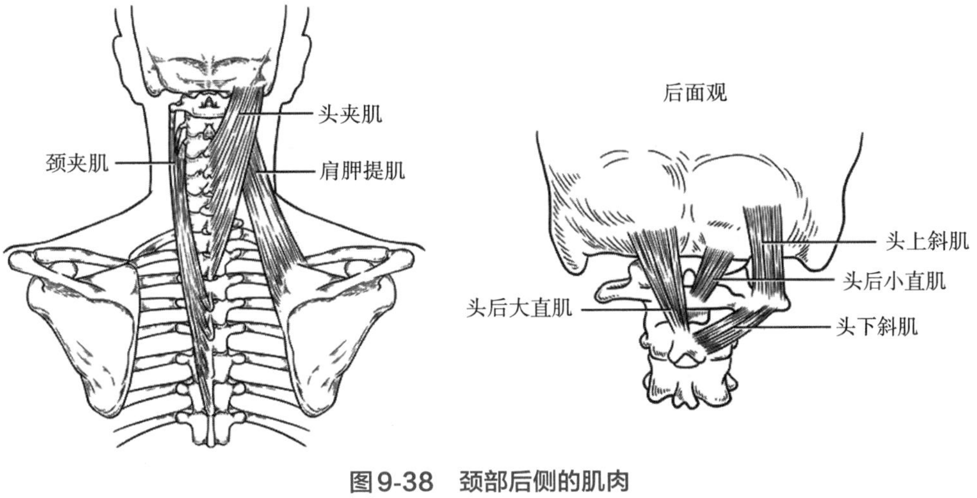

图9-38 颈部后侧的肌肉

（三）头颈段的理想姿势

头颈段的理想姿势是在颈部正常的生理曲度下，头颈部周围肌肉的力线、长度、紧张度等均处于一种舒适的“平衡”状态（图9-39）。当由于姿势不良或肌肉紧张度升高等多种原因引起此节段的肌肉出现过度的缩短或拉长时，就会导致肌肉失衡。头部前伸姿势是常见头颈部的异常姿势之一，此姿势下肩胛提肌和头半棘肌等伸肌可能会因过度牵拉出现疲劳。枕下肌群如头后大直肌等，为维持头部和眼睛的“水平状态”会长时间处于缩短状态。随着时间的推移，会诱发疼痛和肌肉痉挛，最终引起头痛，并蔓延至头皮和颞下颌关节。头部前伸的典型表现为下段颈椎屈曲和上段颈椎伸展或过伸。这种姿势是由于长时间地保持头部过度前伸导致的，随着时间的推移，上段颈椎肌肉和韧带将逐渐变短。临床上通过主动的下颌后缩运动（图9-40）矫正此不良姿势，该运动可引起上段颈椎的屈曲和下段颈椎的伸展，因此有规律的下颌后缩运动对于矫正头部前伸的不良姿势具有较好效果。

视频：下颌后缩运动

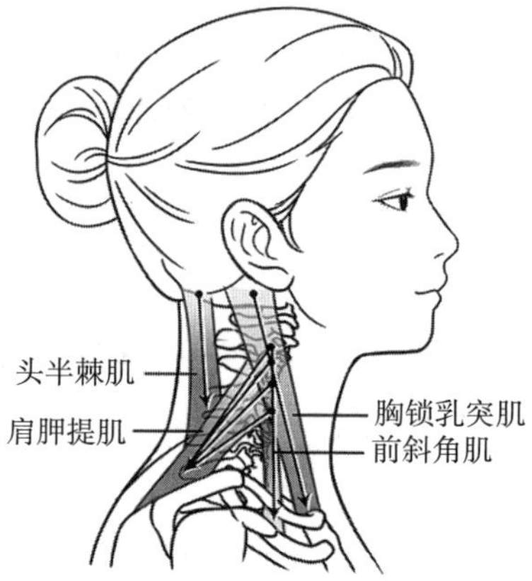

图9-39　头颈段理想姿势

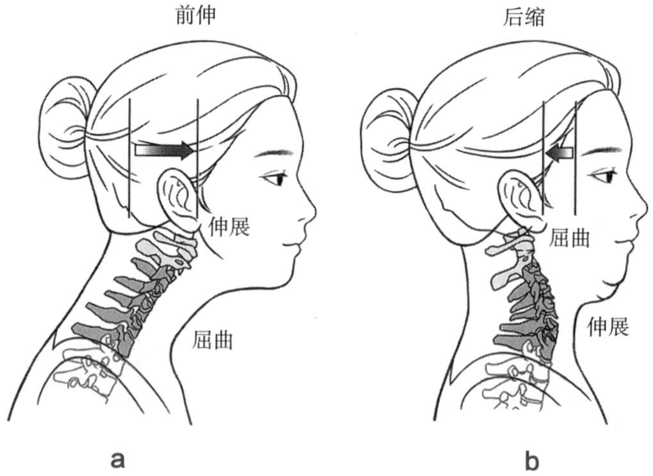

图9-40　头颈部前伸姿势和矫正

a.前伸姿势；b.矫正姿势。

三、颈椎与运动功能障碍

在颈椎作为连接头颅与躯干、活动度大且结构精密的节段，其功能障碍常表现为疼痛、活动受限及神经血管症状。主要类型包括颈椎关节活动障碍（关节突关节紊乱/卡压）、姿势性功能障碍（上交叉综合征、头前倾姿势）、椎间盘源性功能障碍（退变、膨出、突出）、神经根型颈椎病、挥鞭伤相关障碍及颈源性头痛。这些障碍多源于肌肉失衡（如深层颈屈肌、中下斜方肌无力，上斜方肌、肩胛提肌、斜角肌紧张等）、不良姿势与重复劳损（长期低头、伏案）、退行性变（椎间盘脱水、骨赘形成）、急性创伤（挥鞭伤、跌倒）或神经张力异常。功能障碍的核心在于破坏了颈椎的动态稳定性、正常生理曲度（变直或反弓）及神经血管空间。康复评估需整合静态姿势观察（头颈肩相对位置、生理曲度）、主动活动度检查（屈伸、侧屈、旋转范围与疼痛弧）、触诊（关节突、棘突压痛，肌肉张力及触发点）、神经学检查（肌力、反射）、特殊测试（椎动脉测试、臂丛神经张力试验）及动态稳定性评估。康复治疗的核心在于恢复关节活动度、重建神经肌肉控制与稳定性、纠正肌肉失衡、改善不良姿势习惯及功能性训练等。

▶知识拓展

“富贵包”的医学真相

在医学上，“富贵包”是指背部最后一节颈椎和第一节胸椎的棘突之间出现的脂肪增生包块其大小、软硬程度存在差异。大部分“富贵包”的形成都与长期姿势异常、体态不良有关。这种“富贵包”不仅影响美观，还会出现一系列颈椎问题，也可以看作颈椎病的预警信号。出现富贵包不等同于患有颈椎病，但后期可能会出现颈部症状，如颈痛、头晕、恶心、肩颈酸痛、手臂放射性麻木等，严重时甚至会导致失眠、心律不齐等全身不适症状。改善不良姿势是预防“富贵包”的有效措施，如避免长时间保持同一姿势、办公时尽量坐直、腰部紧贴靠背、电脑屏幕升高与目光处于同一水平、使用手机时将手机举高等。若短时间内难以纠正，可以适当减少每次使用手机的时间。此外，定期做一些颈部活动操也有助于预防和改善。

第三节 胸 椎

胸椎与椎间盘、肋骨、软骨和胸骨组成骨性胸廓，具有支撑头部和躯干，保护心、血管和肺等重要器官，参与呼吸运动，参与脊柱与上肢的活动等功能。此外，骨性胸廓还可增加惯性力矩，加强脊柱抗旋转的能力；肋骨架可保护脊柱前方和侧方免受直接撞击。胸椎椎间盘相对较薄，且运动受肋骨的限制，因而稳定性较强，较少发生功能障碍。

一、胸椎功能解剖

胸椎介于颈椎和腰椎之间，前方的椎体是主要承重结构。胸椎的特点是每节椎体均有一对肋骨与其相连。肋骨后端与胸椎形成肋椎关节，包括肋头关节和肋横突关节，这两者均为平面关节，且作为联合关节，会产生微动。此外，胸椎的棘突尖锐且向下突出，横突粗大并朝向后外侧延伸（图9-41，表9-13）。

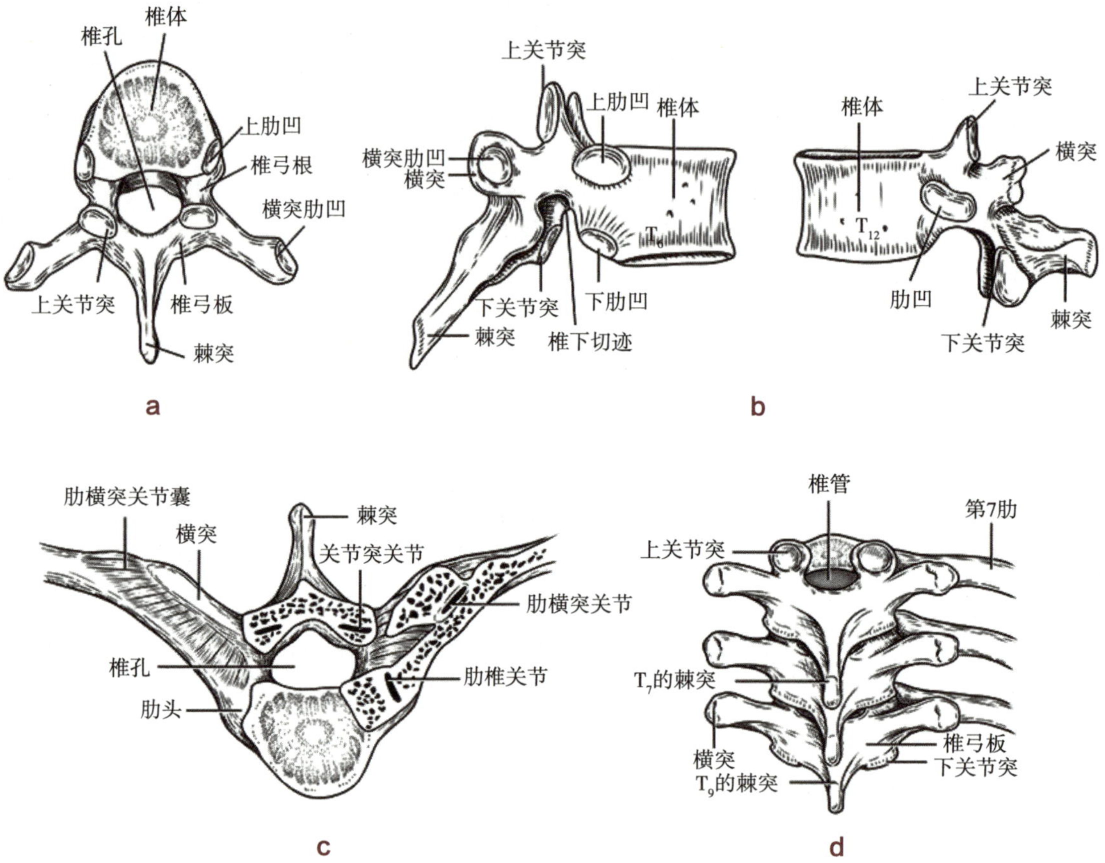

图9-41　胸椎解剖图

a.上面观；b.侧面观；c.后面观；d.横切面。

表9-13　胸椎解剖结构

胸椎		解剖结构
椎骨	椎体	呈柱状，前方矮后方高，利于形成后凸的胸曲；椎体自上至下逐渐增大；上部椎体近似隆椎，下部的椎体近似腰椎，中部椎体横截面呈心形
	椎弓根	短，但椎下切迹是整个脊椎中最深、最大的
	椎弓板	短、宽、厚
	棘突	棘突细长，向后下伸出且彼此相接呈叠瓦状，犹如盖在背后的“鱼鳞”。T_3棘突与肩胛冈内侧端平齐；T_7棘突与肩胛骨下角平齐；T_{12}棘突在第12肋肋角距后正中线5cm处

续　表

胸椎		解剖结构
椎骨	关节突	近似冠状位；上关节突呈薄板状，朝向后、上、外方；下关节突呈卵圆形、略凹陷，朝向前、下、内方
	横突	呈圆柱状，短粗，伸向后外方，末端圆钝；前有横突肋凹，与肋结节形成肋横突关节；自上至下逐渐变小，至T_{11}、T_{12}的横突缩小而不作为浮肋的支点
	椎孔	较小，呈圆形
胸椎的连结	椎间盘	与椎体的高度比为1∶5，比例较小，前后高度相等，这种结构有利于胸椎的旋转
	关节突关节	关节面呈冠状位，关节突正好位于以椎体前方为中心所作的圆弧上，这不仅有利于胸椎的旋转，而且能限制胸椎的屈伸活动，运动中不易脱位
	肋头关节	由肋头的关节面与相邻胸椎椎体边缘的肋凹构成，属于微动关节
	肋横突关节	是由肋结节关节面与相应椎骨的横突肋凹构成，属于微动关节

二、胸椎生物力学

（一）胸椎的运动学

胸椎可进行屈伸、侧屈和旋转运动，虽然相邻椎体活动范围较小，但整个胸椎的活动范围较大。因胸椎介于颈椎和腰椎之间，因此上部胸椎的运动特点与颈椎相似，下部胸椎的运动特点与腰椎相似。末段胸椎屈伸幅度较大，这与T_{11}、T_{12}的肋骨不与胸骨连接，且关节突的关节面趋于矢状面有关。当胸椎做前屈动作时，上位胸椎的下关节突在下位胸椎的上关节突面上向上滑移；后伸时则向下滑移。棘间韧带、后纵韧带及关节囊的张力是胸椎前屈的限制因素，棘突的前纵韧带和骨性碰撞是胸椎后伸的限制因素。由于胸椎与肋骨相连极大地限制了胸椎的侧屈，当胸椎进行侧屈动作时，上位胸椎同侧的下关节突会向下滑移，而对侧则向上滑移。在这个过程中，同侧的横突间韧带及棘突之间可能发生骨性碰撞，这便是胸椎侧屈受到限制的原因。胸椎的两侧关节突处在以椎体为中心的圆周位置上，因此，胸椎的旋转运动实际上是两侧后关节面之间发生的相对滑动（表9-14，图9-42）。胸椎运动的共轭现象：胸椎的运动亦存在共轭现象，其中侧屈活动和轴向旋转运动的偶联具有临床意义。上部胸椎的侧屈和轴向旋转的与颈椎运动的偶联一致，棘突偏向凸侧。中、下部胸椎偶联的轴向旋转与上胸椎相反，棘突偏向凹侧，但不明显。

（二）胸椎的动力学

胸椎前屈运动的主动肌为腹直肌，限制因素为棘间韧带、黄韧带、关节囊韧带等，同时与其作用相反的竖脊肌做离心收缩，限制胸椎前屈。胸椎后伸活动的主动肌为竖脊肌，限制因素为前纵韧带、椎间盘前部及棘突撞击等，同时与其作用相反的腹直肌做离心收缩，限制胸椎后伸。胸椎侧屈运动的主动肌为同侧的竖脊肌和腰方肌，限制因素为对侧的横突间韧带、关节囊韧带、关节周围韧带等，同时对侧同名肌离心性收缩，限制胸椎侧屈。胸椎旋转运动的主动肌为同侧的竖脊肌和多裂

表9-14　胸椎的活动范围

胸椎	前屈（20°～45°） 后伸（20°～45°）	侧屈 （每侧20°～45°）	旋转 （每侧35°～50°）
上位胸椎（T_1～T_5）	每节段约4°	每节段约为6°	每节段为8°～9°
中位胸椎（T_6～T_{10}）	每节段约为6°	每节段约为6°	逐渐减小
下位胸椎（T_{11}～T_{12}）	每节段约为12°	每节段为8°～9°	每节段约为2°

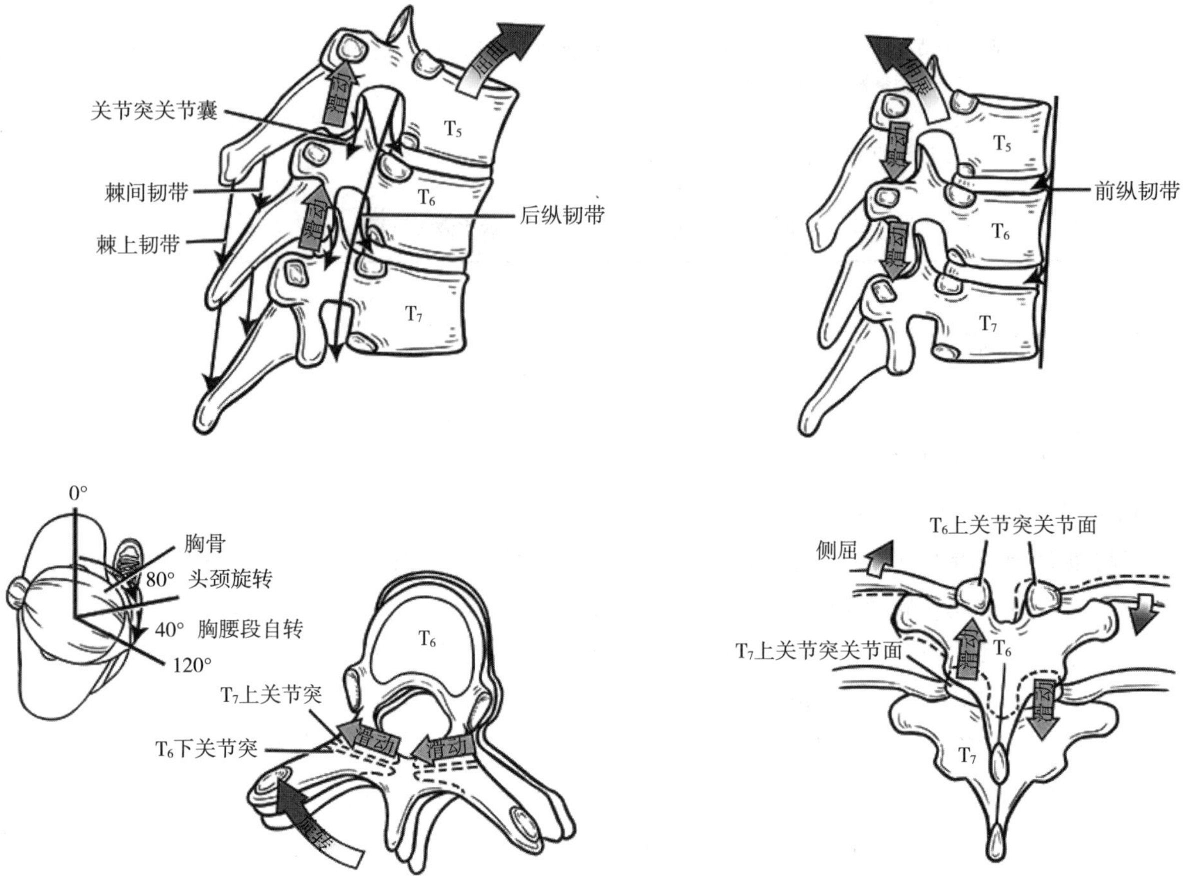

图9-42　胸椎的运动

肌，限制因素为关节囊韧带、棘间韧带、棘上韧带、黄韧带等，同时受腹内、外斜肌的收缩及对侧同名肌的离心性收缩的限制。

三、胸椎与运动功能障碍

胸椎作为脊柱的“稳定基石”，连接颈椎与腰椎，并与肋骨构成胸廓，其功能障碍常表现为活动受限、姿势异常及牵涉性疼痛，有时伴随呼吸或内脏功能影响。主要类型包括胸椎活动度受限（尤其伸展与旋转）、姿势性功能障碍（胸椎后凸增加、平背）、胸椎小关节紊乱（关节突关节/肋椎关节卡压）、肋椎关节功能障碍、胸椎间盘源性疼痛（相对少见）及与呼吸模式异常相关的功能障碍。这些障碍多源于肌肉失衡（如深层颈屈肌、中下斜方肌、菱形肌无力，胸肌、上斜方肌、肩胛提肌、胸锁乳突肌紧张）、不良姿势与重复动作模式（长期驼背坐姿、单侧负重）、创伤（如直接撞击）、呼吸模式异常（如过度胸式呼吸、呼吸辅助肌代偿）或脊柱节段性代偿（因颈、腰椎问题迫使胸椎活动受限）。康复评估需整合静态姿势观察（矢状面曲度、肩胛位置、头颈前伸）、主动活动度检查（重点评估伸展、旋转范围与流畅性）、触诊（棘突排列、关节突/肋椎关节压痛、肌肉张力及触发点）、呼吸模式评估（观察呼吸时胸廓扩张、肩部活动、膈肌运动）、特殊测试（如胸椎旋转试验）及功能性动作分析（如举手过顶、躯干旋转）。治疗核心在于恢复胸椎及肋椎关节活动性、改善呼吸模式、纠正肌肉失衡、重建姿势控制与运动模式等。理解胸椎与颈椎、腰椎、肩胛带及呼吸系统的紧密联动，是制定全面康复方案的关键，需注重整体生物力学链的恢复。

▶知识拓展

上交叉综合征

上交叉综合征，是由于肌力失衡引起的脊椎生物力学结构失衡，表现为头部前伸、颈椎前凸和胸椎后凸增加、肩部上提并前伸、肩胛骨旋转外展和翼状肩胛。简单来说，即为含胸、驼背、头前伸。这种综合征通常是由于长时间保持不良姿势，如低头伏案工作、使用手机或电脑等，导致胸前下部和颈背后上部肌肉紧张和缩短，而背后下部和颈前上部肌肉拉长和软弱。这种强弱肌的交叉，造成了肌肉不平衡，进而引发一系列形体变化，如头部前倾、含胸、驼背等，并可能出现颈背部紧张性疼痛、头痛头晕、呼吸困难、心悸胸闷等不适症状。治疗上交叉综合征，需要在对症治疗的基础上，放松或拉伸紧张的肌肉，如胸大肌、胸小肌等，同时增强被拉长的肌肉，如菱形肌、前锯肌等。

微课：上交叉综合征

第四节　腰　　椎

腰椎具有较大的椎体和椎间盘，同时具有强壮的韧带，在直立姿势下承担着头、手、躯干的大部分重量。腰部是脊柱疼痛的多发部位，因此腰部的生物力学分析是临床研究的重点。

一、腰椎功能解剖

（一）腰椎

腰椎共有5块（$L_1 \sim L_5$），由椎体、椎弓根、关节突、横突、棘突构成（图9-43）。

1. 椎体　由于承担体重，椎体大且厚，横径大于矢径。L_1、L_2椎体的横断面呈肾形，前窄后宽；L_3、L_4横断面呈椭圆形，前后等宽；L_5的横断面呈橄榄形，前宽后窄。腰椎椎体的前缘高度由上至下逐渐递增，而后缘高度则逐渐递减，形成了腰椎前凸的生理曲度。腰椎的横径和矢径由上至下

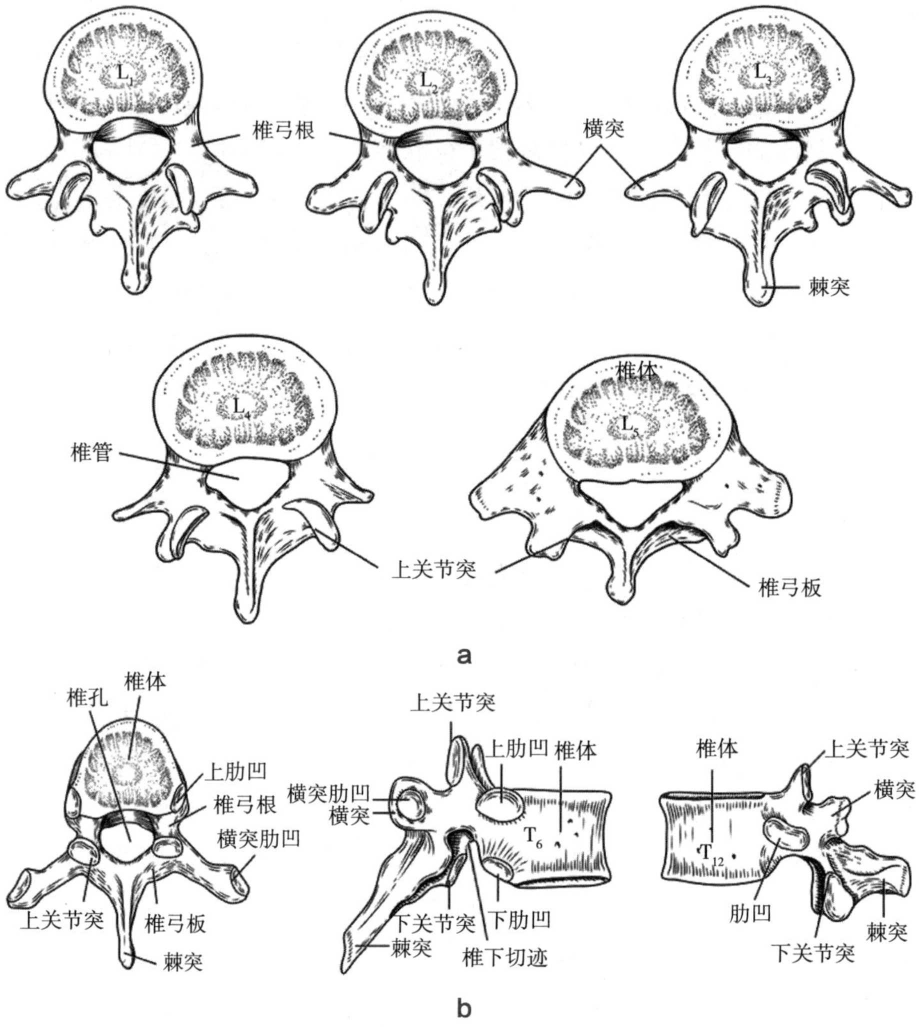

图9-43 腰椎

a.腰椎各椎骨正面观；b. L_2椎骨各面观。

逐渐递增，但至L_5椎体的下部缩小。

2. 椎弓根 腰椎的椎弓根厚且短，椎弓根的上切迹较浅，下切迹较深。椎弓根的厚度自上至下逐渐增加，密度自前向后逐渐增厚，后端最为致密，是最大负荷区。

3. 关节突 腰椎的上关节突厚且宽，斜向后外，但其上的软骨面向后内。下关节突的软骨面向前外，被其下位椎骨的上关节突抱拢。椎体的上、下关节突交界处称为峡部，当躯干后伸时，峡部是压力及剪力最集中的部位，峡部前外侧及后内侧的皮质骨之间只有少量骨小梁，脊椎崩解好发于此部位。

4. 横突 呈带状，较薄，向外突出。L_3的横突最长、最宽大，其次为L_2和L_4，而L_3的横突弯度大，L_5的横突最短并斜向后外上方。腰方肌、腰大肌和腹横筋膜附着在横突上。L_3的横突最大，上附着的筋膜、韧带、肌肉的拉力较大，参与的活动多，是慢性劳损的好发部位。

5. 棘突 棘突较宽，方向垂直向后，形似长方形骨板。末端膨大，有多裂肌肌腱、韧带等组织附着。在双手自然直立下垂时，L_3的棘突通过脐平面，L_4的棘突通过两侧髂嵴最高点连线。腰椎各棘突间的间隙较宽，临床上常作为腰椎穿刺的部位（图9-44）。

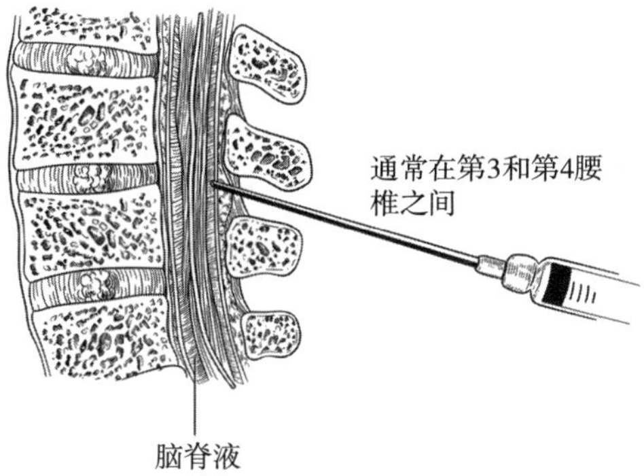

图9-44　腰椎穿刺部位

（二）腰椎骨的连结

1. 椎间盘　厚度占脊柱整个腰部高度的30%～36%，每个椎间盘的厚度自上至下逐渐增大，且前高后低，利于形成腰部前凸的生理曲度。椎间盘在下腰部最厚，在正中矢状面上稍膨出，下腰椎的髓核位于椎间盘的偏后方。两个椎体之间的运动会引起椎间盘内髓核的移位或迁移，少量的位移是正常现象，但随着时间的积累或者压力过大，髓核可能会从纤维软骨环中的细小裂缝中渗出，进而引起疼痛、麻木等症状。大部分椎间盘突出症与髓核向脊髓或神经根的后外侧或后侧的移位相关，造成神经根、脊髓或马尾神经的压迫症状（图9-45）。有四种常见的椎间盘突出类型（图9-46，表9-15），不同类型会导致不同程度的疼痛和损伤。

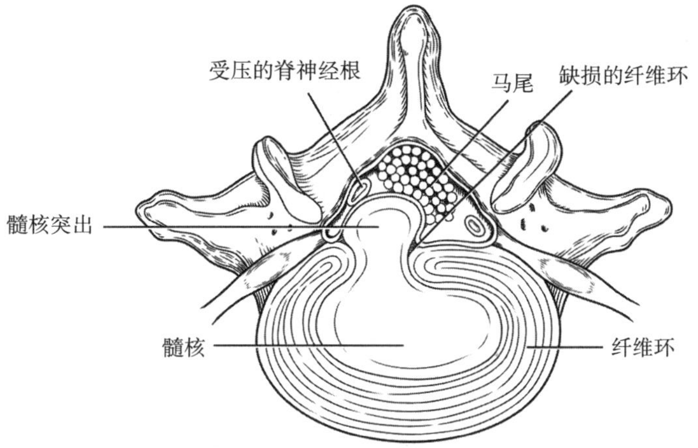

图9-45　椎间盘突出压迫神经

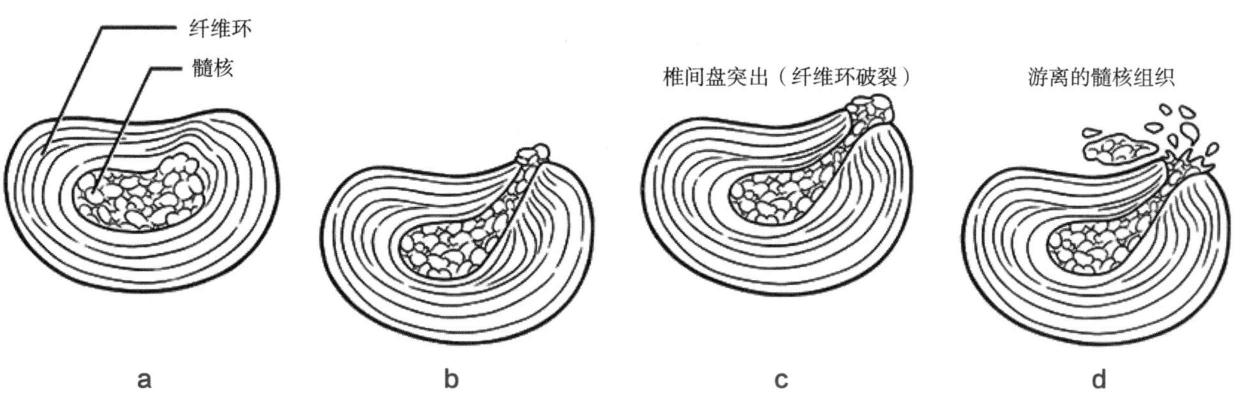

图9-46　椎间盘的突出类型

a.膨出型；b.突出型；c.脱出型；d.游离型。

表9-15　椎间盘的突出类型

分型	髓核	纤维环
膨出型	移位，但保留在纤维环内	内部有部分破裂，但外层完整
突出型	移位，并到达椎间盘后缘，仍在纤维环内	破裂，后纵韧带完整
脱出型	髓核从椎间盘完全脱出，穿破后纵韧带，进入硬膜外腔	完全破裂
游离型	部分突出髓核和纤维环碎片游离于硬膜外腔中	完全破裂

2. 关节突关节　属于滑膜关节类型，其关节面被软骨覆盖。关节囊较为薄弱且松弛，在前方有黄韧带，后方有棘间韧带加强关节的稳固性。关节面的排列方向在起始处呈矢状位，然而随着向下的延伸逐渐转变为斜位，到第五腰椎几乎呈现为冠状位。上关节突关节的关节面大多呈现凹形，而下关节突关节的关节面主要以凸面形和平面形为主（图9-47）。

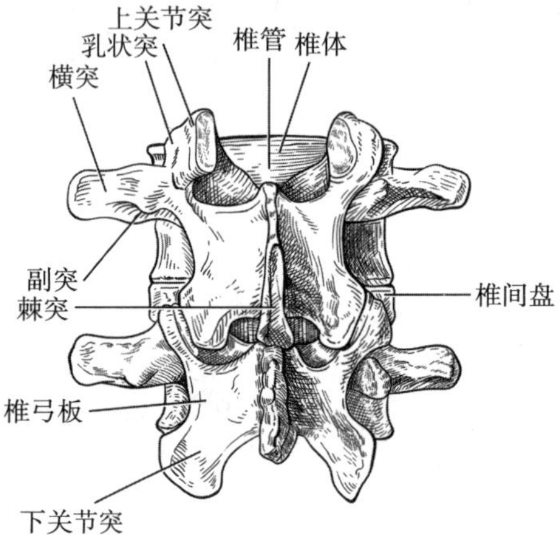

图9-47　腰椎关节突关节

3. 腰骶关节　又称为腰骶连接，是由L_5的椎体与骶骨S_1及L_5下关节突S_1的上关节突组成的连接结构，整个躯干和上半身的重量从此区域传递至骨盆。通常情况下骶骨平面与水平面的夹角约为40°，称为腰骶水平夹角。L_5和S_1构成的关节突关节接近于冠状面，这有助于防止脊柱在前屈方向上时，下段脊柱相对于骶骨向下滑动平移。腰椎椎体相对于下位椎体向前滑移称为椎体前滑脱，主要病因包括椎弓峡部裂、退行性椎间关节不稳或创伤；重度滑脱（Meyerding分级Ⅲ-Ⅳ度）可导致椎管狭窄，压迫神经根或马尾神经，引发下肢放射痛、鞍区麻木及二便功能障碍（图9-48）。

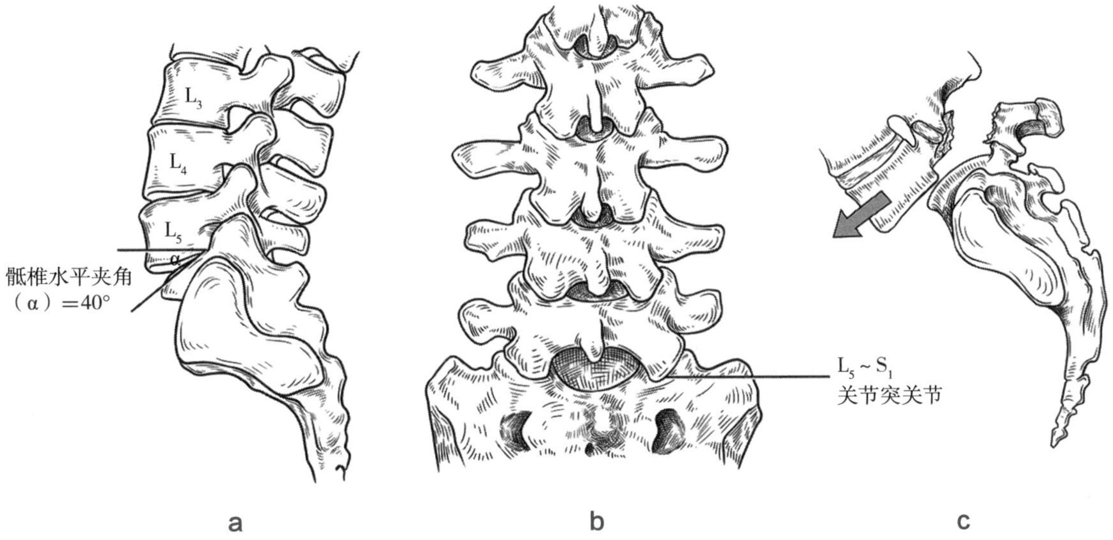

图9-48　腰骶关节

a. 腰骶水平夹角；b. L_5 ～ S_1 关节突关节；c. 前向椎体滑脱。

（三）韧带和筋膜

腰和骨盆的韧带较多（图9-49），主要作用是为此区域和脊柱提供必要的被动稳定性，这些韧带均缠绕在骨周围并与肌肉紧密结合形成连续的韧带系统，主要包括前纵韧带、后纵韧带、骶结节韧带、骶髂后韧带、骶棘韧带、髂腰韧带和腹股沟韧带等。

胸腰筋膜也称为腰背筋膜（图9-50），在胸背部区域其厚度较薄，在腰背部时厚度达到最厚，是全身范围内最厚且最强大的筋膜之一。就像一条巨大的韧带一样，将脊椎、骶椎、肋骨、躯干肌群及脊柱韧带系统连接起来。胸腰筋膜可以被划分为三层，第一层为深层（前层），位于腰方肌的前面，附着于腰椎的横突之上并且包裹着腰方肌，这种筋膜也被叫作腰方肌筋膜。前方与腰大肌筋膜相延续，也是腹内筋膜的一部分。第二层是中层，处于竖脊肌与腰方肌之间。向上起始于一侧的第12肋，向下终止于髂嵴，内侧附着在腰椎横突尖以及横突间韧带上，外侧于腰方肌外侧缘处与深层相融合，进而形成腰方肌鞘，并且作为腹横肌起始部的腱膜。第三层即浅层（后层），这一层是最厚的。位于背阔肌和下后锯肌的深面，以及竖脊肌的表面。向下附着于髂嵴，内侧附着于胸椎、腰椎的棘突、棘上韧带及骶中嵴，外侧于竖脊肌外侧缘与中层相融合，从而形成竖脊肌鞘。胸腰筋膜具有传递收缩力量、稳定脊柱等重要的功能。由于脊柱胸腰段脊神经后支均走行于由多裂肌、最长肌和髂肋肌所构成的胸腰筋膜内，能支配背部相应节段皮肤和肌肉的感觉及运动，因此胸腰筋膜与许多腰背部软组织的痛性疾病有密切关系，如筋膜炎、延迟性肌肉酸痛和慢性下腰痛等，并多见于体力劳动者、长期久坐者。

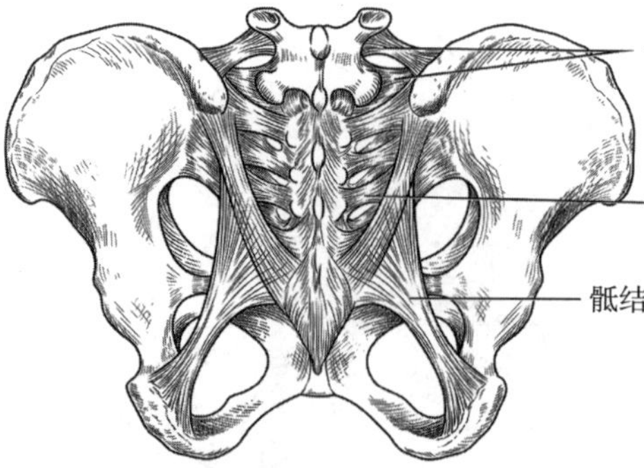

图9-49 腰骨盆部的部分韧带

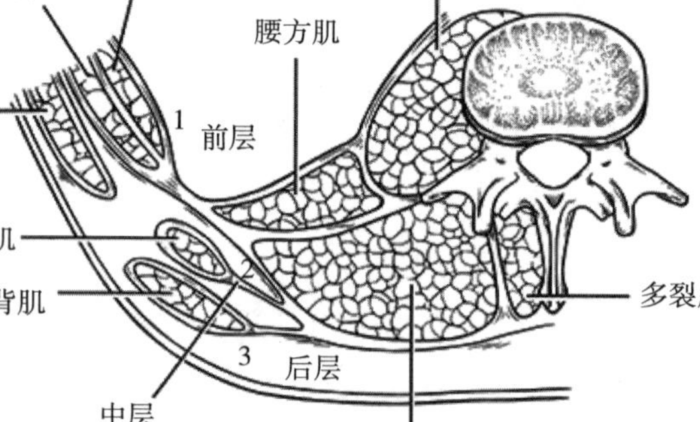

a

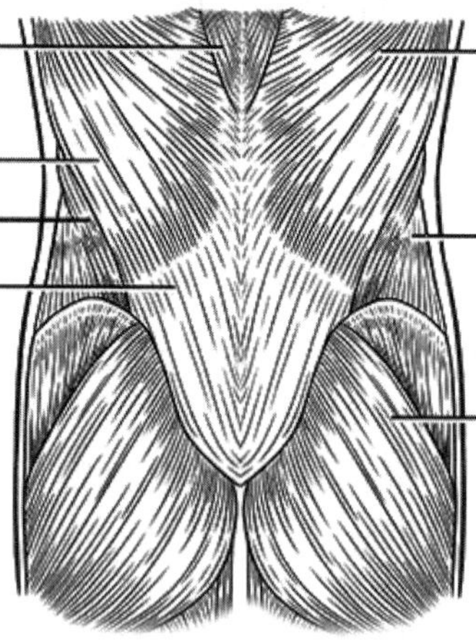

b

图9-50 胸腰筋膜

a.胸腰筋膜分层；b.附着于胸腰筋膜的肌群。

二、腰椎的生物力学

（一）腰椎的运动学

腰椎的运动包括前屈、后伸、侧屈和旋转（表9-16）。腰椎的屈伸活动范围较大，其次是侧屈，旋转运动范围较小，这与关节突关节面的方向有关。

表9-16　腰椎的活动范围

腰椎关节运动	活动范围	动力过程
前屈	0° ~ 60°	腹直肌、腰大肌收缩使脊柱前屈，随着弯曲幅度的逐渐增大，脊柱伸肌拉长收缩，以控制、对抗脊柱前屈
后伸	0° ~ 35°	腘绳肌先收缩使骨盆后倾（并增加脊柱后伸肌群力的臂），随后竖脊肌、背阔肌收缩使脊柱后伸。当后伸超过中立位后，腹部肌群开始收缩，以控制、对抗脊柱后伸
侧屈	0° ~ 20°	主要有同侧的腰方肌、竖脊肌、腹外斜肌、腰大肌的主动参与收缩，对侧腰方肌、腰大肌控制、对抗运动
旋转	0° ~ 18°	同侧的横突棘肌、腹内斜肌（主要旋转肌），对侧的腹外斜肌、腰大肌参与旋转运动

1. 前屈　腰椎前屈的活动范围自上至下逐渐增加的，L_5 ~ S_1节段前屈的幅度最大约为20°。当腰椎前屈时，椎间盘前部受压变窄，纤维环受压缩；椎间盘后部拉伸变宽，髓核向后移位，导致后部纤维环承受显著增加的张应力。由于人体腰部的前屈运动相对频繁，这种反复的应力负荷容易造成后部纤维环的疲劳损伤或断裂，进而引发椎间盘突出。人体的许多功能性运动需要通过腰部屈曲来完成，然而矛盾的是这些动作又是引起腰椎间盘突出的高发因素。屈曲时，关节突关节产生相对滑动，以向前移动为主，关节囊被拉紧，椎间孔增大。随着前屈幅度的逐渐增大，后纵韧带、黄韧带、棘间韧带、棘上韧带和髂腰韧带弹性张力逐渐增加，限制前屈（图9-51）。骨盆前倾可增加腰椎前屈的幅度，但若腘绳肌紧张限制骨盆前倾，亦可影响脊柱前屈的幅度。

2. 后伸　脊柱后伸时，椎体后部相互靠近，椎间盘后部受压变窄，纤维环受压缩；椎间盘前部受拉伸变宽，髓核向前移位。这导致前部纤维环承受显著增加的张应力，而后部纤维环则处于相对松弛状态。因而椎间盘突出症患者可进行后伸运动锻炼，以减少髓核后移引起疼痛，这种运动也是麦肯基疗法的治疗机制。但是，后伸运动会引起椎间孔孔径减小，对于因椎间孔狭窄而导致神经根卡压的患者，则应减小或避免脊柱后伸的动作。脊柱后伸会引起前纵韧带张力升高，后纵韧带、黄韧带松弛。随着后伸幅度的逐渐增加，还会引起关节突关节、棘突之间的骨性碰撞，进而限制脊柱后伸。此外，若髂腰肌紧张，限制骨盆后倾，亦会影响腰椎后伸幅度（图9-52）。

3. 侧屈　L_5 ~ S_1节段的侧屈活动最小（仅有3°），L_3 ~ S_4节段最大，其他腰椎节段的侧屈活动基本相等。侧屈时，同侧的神经根松弛；对侧的横突间韧带和关节突关节囊紧张，神经根紧张（图9-53）。

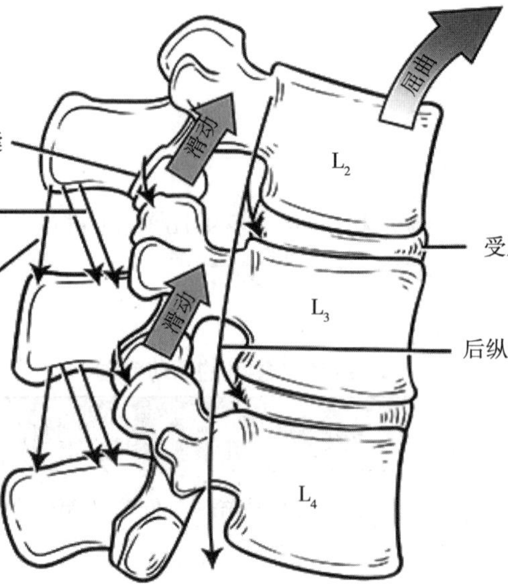

图9-51　腰椎的前屈

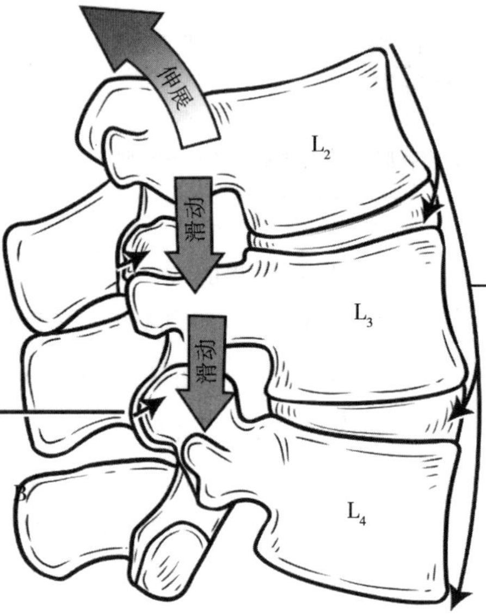

图9-52　腰椎的后伸

4. 旋转　腰椎旋转运动明显低于颈椎和中上段胸椎，$L_5 \sim S_1$节段的旋转幅度最大，可达到5°，其他各节段约为2°。此外，腰椎的旋转可通过胸椎的旋转角度补偿（图9-54）。

5. 共轭现象　腰椎的运动存在共轭现象，侧屈时伴随轴向旋转的耦合较为显著，且旋转方向与颈椎相反。当腰椎处于中立位侧屈时椎体转向弯曲的凸侧，而颈椎侧屈时椎体转向凹侧。

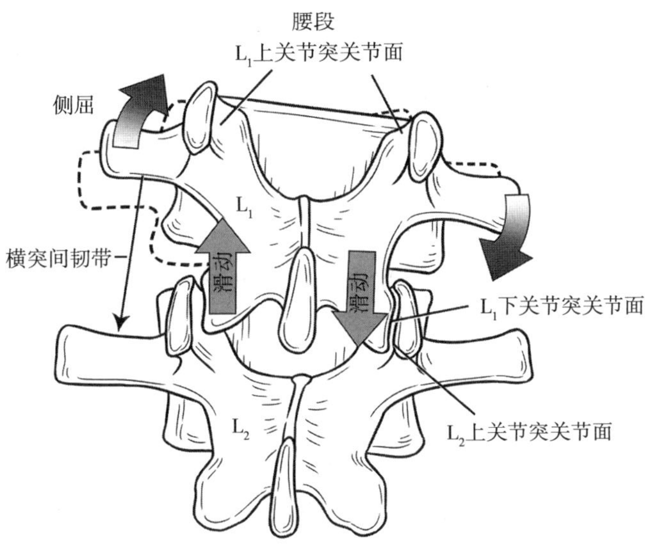

图9-53　腰椎的侧屈

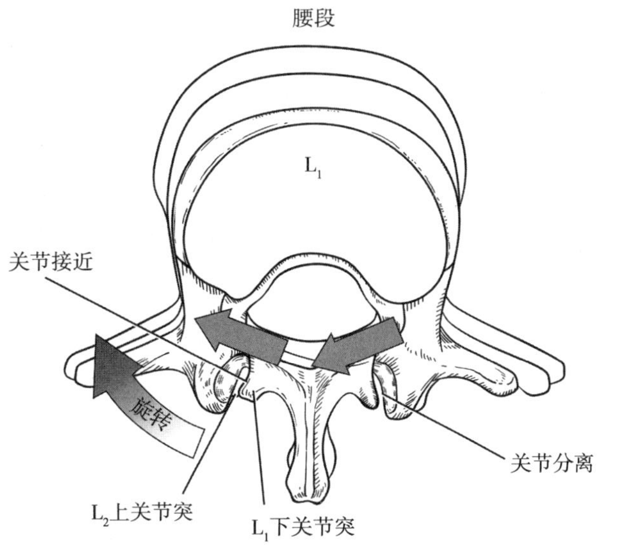

图9-54　腰椎的旋转

（二）椎体的力学性能

椎体的表面为骨密质，内部为骨松质，其中骨小梁为主要的承重和力量传递的结构。骨小梁按应力的作用方向主要沿三个方向排列（图9-55）。①垂直方向：最坚硬，承受轴向应力；②水平方向：起侧方支架的作用，防止垂直状骨小梁弯曲变形；③2个倾斜走向：棘突方向扩散的骨小梁承载作用于棘突上的张应力和弯曲应力，向上、下关节突关节面扩散的骨小梁承载作用于关节面上的压应力和切应力。

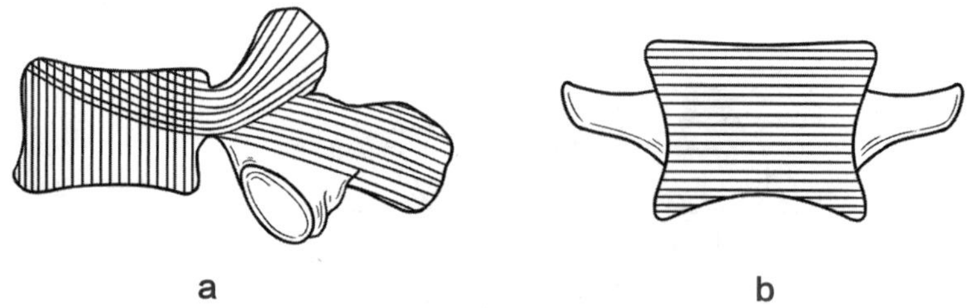

图9-55 椎骨的骨小梁力线方向

a. 侧面观；b. 正面观。

（三）腰骨盆节律

腰骨盆节律是指腰椎和髋关节在矢状面上的运动关系。当人体从立位到屈曲体位时，屈曲的顺序是先屈腰椎再屈曲髋关节，若其中一个部分存在病损，屈曲时就会出现相互代偿、活动受限等情况。例如，腘绳肌病损致屈髋受限时，腰和下部胸椎就会通过增加屈曲角度代偿髋关节屈曲，而过度的代偿动作会导致胸椎间盘、关节突关节应力增加，腰椎后部的结缔组织张力过大，从而引起损伤；相反，若腰椎的活动受限，髋关节会出现屈曲代偿，进而使髋关节伸肌张力增加，髋关节承载加大，这种姿势对于髋部受损者影响较大，可能导致关节退变加速（图9-56）。当人体从站立时的屈曲体位转变为伸直体位时（图9-57），正常的动作顺序是先伸髋。在开始伸腰时会出现一个短暂的延迟现象（这是因为此时体重所产生的伸直力矩达到最大），此时腘绳肌和臀大肌需要更大的收缩力量（图9-57）。只有当躯干明显伸直从而使力矩变小时，腰部伸肌的力量才会增加，这种机制对腰部肌肉和关节的保护具有积极意义。所以腰部疼痛或患有腰椎病的患者可以在进行此动作时，有意识地延迟腰部肌群的主动收缩。而当身体完全伸直时，重力的作用线就会移动到髋关节的后方，此时髋关节伸肌和腰部的伸肌就不再进行主动收缩了。

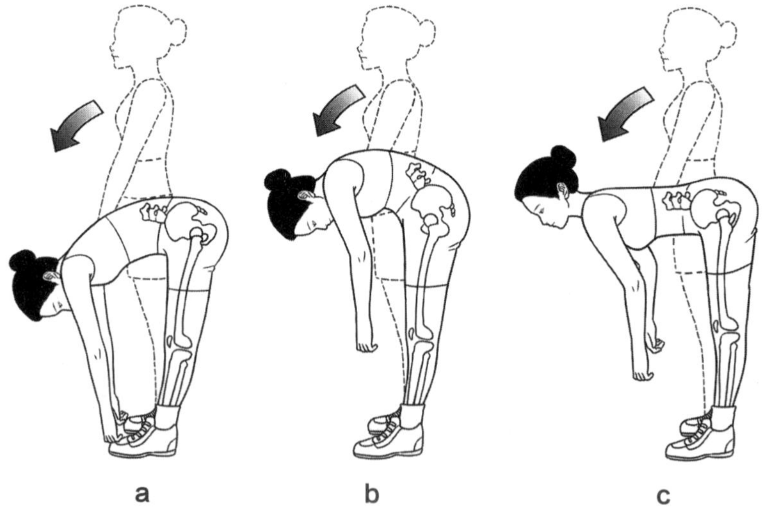

图9-56 直立位到屈曲的腰椎骨盆节律

a. 正常；b. 屈髋受限伴腰椎过度屈曲；c. 腰椎屈面受限伴过度屈髋。

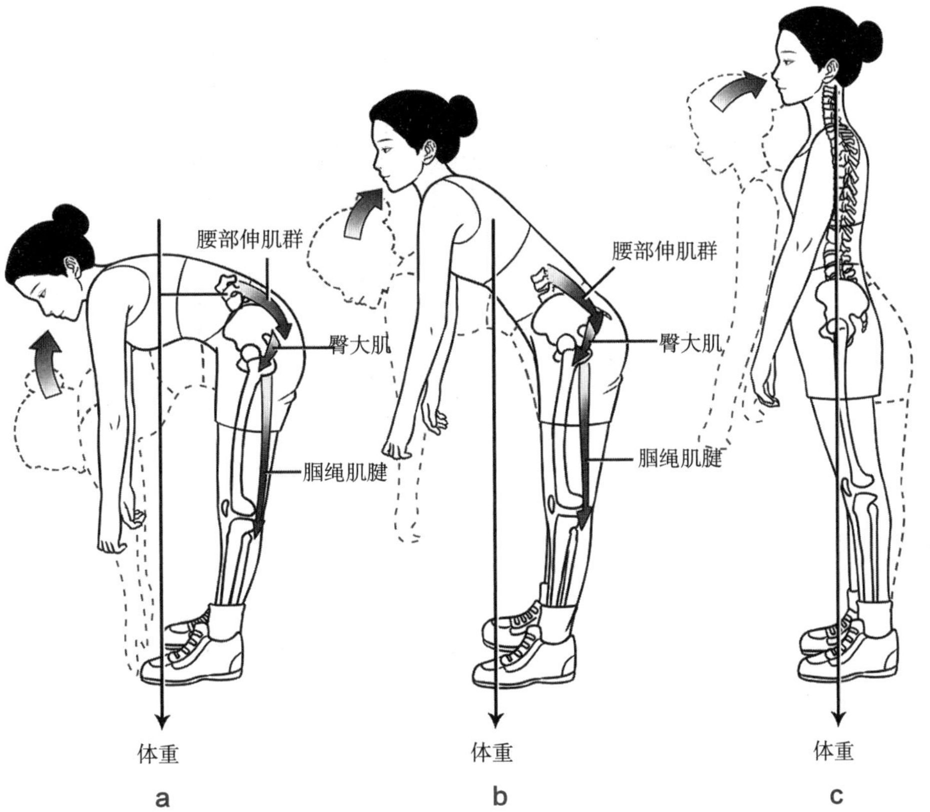

图9-57 屈曲到伸直的腰椎骨盆节律

a. 早期；b. 中期；c. 完成。

（四）脊柱侧凸

脊柱侧凸的主要特征是人体脊柱胸腰节段在冠状面上的异常弯曲，也叫侧凸，且侧凸是根据弯曲的顶点或凸侧定义的。科布角（Cobb's angle）是评估脊柱侧凸（脊柱侧弯）严重程度的核心指标，广泛应用于临床诊断和治疗决策。Cobb角是通过X线全脊柱正位片测量脊柱侧凸弯曲角度的标准方法，反映侧凸的严重程度。具体测量方法如下。①确定上端椎和下端椎：在侧弯弧线中倾斜度最大的椎体。②画参考线：沿上端椎的上终板和下端椎的下终板各画一条直线。③计算角度：两条参考线垂线之间的夹角即为Cobb角。最常见的侧凸模式是侧凸顶点位于T_7～T_9节段的单个侧向弯曲，其他模式主要发生于腰椎节段的代偿性弯曲。Cobb角＜20°为轻度侧凸，可观察或保守治疗（如姿势矫正、物理治疗）；20°≤Cobb角≤40°为中度侧凸，可选用支具治疗；Cobb角＞40°为重度侧凸，则需要手术干预（如椎弓根螺钉制动融合术）。

微课：Cobb角

如图9-58是一个胸椎左侧凸、腰椎右侧凸的脊柱侧凸女孩，躯干前屈时会出现“肋骨隆起”（常用于脊柱侧凸的初步诊断），这是由于肋骨跟随胸椎发生不必要的旋转所致。

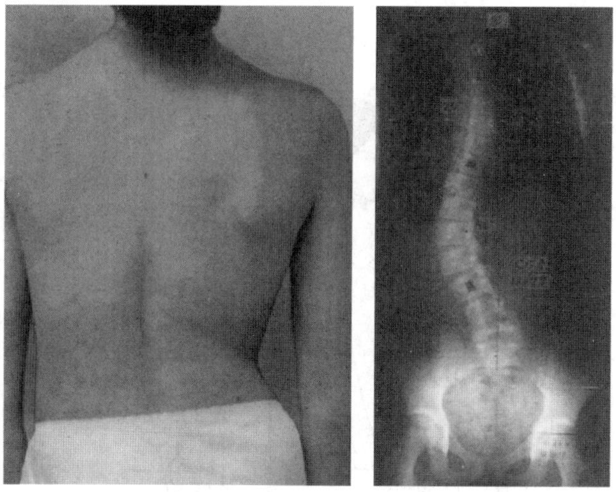

图9-58　脊柱侧凸

（五）骨盆倾斜与腰椎

正常情况下，人体腰凸的顶点位于L_3、L_4的椎体前缘。腹直肌和腰大肌、胸小肌的共同作用对维持腰部曲度具有积极意义。骨盆前倾会增加腰椎前凸的幅度，骨盆后倾会减小腰椎前凸的幅度，明显的骨盆倾斜会减小椎间孔、椎管的孔径，使椎间盘产生压力梯度，导致髓核移向压力小的一侧（图9-59a、c）。理论上讲，屈髋肌和背伸肌主动收缩会使骨盆前倾，增加这些肌群的训练有助于减小腰椎间盘突出患者椎间盘的压力，但过度的前凸（如屈髋肌痉挛患者）会导致腰椎滑脱的发生。相反，伸髋肌和腹肌的主动收缩会使骨盆后倾，减小腰椎前凸（图9-59b、d），增加椎间孔孔径，此训练动作适用于腰椎过度前凸和骶骨水平角明显增大的患者。

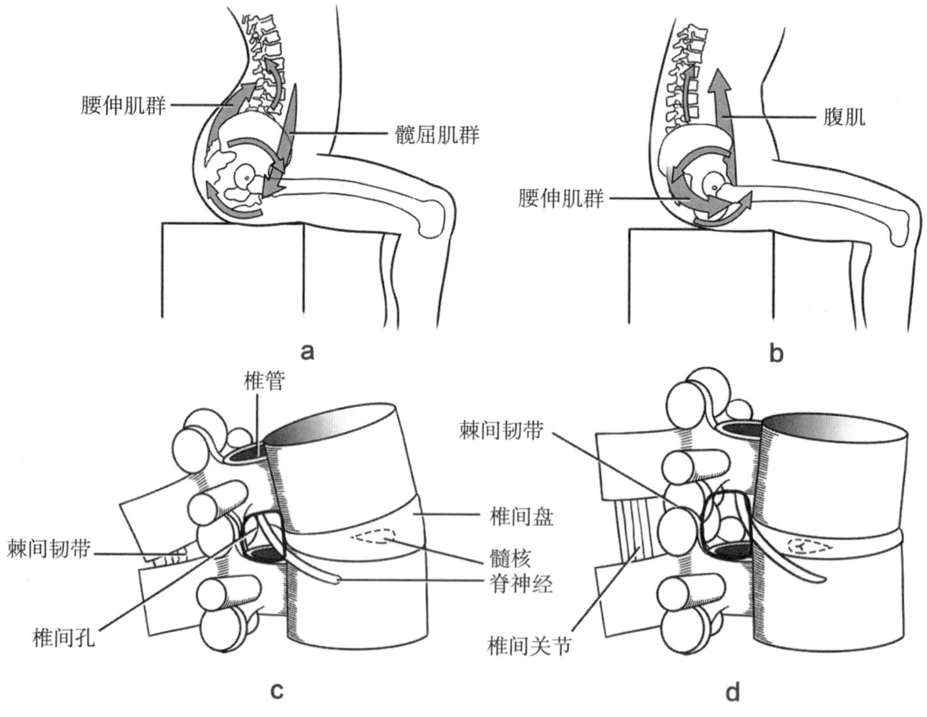

图9-59　骨盆倾斜与腰椎

a. 骨盆前倾时伸腰；b. 骨盆后倾时屈腰；c. 伸腰时腰椎改变；d. 屈腰时腰椎改变。

（六）体位与腰椎负荷

身体姿势和肌肉的放松程度会影响腰椎负荷的大小。萨托（Sato）等人以人体放松站立时椎间盘内压力为100%，研究不同姿势和状态下椎间盘内压力的变化（表9-17）。当人体处于仰卧位时，脊柱承受的负荷不受体重的影响，椎间盘内的压力较小，此姿势下椎间盘内的压力主要来源于肌肉、韧带等组织的张力；若采用屈髋屈膝仰卧位可使腰部肌肉充分放松，此时腰椎间盘承受的负荷最小（图9-60），因此临床上可建议腰椎间盘突出的患者采用此体位缓解腰腿痛，也可在此体位下进行腰椎牵引；侧卧位时，身体的重量主要由臀部和肩部承担，腰椎处于自然弯曲状态，能在一定程度上减轻椎间盘的压力；俯卧位时，腰椎的曲度会加深，进而牵拉肌肉增加了腰椎的负荷；坐位有支撑情况下腰椎承受的负荷小于无支撑的坐位，因靠背可支撑部分身体重量，故肌肉的收缩力减小；当坐位靠背向后倾斜或有腰部支撑物时可进一步减小腰椎的负荷，但若支撑物在胸椎处反而会增加腰椎负荷（因腰椎发生了代偿性后凸，椎间盘内压增加）。

表9-17　同一个体不同姿势和状态下椎间盘内压力的变化

姿势/状态	承受负荷百分比/%	姿势/状态	承受负荷百分比/%
仰卧位	20	陷在椅子内坐位	54
侧卧位	24	从椅子上站起时	220
俯卧位	22	赤足走路	106～130
俯卧位，背部伸直，肘支撑	50	穿网球鞋走路	106～130
仰卧位大笑时	30	穿步行鞋慢跑	70～190
仰卧位打喷嚏时	76	穿网球鞋慢跑	70～170
极度扭转时	140～160	上楼梯，一次上一个台阶	100～140
放松站立位	100	上楼梯，一次上二个台阶	60～240
站立位，做Valsalva动作	184	下楼梯，一次下一个台阶	76～120
站立位向前屈曲	220	下楼梯，一次下二个台阶	60～180
放松坐位，无靠背椅	92	举起20kg重物，圆背脊柱屈曲时	460
绷直背部坐位	110	举起20kg重物，按正确提举方法	340
坐位，极度屈曲	166	靠近躯体持重20kg	220
坐位，向前屈曲，肘部支撑在大腿处	86	距离胸廓60cm远持重20kg	360

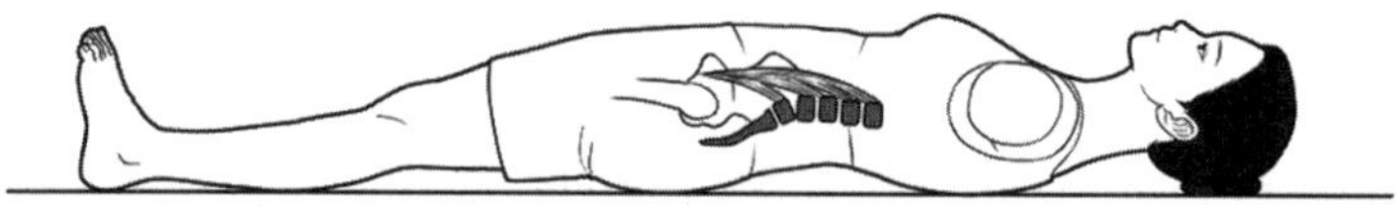

a

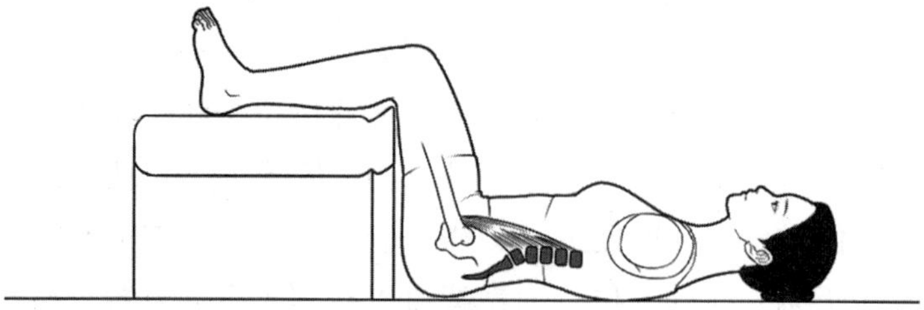

b

图9-60 屈髋屈膝仰卧位

a.仰卧位时下肢伸直，由于腰大肌的收缩牵拉腰椎，可对腰椎体施加一个负荷；b.当髋、膝关节屈曲且有支撑物存在时，腰大肌松弛，腰椎上的负荷减少。

携带、提举重物是生活中常见的姿势，物体尺寸和姿势体位不同对腰椎负荷亦有较大影响。例如，同一个体在相同站立位下手持相同质量但尺寸不同的物体（图9-61a、b），较大尺寸的物体（图9-61b）对应的重力杠杆臂更长，因而在腰椎处产生的弯曲力矩（重力矩B＝200N×0.4m＝80Nm）比a图产生的弯曲力矩（重力矩B＝200N×0.3m＝60Nm）大。提举相同的重物时，不同的体位对腰椎的影响不同，例如，直立位提起200N的重物（图9-61c），物体的重量杠杆臂为30cm，因此产生的前倾弯曲力矩为60Nm（200N×0.3m），假设人体上身产生的重力为500N，对应的重力臂为2cm，则人体上身重力产生的腰椎弯曲力矩为10Nm（500N×0.02m），二者产生的合力矩为70Nm（60Nm＋10Nm）。若以图9-61d姿势提取重物，物体重力产生的腰椎前倾弯曲力矩为80Nm（200N×0.4m），上身重力产生的弯曲力矩为125N（500N×0.25m），二者产生的合力矩为205Nm（80Nm＋125Nm），因而弯腰持重物时施加在腰椎上的负荷最大，因而临床上医生推荐采用屈髋、屈膝、后背挺直的姿势搬举重物，以减轻脊柱的负荷。在实际生活中，几乎任何运动（走、跑、跳、上下楼梯等）都能增加肌肉的收缩力、脊柱周围弹性组织的张力和脊柱的负荷，哈米尔（Hamill）等研究发现脊柱的负荷与行走速度呈正相关，且在行走过程中足蹬地时的负荷达到最大，因此腰痛患者应缓慢行走并避免足蹬地动作。

（七）腹内压与腰椎的稳定性

腹内压是指腹腔内的压力，具有维持腰椎机械稳定性和减小腰椎负荷的作用，膈肌、腹肌和盆底肌的协同收缩是腹内压产生的主要原因。腹内就像一个“压力球”，当内压升高时，可使腰椎后伸（图9-62），进而减小向前的弯曲力矩，使腰背肌活动减少，同时整个腹腔形成一个近似圆柱体的结构，其稳定性较强。因而临床上常采用合理的方法锻炼腹肌、膈肌和盆底肌，提升腹内压力，增加脊柱的稳定性。格拉斯韦尔（Gresswell）研究表明，腹横肌是腹部肌群中产生腹内压的主要肌肉，这与腹横肌的走行有关，其水平走行收缩时可增加腹内压且不产生躯干的屈曲力矩，因而临床上常通过训练腹横肌来增加腰椎的稳定性。无论何种状态下，如走、跑、跳或负载重物时，都可造成腹内压上升，机体通过腹内压的膨胀支撑脊柱并减轻椎间盘压缩负荷。

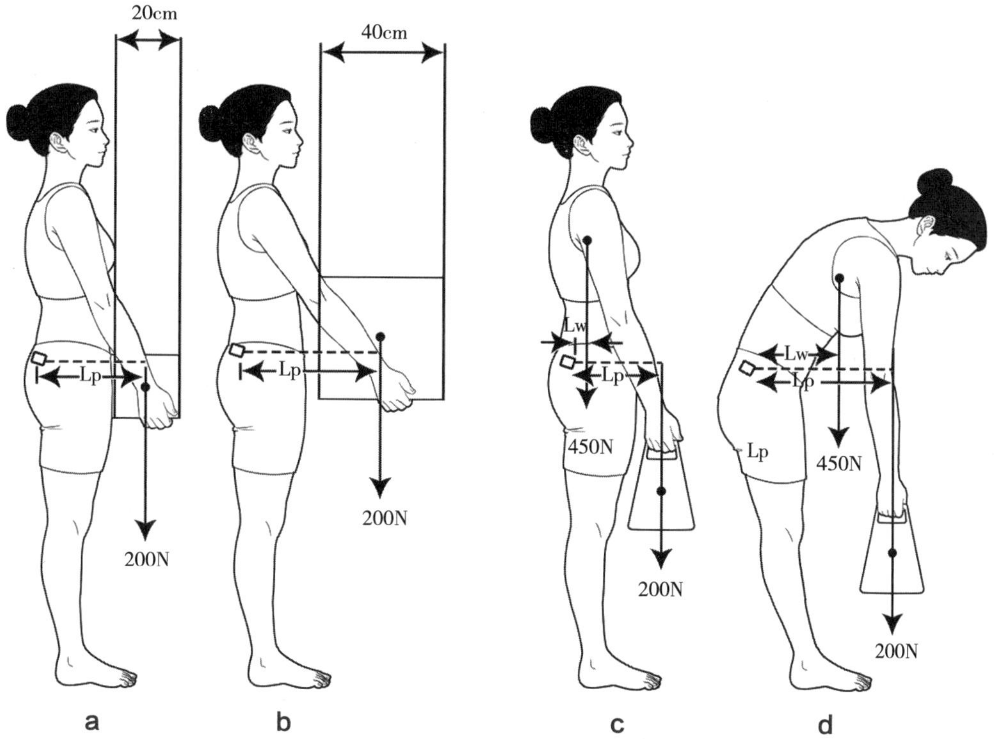

图9-61　不同物体尺寸、不同体位对腰椎所受负荷的影响

a.前曲力矩＝60Nm；b.前曲力矩＝80Nm；c.前曲总力矩＝70Nm；d.前曲总力矩＝205Nm。

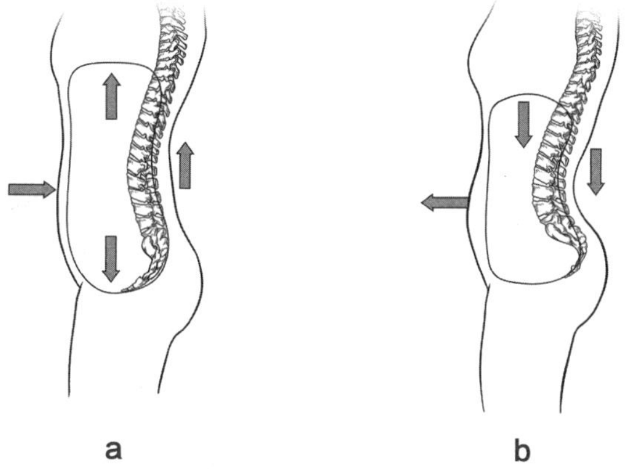

图9-62　腹内压的支撑作用

a.腹内压增加，椎间盘及关节突关节所受压力减轻；b.腹内压正常时的支撑作用不明显。

三、腰椎与运动功能障碍

腰椎作为脊柱承重与活动（尤其屈伸）的核心节段，其功能障碍常表现为疼痛、活动受限、神经症状及稳定性下降。常见功能障碍具体如下。①姿势控制异常：如腰椎前凸过大（常伴骨盆前倾）或过小（平背），破坏力学平衡；②节段性活动障碍：小关节（关节突关节）紊乱/卡压或活动受限，导致局部疼痛和特定方向活动受限；③ 动态稳定性下降：深层稳定肌（多裂肌、腹横肌）失活，浅层肌（竖脊肌、腰方肌）代偿性紧张，损害运动控制能力；④肌肉失衡：核心肌群（腹肌、臀肌）

无力与屈髋肌群（髂腰肌）、腘绳肌紧张形成恶性循环；⑤神经动力学异常：神经根或神经干（如坐骨神经）张力增高或受压引发症状。康复评估需整合静态姿势观察（矢状面曲度、骨盆倾斜度）、主动活动度检查（屈伸、侧屈范围）、动态动作分析（如俯身拾物测试观察运动控制）、触诊（棘突排列、关节突压痛、肌肉张力及触发点）、神经学检查（肌力、反射）、特殊测试（直腿抬高试验、股神经牵拉试验、腰椎失稳测试）及功能性评估（如单腿站立稳定性）等。治疗核心在于减轻疼痛与炎症（急性期）、恢复关节与软组织活动性、重建神经肌肉控制与核心稳定性、纠正肌肉失衡、改善生物力学与运动模式及渐进性功能训练等。理解腰椎-骨盆-髋关节复合体的生物力学联动是制定有效、个体化康复方案的基础，需注重整体功能恢复而非仅关注局部疼痛。

▶知识拓展

正确的“仰卧起坐”和“小燕飞”

屈髋屈膝的“仰卧起坐”动作常作为锻炼腹肌的有效方式，此动作虽然能在限制腰肌收缩的情况下有效锻炼腹肌，但也会增加腰椎间盘的压力。正确的“仰卧起坐”训练是屈髋屈膝的同时使头部、肩胛抬离床面，以减小腰椎上的负荷。

生活中人们常使用“小燕飞”锻炼背部肌肉力量，正确的“小燕飞”姿势是：患者取俯卧位并在腹下放置枕垫，使脊椎保持相对平衡的位置，以更好地降低腰椎间盘上产生的应力。规范动作不仅是运动科学的要求，更是“生命至上”价值观的生动实践。面对全民健身热潮，医学工作者与教育者需传递科学锻炼观，引导公众将健康意识转化为理性行动，共同绘制健康中国的时代画卷。

—• 考试知识点总结 •—

—• 本章小结 •—

—• 协和云课堂…… 拓展练习及参考答案 •—

（黄　翠）

第十章　咀嚼及呼吸运动学

教学课件

学习目标

素质目标

（1）具备解析咀嚼时颌面部运动规律及呼吸时胸廓与膈肌运动机制的能力。

（2）具备整体康复理念及职业责任感。

知识目标

（1）掌握：颞下颌关节的组成及其运动学特征及主要的吸气肌和呼气肌。

（2）熟悉：咀嚼肌的结构、神经支配及平静呼气和用力呼气的机制。

（3）了解：颞下颌关节障碍的概念与影响因素及用力吸气和用力呼气时肌肉的相互作用。

能力目标

（1）能够运用咀嚼解剖结构分析颞下颌关节及口开合的运动学特征，同时了解常见的颞下颌关节功能障碍保守治疗方法。

（2）能够运用呼吸运动学设计呼吸训练方案。

案例导入

【案例】

患者，女，25岁。因左侧颞下颌关节疼痛伴弹响1年前来就诊。患者自述1年前出现双侧关节弹响，左侧张口疼痛，且近期加重。查体：张口疼痛，双侧颞下颌关节张闭口往复弹响，左侧关节后区压痛明显。深覆颌，后牙拥挤，咀嚼肌未见异常。疼痛视觉模拟评分：6分。

临床诊断：双侧颞下颌关节盘可复性盘前移位，左侧颞下颌关节滑膜炎。

【问题】

1. 简述颞下颌关节的构成是什么？

2. 颞下颌关节盘易向前方移位的原因是什么？

· 核心知识拆解 ·

在康复治疗技术领域，运动学基础是关键内容。咀嚼肌与呼吸运动学看似分属于不同生理活动范畴，却都蕴含着人体功能运作的核心要点。深入掌握咀嚼肌相关知识，需从解剖结构到功能机制，明确咬肌、颞肌等核心肌肉的起止点及其协同运作模式、理解咀嚼运动中的各类动作及生物力学原理。在呼吸运动学中，呼吸肌的解剖特点与功能，如膈肌、肋间肌在呼吸过程中的辅助作用，区分平静呼吸与用力呼吸的区别，并掌握呼吸运动的神经和体液调节机制。这些知识都是深入了解人体运动本质、为康复治疗提供精准依据的重中之重。咀嚼与呼吸运动学不仅是解剖力学的微观镜像，更是打开慢性病康复之门的钥匙。对于康复治疗专业的学生而言，这两大领域的深度学习意味着能系统性解决从颞下颌疼痛到呼吸衰竭等广泛临床问题，其价值远超单纯的技能习得——是构建全人康复观的基石，也是践行"防-治-康一体化"现代医疗理念的实践基础。

第一节　咀嚼运动

咀嚼是指牙齿咬碎、撕裂及研磨食物的过程。此过程包含咀嚼肌、牙齿、舌及两侧颞下颌关节之间的协同作用。颞下颌关节又称为下颌关节，由下颌骨的下颌头与颞骨的下颌窝及关节结节构成。当下颌移动时可以在耳的前方触及此关节，咀嚼、说话、吞咽等动作都需要颞下颌关节参与。由于颞下颌关节日常活动频繁且感觉神经丰富，一旦受到病理、病灶或是外伤影响，易引发极端的疼痛或不适。由颞下颌关节所产生的疼痛通常会放射到其他部位，表现为头痛或颈部痛。

一、骨与关节

（一）骨

牙齿和下颌骨、颧骨、上颌骨、颞骨、蝶骨及舌骨为与咀嚼功能相关的结构。

1. 下颌骨　是最大的颌面颅骨（图10-1），借助颞下颌关节的肌肉、韧带及关节囊悬吊在颅骨上。下颌骨由下颌体和两个下颌支组成，下颌体为下颌骨上水平走向的部分，成人的下颌体有可容纳16颗牙齿的凹槽；下颌支作为下颌骨的重要组成部分，自下颌体后方向上方垂直延伸形成矩形骨板。其外侧面的后下1/3区域有明显粗糙的骨性隆起，称为咬肌粗隆，为咬肌提供稳固的附着基础。下颌支上端分叉形成两个特征性突起：前侧的冠状突呈三角形锐嵴，为颞肌肌腱的止点，在咀嚼运动中发挥重要作用；后侧的髁状突末端膨大形成卵圆形的下颌头，其关节面与颞骨下颌窝共同构成颞下颌关节。两突之间由深陷的下颌切迹分隔，该弧形凹陷在侧位影像学检查中具有重要辨识价值。特别值得注意的是，髁状突基底部的缩窄区域即下颌颈，此处因骨质相对薄弱，是下颌骨骨折的常见部位。下颌支后缘与下颌体下缘交汇处形成的钝角结构称为下颌角，该部位不仅是咬肌和翼内肌的协同附着区，更是重要的体表骨性标志，其角度大小与年龄、性别及咬合发育密切相关。在临床

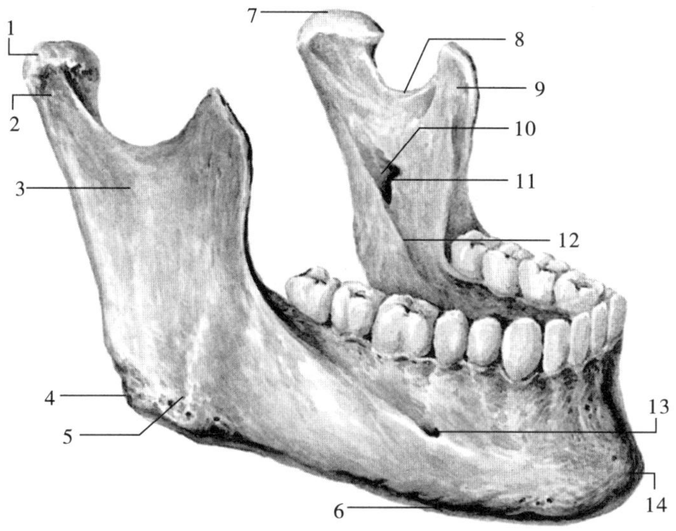

图10-1　下颌骨

注：1.下颌头；2.下颌颈；3.下颌支；4.下颌角；5.咬肌粗隆；6.下颌体；7.髁突；8.下颌切迹；9.冠突；10.下颌孔；11.下颌小舌；12.下颌舌骨沟；13.颏孔；14.颏隆凸。

实践中，下颌角既是颌面外科手术的重要解剖参考点，也是法医学中性别鉴定的关键形态学指标。

2. 颞骨　其下颌窝与下颌骨的下颌头及形成颞下颌关节。下颌窝的前方有明显的关节结节，后方即为外耳道口。颞骨向前的突出称为颧突，构成颧弓的后半部；颧弓由颞骨的颧突及颧骨（脸颊骨）的颞突构成，为咬肌近端的附着点。颞窝是位于颅骨侧边的轻微凹陷区域，由五块不同的颅骨构成（图10-2）。

3. 上颌骨　由其左右组成的单一上颌骨，又称为上腭。上颌骨紧密地与面部其他的骨骼紧密融合，包含蝶骨、鼻骨及颧骨。上颌骨的下部包含上排牙齿的凹槽（图10-2）。

4. 颧骨　形成面颊区域及眼的外侧眼眶。如同之前所叙述过的，颧骨的颞突形成颧弓的前部（图10-2）。

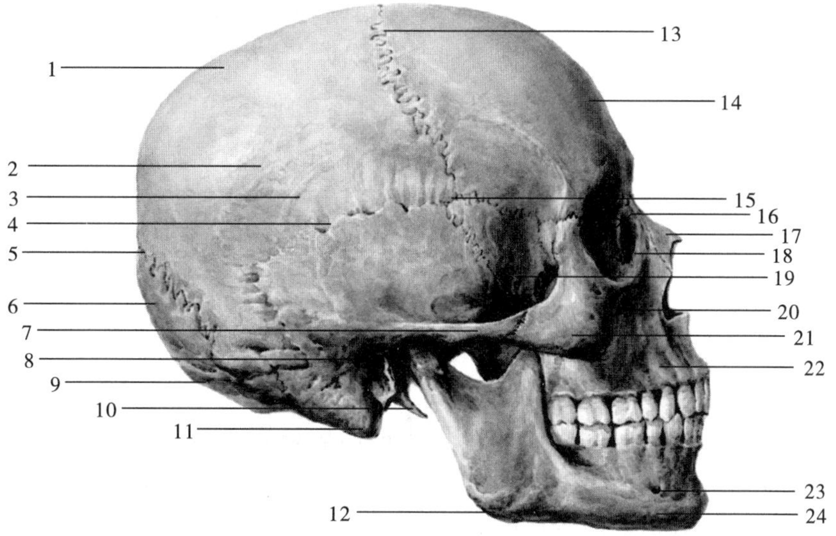

图10-2　颅外侧面

注：1.顶骨；2.上颞线；3.下颞线；4.顶颞缝；5.人字缝；6.枕骨；7.颧弓；8.外耳门；9.枕外隆凸；10.茎突；11.乳突；12.下颌角；13.冠状缝；14.额骨；15.翼点；16.泪骨；17.鼻骨 18.泪囊窝；19.蝶骨；20.眶下孔；21.颧骨；22.上颌骨；23.颏孔；24.下颌体。

5. 蝶骨 是一块独立位于颅骨深层的骨骼，横跨于颅底。其大翼位于颅骨两侧，恰在颞骨前方；向下突出的部分是翼突内侧板和翼突外侧板，其中翼突外侧板是翼内肌及翼外肌的近端附着处（图10-3）。

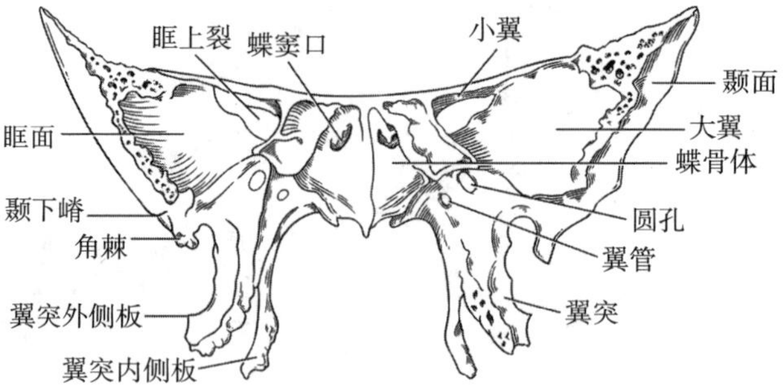

图10-3 蝶骨

6. 舌骨 位于喉咙的基部，第3节颈椎前方。其活动度较大，是许多负责舌运动、吞咽和张口动作的肌肉的附着处。

7. 牙齿 上颌骨和下颌骨各有16颗恒牙（permanent teeth）。每颗牙齿的结构反映了其在咀嚼中的功能，每一颗牙齿都有两个基本部分：牙冠与牙根。牙冠通常覆盖釉质，位于牙龈上方；每颗牙齿的牙根都嵌在牙槽骨内，牙周韧带有助于使牙齿的根部附着在牙窝内。牙齿的尖端呈锥形，从牙齿的表面凸起，当上下相对的牙齿最大限度接触时，称为最大牙尖吻合（maximal intercuspation）。此术语特别用于描述颞下颌关节面的相对位置关系。在放松的姿势下，下颌骨的位置允许上、下牙之间存在轻微的咬颌面间隙。通常情况下，牙齿的接触仅发生在咀嚼和吞咽过程中。

微课：颞下颌关节

（二）颞下颌关节

颞下颌关节（图10-4）（temporomandibular joints，TMJs）是颅面部唯一的可动滑膜关节，是由下颌骨髁突顶端的下颌头与颞骨下颌窝及关节结节共同构成的复合型骨性结构。该关节具有独特的双腔解剖特征：关节囊为松弛的纤维膜结构，上端紧密附着于下颌窝周缘及关节结节基底部，下端牢固固定于下颌颈骨膜，其外侧由颞下颌韧带加强，形成主抗拉带。值得注意的是，关节囊前壁与翼外肌上头的肌腱存在解剖融合，这种肌性-囊性复合体在维持关节稳定性的同时，也成为关节前脱位（约占颞下颌关节脱位的95%）的解剖学基础。关节腔内有致密结缔组织构成的椭圆形关节盘，将关节腔分隔为上方的关节上腔（滑动腔）和下方的关节下腔（旋转腔）。尽管左、右颞下颌关节的功能是结合在一起的，但各自保留了相对独立的功能。由于咀嚼通常是不对称的，所以一侧下颌骨通常需要比另一侧施加更大的咬合力。其中主导方常称为“工作侧”，而另一侧则称为“平衡侧”。工作侧和平衡侧对肌肉和关节的功能通常有不同的要求。

1. 骨性结构

（1）下颌髁突：髁突（mandibular condyle）由前向后呈扁平状，其内外侧的长度为前后长度的2倍。髁突通常为凸形，具有短的突起，并分为内侧端和外侧端，其中内侧端比外侧端更为突出。当嘴巴张开和关闭时，在外耳道的前方可以触及皮肤下髁突外侧端的外边缘。下颌骨髁突的关节面为薄而致密的纤维软骨。这种组织相较于透明软骨，能更好地吸收咀嚼运动产生的力量，并且具有良好的修复机制。考虑到颞下颌关节的特殊要求，上述特性都具有非常重要的意义。

（2）下颌窝：分为关节面和非关节面两个部分。关节面是由占据窝前壁的倾斜关节结节形成，这种厚而光滑的承重面内镶有一层较厚的纤维软骨。充分张嘴时，髁突向前越过关节结节。关节结节的平均倾斜度是55°。在嘴巴张开与闭合的过程中，关节结节倾斜度大小决定了髁突的运动路径。下颌窝的非关节面部分由极薄的骨头及覆盖大部分穹顶和窝后壁的纤维软骨组成。这种极薄的结构无法作为承重面。如果一个向上而且足够大的力量施加到下巴，可能会破坏下颌窝该区域的结构，甚至可以将碎骨片挤压进颅骨内。

2. 关节盘　位于下颌骨髁突及颞骨的下颌窝之间（图10-4）。这一隆起的组织由致密的纤维结缔组织构成，具有增加关节稳定性、降低关节接触时的压力、辅助下颌骨髁突安全跨越颞骨关节结节的作用。

3. 关节囊　颞下颌关节由纤维性关节囊包围，其外侧关节囊增厚形成颞下颌关节的外侧韧带。在咀嚼过程中，关节囊及外侧韧带颞下颌关节提供稳定性（图10-4）。

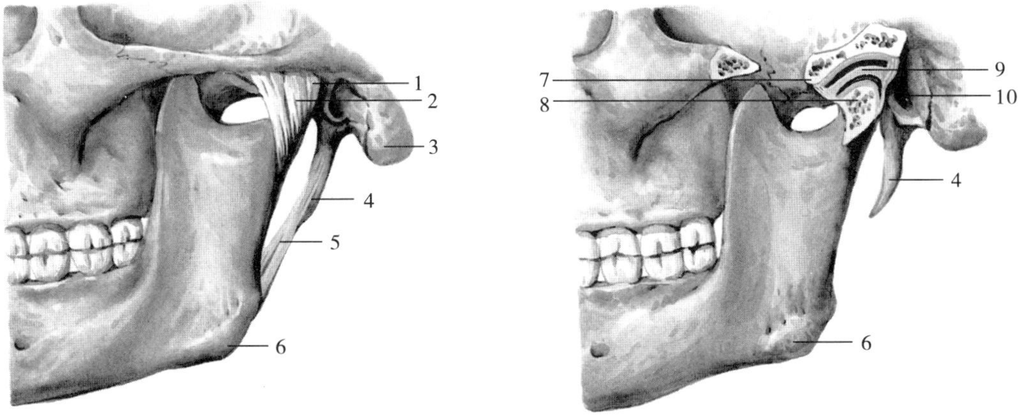

图10-4　颞下颌关节

注：1.关节囊；2.外侧韧带；3.乳突；4.茎突；5.茎突下颌韧带；6.下颌角；7.关节结节；8.髁突；9.关节盘；10.外耳门。

二、咀嚼肌

从功能分工的角度，咀嚼肌可分为原动肌（主要动力来源）和副动肌（辅助协调、稳定动作）。（表10-1）。

（一）原动肌

原动肌包括咬肌、颞肌、翼内肌和翼外肌。原动肌由下颌神经（三叉神经的一个分支）所支配。其通过卵圆孔穿出颅骨，走行于下颌窝内侧稍前的位置。颞下颌关节关节盘的中央部分缺乏感觉神经支配。

1. 咬肌　为一条厚实且有力的肌肉，咀嚼时可以在下颌角处触诊到。其近端附着处为颧弓，远端附着处为下颌骨外表面（位于下颌角及冠突之间）。当双侧咬肌共同收缩时，可以将下颌骨上抬，使牙齿咬合以咀嚼动作；单侧收缩时，下颌骨向同侧外侧偏离。咬肌的主要功能是提供磨牙之间的较大咬合力，以实现对食物的有效研磨及碾碎（图10-5）。

2. 颞肌　为扇形的肌肉，覆盖颞窝凹陷处的大部分区域。颞肌逐渐缩窄形成一条宽的肌腱，向远端走行在颧弓及颅骨的外侧间隙，其远端附着在冠状突及下颌支的前缘。此肌肉在闭合动作中发挥重要作用（下颌骨上抬及后移）（图10-6）。

表10-1　咀嚼肌及其神经支配

肌肉			神经
原动肌		咬肌	下颌神经的分支（第5对颅神经分支）
		颞肌	下颌神经的分支（第5对颅神经分支）
		翼内肌	下颌神经的分支（第5对颅神经分支）
		翼外肌	下颌神经的分支（第5对颅神经分支）
副动肌	舌骨上肌群	二腹肌（后腹部）	面神经（第7对颅神经）
		二腹肌（前腹部）	下牙床神经（下颌神经的分支）
		颏舌骨肌	通过C_1的舌下神经（第12对颅神经）
		下颌舌骨肌	下牙床神经（下颌神经的分支）
		茎突舌骨肌	面神经（第7对颅神经）
	舌骨下肌群	肩胛舌骨肌	C_1～C_3腹支
		胸骨舌骨肌	C_1～C_3腹支
		胸骨甲状腺肌	C_1～C_3腹支
		甲状舌骨肌	C_1腹支（通过第12对颅神经）

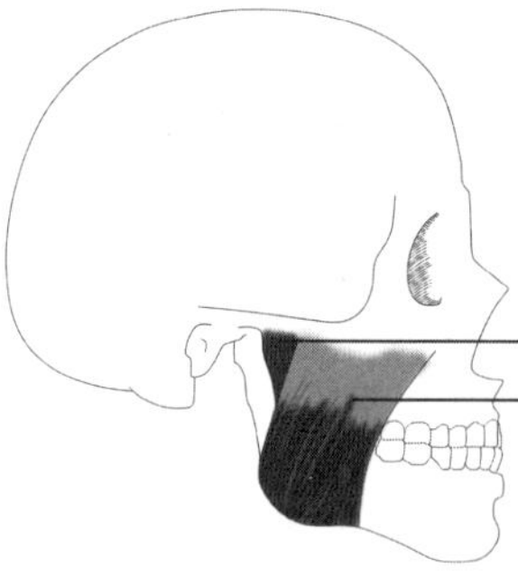

图10-5　咬肌

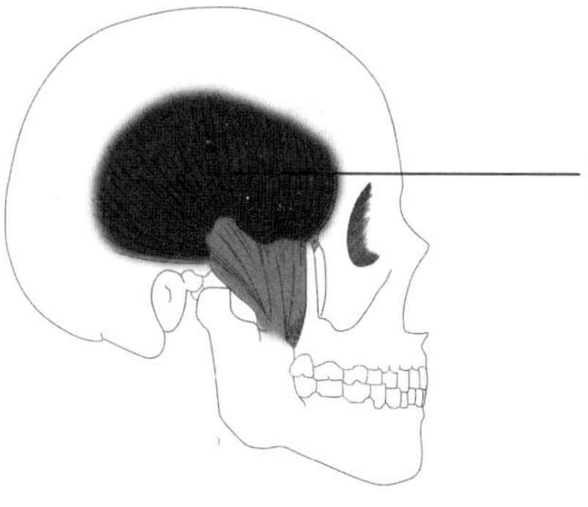

图10-6　颞肌

3. 翼内肌　与咬肌在下颌角处形成一条悬带，近端附着在翼突外侧板内侧面，远端附着在下颌骨角及下颌支的内表面。此悬带为两块肌肉提供类似的稳固拉力线，尤其对咀嚼动作中起辅助作用。对于健康成年人，若两侧翼内肌一同收缩，可以产生约45kg的咬合力量（图10-7）。

4. 翼外肌　近端和远端皆有上下两头，近端上头附着在蝶骨的大翼，近端下头附着在翼突外板的外侧表面。远端附着于下颌骨髁突附近，远端上头附着于颞下颌关节的关节盘。翼外肌的两头皆能辅助下颌骨的前移及侧移，其中翼外肌的下头对下颌张开的关节运动学至关重要。翼外肌下头将下颌骨（及关节盘）向前下牵拉，实现下颌打开及前移动作，张口较大时需要依赖这两个动作。而在用力闭合口腔时，翼外肌的上头收缩最有力（图10-7）。

（二）副动肌

咀嚼肌的副动肌主要包括舌骨上肌群及舌骨下肌群（表10-1）。这两组肌肉与下颌骨的下压，以及其后的嘴巴打开、舌的动作、吞咽和说话等生理过程有关。其中舌下肌群能稳定舌骨，进而为舌上肌提供稳固的基底，辅助下颌骨完成下降动作。舌骨上肌包含二腹肌、颏舌骨肌、下颌舌骨肌及茎突舌骨肌。舌骨下肌包含肩胛舌骨肌、胸骨舌骨肌、胸骨甲状肌、甲状舌骨肌（图10-8）。

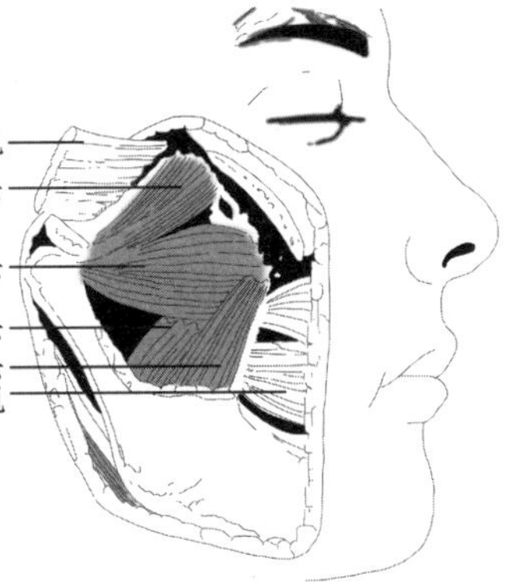

图10-7 翼内肌及翼外肌

图10-8 舌骨上肌群及舌骨下肌群

三、运动学特点

（一）颞下颌关节的运动学

下颌骨的运动通常涉及双侧颞下颌关节的运动，一侧关节的功能异常通常会干扰到其他部位的功能。根据骨骼运动学，颞下颌关节的关节运动通常涉及双侧的旋转和平移。一般来说，在旋转运动中，下颌骨髁突相对于关节盘的下表面滚动；在平移运动中，下颌骨髁突和关节盘基本上一起滑动。且关节盘通常与髁突平移的方向一致。

1. 前伸与后缩 在前伸和后缩的过程中，下颌骨的髁突和关节盘相对于下颌窝向前和向后平移。髁突和关节盘在关节结节向下的斜坡移动，使下颌骨在前伸过程中有轻微的向下滑动，在后缩过程中则向上滑动。运动轨迹的变化取决于嘴张开的程度。

2. 侧移 主要涉及髁突和关节盘在关节窝内的横向移动，通常伴有轻微的多维旋转。当右侧髁突轻微地向前、向内旋转时，左侧髁突在关节窝内形成支点。

3. 下降与上提 口腔的开合通过下颌骨的下降和上提完成。张口时，下颌骨下降并伴有向前的运动，故大张口时，下颌骨体降向下后方，而下颌头随同关节盘滑至关节结节下方。成人的张口度平均可大于5cm。此宽度可以容纳3根手指（近端指间关节）。若张口过大且关节囊过分松弛时，下颌头可滑至关节结节前方而无法退回关节窝，造成下颌关节脱位。手法复位时，必须先将下颌骨拉向下方，以超过关节结节，再将下颌骨向后推，使下颌头回到下颌窝内。

闭口时，下颌骨上提并伴下颌头和关节盘一起滑回关节窝。在这些运动中，双侧颞下颌关节都出现了下颌骨髁突、关节盘和关节窝之间的旋转和平移的复合运动。因为旋转和平移是同时发生的，所以旋转轴也是同时移动的。

下颌骨完全下降将口腔打开，需要两侧的下颌骨髁突相对于下颌窝向前位移（前移）。此时关节盘沿着下颌骨髁突向前位移，引导动作正确地执行。闭口时，下颌骨上提并后移，关节盘复位进入关节窝内。口腔张开及闭合过程中，位于下颌骨髁突及颞骨关节结节处的关节盘，对于减少两者接触时的压力起重要作用。

（二）口开合的运动学

1. 张口 主要通过翼外肌的下头收缩完成，舌骨上肌及重力也协助此动作的进行。张口动作涉及下颌骨的下压和下颌骨髁突向前位移（前移）。翼外肌（下头）控制向前位移的部分，而舌骨上肌使下颌骨下降。

2. 闭口 在咬合及咀嚼时，用力闭口与咬肌、翼内肌及颞肌收缩的力量相关。口的闭合伴随下颌骨上提及后移。闭口时，翼外肌的上头能收缩幅度最大，可辅助导引关节盘复位到关节内。有趣的是，只有上头的肌腱在关节盘上有坚固的附着处。

在张口及闭口动作中，关节盘的位置对动作的流畅度有着重要作用。外侧韧带及翼外肌（上头）共同引导关节盘的动作，来确保颞下颌关节处于适当位置。若关节盘及颞下颌关节的运动不同步或不对称，可能会造成疼痛及咔嗒声，有些患者甚至会出现下颌骨卡住的现象。

当牙齿磨碎食物时，侧移是咀嚼动作中最主要的动作之一。此动作主要由涉及能咀嚼的4块肌肉交互作用形成。例如，外侧偏离到左边主要由左侧颞肌及咬肌，与右侧翼内肌及翼外肌收缩所产生。

四、颞下颌关节紊乱综合征

颞下颌关节紊乱综合征（temporomandibular joint disturbance syndrome，TMJDS）是一个广泛且模糊的术语，可以用来描述很多临床上关于关节、关节盘及周围肌肉的功能性障碍。针对肌肉的功能性障碍的保守治疗应优先于关节盘的器质性病变的治疗。除动作时疼痛外，此障碍的症状和症候群还有可能会出现关节咔嗒声、爆裂声或绞锁，咬合力降低，张力性头痛及张口受限等。

常见的颞下颌关节紊乱综合征保守治疗方法包括运动或姿势矫正、生理放松、冰敷或热疗、患者宣教、关节松动术、超声波疗法、行为矫正、口内器具（夹板）等。

了解颞下颌关节的解剖学及肌动学知识，可以更熟练地制订治疗与运动计划，来处理颞下颌关节的功能性障碍。

▶知识拓展

颞肌损伤评估与手法处理

（一）颞肌损伤评估

颞肌是一个大的扇贝形肌肉，覆盖在头侧面耳的前、上和后方，属于颞颌关节的肌肉。所有主诉头痛或颞颌关节问题的患者，都应该检查并治疗颞肌。其病因病机包括两方面：①颞部遭受风寒侵袭，使经脉不畅而瘀阻；②长期咀嚼、用力过猛或紧闭牙关，使颞肌发生积累性损伤。临床主要表现为颞部疼痛，可伴头痛、前牙痛或侧牙疼痛，患者张口功能受限，触诊颞肌后部时会引发局部抽搐反应。

（二）手法处理

1. 颞肌肌筋膜松解　患者取仰卧位将手指尖放在肌肉前部顶端（眼眉的外上方）。向内侧紧压后，向下滑动指尖至颧弓；再将手指尖放在肌肉较靠头后部的顶端。反复向颧弓方向移动，并紧压组织。

2. 筋膜结节点缺血性按压　用拇指或指关节垂直按压在结节上，将结节点向深部按压至骨头表面，持续10 ~ 30秒，直至疼痛减轻至1 ~ 2分或消失。按压力度以患者可耐受的酸痛感，且不会引起患者肌肉紧张为度。

3. 筋膜牵伸技术　颞肌牵伸张口并下拉下颌骨，引起可耐受的酸痛感，且不会引起患者肌肉对抗为度。

第二节　呼吸运动学

呼吸（ventilation）指空气通过呼吸道和肺部进行吸入和呼出的机械过程。安静状态下，呼吸频率为每分钟12 ～ 20次，这对维持生命至关重要。呼吸可以实现肺泡和血液之间的氧气和二氧化碳进行交换，这种气体交换对于肌纤维中的氧化代谢至关重要。可将ATP中储存的化学能转化为机械能，从而为身体各个关节的移动和稳定提供能量。根据呼吸的强度可以分为“平静呼吸”和“用力呼吸”。在健康人群中，平静呼吸发生在代谢需求较低的相对安静状态下。相反，用力呼吸发生在需要快速大量空气交换的剧烈活动中，例如，运动或某些呼吸系统疾病的发病过程中。两者在平静呼吸和用力呼吸的呼吸强度、持续时间上存在较大差异。

在吸气时，连接肋骨和胸骨的肌肉收缩增大了胸腔的容积（图10-9）。随着胸廓的扩张，胸膜腔内空间的压力变为负压，在胸内压力进一步降低时，产生了一种让肺扩张的吸力。而肺部扩张可以使肺泡压力减少到低于大气压，最终气体从外界吸入肺内。

呼气是将气体从肺部排至外部环境的过程。减少胸内的容积会增加肺泡的压力，从而使空气从肺泡流向大气。

健康人平静呼气主要是一种不依赖肌肉活动的被动过程。当收缩后的肌肉放松时，肺、胸腔和被牵拉的吸气肌结缔组织会回缩，胸腔内的容积会自然减少。用力呼气如咳嗽或吹灭蜡烛时，则需要由呼气肌群例如腹肌收缩产生力量。

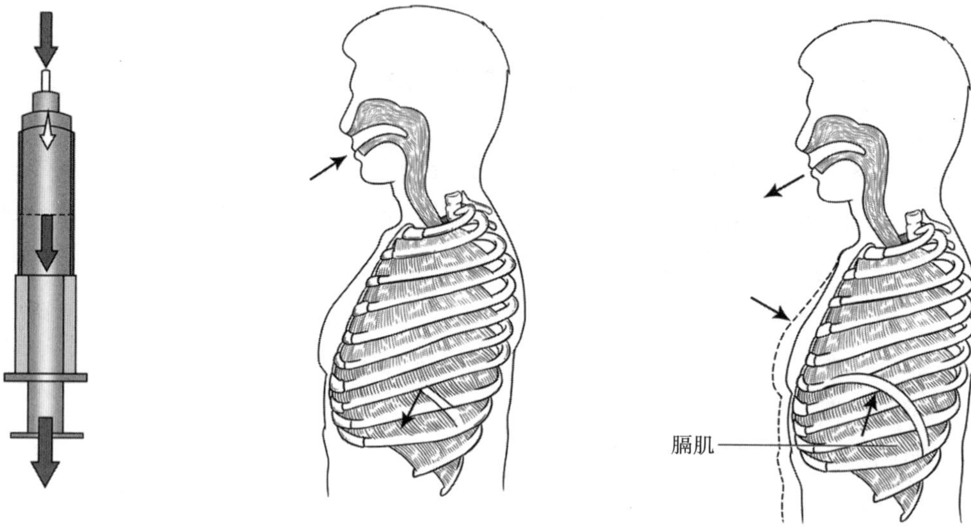

a　　　　　　　　　　b

图10-9　呼吸肌肉的运动机制

a.用膨胀活塞和空气类比波义耳定律；b.以健康成年人展示：肌肉收缩，容积增压力减，负压吸气。

一、骨与关节

（一）骨

胸廓是由骨骼组成的巨大胸腔间隙，也称胸腔，肺和心脏位于其中。在肺表面和胸廓内壁间存在一负压区域，即胸膜腔。胸廓的运动会使胸膜腔内的压力随之改变，进而带动空气进出肺部。胸廓由1块胸骨、12对肋和12块胸椎构成。

1. 胸骨　位于胸廓前方，对其后的结构起保护作用，是胸部、颈部和腹部肌肉的附着点，同肋软骨相关节。胸骨由3部分所组成：胸骨柄、胸骨体和剑突（图10-10）。

2. 肋骨　胸廓有12对肋骨，上方7对是真肋，下方5对是假肋。真肋通过肋软骨与胸骨相连（第1肋骨与胸骨柄相连，第2～7肋与胸骨体相连），肋软位于胸骨与肋骨之间，依据不同的肋骨，肋软长2.5～7.6cm。最上方的3对假肋（第8～10肋）借肋软骨与上方肋软骨相连，间接地与胸骨相连。由于最后2对假肋不与上方肋骨或胸骨相连，故称为浮肋。肋头和肋颈位于肋骨的后端，与胸椎相关节，其上有关节面和关节结节。肋头旁是肋角，肋角使人体背部平坦，且保证平躺时不会左右翻倒（图10-10）。

肋骨的运动对呼吸至关重要。呼吸时，胸骨会稍微上下移动，肋骨在与脊柱形成的关节处旋转，就像轻微抬起水桶的提手一样。肋骨的抬高会增加胸廓的横径，胸骨的抬高也增加了胸廓的前后径。这使胸腔内部的整个周长增加，使更多空气流进肺部。然而，并非所有的肋骨运动幅度都是一致的，第一肋运动范围小，大体上越向下的肋骨运动幅度越大，最后两对浮肋活动幅度更大。当躯干肌群正常工作时，肋骨能够灵活移动，但由于张力和扭曲的姿势，肋骨会被相对固定。此时，为保持胸腔的整体移动，膈肌作为另一个呼吸辅助肌会发生过度收缩以弥补肋骨活动度的不足。不良姿态通常表现为整体后移，缩窄的背部会引起肋骨在呼吸时的活动度下降，同时会影响到躯干直立位的体态。当姿势肌发挥作用时，会使躯干伸展、背部打开，胸腔恢复到初始的位置，肋骨的活动度也得以增加。

3. 胸椎 胸椎由12节椎骨构成，是胸廓骨性结构的主体。其椎体体积呈现颈椎向腰椎过渡的渐变特征，每节椎体通过肋椎关节与一对肋骨形成骨性连接。胸椎关节突关节面呈冠状位，与前方胸骨构成的环形框架。棘突形态细长且呈叠瓦状向尾侧倾斜，椎孔呈类圆形，且外伤时更易引发脊髓压迫。上关节突关节面凹面的旋转轴线通过椎体前缘，使轴向旋转运动产生5°～7°的节段活动度。椎体侧方的肋凹与肋骨形成微动关节，其滑膜结构可缓冲呼吸运动的力学传导。

（二）关节

胸廓是一个封闭的系统，功能类似换气的风箱。在保护心肺器官和大血管的同时，为颈椎提供了结构性底座，还为直接或间接地连接头部、颈部和四肢活动的肌肉提供附着点。在呼吸过程中，胸廓可以通过不同的胸骨关节和另外五组关节的运动改变形状，这五组关节分别是胸骨柄关节、胸肋关节、软骨间关节、肋横突关节和胸椎椎间关节。

1. 胸骨柄关节 胸骨柄上缘有颈静脉切迹（胸骨上切迹）（图10-10），下缘与胸骨体相接形成胸骨角，两侧通过锁切迹和第1肋切迹与锁骨（胸锁关节）和肋骨相关节。

2. 肋胸关节 真肋借由胸肋关节与胸骨柄肋切迹（第1肋）和胸骨体肋切迹（第2～7肋）相连。其韧带包括肋软骨韧带（囊韧带）、胸肋辐状韧带和肋软骨间韧带（关节间韧带），胸廓前部关

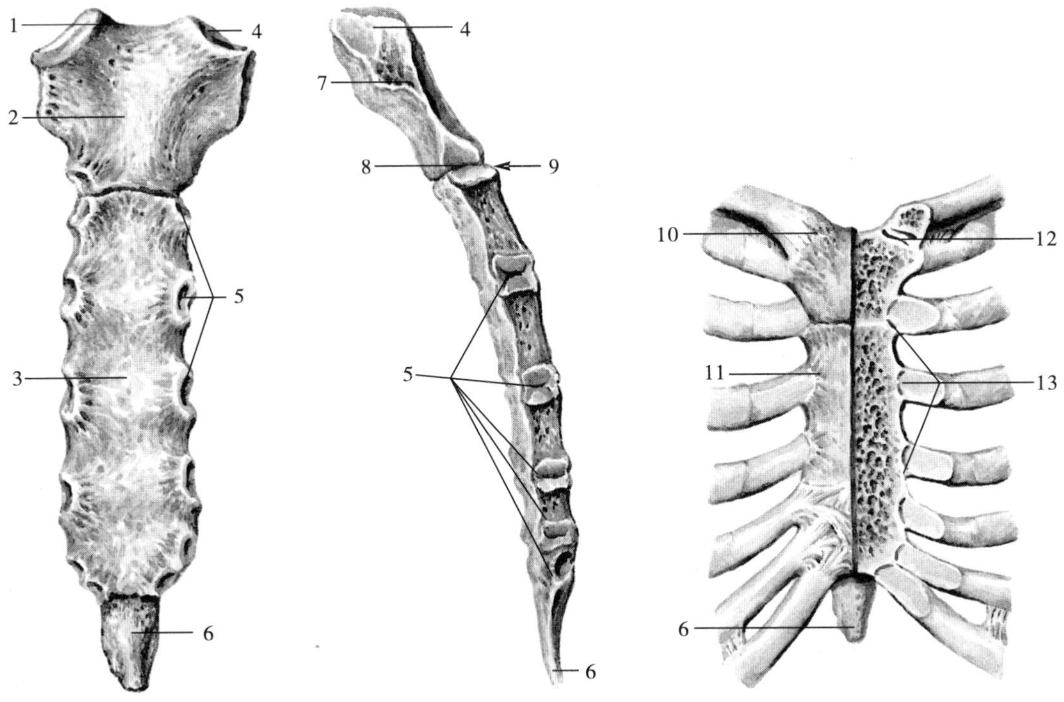

图10-10 胸骨和胸肋关节

注：1.颈静脉切迹；2.胸骨柄；3.胸骨体；4.锁切迹；5.肋切迹；6.剑突；7.第1肋切迹；8.第2肋切迹；9.胸骨角；10.胸锁前韧带；11.胸肋辐射韧带；12.关节盘；13.胸肋关节。

节可转动或滑动，使肋骨可以外旋或抬高（图10-10）。

3. 肋骨与肋软骨连结 肋骨的胸骨缘和与之相连的肋软骨（第1～7肋）或上方的肋软骨（第8～10肋）。肋骨与肋软骨连结并非真正意义上的韧带连接，而是由肋骨的骨膜（一层软组织）与肋软骨的骨膜（一层薄层的纤维组织，包裹软骨并提供营养）相延续形成。当胸廓受挤压超过正常活动范围时，其肋软骨连结常会承受较大压力。肋软骨连结轻微的转动会使肋骨向上、向外运动（图10-10）。

4. 肋椎关节和肋横突关节 12对肋分别与12块胸椎通过两个关节相连。①肋头关节位于肋头和相邻胸椎体间，有肋头辐状韧带和关节内韧带加强（图10-11）。此关节滑动和转动能抬高或压低肋骨。②肋横突关节，位于前10肋结节和相邻椎体横突间，而第11和第12肋与椎体间无关节连接，其间仅有囊韧带连接。

5. 胸椎椎间关节 胸椎关节运动主要发生在椎体间及骨突关节。用力换气时会让这些关节产生适度的运动。

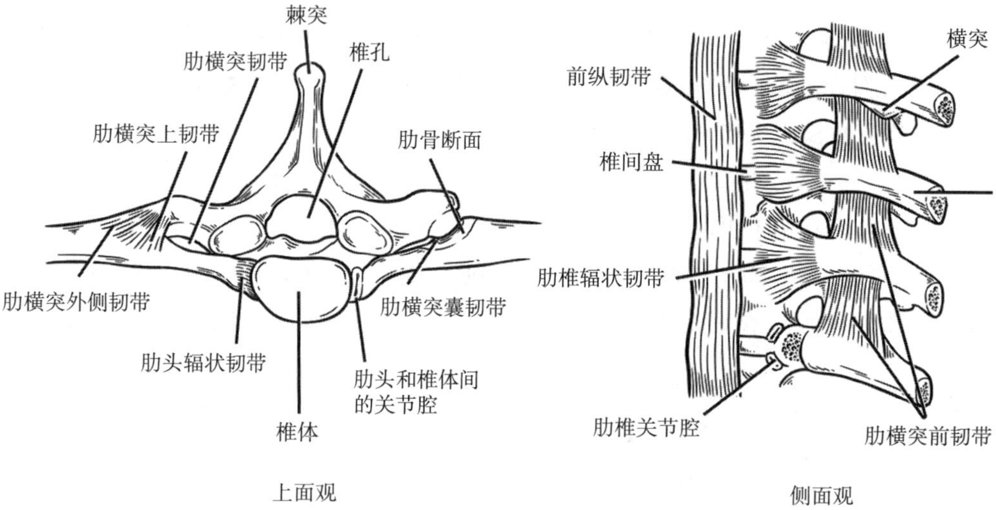

图10-11 肋椎关节和肋横突关节

二、呼吸动力学

呼吸运动非常复杂，其机制与整个中轴骨上众肌肉的相互作用有较大关系。这一庞大的系统须精确地调控各种不同强度的呼吸运动，包括大笑、打哈欠等日常活动，还有游泳、叹气和闻气味时的屏气动作。此外，除膈肌外，其他的呼吸肌都同时参与躯干和头颈部的运动和稳定性控制，并且间接控制上肢和下肢的功能。

关于呼吸肌的具体功能还有待进一步的研究。理论上，任何连接胸腔的肌肉都可能参与呼吸机制。更确切地说，增加胸内容积的肌肉是吸气肌，减少胸内容积的肌肉是呼气肌。

（一）平静呼吸的动力学

微课：平静呼吸肌的运动

平静呼吸（静息状态）的吸气过程主要由膈肌驱动，肋间外肌辅助胸廓扩张；呼气依赖肺弹性回缩，无需肌肉主动收缩。斜角肌仅在通气需求增加（如运动/代偿呼吸）时参与吸气。表10-2总结了主要的吸气肌的动作和神经支配的模式。

表10-2　平静呼吸肌运动模式及神经支配

肌肉	运动模式	支配的神经
膈肌	主要：吸气时膈肌圆顶下降变扁，增加了胸腔的垂直径 次要：膈肌下降受到腹腔的限制，稳定了膈肌穹顶的位置，膈肌收缩还可以提起低位的肋骨	膈神经（$C_3 \sim C_5$）
斜角肌	斜角肌的前、中和后部通过提起肋骨来增加胸腔容积	脊神经根腹侧（$C_3 \sim C_7$）
肋间肌	肋间内肌的胸骨旁纤维与肋间外肌通过提起肋骨增加胸腔容积，吸气时，所有肋间肌稳定肋间隙，避免胸壁塌陷	肋间神经（$T_2 \sim {}_{12}$）

1. 膈肌　是胸廓内的肌肉，向上膨隆呈圆顶状，走行于剑突、后7肋软骨和前4位腰椎侧面和中心腱之间（图10-12）。依据与骨的附着点膈肌分为三部分：肋部起自下部6对肋骨和肋软骨的上缘；胸骨部起自剑突后侧，相对较小且形态可变；腰部以左右两个膈角起自第1～3节腰椎。膈角包含最长和数量最多的垂直走向纤维。这3组横膈附着点的肌肉在上圆顶处汇聚，形成中央腱。膈肌的每一侧都通过膈神经接受其神经支配，此膈神经根起源于脊神经根$C_1 \sim C_5$，主要是C_4。

当膈肌收缩时，中心腱下压，胸腔空间增大并改变其内压；当空气填充肺脏时，肋间内肌和肋间外肌共同下拉肋骨，使肺向外、向下扩张。膈肌的外围边界沿身体前方最低肋骨向背部环绕，并向下稍微走行至浮肋。膈肌的穹隆顶位于平齐男性乳头的平面，这比大多数人想象中的膈肌位于腹部区域要高很多。膈肌穹隆顶部对应心肌，两侧直至背部和腋下的区域是肺部。膈肌是高度活跃且持续工作的肌肉，在人的一生中，膈肌需要通过稳定的收缩以确保持续向肺部供应氧气，当膈肌收缩时，膈穹隆向下移动并变得平坦，增加胸下部的空间并使空气流进肺部。膈肌的向上运动则是被动的，当膈肌松弛时，肋骨下降，空气被迫排出肺部。当屏住呼吸时、膈肌位置保持不动；尽力呼气时，膈肌充分上升。

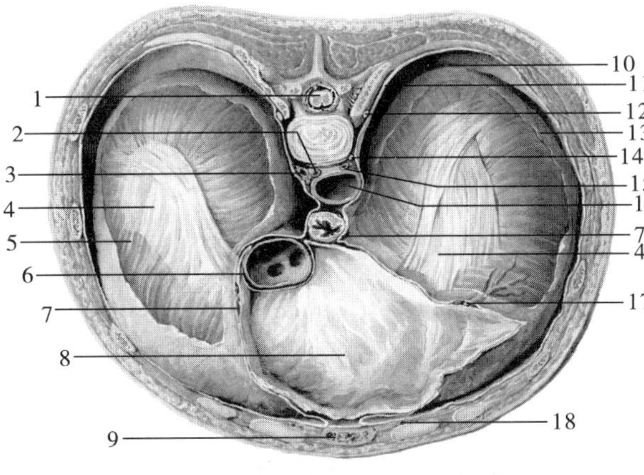

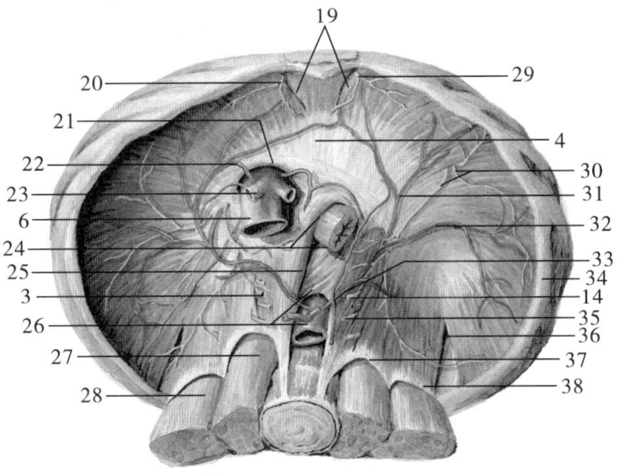

图10-12　膈肌

注：1.脊髓；2.胸导管；3.奇静脉；4.中心腱；5.膈；6.下腔静脉；7.纵隔胸膜；8.心包膈部；9.胸骨；10.肋膈隐窝；11.肋胸膜；12.交感神经干；13.膈胸膜；14.内脏大神经；15.半奇静脉；16.胸主动脉；17.心包膈动脉和静脉及膈神经；18.胸廓内动脉和静脉；19.胸肋三角；20.右膈神经前支；21.腔静脉孔；22.右膈下静脉；23.肝静脉；24.食管裂孔、食管；25.右膈脚；26.主动脉裂孔、腹主动脉；27.腰大肌；28.腰方肌；29.左膈神经前支；30.左膈神经；31.前支；32.后支；33.左膈下动脉；34.肋软骨；35.内脏小神经；36.腰肋三角；37.内侧弓状韧带；38.外侧弓状韧带。

2. 斜角肌 前、中及后斜角肌附着在颈椎及上两根肋骨间。当颈椎被固定时，两侧斜角肌一起收缩，可以上抬肋骨辅助呼吸。虽然斜角肌在每个呼吸周期都会与膈肌协同收缩，若这些肌肉出现肥大，则说明呼吸费力，是呼吸功能性障碍的表现。

3. 肋间肌 是一组薄的三层肌肉，位于肋间间隙。每组肋间肌都由邻近的肋间神经支配。①肋间外肌位于肋间隙浅层，其深度和纤维走向与躯干的腹外斜肌相似。共11对，肌纤维较厚，在肋骨间沿斜向内下方向行走，从上一肋骨的近脊椎端斜向下一肋骨的胸骨端，自肋骨与肋软骨结合处向前延伸。在前端胸肋关节的区域，肋间外肌被一个薄的肋间外膜取代。当颈椎斜角肌收缩固定第1肋时，肋间外肌收缩可使肋骨抬高，让更多的空气进入肺部。当腰方肌收缩固定最后一肋时，肋间外肌收缩可使肋骨相互靠近，减少空气进入肺。因此肋间外肌的功能主要是通过提肋增加胸腔宽度来辅助吸气。②肋间内肌在肋间外肌的深层，其深度和纤维走向与腹内斜肌类似。与肋间外肌类似，每侧同样有11条，每条肌肉占据一个肋间隙。但主要的区别是肋间内肌纤维和肋间外肌纤维的走行相互垂直。肋间内肌自胸肋关节区域内向前延伸，自胸骨侧缘向后至肋膈角处移行为肋间内膜。肋间内肌与肋间外肌收缩可下压肋骨，肋间内肌通过使肋骨下降引发呼气。这两组肌肉还能协助稳定肋骨，避免胸壁在呼吸时向内塌陷。③肋间最内肌是肋间肌最深且最不发达的一层，这些肌肉通常称为“最内侧肋间肌”，位于肋间内肌的深处且纤维走向与其平行。最内肋间肌的纤维分布于肋骨角附近，可能跨越1～2个肋间隙（通常被看作肋下肌）。在胸腔下部，肋间内肌是最发达的。这些深层且相对难以触及的肌肉，其功能尚未得到广泛研究。在呼吸过程中，肋间肌的具体动作尚未被完全了解，其作用机制还存在争议（图10-13）。

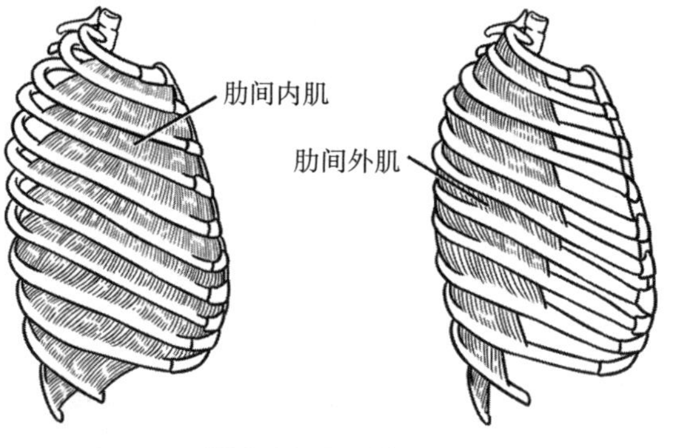

图10-13 肋间肌

（二）用力吸气的动力学

用力吸气时，除主要吸气肌加强收缩外，还有额外肌群参与协助扩大胸腔容积，这些肌群称为“吸气的辅助肌肉”。表10-3列出了一些用力吸气肌及其运动模式。每块肌肉都有可以直接或间接增加胸腔容积的动作，如上后锯肌和下后锯肌（图10-14）。健康人通常在需要增加吸气的频率和平复时动用这些肌肉。而在休息时，这些肌肉会募集去代偿那些无力或疲劳的肌肉，或者减少主要吸气肌，如膈肌功能。①后锯肌分上、下两部分，下后锯肌起于上位腰椎和下位胸椎棘突，肌纤维斜向外上方走行，分为四个头，分别连于下四位肋骨。其功能是向后向下牵拉肋骨，支撑并打开胸腔下部。上后锯肌起自第7颈椎和上3位胸椎突，止于第2、3、4、5肋角旁，其作用是上抬肋骨。②胸廓肌肉还包括12对肋提肌，它们起自C_7横突，跨过T_{11}，止于肋角下方。收缩时辅助提升肋骨。10对肋下肌

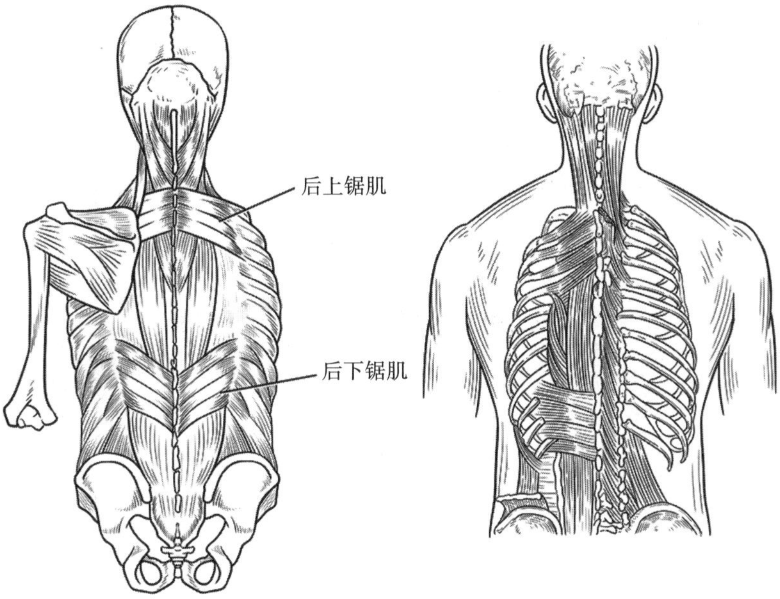

图10-14 后锯肌

起自肋角部内面，止于下方2～3根肋骨内面。其作用是收缩时同样辅助提升肋骨。③腰方肌起于髂嵴、斜向上走行，止于腰椎横突和第12肋。腰方肌不仅作用于肋，还帮助支撑下背部并保持下背部的弹性。④背阔肌是下背部的表浅层肌肉，有助于保持背部和胸部的打开和支撑。由于其止于肱骨上部，当上肢外展时，有助于该肌肉发挥主动支持作用。当整个胸腔获得良好支撑且躯干处于伸展状态时，这些“外展”肌肉的作用越来越有效，增宽了背部并为肋骨提供稳定的支撑。

表10-3 用力吸气肌

肌肉	运动模式	神经支配
上后锯肌	通过提升上肋骨增加胸内的体积	肋间神经（T_2～T_5）
下后锯肌	稳定下肋骨的初始状态，收缩膈肌	肋间神经（T_5～T_{12}）
肋提肌	通过提升肋骨来增加胸内的体积	邻近胸椎神经根的背侧支（C_7～T_{11}）
胸锁乳突肌	通过提升胸骨和上肋骨来增加胸内的体积	主要来源：脊副神经（脑神经）
背阔肌	通过提升下肋骨来增加胸内容积；需要固定的手臂	胸背神经（C_6～C_8）
髂肋肌和颈部竖脊肌	通过延长躯干来增加胸内容积	脊神经根背侧支
胸小肌	通过提升上肋骨来增加胸内容积；需要从像斜方肌和肩胛提肌这样的肌肉的激活来稳定肩胛骨	胸内侧神经（C_8～T_1）
胸大肌（肋胸头）	通过提升中肋骨和胸骨来增加胸内的体积；需要固定	胸内侧神经（C_8～T_1）
腰方肌	在用力吸气的早期，稳定膈膜的收缩	脊神经根的腹支（T_2～L_3）

（三）用力呼气的动力学

平静呼气通常是一个被动的过程，主要由胸腔、肺和放松肌内的弹性回缩引起。在健康的肺中，这个被动的过程足以呼出大约500ml的气体，且通常在安静的状态下发生。在用力呼气时，需要肌肉主动收缩，以迅速减少胸腔内的容积。参与用力呼气的肌肉包括四块腹肌、胸横肌和肋间内肌的骨间纤维。表10-4总结了用力呼气过程中各肌肉的运动模式。

表10-4　用力呼气肌运动模式与神经支配

肌肉		运动模式	神经支配
腹直肌	腹外斜肌 腹内斜肌 腹横肌	①通过弯曲躯干和抑制肋骨减少胸内体积。②压缩腹壁和内容物，增加腹内压；因此，放松的膈膜被向上推，使胸内体积减小	肋间神经（T_7 ～ L_1）
胸横肌		通过抑制肋骨减少胸内容积	相邻肋间神经
肋间内肌的骨间纤维		肋间内肌的骨间纤维通过下压肋骨来降低胸内的体积	肋间神经（T_2 ～ T_{12}）

1. 腹肌　包括腹直肌、腹外斜肌、腹内斜肌和腹横肌。腹部肌肉由三层肌肉构成，从肋弓和剑突处一直延伸到下方的耻骨。腹部的大部分肌肉组织（特别是中心），由扁平的腱膜组织构成。①腹直肌（rectus abdominis）是腹部前方形成肌肉隆起的部分，起于耻骨联合，肌纤维以轻微向外的角度沿着白线向上走行，止于第5至第7肋，由腹斜肌和腹横肌组成的腱鞘包围。这块肌肉是唯一可以直接在腹部观察到的肌肉，其他的肌肉在腹部并不突显形状。腹直肌作为身体前方屈肌系统的一部分，可对抗背部伸肌、在保持直立姿势中起重要作用。当腹部肌肉无法收缩时（如腹部手术或剖宫产手术后），会出现行走困难甚至难以维持完全直立的姿势。②腹外斜肌（obliquus externus abdominis）起于最下方8个肋骨，其肌纤维直接下行止于髂嵴，向前下方斜行止于白线的腱膜组织。该肌肉是胸部肋间外肌的延续。③腹内斜肌（obliquus internus abdominis）起源于髂嵴和胸腰筋膜，肌纤维呈扇形，止于耻骨、白线、第8至第10肋软骨和最下方3对肋骨。④最深层的是腹横肌（transversusabdominis），起于髂嵴、胸腰筋膜和肋骨，止于白线和耻骨联合的腱膜组织。

腹直肌、腹外斜肌、腹内斜肌和腹横肌构成腹腔的前壁和侧壁。这些肌肉的收缩对用力呼气有直接和间接的影响。腹肌的直接收缩会引起胸腔屈曲，肋骨和胸骨下压。这些动作迅速而有力地减少胸腔内容积，如咳嗽、打喷嚏或用力呼气到呼气的极限等。腹肌的间接收缩，尤其是腹横肌收缩，会增加腹内压，并挤压腹腔脏器。增加的压力能有力地将放松的膈肌向上推入胸腔。通过这种方式，腹部肌肉的主动收缩利用了降落伞形状的横隔帮助呼出胸腔内的空气。尽管腹部肌肉被视为强力呼气的肌肉，但它们的收缩也同样能增强吸气功能。

2. 胸横肌和肋间内肌　胸横肌（也称为三角肌胸肌）是一种有力的呼气肌肉，位于胸骨下部内面。其肌纤维外形像伸长的手指，起于止于第2至第6肋软骨。有时会感觉到在胸内部有抓的感觉，就是该肌肉在发挥作用。它是主要的呼吸肌。

许多一端附着于胸廓骨骼的肌肉不参与安静呼吸，但会辅助用力呼吸。用力呼吸时，由于通气需求增加，胸腔扩张产生额外空间，使通气量上升。此外，肌肉功能异常、骨骼和其他结缔组织系统的疾病等也会影响到呼吸的机制。

▶知识拓展

智护呼吸

中国自主研发的柔性可穿戴呼吸监测系统与AI驱动的呼吸模式识别技术，突破了传统肺功能仪的场景限制，可精准捕捉康复患者微小的呼吸节律异常。例如，针对慢性阻塞性肺病患者，AI算法能通过呼吸波形分析识别“浅快呼吸”模式，并联动智能抗阻训练设备动态调整负荷。

—• 考试知识点总结 •—

—• 本章小结 •—

—• 协和云课堂…… 拓展练习及参考答案 •—

（王守福）

教学课件

第十一章　运动的控制

学习目标

素质目标

（1）具备解析神经、肌肉系统协同调控运动的机制及运动控制的层级模式的能力。

（2）具备分析运动控制异常的成因与功能障碍的关联、评估康复潜力的能力。

（3）具备动态康复理念，精准干预的职业素养。

知识目标

（1）掌握：运动控制的概念。

（2）熟悉：与运动相关的神经系统结构与反射。

（3）了解：不同运动控制理论内容的异同。

能力目标

（1）能够讨论运动控制与运动障碍患者临床治疗的相关性。

（2）能够描述运动控制理论对临床实践的价值。

案例导入

【案例】

患者，女，25岁。患者在过去的几个月里经历了一系列的运动障碍问题。三个月前，患者开始感受到右侧手臂和手指局部肌肉酸痛和无力感，但当时未接受治疗。随后肌肉疼痛加重并感到僵硬。症状进一步恶化，患者开始经历手部和手臂的震颤。这种震颤在进行精细动作时特别明显，如拿着铅笔写字或抓取物体。除此之外，患者还注意到她的手臂在休息时也会发生震颤。

【问题】

请用运动控制理论分析患者出现的运动障碍问题？

第一节 神经系统对运动的控制

微课：
神经系统对躯体运动的调控

人体运动功能的实现是在中枢神经系统的精确控制下，人体的肌肉经过严密组织，彼此协调地收缩，带动相应的关节和骨骼来实现的。人类属于高等动物，较低等动物而言，人体的运动更具有复杂性与精确性的特点。

一、概述

根据运动的复杂性和控制运动的随意程度，运动大体上可分为三类，包括较简单且非随意性的反射运动，复杂且有目的性的随意运动，以及介于两者之间，兼具随意和反射两种特性的节律性运动。

（一）反射运动

反射运动是不受意识控制，运动形式固定，反应迅速的运动。它是三大运动形式中最简单和基本的运动，通常是在特异性的刺激出现时，反射立即“自动”地、“刻板”地发生，其强弱与刺激大小有关，即刺激的强度越大，反应的幅度就越大，反应的速度也越快，其运动模式不能被随意改变。但在特殊情况下，许多反射可因意识活动的影响而被改变，甚至不再发生。例如，经过努力，可以在一定程度上克制住喷嚏反射。

（二）随意运动

随意运动是一种受意识控制且具有目的性的运动，它在大脑皮层的调控下进行，旨在实现特定目标。这种运动既可以是对感觉刺激的回应，也可以由主观意愿引发。随意运动的方向、轨迹、速度及时间等参数均可由个体自主选择，并在执行过程中随时调整。与反射运动相比，随意运动的完成通常耗时更长。此外，参与随意运动控制或对其产生影响的神经组织结构广泛分布于中枢神经系统的各个区域。绝大多数复杂的随意运动都需要经过反复练习才能逐步完善并熟练掌握。当执行一项已经熟练掌握的随意运动时，个体无须思考具体动作的执行方式，运动即可下意识地顺利完成。一般认为，这是因为随意运动的复杂细节已被编成“运动程序”并储存起来，可以随时调用以完成运动，类似于使用计算机时调用预先编好的程序。

（三）节律性运动

节律性运动是一种介于随意运动和反射运动之间的运动形式，如呼吸、咀嚼、跑步和行走等。这类运动具有制动的形式、节律性和连续性特征。它们可以由个体随意启动或停止，但一旦开始，便不再需要意识的持续参与，而是能够自动地以制动模式重复进行。大多数节律性运动在执行过程中还能受到感觉信息的调节和影响。

二、运动控制的主要神经结构

在中枢神经系统的参与下，机体对内外环境产生的适应性反应称为反射。通常将涉及运动控制的各个神经中枢统称为运动中枢，包括脊髓、脑干（延髓、脑桥和中脑）、间脑（丘脑和下丘脑）、小脑、大脑皮质和皮质下的基底神经节等组织结构。运动中枢的特点是以分级的方式由各级神经中枢组织而成的。现代医学认为，运动中枢由三个层次的神经结构构成，这三个层次从低级到高级依次排列（图11-1）。三个层次之间的关系首先体现为高级中枢与低级中枢之间的等级性关系，但它们在功能上又各有分工。例如，低级中枢能够产生复杂的传出冲动，使肌肉有组织地被激活，从而形成反射；而高级中枢则主要发出更为概括性的运动指令，无需处理各肌肉活动协调的细节问题。另一方面，这三个层次又是以平行方式组织在一起的，即除了能够逐级控制下级中枢外，高级中枢也可以直接控制最低层次的神经元。例如，大脑皮层运动区既可以通过脑干兴奋脊髓神经元，也可以通过皮质脊髓束直接兴奋脊髓的运动神经元和中间神经元。这种串行与平行联系、直接与间接途径的重复安排，不仅为运动控制的实现提供了更加灵活多样的选择，而且对神经系统受损后的恢复和代偿具有重要意义。

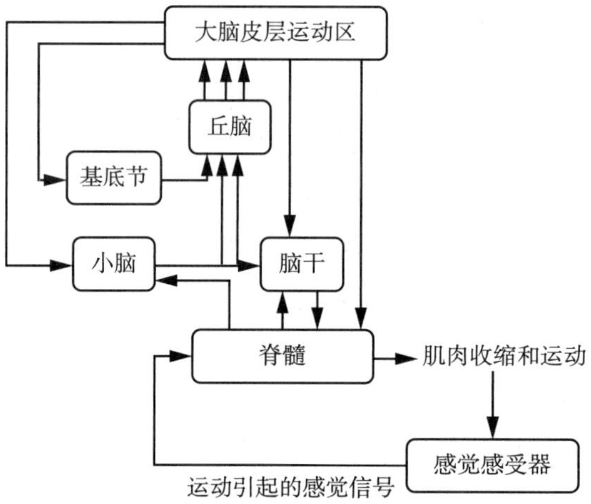

图11-1　运动中枢

（一）脊髓水平的反射

脊髓是神经系统的低位中枢，具有重要传导功能和反射功能。脊髓的白质中含有大量的上、下行纤维束，可以借此与上位中枢和外周躯干、四肢建立信息联系通路，从而实现脊髓的信息传导功能。脊髓内部又存在着大量的阶段内和阶段间反射弧通路，从而形成脊髓固有的反射，即脊髓反射。脊髓反射具有维持身体姿势、协调躯体运动的重要作用。正常情况下，脊髓反射受高位中枢的调控，当脊髓与高位中枢的联系中断时，就会表现出一系列异常的姿势和运动模式。

在脊髓前角区域，分布着大量的运动神经元，其轴突通过前根离开脊髓，直接延伸至所支配的肌肉。这些神经元主要分为α、β和γ三种类型，其中以α和γ运动神经元最为关键。①α运动神经元：胞体大小不一，直径范围从几十微米到150μm不等。通常情况下，大型α运动神经元的轴突负责支配骨骼肌中的快肌纤维（白肌），而小型α运动神经元的轴突则支配慢肌纤维（红肌）。α运动神经元不但接受来自皮肤、肌肉和关节等外周传入纤维的信息，而且也接受从大脑皮层到脑干各级高位中枢下传的信息。这些信息具有引发随意运动、调节身体姿势和协调肌肉运动等方面的作用，经过α运动神经元会聚、整合后，最终由它发出一定形式和频率的冲动直接支配骨骼肌，从而实现平稳、精确的躯体运动。无论是反射运动还是随意运动，都需要兴奋运动神经元引起肌肉收缩后才能实现。在脊髓中，支配不同肌肉的运动神经元呈现特定的排列规律：支配躯干中轴和肢体近端部位肌肉的运动神经元位于脊髓腹角的内侧，而支配肢体远端（如手和足）肌肉的运动神经元则位于脊髓腹角的外侧；支配屈肌的运动神经元位于脊髓腹角的背侧，而支配伸肌的运动神经元则位于脊髓腹角的腹侧（图11-2）。这种解剖学分布特点与一个重要的功能特性相对应，躯干中轴肌肉群（姿势肌）和近端肌肉群（尤其是腿部的伸肌群）主要用于维持身体的平衡和姿势，而远端肌肉群（特别是上肢的肌肉）则用于进行精细的操作性活动。②γ运动神经元：分散在α运动神经元之间（图11-2），与α运动神经元无直接的突触联系，其轴突经脊髓前根离开脊髓，支配梭内肌纤维。肌梭的活动主要受脊髓前角中γ神经元的调控，而这些神经元则受上位中枢的支配。γ传出纤维分别支配核袋纤维和核链纤维，能够有选择地增强各自纤维末梢的反应性。在物理治疗中，Rood法和Bobath法主张通过刺激皮肤或关节的感觉来促进或抑制肌肉的收缩活动，从而提高脑卒中患者对随意肌的控制能力。其中，诱发肌梭运动反射是重要的作用机制之一。

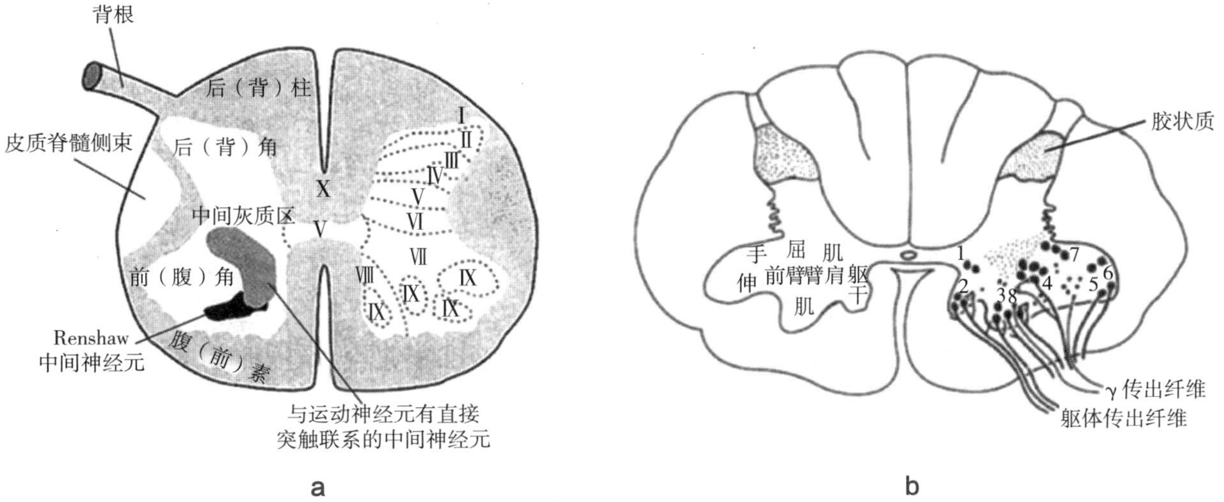

图11-2　脊髓前角运动神经元

a. α运动神经元；b. γ运动神经元。

1. 牵张反射　当骨骼肌受到外力牵拉而伸长时，会引发同一肌肉收缩的反射。这种反射包括腱反射（也称为位相性牵张反射）和肌紧张（也称为紧张性牵张反射）两种类型。其感受器为肌梭和高尔基腱器官。

（1）肌梭在反射中的作用：肌梭是一种能够感受肌肉长度和牵张速率变化的梭形感受器，位于梭外肌纤维之间，与梭外肌呈“并联”排列。肌梭内部通常包含6～12根肌纤维，这些肌纤维称为梭内肌纤维。肌梭位于梭内肌的中央部位，对牵拉刺激非常敏感，并受γ传出纤维的支配。梭内肌纤维分为两类：一类是核袋纤维，其细胞核集中在纤维的中央部分，与Ⅰa类传入纤维（图11-3）的末梢共同构成初级感觉末梢，对快速牵拉反应灵敏；另一类是核链纤维，其细胞核分散在整条纤维中，与Ⅱ类传入纤维的末梢共同构成次级感觉末梢，对缓慢而持续的牵拉更为敏感。此外，肌梭还接收Ⅰ类传入纤维的传入信号。当叩击肌腱时，由于快速牵拉肌肉而产生的牵张反射称为腱反射，它以快肌的位相性收缩为主，因此称为动态牵张反射。其神经冲动沿Ⅰa纤维传导进入脊髓，并与α运动神经元形成单突触联系。单突触反射仅限于同一脊髓节段同侧的前根。次级感觉末梢传入的反射通路则是多突触性的。当肌肉受到牵拉时，反射可以在同侧或对侧发生。神经冲动的传导速度缓慢而持久，并可扩散到不同脊髓节段的前根。次级感觉末梢引起的牵张反射属于静态紧张性（肌紧张）。正常情况下，人体的骨骼肌纤维会进行轮流交替的收缩，使骨骼肌处于一种轻度的持续收缩状态，从而产生一定的张力，这种状态称为肌紧张或肌张力。肌紧张对于维持全身肌肉的正常张力和保持躯体基本姿势是必不可少的。如果骨骼肌的这种持续收缩增强，则称为肌张力增高。由于人体始终受到重力的牵引，因此抗重力肌会明显因持续而缓慢地牵拉，刺激肌梭引发牵张反射。在人体中，上肢的抗重力肌主要是屈肌，而下肢则是伸肌。当发生脑卒中时，高位中枢对脊髓的控制作用消失或减弱，此时脊髓水平的牵张反射由于失去了上位中枢的抑制而变得活跃，表现在静态牵张反射-肌紧张方面，出现了抗重力肌的肌张力增高/亢进，即痉挛。这种情况在脑卒中患者身上表现为患侧上肢屈肌痉挛（屈肘、腕掌屈）和下肢伸肌痉挛（伸髋、伸膝、踝跖屈）。

脑卒中患者出现的患侧肌张力增高（痉挛）及腱反射亢进，是脊髓水平运动中枢对运动控制力恢复的一种表现。

（2）腱器官在反射中的作用：腱器官呈“串联”状分布在肌肉-肌腱结合部位，是感知肌张力变化的感受器。当肌肉收缩时，肌梭的放电会减少或停止，而腱器官的放电则会增加。它对肌肉的强力主动收缩尤为敏感，通过Ⅰb纤维（图11-4）传导神经冲动，抑制α和γ运动神经元，从而调节肌张力，防止其过高。这种机制具有防止牵拉导致肌肉损伤的作用，因而也称为反牵张反射。

2. 屈肌反射 刺激一侧下肢时，该侧下肢会呈现屈曲状态，而对侧下肢则表现为伸展，这种现象称为屈肌反射（图11-5）。屈肌反射具有避免伤害性刺激的保护功能；当刺激强度达到一定程度时，可引发对侧伸肌反射（crossed extension），这是一种姿势反射，在行走和跑步过程中对支撑体重起着重要作用。

3. 交互抑制 当某一肌肉的伸展反射（伸肌兴奋）被触发时，与其相拮抗的肌肉（屈肌）会相应地松弛，这种现象称为交互抑制（图11-6）。其机制在于，Ⅰa类传入纤维的传入冲动不仅能直接作用于目标神经元，还能通过Ⅰa纤维的侧支与中间神经元建立连接，从而与其他协同肌和拮抗肌的运动神经元形成联系。这种联系的结果是协同肌被兴奋，而拮抗肌则被抑制，最终表现为交互抑制。

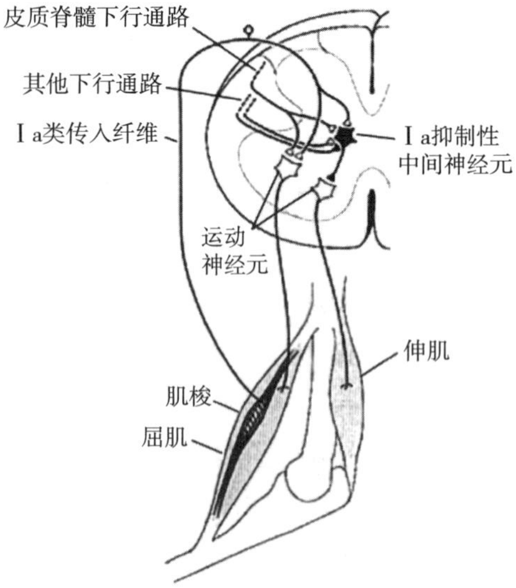

图11-3 肌梭在反射中作用示意图

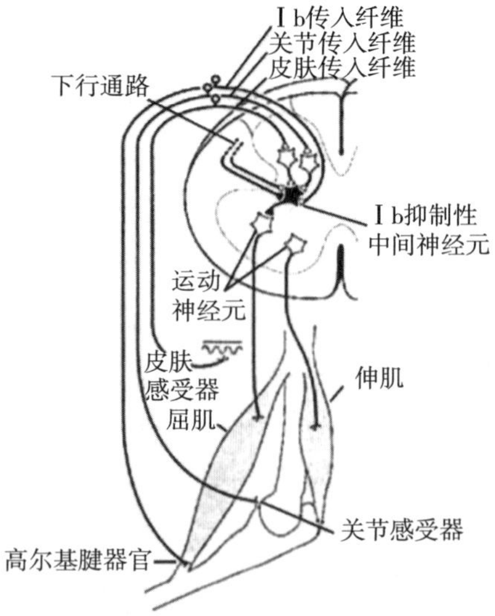

图11-4 腱器官在反射中作用示意图

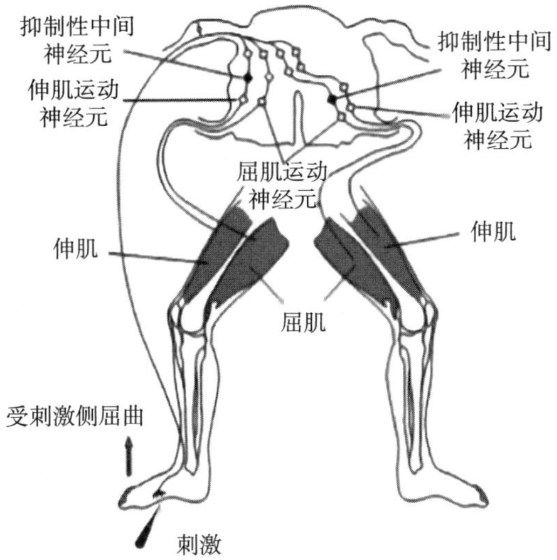

图11-5　屈肌反射

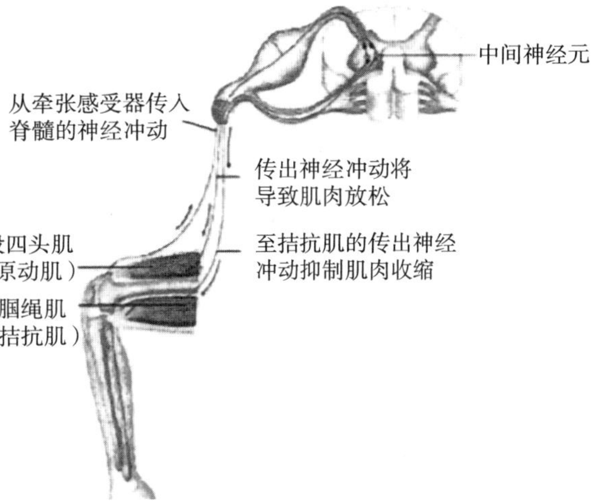

图11-6　交互抑制

4. 联合反应　偏瘫患者的健侧肢体进行随意抗阻收缩时，会引发患侧肢体不随意的紧张性活动（其关节运动通常表现为共同运动形式）。这种现象是由于失去了上位中枢对运动的随意控制后释放的反应，属于较为原始的异常张力性反射。联合反应可分为对侧、同侧、对称性和相反性四种类型。若两侧肢体表现出相同的运动模式，则称为对称性联合反应；反之，则称为相反性联合反应。例如，健侧上肢屈曲时可能引起患侧上肢的屈曲（对称性）；而健侧下肢屈曲时，则容易引发患侧下肢的伸展（相反性）。

5. 共同运动　指在进行随意运动时，无法实现单个关节的独立运动，只能同时牵动多个关节。这种运动形式属于脊髓水平的反应，其启动虽可由意识控制，但其运动模式制动为多关节同时运动，无法根据主观意愿单独支配某个关节的运动。

联合反应和共同运动是脊髓水平的较为低级的反应及运动形式。在健康个体中，由于大脑皮质等高级中枢对脊髓的抑制作用，这些反应通常被掩盖。只有当大脑皮质及其他高级中枢对低位中枢的抑制作用和对运动的控制力丧失时，这两种反应才会显现出来，成为中枢性瘫痪的典型特征之一。

（二）脑干水平的反射

脑干是位于脊髓上方的重要中枢，负责控制运动。所有运动控制的下行通路，除皮层脊髓束外，均源自脑干。其中最重要的结构包括脑干网状结构和前庭核发出的下行投射，这些结构在调节姿势反射和身体运动中发挥着关键作用。

姿势是指头部、颈部、躯干和四肢的相对位置及其在空间中的朝向。维持身体的平衡和在不同状态下的正常姿势，依赖于中枢神经系统对各种感受器（平衡觉、视觉、本体感觉和皮肤感觉）传入冲动的整合，并通过反射性调节肌肉张力或引发相应运动来实现。这类反射活动称为姿势反射。不同的姿势反射与不同的中枢水平相关联，而由脑干整合完成的姿势反射主要包括状态反射、翻正反射和平衡反应等。

1. 状态反射　指由于头部与躯干相对位置的变化及头部在空间位置的变化，而引起的躯体肌肉紧张性改变的反射活动。前者称为紧张性颈反射，后者则称为紧张性迷路反射。状态反射是在低位脑干整合下完成的，但在完整的动物中，由于受到高位中枢的控制，状态反射通常不易观察到。只有在去大脑的动物中，这种反射才会明显地显现出来。

（1）紧张性颈反射：当颈部发生扭转时，颈部韧带或肌肉受到刺激，从而调节四肢肌肉紧张性的反射。

1）对称性紧张性颈反射：当头部向前屈曲时，双上肢会呈现屈曲状态，双下肢则伸展（图11-7a）；反之，当头部后仰（颈伸展）时，情况则相反。这种反射在幼儿期（通常为暂时性）和成人偏瘫时可能出现，如站立时低头可能诱发下肢伸肌痉挛。

2）非对称性紧张性颈反射：当头部转向一侧时，转向侧的上、下肢会伸展，而对侧（即后头侧）的上、下肢则会屈曲。这种反射称为非对称性紧张性颈反射（图11-7b），其上肢和头部的姿势类似于体育比赛中的“击剑”姿势。

（2）紧张性迷路反射：指内耳椭圆囊和球囊的传入冲动对躯体伸肌紧张性的调节反射（图11-7c）。具体表现为仰卧位时全身伸肌紧张，而俯卧位时四肢屈肌紧张。因此，为了防止诱发和强化脑卒中患者下肢的伸肌痉挛，在脑卒中早期摆放患者体位时，应尽量避免仰卧位。鲍巴斯（Bobath）、布伦斯特罗姆（Brunnstrom）等人主张利用姿势反射来调整肌张力，改善动作或姿势，其方法的机制与脑干等水平的反射密切相关。

2. 翻正反射 正常情况下，能够保持直立姿势的动物在被推倒后能够自行翻正，这种反射称为翻正反射。中脑动物不仅能够维持接近正常的站立状态，还能在被推倒后自行恢复原位。翻正动作涉及一系列反射活动，这些活动是由迷路感受器及体轴（主要是颈部）深浅感受器发出的传入信息在中脑水平整合后完成的。具体来说，最初是由于头部在空间中的位置异常，导致迷路耳石器官受到刺激，从而引发头部翻正；头部翻正后，头部与躯干的相对位置变得不正常，进而刺激颈部的本体感受器，促使躯干位置也发生翻正。在完整的动物中，由于视觉能够感知身体位置的不正常，因此，翻正反射主要由视觉传入信息引起，这在人类中尤为明显。以下是一些常见的翻正反射。

（1）迷路翻正反射：头部位置不正常时重力刺激了迷路，信息传入中脑，经整合后反射地使头自动保持直立位的反射称为迷路翻正反射。

（2）视觉翻正反射：眼感受了周围环境中有关水平和方向的视觉刺激后，信息传入脑干，经脑干调节后再经大脑皮质整合后反射，使头保持于直立位置，称为视觉翻正反射。这种反射与其他翻正反射不同，不仅由脑干调节，而且有大脑皮质参与整合。

（3）颈翻正反射：若头转向一侧而使头与躯干的位置关系不正时（双耳连线与双肩连线不再平行），颈部的关节韧带肌肉受到牵拉，来自肌梭的本体感觉传入中脑，经过整合后反射作用于躯体，

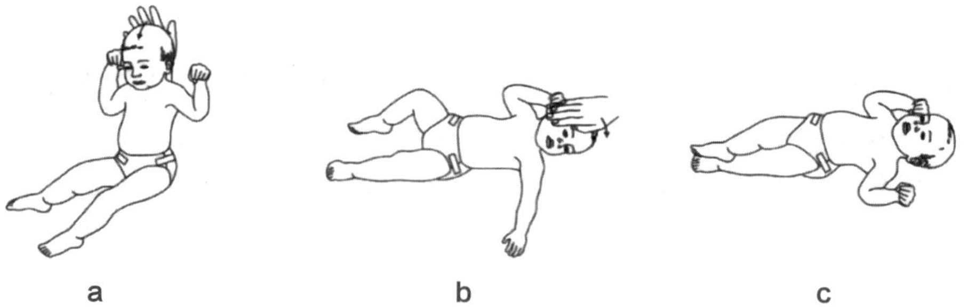

图11-7 状态反射

a. 对称性紧张性颈反射；b. 非对称性紧张性颈反射；c. 紧张性迷路反射。

使躯体像一根圆木似的整个转向头所取向的一侧，使双肩连线与双耳连线恢复平行，这种反射称为颈翻正反射。

（4）躯体翻正反射：侧卧时身体下方受压，皮肤的外感受器接受压力刺激后引起皮肤梭内肌运动反射，经中脑整合后，使头抬起转向直立位，受压侧肢体伸直，未受压侧肢体和躯干屈曲，称为躯体翻正反射。躯体作用于头部的翻正反射是当躯体的某一部分触及支持表面时头抬起并转向直立位。躯体的翻正反射如将小儿头转向一侧时，先是肩转向同侧，后是骨盆也转向同侧，使头、肩、髋恢复到正常位置排列。

3. 平衡反应　是一种自动反射机制，旨在帮助身体在各种活动中，特别是在面临摔倒风险时，维持并恢复平衡。当身体处于不平衡状态时，为了保持重心在支撑面内，需要进行持续的姿势调整。平衡反应与翻正反射相互交织，包含了翻正反射的多种模式，如控制头部位置、旋转躯干与骨盆，以及上肢伸展的保护性反应。

（三）运动的控制与调节

随意运动是指个体有意识地执行某种动作的过程，主要由锥体束系统进行支配。通常认为，皮质发出的随意运动冲动沿着两个神经元进行传导。其一为上运动神经元，其纤维从中央前回的皮质细胞发出，并终止于脊髓前角细胞（构成皮质脊髓束）或脑干中的脑神经核运动细胞（构成皮质脑干束）。其二为下运动神经元，即脊髓前角细胞或脑神经核，其纤维经由前根或脑神经，最终抵达躯体肌肉或头面部肌肉。

不随意运动是指不受意识控制的“自发”动作，主要由锥体外系和小脑系统进行调节。在正常情况下，不随意运动的主要功能是维持肌张力、协调肌肉活动、保持正常姿势，并促进伴随运动的顺利进行，如走路时上肢的交替摆动。不随意运动是随意运动不可或缺的组成部分，只有当这两个系统完整且相互配合时，机体才能顺利完成复杂且有目的的随意运动。

运动的控制并非仅由皮质运动区单方面发布或传递命令，而是涉及反馈系统的调节及多种反射的参与。中枢神经系统储存了大量后天获得的运动程序，因此，中枢性的运动控制也包含不受外周反射影响的成分。随意运动的产生是一个极其复杂的神经系统活动过程，包括动机系统、运动程序设计系统、启动系统、监测系统和细微调节系统、实施系统等多个部分的参与。通常认为，动机系统位于脑干网状结构和边缘系统；运动程序设计则涉及运动关联区、小脑、基底核及丘脑；而对运动的启动和监测调节等系统则包括大脑运动区、小脑、脑干、脊髓通路、锥体（外）系、感受器及传入通路等部分。

随意运动的产生始于动机系统产生运动动机，激活皮质联合区以确定运动形式。随后，冲动通过大量神经元联系传递至皮质运动区，形成运动指令，并通过锥体系传至脊髓，兴奋或抑制相应的运动神经元，从而产生运动。与此同时，末梢传入的运动感觉信息被传递至小脑和基底核，在这些区域进行监测，并与大脑皮质传来的指令进行比较、修正或调整。修正后的指令再经由丘脑传回大脑皮质，部分指令则直接进入锥体外系并传至脊髓中枢。

▶**知识拓展**

去大脑强直与去皮质强直区别

去大脑强直与去皮质强直的区别主要体现在损伤部位、临床表现、病理机制和临床意义，见表11-1。

表11-1 去大脑强直与去皮质强直区别

	去大脑强直	去皮质强直
损伤部位	由中脑或上位脑干（如红核以下、前庭脊髓束以上区域）损伤引起，导致大脑与脊髓间联系中断	因双侧大脑皮质广泛损伤（如缺氧性脑病、严重颅脑外伤）或皮质与脑干间联系中断导致，但皮质下结构及脑干功能仍保留
姿势特征	四肢完全伸展、头后仰（角弓反张），上肢内收内旋，下肢伸直伴足趾下压	上肢屈曲内收（腕指屈曲呈握拳状），下肢伸直，足跖屈，无角弓反张
伴随症状	深昏迷、呼吸不规则，双侧巴宾斯基征阳性，可能伴牙关紧闭或全身抽搐	保留觉醒-睡眠周期，可出现无意识睁眼、咀嚼或吞咽动作，光反射及角膜反射存在
病理生理机制	中脑损伤使红核以下抑制功能丧失，网状结构易化区占优势，导致伸肌张力亢进	皮质广泛损伤后，皮质下中枢失去调控，但脑干上行网状激活系统未受损，表现为屈肌（上肢）与伸肌（下肢）张力失衡
临床意义与预后	提示中脑或脑干严重损伤（如脑出血、脑干梗死），预后极差，常伴随深度昏迷和生命体征不稳定	多由皮质广泛病变（如缺氧性脑病、脑炎）引起，患者可能长期处于植物状态，但部分可保留基础反射和自主功能

两者均为严重神经系统损伤体征，但可通过姿势特征（四肢伸展/上肢屈曲）（图11-8）和损伤部位（脑干/皮质）快速鉴别。去大脑强直提示更危急的脑干损伤，需优先处理原发病并维持生命体征；去皮质强直则需关注皮质功能恢复及长期康复。

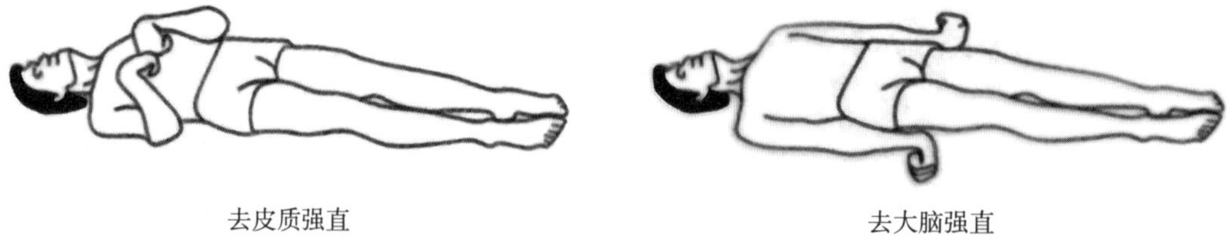

图11-8 去皮质强直与去大脑强直的姿势区别

第二节　自主神经对运动的控制

自主神经系统（autonomic nervous system，ANS）作为内脏运动神经的重要组成部分，主要负责调控内脏器官的功能活动、血管的舒张与收缩，以及腺体的分泌过程（图11-9）。因其主要参与维持机体基础代谢及内环境稳态，而非直接控制骨骼肌运动，故也称为植物神经系统。自主神经系统的活动具有非随意性，不受主观意志支配，但其功能受中枢神经系统（如大脑皮质、下丘脑等）的整合调节。交感神经与副交感神经作为自主神经系统的两大分支，通过相互拮抗与协同作用，维持

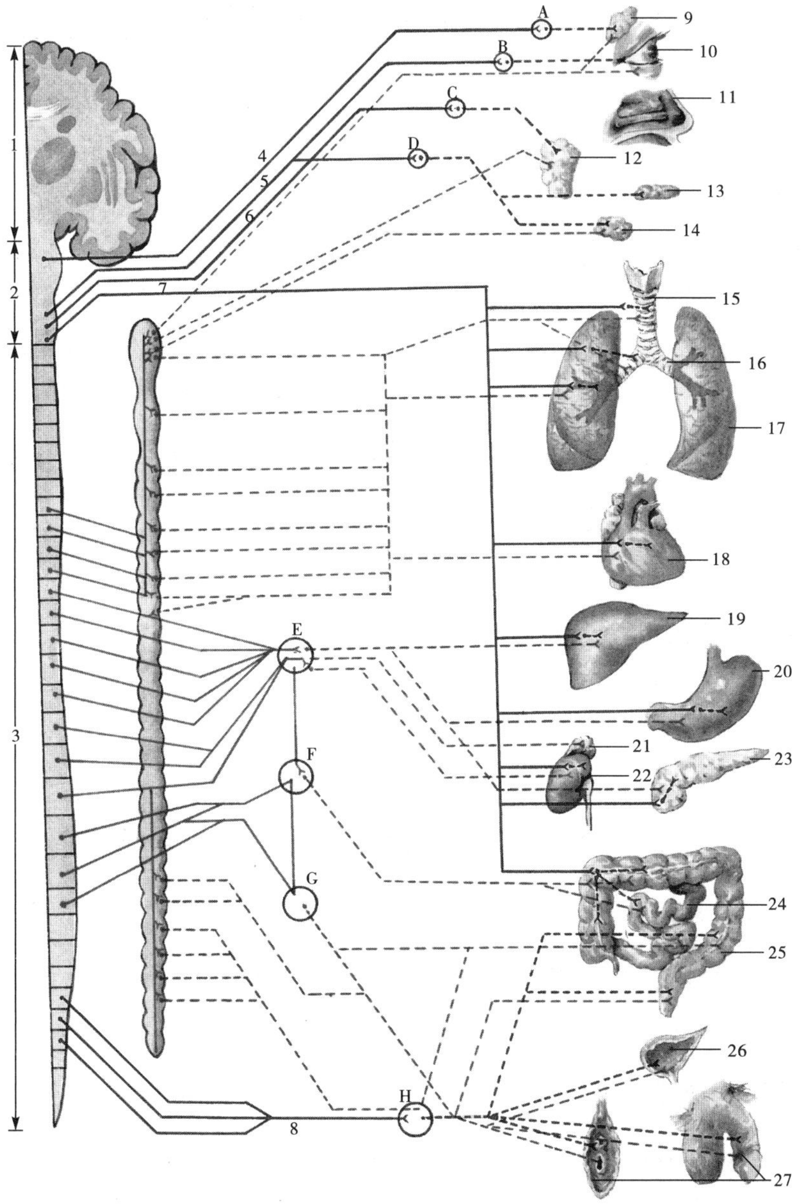

图11-9　自主神经系统

注：1.大脑；2.脑干；3.脊髓；4.动眼神经；5.面神经；6.舌咽神经；7.迷走神经；8.盆内脏神经；9.泪腺；10.眼；11.鼻；12.腮腺；13.舌下腺；14.下颌下腺；15.气管；16.主支气管；17.肺；18.心；19.肝；20.胃；21.肾上腺；22.肾；23.胰；24.小肠；25.大肠；26.膀胱；27.男性和女性生殖器。A.睫状神经节；B.翼腭神经节；C.耳神经节；D.下颌下神经节；E.腹腔神经节；F.肠系膜上神经节；G.肠系膜下神经节；H.盆神经节。

机体内外环境的动态平衡。

一、自主神经的解剖学特征

自主神经由节前神经元和节后神经元组成。节前神经元发出节前纤维，到达自主神经节并换元，节后神经元发出的节后纤维支配相应的效应器官。交感神经和副交感神经共同支配多数内脏器官，但它们在神经来源、形态结构、分布范围和功能上存在差异（表11-2）。

表11-2　交感神经和副交感神经解剖学特征比较

解剖学特征	交感神经	副交感神经
低级中枢定位	脊髓胸1至腰3节段（T_1 ～ L_3）灰质中间带外侧核	脑干（动眼神经副核、迷走神经背核等）和脊髓骶2 ～ 4节段（S_2 ～ S_4）的骶副交感核
周围神经节位置	脊柱两侧（椎旁神经节，如颈交感干）和脊柱前方（椎前神经节，如腹腔神经节）	效应器官附近或器官壁内（如心丛神经节、消化道壁内神经节）
神经纤维投射特点	节前纤维短，节后纤维长；辐散式联系（1个节前神经元→多个节后神经元）	节前纤维长，节后纤维短；聚合式联系（少量节后神经元支配局部区域）
功能分布范围	全身广泛分布（血管、汗腺、竖毛肌及大部分内脏器官）	集中于头颈部、胸腔及盆腔脏器（唾液腺、心脏、消化道等）

二、自主神经系统的功能特点

（一）紧张性活动

自主神经系统在安静状态下持续发放一定频率的冲动，使所支配器官保持一定程度的活动状态。例如，心迷走神经和心交感神经分别通过紧张性冲动对心脏产生抑制和兴奋作用。

（二）对同一效应器常相互拮抗

多数组织器官受交感神经和副交感神经的双重支配，两者作用往往相互拮抗，但有时也表现为协同作用。

（三）受效应器所处功能状态的影响

自主神经系统的活动与效应器本身的功能状态有关。例如，交感神经对未孕和有孕动物子宫平滑肌的作用不同。

（四）作用范围和生理意义不同

交感神经系统的活动广泛，能动员机体适应环境急剧变化，如肌肉剧烈运动、窒息、失血或寒冷环境等。副交感神经系统的活动相对局限，主要在于保护机体、休整恢复、促进消化、积蓄能量及加强排泄和生殖功能等。

三、膀胱控制

排尿活动是一种脊髓反射，且受高级中枢控制，可以由意识抑制或促进。排尿功能障碍是脊髓损伤患者常见的问题。

（一）反射过程

当膀胱内尿量增加，膀胱内压上升，刺激膀胱壁牵张感受器，引发骶髓初级排尿中枢的活动。随后，膀胱逼尿肌收缩，膀胱颈和内括约肌松弛，尿液进入尿道。尿道外括约肌随后松弛，尿液排出体外（图11-10）。

排尿一旦开始，会产生一种“自我再生”现象，即正反馈，因为排尿时膀胱的收缩和尿流进入后尿道，能刺激膀胱和后尿道上的感受器，通过反射再进一步加强膀胱逼尿肌的收缩和外括约肌的松弛，这一过程不断反复进行，直到膀胱完全排空为止。由于排尿是一个反射活动，所以当该反射弧的任何组成部分发生损害后，都能造成排尿的异常。

大脑皮质高位中枢能对脊髓初级中枢施加易化或抑制，以影响控制排尿反射活动，而小儿大脑发育未完善，对初级中枢的控制能力较弱，所以小儿排尿次数多，且易发生遗尿现象。

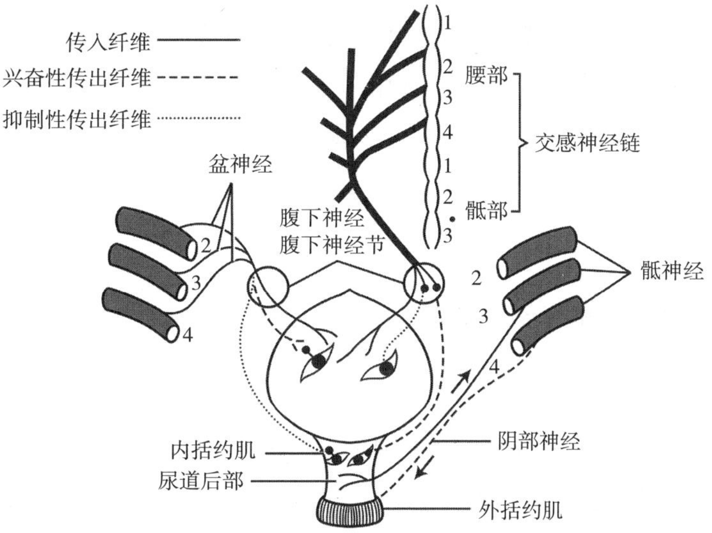

图11-10　排尿反射

微课：排尿反射过程

（二）神经源性膀胱

神经源性膀胱是由中枢或外周神经系统病变引发的膀胱-尿道协同功能障碍，表现为储尿期尿失禁或排尿期尿潴留。根据损伤平面可分为两类：①上运动神经元型，损伤位于骶髓初级排尿中枢（S_2～S_4）以上，常见于脊髓胸腰段损伤或多发性硬化。此类患者因高位中枢抑制丧失，逼尿肌反射亢进，膀胱壁增厚、容积缩小（＜200ml），表现为尿频、尿急及反射性尿失禁。②下运动神经元型，损伤累及骶髓或马尾神经，如糖尿病神经病变或盆腔术后神经损伤。逼尿肌失去神经支配后收缩无力，膀胱呈无张力性扩张（容量＞1000ml），导致慢性尿潴留及充盈性尿失禁。

1. 神经源膀胱病因 所有可能累及有关排尿生理活动及神经调节过程的神经性病变，包括中枢性病变、外周性病变及外伤和炎症等，都有可能影响正常的膀胱尿道功能。例如，脑血管意外、脊髓损伤、帕金森病等破坏皮质－脊髓排尿调控通路；盆腔手术（如前列腺切除术）、糖尿病神经病变、马尾综合征等损伤盆腔自主神经丛；长期留置导尿管引发膀胱纤维化，老龄化导致的膀胱壁弹性减退等。

脊髓损伤的患者因神经通路的完整性受到破坏，可出现感觉、运动、反射等功能障碍。早期因脊髓处于休克期，脊髓抑制导致逼尿肌完全松弛，尿道括约肌痉挛，膀胱充盈至极限（＞1000ml）后发生被动漏尿。此阶段需严格监测膀胱内压，避免肾盂反流。随着脊髓休克期的消退，骶髓反射弧功能恢复但失去皮质抑制，逼尿肌不自主收缩伴括约肌协同失调，膀胱壁因反复收缩形成小梁化结构，易继发结石与反复尿路感染。再经历一段时间后，有些脊髓损伤的患者，由于低位排尿反射中枢失去来自高位中枢的抑制性影响，排尿反射变得过强，膀胱稍被充盈（即当膀胱内积有约100～200ml尿液时），就发生排尿反射，临床上称之为痉挛性神经源性膀胱。

2. 神经源膀胱治疗目标与综合干预策略 神经源性膀胱治疗的首要目标是保护上尿路功能，通过间歇导尿维持膀胱内压＜40cmH_2O，预防肾积水及肾功能损害；次要目标是恢复部分下尿路功能，减少残余尿量（目标＜100ml），控制泌尿系统感染，提升患者生活质量。

（三）脊髓损伤膀胱训练原理

脊髓损伤所致排尿障碍的治疗原则是控制或消除感染，使膀胱贮尿期保持低压并适当排空。同时，尽量不使用导尿管和造瘘，以避免异物体内结石形成而造成膀胱内部防御机制下降，以便能更好地适应社会生活并尽可能满足职业需要。常用的康复治疗技术有清洁导尿技术、膀胱括约肌控制力训练、排尿反射训练、代偿性排尿训练和水出入量控制训练等。

四、直肠控制

排便也是一种反射活动。排便动作部分是随意的，部分是不随意的。

（一）反射过程

粪便→直肠压力感受器→经盆神经和腹下神经→初级排便中枢→盆神经兴奋→降结肠乙状结肠和直肠收缩，肛门内括约肌舒张；阴部神经抑制，肛门外括肌舒张→排便（图11-11）。

（二）直肠控制障碍

直肠控制障碍是中枢或外周神经病变及消化系统疾病等多种原因导致直肠或肛门功能紊乱所产生的排便功能障碍。其病理机制涉及肠道动力、括约肌协同及神经整合功能失调。与排便有关的神经损伤后，由于排便中枢与高级中枢的联系中断，缺乏胃肠反射，肠蠕动减慢，肠内容物水分吸收过多，最后导致排便障碍，为神经源性肠道功能障碍，例如，脑血管病变、帕金森病、多发性硬化症、糖尿病、脊髓膨出、脊髓损伤、骨盆腔的外伤或手术、感染性疾病等。排便问题不只是直肠与肛门问题，还是消化活动的一部分，可分为以下两种。

1. 反射性直肠 S_2～S_4及以上的脊髓损伤，排便反射弧及中枢未受损的患者，因排便反射存

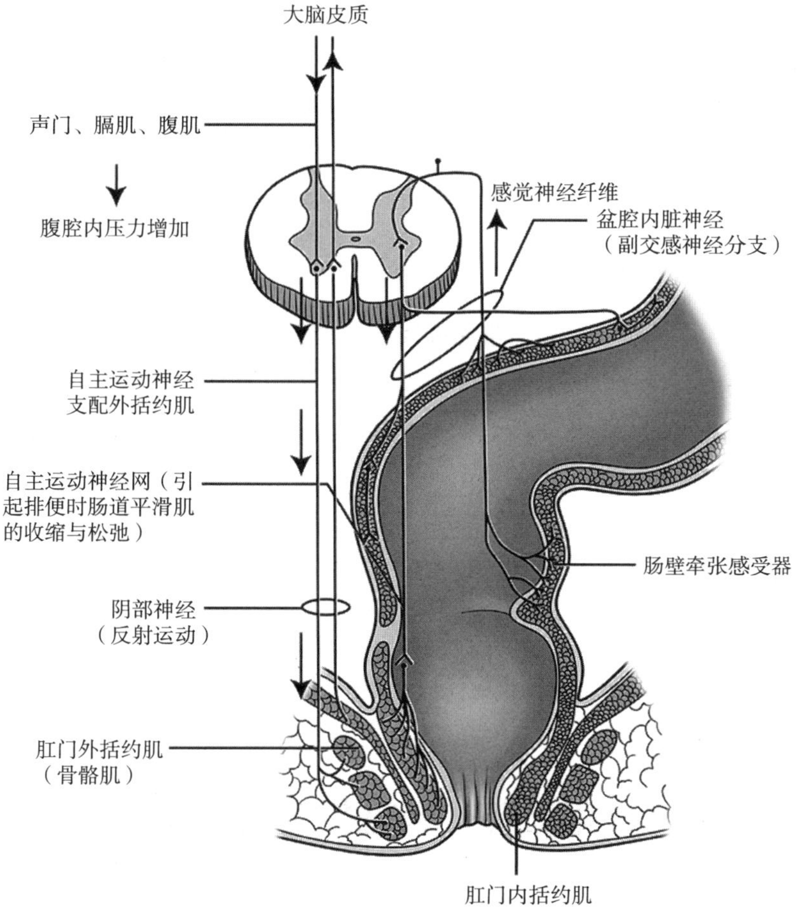

图11-11　排便反射

在，可通过自主反射自动排便。但缺乏主动控制能力。

2. 迟缓性直肠　$S_2 \sim S_4$及以下的脊髓损伤，马尾损伤，破坏了排便的反射弧，无排便反射。

（三）脊髓损伤后肠道功能康复的神经调控策略

脊髓损伤后肠道功能障碍的治疗需针对排便异常类型（便秘或大便失禁）制订个体化方案，其核心在于重建肠道动力与括约肌协同的神经-机械平衡，同时兼顾患者长期生活适应性。目标是有效地控制结肠排泄而不出现大便失禁、便秘和并发症。

1. 便秘　病理基础：①肛门内括约肌与外括约肌痉挛导致出口梗阻，粪便滞留于直肠壶腹部，引发排便费力及疼痛；②自主神经失衡，交感神经过度激活（β受体介导）抑制肠蠕动，副交感神经（胆碱能通路）兴奋性不足削弱结肠推进力，尤其卧位时升结肠内容物因重力抵抗难以向降结肠移动；③粪团性状改变，结肠传输延迟（＞72小时）致水分过度吸收，粪团硬化形成“粪石”，加剧机械性梗阻风险，常见于脊髓损伤或脑卒中后长期卧床患者。便秘的康复治疗包括肛门牵张技术、饮食结构控制、神经阻滞技术、使用缓泻剂或润滑剂、手法治疗及运动治疗。

2. 大便失禁　病理基础：①括约肌功能衰竭，骶丛神经（$S_2 \sim S_4$）损伤导致外括约肌失神经支配，盆底肌群萎缩使肛管静息压降至＜40cmH_2O（正常＞60cmH_2O），多见于低位脊髓损伤或盆腔手术并发症；②肠道动力学紊乱：炎症性肠病（如溃疡性结肠炎）引发肠黏膜渗出及蠕动亢进，粪团停留时间＜12小时，水分吸收不足形成液态便。不适当的饮食结构也与此有关，如进食过多过分油腻、难以吸收和有肠道刺激性的食物。

大便失禁的康复训练措施包括肛门括约肌和盆底肌肌力训练，增加括约肌的控制能力。药物调整自主神经控制，降低排空动力。减少刺激，控制肠道炎症，保持合理的水平衡，避免刺激性和难以消化的食物等。

▶知识拓展

自主神经功能紊乱

自主神经功能紊乱常见病因包括长期的精神紧张、心理压力过大、生气和精神受到刺激、外伤等。常见症状包括直立性低血压、头晕、晕厥、视物模糊、胸闷、憋气、心悸、胃痛、胃胀、呕吐、腹泻等。

若机体长期处于高度紧张的状态，容易引起自主神经功能紊乱，导致内脏功能紊乱，机体内环境稳态发生偏离，免疫力下降，使人感到疲惫、乏力，甚至出现焦虑、抑郁等不良的心理问题。因此，在日常生活中，我们要学会调整自己的情绪状态，保持愉悦、舒畅的心情。

第三节　运动控制障碍

运动控制障碍是指由于神经、肌肉、骨骼系统或其他生理功能障碍，导致个体无法正常计划、执行或协调自主运动的临床综合征。这类障碍可能影响姿势、步态、精细动作或整体运动能力，严重时可导致残疾。

一、运动控制障碍的常见疾病

1. 中枢神经系统疾病　一些中枢神经系统疾病会导致患者运动控制障碍。如脑血管病变、神经退行性疾病、发育性障碍、脱髓鞘疾病、小脑病变（表11-3）。

表11-3　中枢神经系统疾病导致的疾病与相关运动控制障碍

中枢神经系统疾病	疾病分类与相关运动
脑血管病变	脑卒中（如偏瘫）、脑外伤后运动障碍
神经退行性疾病	帕金森病（运动迟缓、静止性震颤）、亨廷顿病（舞蹈样动作）、多系统萎缩
发育性障碍	脑性瘫痪（痉挛型、手足徐动型等）、自闭症谱系障碍的运动协调问题
脱髓鞘疾病	多发性硬化症（因髓鞘破坏导致运动信号传导异常）
小脑病变	共济失调（步态不稳、意向性震颤），如遗传性脊髓小脑性共济失调

2. 周围神经系统疾病　周围神经损伤如糖尿病神经病变、格林－巴利综合征（对称性肢体无力），神经根或神经丛损伤如腰椎间盘突出压迫神经根导致下肢运动障碍。

3. 肌肉疾病　肌营养不良症如杜氏肌营养不良，表现为进行性肌无力；代谢性肌病如线粒体肌病，表现为运动后易疲劳；炎性肌病如多发性肌炎、皮肌炎。

4. 功能性或心因性障碍　功能性运动障碍包括非器质性震颤、肌张力异常；癔症性瘫痪包括心理应激导致的突发性运动功能丧失。

5. 其他系统疾病继发障碍　甲状腺功能减退造成的代谢异常、乙醇或药物引起的运动失调。

二、运动控制障碍的核心病理机制

1. 神经信号传导异常　人体中枢神经系统的基底神经节－丘脑－皮质环路失调会造成如帕金森病的运动控制障碍；脊髓神经元损伤会造成肌萎缩侧索硬化，表现为肌萎缩。

2. 肌肉结构与功能异常　表现为肌纤维坏死或再生障碍。

3. 感觉反馈缺失　周围神经病变会导致本体感觉受损，表现为运动协调困难。

三、运动控制障碍的临床表现

1. 运动启动困难　如帕金森病患者的“冻结步态”。

2. 运动协调障碍　如小脑病变导致的辨距不良，表现为拿杯子时手过度伸展。

3. 异常不自主运动　表现为震颤（静止性、姿势性、动作性）、肌张力障碍（如痉挛性斜颈）、舞蹈症（快速、无目的舞动）、抽动症。

4. 肌力减退　如周围神经损伤导致的足下垂或腕下垂。

5. 姿势控制异常　如脑瘫患儿的剪刀步态。

四、运动控制障碍的诊断流程

1. 病史采集　了解患者的起病形式（急性或慢性）、进展速度、家族史、药物史。

2. 神经系统检查　包括肌力分级评测、肌张力评估、反射检查、共济试验。

3. 影像学检查　MRI/CT识别脑梗死、肿瘤、小脑萎缩。

4. 电生理检测　肌电图区分神经源性或肌源性损害，神经传导速度检测周围神经病变。

5. 实验室检查　基因检测、血清肌酸激酶水平（肌炎时升高）、代谢筛查（血乳酸等）。

五、运动控制障碍的治疗策略

微课：运动控制障碍的治疗策略

1. 病因治疗　针对帕金森病、多发性硬化、感染或中毒，可针对病因进行治疗，如注射多巴胺受体激动剂、免疫调节剂、针对性抗感染/解毒治疗。

2. 症状控制　针对肌张力障碍、震颤、痉挛状态可进行肉毒毒素局部注射、服用β受体拮抗剂和抗癫痫药等方式进行症状控制。

3. 康复干预 可进行物理治疗（如步态训练、平衡练习）、作业治疗（精细动作训练）、机器人辅助训练（外骨骼机器人改善脑卒中后运动功能）。

4. 手术干预 使用深部脑刺激治疗药物难治性帕金森病或肌张力障碍，使用选择性脊神经后根切断术缓解脑瘫痉挛。

5. 心理支持 使用认知行为疗法改善功能性运动障碍患者的心理状态。

六、运动控制障碍的预后与生活质量

对于运动控制障碍的患者，药物中毒或短暂性脑缺血发作属于可逆性障碍，及时治疗可完全恢复；肌萎缩侧索硬化、晚期帕金森病属于慢性进展性疾病，需要多学科管理延缓功能衰退；针对儿童运动障碍（如小儿脑瘫），早期干预可显著改善长期预后。

运动控制障碍的诊治需结合神经科、康复科、骨科、心理科等多学科协作，现在也有如干细胞移植神经再生技术、脑机接口技术、基因疗法等前沿技术治疗各类运动控制障碍。运动控制障碍病因各有不同，个体化方案可最大限度恢复患者运动功能，提升生活质量。

▶知识拓展

帕金森病的前沿康复治疗

帕金森病的前沿康复治疗正深度融合神经科学与数字技术，例如，基于多模态生物反馈的智能康复系统，通过脑机接口（BCI）与可穿戴传感器实时捕捉患者震颤、步态和肌电信号，结合AI算法生成个性化运动训练方案；非侵入性经颅磁刺激靶向调控基底核-皮层环路，同步搭载虚拟现实（VR）场景模拟日常动作，利用神经可塑性原理重建运动模式；瑞士洛桑联邦理工学院开发的“动态振动触觉鞋垫”更通过相位复位技术干扰病理性步态节律，临床试验显示可使冻结步态发作频率降低67%。这些技术突破正推动康复从症状管理向神经环路重塑跨越。

当颤抖的双手在VR中重新握住虚拟茶杯，当彝族老人在振动鞋垫支撑下走向牧场，我们看到的不仅是技术的胜利，更是一个国家将“人的尊严”置于创新核心的价值选择，这才是医学科技最深层的力量。

—• 考试知识点总结 •—

—• 本章小结 •—

—• 协和云课堂…… 拓展练习及参考答案 •—

（王 维 王守福 李 静）

第十二章　运动的代偿

教学课件

学习目标

素质目标

（1）具备结合理论联系实际，树立实事求是的工作作风和科学严谨的工作态度。

（2）具备良好的医患沟通能力和团队协作能力。

（3）具备良好的职业道德和行为规范。

知识目标

（1）掌握：肩胛带、上肢的代偿运动。

（2）熟悉：头、颈、躯干的代偿运动。

（3）了解：代偿运动的利弊。

能力目标

（1）能够依据患者运动代偿的模式，准确判断患者功能障碍的肌群，确定患者功能障碍的病因。

（2）能够依据患者运动代偿的模式，制订有效的康复治疗方案，帮助患者尽早恢复正常运动模式，满足其重返家庭和社会的需求。

案例导入

【案例】

患者，男，45岁。近一个月来，患者腰部持续性疼痛，尤其在长时间坐立或弯腰工作后症状加剧。最近一周，疼痛向下肢放射，右腿出现麻木和刺痛感，行走时疼痛加重。体检发现腰椎生理弯曲消失，$L_{4\sim5}$椎间隙有明显压痛和叩击痛，直腿抬高试验阳性。MRI检查显示$L_{4\sim5}$椎间盘向后突出，压迫神经根。

【问题】

1. 根据患者的症状和体征，分析可能的诊断是什么，并解释诊断依据。

2. 该患者会出现哪些异常运动模式？

·核心知识拆解·

人体运动的实现是一个复杂而精细的过程，它依赖于神经系统对整个运动系统的统一调控。在这个过程中，运动系统中的各个部分必须有序地、协调地、共同地参与，才能顺利完成各种运动任务。具体来说，骨骼作为运动的杠杆，为运动提供了结构基础；关节则充当运动的纽带，确保运动的灵活性和方向性；肌肉的收缩则是运动的动力源泉，通过肌肉的收缩和放松来实现各种动作；而肌腱、韧带及其他关节附属结构则为运动提供了必要的支持和保障。此外，神经系统作为运动的调控中心，负责指挥和协调整个运动过程，确保运动的准确性和效率。

只有当这些系统之间密切配合、无缝协作时，人体才能完成协调、稳定且高效地运动。然而，如果任何一个环节出现损伤或功能障碍，都可能导致运动模式的异常。例如，关节损伤、肌肉拉伤或神经损伤都可能影响正常的运动功能，导致运动障碍。当运动障碍发生时，人体具有一定的代偿能力，可以通过调动其他健全的肌群来代偿受损部分的功能，从而完成特定的运动任务。这种代偿运动（compensatory movement）是机体为了应对运动障碍而产生的适应性改变。

代偿运动可以通过多种方式实现，包括肌肉代偿、体位代偿、动作代偿及辅助装置代偿等。肌肉代偿是指通过其他肌肉群的加强收缩来替代受损肌肉的功能；体位代偿则是通过调整身体姿势来减轻受损部位的负担；动作代偿则是通过改变运动方式来适应新的运动需求；辅助装置代偿则是利用拐杖、轮椅等辅助工具来帮助完成运动。

代偿运动在一定程度上可以帮助个体满足日常生活中的基本自理需求，提高生活质量。然而，长期的代偿运动也可能带来一些负面影响。由于代偿运动往往不是最自然或最有效的运动方式，它可能导致运动器官的误用或废用，进而引起姿势不良和运动不协调。长时间的代偿运动还可能对靶器官的功能训练和恢复产生不利影响，甚至可能导致新的损伤或功能障碍。因此，在进行代偿运动时，需要专业人员的指导和评估，以确保运动的安全性和有效性，最大限度地减少潜在的负面影响。

第一节　上肢的代偿运动

微课：肩胛骨代偿运动

一、肩胛骨的代偿运动

（一）肩胛骨外展、上旋代偿运动

1. 主动肌及支配神经　肩胛骨的外展运动指在保持躯干直立的状态下，制动躯干，尽量使肩胛向前伸展（即含胸动作），此时肩胛骨的内侧缘会沿着胸廓向外前方滑动。例如，在坐位或仰卧位的情况下，从肩关节屈曲90°的位置开始，向前方推出手臂的动作。在人体的各种运动中，肩胛骨的外展运动通常会伴随着肩胛骨的上旋运动。所谓肩胛骨上旋，是指在保持肩胛骨上部相对静止的情况下，肩胛骨的下角向外上方旋转的运动。

肩胛骨外展、上旋运动的主要原动肌是前锯肌，辅助肌肉是斜方肌的上部肌纤维，而拮抗肌则是菱形肌。前锯肌是由胸长神经所支配的。

2. 代偿运动模式

（1）当出现前锯肌肌力减弱的情况时，例如，在仰卧位下进行肩胛骨外展及上方旋转的动作，可以观察到一种以头部为支点，伸展颈椎，同时抬起胸廓的代偿运动模式（图12-1）。

（2）若前锯肌发生瘫痪，那么在坐位时，由于上肢的重力作用及三角肌的影响，可能会导致肩胛骨的内侧缘从胸廓上浮起，形成翼状肩胛（winged scapula）。

图12-1　肩胛骨外展、上旋代偿运动

（二）肩胛骨下降、内收代偿运动

1. 主动肌及支配神经　肩胛骨下降是指在人体保持躯干直立的状态下，原本处于较高位置的肩胛骨沿着胸廓表面向下滑动的运动。而肩胛内收，也称为肩胛骨后缩，是指肩胛骨尽量向后移动，类似于扩胸动作，此时肩胛骨的内侧缘靠近脊柱。在人体的各种运动过程中，肩胛骨下降运动常伴随着肩胛骨的内收。例如，当一个人处于俯卧位，并将上肢向前伸出至头顶上方时，就会形成肩胛骨的下降和内收运动。

肩胛骨下降、内收运动的主要原动肌是斜方肌的下部纤维，而辅助肌则包括背阔肌、胸大肌和胸小肌。这些肌肉协同工作，共同完成肩胛骨的下降和内收动作。与此同时，拮抗肌则包括肩胛提肌和斜方肌的上部纤维，它们在运动过程中起到相反的作用，以保持肌肉的平衡和协调。斜方肌下部纤维主要由副神经进行支配，从而确保其正常的功能发挥。

2. 代偿运动模式　当斜方肌肌肉力量出现减弱时，人体为了维持正常的运动功能，会通过辅助肌的作用来进行代偿。这种代偿运动模式通常表现为躯干伸肌的活动，使得躯干产生伸展动作，从而在视觉上形成类似肩胛骨下降及内收的代偿运动（图12-2）。然而，若这种代偿运动长时间存在，可能会导致一系列不良后果。例如，长时间的代偿可能会引起从颈椎到胸椎的脊柱侧弯，这种脊柱侧弯不仅影响美观，还可能对身体健康造成负面影响，如引起疼痛、活动受限等问题。因此，在日常生活中，应当注意加强斜方肌的锻炼，以避免因肌肉力量不足而导致的代偿运动及其潜在的不良后果。

（三）肩胛骨上升代偿运动

1. 主动肌及支配神经 肩胛骨上升运动，即耸肩动作。主要负责此运动的原动肌是斜方肌的上部纤维和肩胛提肌。除了原动肌，还有辅助肌参与其中，主要是菱形肌，它在运动中起到稳定和辅助的作用。与此同时，斜方肌的下部纤维则作为拮抗肌，对抗原动肌的收缩，以保持肩胛骨的正常运动范围和平衡。斜方肌上部纤维的神经支配来自副神经，而肩胛提肌则由肩胛背神经进行控制。

2. 代偿运动模式 当肩胛骨上升运动的原动肌，如斜方肌上部或肩胛提肌出现肌肉减弱或瘫痪时，身体会通过其他肌肉或运动来代偿这一功能。具体来说，有以下两种代偿运动方式。

（1）菱形肌代偿运动：当原动肌功能减弱时，菱形肌可以协助肩胛骨进行内收运动，从而产生一种看似肩胛骨上提的代偿运动。然而，实际上这种运动并没有真正实现肩胛骨的上提，而是通过内收运动来模拟肩胛骨上升的效果。

（2）颈及躯干的侧屈肌代偿运动：肩胛骨上升运动的另一种代偿方式是通过颈和躯干的侧屈运动来实现（图12-3）。当一侧的肩胛骨上升功能受限时，可以通过对侧颈和躯干的侧屈运动，形成一种类似肩胛骨上提的代偿运动。这种运动通过改变身体的姿势，使得对侧的肩胛骨在视觉上看起来像是上升，从而在一定程度上补偿了肩胛骨上升运动的不足。

图12-2 肩胛骨下降、内收代偿运动

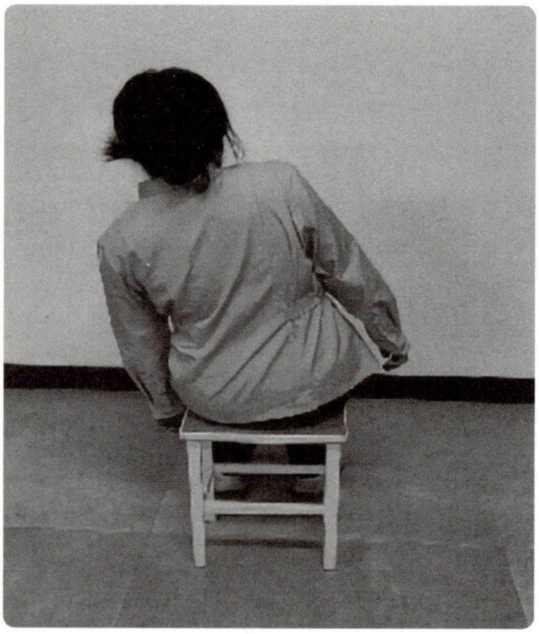

图12-3 颈及躯干的侧屈肌代偿运动

二、肩关节的代偿运动

微课：肩关节代偿运动

（一）肩关节屈的代偿运动

1. 主动肌及支配神经 肩关节屈指上肢绕横轴在矢状面上从身体一侧向头部前上方举起的动作。这一动作在日常生活中非常常见，如在拿取高处物品或进行投掷运动时。肩关节屈的主要原动肌包括三角肌的前部与中部纤维，辅助肌肉则包括胸大肌、喙肱肌及肱二头肌，拮抗肌则主要是背阔肌、大圆肌及三角肌的后部纤维，它们在肩关节屈曲时起到稳定和控制的作用。三角肌主要由腋神经支配。

2. 代偿运动模式　当由于各种原因导致肩关节屈的原动肌肌力减弱或瘫痪时，人体可以通过激活其他肌肉群来进行代偿运动，以维持上肢的活动能力。以下是几种常见的代偿运动模式。

（1）肱二头肌代偿运动：在肩关节外旋和前臂旋后位下，肱二头肌可以通过收缩来尝试屈曲肩关节（图12-4）。

（2）肩胛带周围肌群代偿运动：肩胛带周围的肌肉群，如斜方肌和肩胛提肌等，可以通过收缩来上提肩胛骨，从而产生类似肩关节屈曲的代偿运动。然而，这种代偿可能会导致肩肱节律出现异常，影响整个上肢的运动协调性。

（3）躯干旋转肌代偿运动：通过躯干旋转肌的收缩，可以实现躯干的旋转动作，并辅助胸大肌屈曲上肢，从而代偿肩关节的屈曲作用。在胸大肌代偿时，除了产生屈肩作用，还可能引起肩关节水平内收的运动，这可能会对肩关节的稳定性造成影响。

（4）躯干伸肌代偿运动：利用躯干伸肌的作用，可以伸展躯干，从而产生类似肩关节屈曲的代偿运动（图12-5）。这种代偿方式虽然可以在一定程度上替代肩关节屈的功能，但可能会对脊柱的正常生理曲度产生不利影响。

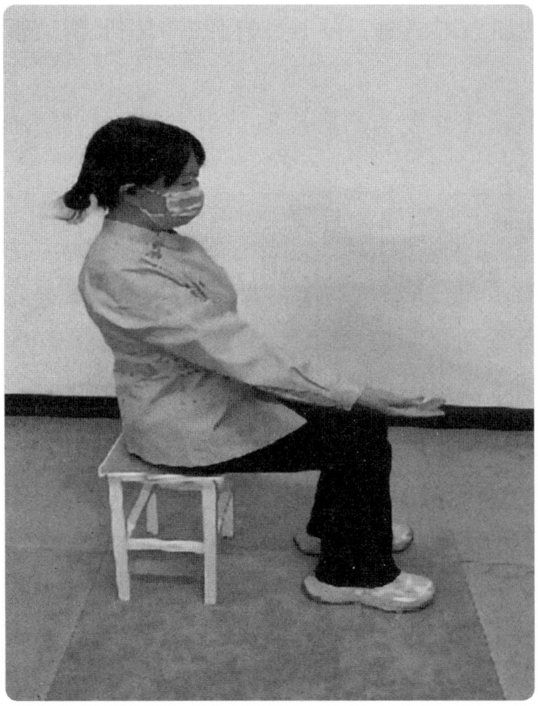

图12-4　肱二头肌代偿运动

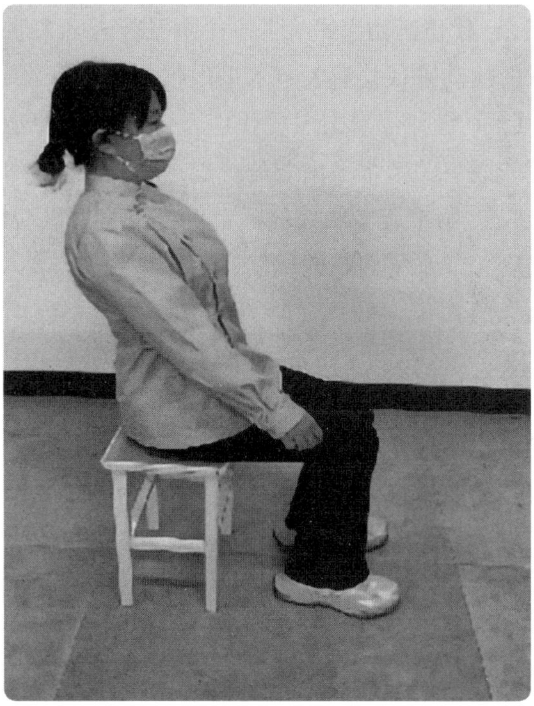

图12-5　躯干伸肌代偿运动

（二）肩关节伸展的代偿运动

1. 主动肌及支配神经　肩关节伸展是指上肢绕横轴在矢状面上从身体一侧向后举起的动作。这一运动的主要原动肌包括背阔肌、大圆肌及三角肌的后部纤维。具体来说，在坐位状态下，主要由三角肌负责肩关节的伸展动作；而在俯卧位时，则主要依靠背阔肌和大圆肌来完成这一动作。此外，肱三头肌作为辅助肌群，也在肩关节伸展过程中起到一定的辅助作用。而拮抗肌则包括三角肌的前部与中部纤维，它们在肩关节伸展过程中起到稳定和控制的作用。原动肌背阔肌主要由胸背神经支配，大圆肌则由肩胛下神经控制，而三角肌则由腋神经进行神经支配。

2. 代偿运动模式 当三角肌和背阔肌的肌力出现减弱时，人体可以通过肩胛带周围的肌群及躯干的旋转肌群来进行代偿运动。具体代偿方式如下。

（1）肩胛带周围肌群代偿运动：在坐位状态下，如果三角肌和背阔肌的肌力不足，肩胛带周围的肌群，如斜方肌、前锯肌等，可以通过上提肩胛骨的方式来进行代偿，以帮助完成肩关节的伸展运动。

（2）躯干旋转肌的代偿运动：在俯卧位状态下，主要依靠躯干的旋转肌群，如腹外斜肌、腹内斜肌等，产生躯干的旋转动作来代偿肩关节伸展的不足。随着躯干的旋转，肩胛骨的上提与内收动作也会相应增强，从而在一定程度上补充肩关节伸展的不足。

（三）肩关节水平内收的代偿运动

1. 主动肌及支配神经 肩关节水平内收是人体在坐位下肩关节外展90°位，保持上肢水平绕垂直轴沿水平面将上肢向前向对侧的运动，或者在仰卧位下从肩外展90°位开始向上向对侧做水平内收的运动。其原动肌是胸大肌，辅助肌是三角肌前部纤维，拮抗肌是三角肌后部。其原动肌胸大肌由胸外侧神经支配。

2. 代偿运动模式 当各种原因造成胸大肌瘫痪或肌力减弱时，可通过肩胛带周围肌群、躯干旋转肌的运动来代偿肩关节水平内收。

（1）肩胛带周围肌群代偿运动：由肩胛带周围肌群（主要为肩胛提肌、斜方肌）上提肩胛骨，产生如同肩关节水平内收的代偿运动。

（2）躯干旋转肌代偿运动：坐位、仰卧位时通过躯干向对侧及俯卧位时躯干向同侧旋转，产生如同肩关节水平内收的代偿运动。

（四）肩关节水平外展的代偿运动

1. 主动肌及支配神经 肩关节水平外展是人体在坐位下肩关节外展90°位，保持上肢水平绕垂直轴沿水平面运动，原动肌是三角肌后部纤维，辅助肌是冈下肌、小圆肌，拮抗肌是胸大肌。其原动肌三角肌后部纤维由腋神经支配。

2. 代偿运动模式 当各种原因造成三角肌后部纤维瘫痪或肌力减弱时，可通过肱三头肌、躯干旋转肌的运动来代偿肩关节水平外展。

（1）肱三头肌代偿运动：肩关节外旋，肱三头肌强烈收缩使肘关节伸展，产生如同肩关节水平外展的代偿运动。

（2）躯干旋转肌代偿运动：通过躯干向对侧（坐位时）或同侧（俯卧位时）旋转，产生如同肩关节水平外展的代偿运动。

（五）肩关节外展的代偿运动

1. 主动肌及支配神经 肩关节外展是指人体在坐位或立位状态下，手臂在肩关节处绕矢状轴，在冠状面内从自然的中立位置向侧方抬起的运动。这一动作涉及多个肌肉群的协同工作，其中主要的原动肌包括三角肌的中部纤维和冈上肌，它们在肩关节外展运动中起着关键作用。此外，辅助肌肉如肱二头肌也会参与其中，而拮抗肌则是胸大肌，它在运动过程中起到稳定和平衡的作用。三角肌主要由腋神经进行支配，而冈上肌则由肩胛上神经进行控制。

2. 代偿运动模式 当由于各种原因导致三角肌中部纤维、冈上肌出现瘫痪或肌力减弱的情况时，人体为了维持日常活动的需要，会通过其他肌肉群的运动来代偿肩关节外展的功能。以下是几种常见的代偿运动模式。

（1）肱二头肌代偿运动：在这种代偿模式下，肩关节会处于极度外旋的位置。通过肱二头肌的收缩，屈曲肘部并抬起上臂，从而产生一种类似于肩关节外展的运动效果，以此来弥补原动肌功能的不足。

（2）肱三头肌代偿运动：在这种情况下，肩关节会处于后伸的位置。通过肱三头肌的伸展作用，伸直肘部，从而产生一种类似于肩关节外展的运动效果，以替代原本由三角肌和冈上肌完成的动作。

（3）肩胛带周围肌群代偿运动：肩胛带周围的肌肉群会发挥作用，通过上提肩胛骨，产生一种类似于肩关节外展的运动效果。这种代偿方式有助于在三角肌和冈上肌功能受限时，仍然能够完成肩关节的外展动作。

（4）躯干旋转肌代偿运动：躯干的旋转肌群也会参与代偿过程。当躯干向对侧屈曲时，上肢随之抬高，产生一种类似于肩关节外展的运动效果。

（六）肩关节内旋的代偿运动

1. 主动肌及支配神经 肩关节内旋是一种复杂的运动，它涉及人体在仰卧位时肩关节外展于体侧，手臂向后下旋转的动作，或者在坐位时肩关节外展至90°，屈肘，手臂向后下的运动。这种运动不仅需要肩关节的灵活协调，还需要多个肌肉群的协同工作。主要的原动肌包括肩胛下肌、胸大肌的锁骨端、背阔肌及大圆肌。这些肌肉在运动中起到主要的驱动作用。此外，三角肌的前部纤维作为辅助肌，帮助完成运动。而冈下肌和小圆肌则作为拮抗肌，维持运动的平衡和稳定。肩胛下肌和大圆肌主要由肩胛下神经支配，背阔肌由胸背神经控制，胸大肌则由胸外侧神经进行支配。

2. 代偿运动模式 当肩关节内旋的肌肉因各种原因出现瘫痪或力量减弱时，人体可以通过其他肌肉群的运动来代偿这一功能。具体代偿运动模式如下。

（1）三角肌及躯干旋转肌代偿运动：在俯卧位下，可以通过肩关节的水平外展，使前臂在重力的作用下产生类似于肩关节内旋的代偿动作。同时，躯干向后向对侧旋转可以增加肩关节内旋的效果，从而在一定程度上替代原有功能。在坐位或仰卧位下，通过三角肌前部纤维的收缩及躯干向前向对侧的旋转，可以代偿肩关节内旋的功能，以维持日常活动的需要。

（2）肱三头肌代偿运动：通过肱三头肌用力收缩，使肘关节向后伸展，用力伸展的同时可以产生类似于肩关节内旋的代偿运动。这种代偿方式虽然不能完全替代肩关节内旋的原有功能，但在一定程度上可以缓解由于肩关节内旋，肌肉瘫痪或减弱所带来的影响，帮助完成一些基本的日常动作。

（七）肩关节外旋的代偿运动

1. 主动肌及支配神经 肩关节外旋通常发生在人体处于仰卧位时，此时肩关节从身体侧面外展，并伴随着手臂向前上方的旋转动作，或在坐姿状态下，肩关节外展至90°，屈曲肘部，随后手臂向后上方移动。这种运动不仅涉及肩关节本身，还包括了肩胛骨和手臂的协同动作。在肩关节外旋的过程中，主要的原动肌包括冈下肌和小圆肌，它们分别由肩胛上神经和腋神经支配。这些肌肉的主要功能是使肩关节产生外旋的动作。辅助肌主要是三角肌的后部纤维，它们在运动中起到辅助和稳定的作用。而拮抗肌则包括肩胛下肌、胸大肌的锁骨端、背阔肌和大圆肌，它们在运动中起到对抗和平衡的作用，防止过度外旋导致的损伤。

2. 代偿运动模式 当肩关节外旋的肌肉因各种原因如损伤、疾病或手术后出现瘫痪或力量减弱时，人体可以通过其他肌肉群的代偿运动来弥补这一功能的缺失。这种代偿运动主要通过肩胛带周围肌群、前臂旋后肌群以及躯干旋转肌的协同工作来实现。

（1）肩胛带周围肌群和前臂旋后肌群代偿运动：在这种代偿模式下，肩胛骨周围的肌群通过收缩来使肩胛骨外展，并带动肩关节进行水平内收的动作。与此同时，前臂旋后肌群通过收缩使前臂旋后，从而产生一种类似于肩关节外旋的效果。这种代偿运动可以在一定程度上替代原本由冈下肌和小圆肌完成的外旋动作。

（2）躯干旋转肌代偿运动：通过躯干肌肉的收缩，使躯干向同侧旋转，从而在一定程度上替代肩关节外旋的功能。

微课：肘关节代偿运动

三、肘关节的代偿运动

（一）肘关节屈的代偿运动

1. 主动肌及支配神经 肘关节屈曲运动是指在手臂伸直的状态下，肘关节两端互相接近的运动。这种运动在人体的日常活动中非常常见，如在拿取物品或进行某些体育活动时。肘关节屈的主要原动肌包括肱二头肌、肱肌和肱桡肌。这些肌肉在肘关节屈曲的过程中起着至关重要的作用。具体来说，当前臂处于旋前位时，屈肘的主要肌肉是肱肌；而当前臂处于旋后位时，屈肘的主要肌肉则变为肱二头肌；在前臂处于中立位时，屈肘的主要肌肉则是肱桡肌。除了这些主要的肌肉外，辅助肌还包括指浅屈肌、掌长肌、腕屈肌，而拮抗肌则是肱三头肌。原动肌中的肱二头肌和肱肌主要由肌皮神经支配，而肱桡肌则主要由桡神经支配。这些神经的正常功能对于肘关节屈曲运动的顺利进行至关重要。

2. 代偿运动模式 由于各种原因（如神经损伤或肌肉疾病），原动肌可能会出现瘫痪或肌力减弱，这时就需要通过代偿运动来完成肘关节屈曲。代偿运动模式主要有两种。

（1）肱桡肌代偿运动：当肌皮神经损伤导致肱二头肌和肱肌瘫痪或肌力减弱时，肱桡肌可以在前臂中立位下完成肘关节屈曲的代偿运动（图12-6）。这种代偿方式允许个体在一定程度上保持肘关节的屈曲功能，尽管可能不如正常情况下的运动范围和力量。

（2）肱二头肌和肱肌代偿运动：当桡神经损伤导致肱桡肌瘫痪或肌力减弱时，肱二头肌和肱肌可以在相应的体位下代偿肘关节屈曲。具体来说，当前臂处于旋后位时，肱二头肌可以完成肘关节屈曲的代偿；而当前臂处于旋前位时，则由肱肌来完成肘关节屈曲的代偿运动。这种代偿方式有助于保持肘关节在不同位置下的屈曲能力，尽管同样可能存在运动范围和力量的限制。

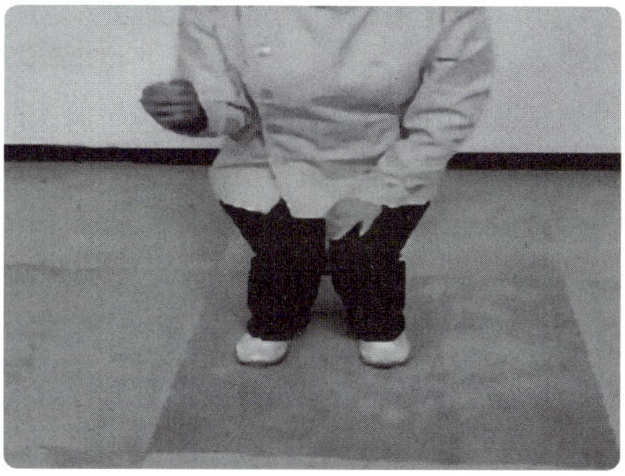

图12-6　肱桡肌代偿运动

（二）肘关节伸展的代偿运动

1. 主动肌及支配神经　肘关节伸展是指人体在手臂处于最大屈曲状态时，通过一系列动作使手臂完全伸直的过程。这一运动主要依赖于肱三头肌的收缩，该肌肉是肘关节伸展的主要动力来源。除肱三头肌外，肘肌也起到辅助作用，帮助完成伸展动作，拮抗肌为肱二头肌、肱肌和肱桡肌，肱三头肌的活动受到桡神经的支配。

2. 代偿运动模式　在某些情况下，如桡神经损伤导致肱三头肌功能障碍或肌力减弱时，人体将通过其他方式来代偿肘关节伸展的运动。具体代偿运动模式如下。

（1）肩关节屈曲代偿运动：在这种代偿方式中，手掌被放置在桌面上，以消除前臂的重力影响。通过肩关节的屈曲动作，可以间接实现肘关节的伸展。这种代偿方式主要依赖于肩部肌肉的力量，以弥补肱三头肌的不足。

（2）前臂重力代偿运动：在站立或坐姿状态下，肩关节处于外展和外旋的位置，此时可以利用前臂的自然下落重力来完成肘关节伸展的代偿运动（图12-7）。

图12-7　前臂重力代偿运动

（三）前臂旋前的代偿运动

1. 主动肌及支配神经 前臂旋前指的是在前臂处于中立位置时，前臂向内侧旋转的动作。该动作的主动肌肉包括旋前圆肌和旋前方肌，协同肌肉为桡侧腕屈肌，而拮抗肌肉则为肱二头肌和旋后肌。旋前圆肌与旋前方肌主要受正中神经的支配。

2. 代偿运动模式 当由于某些原因（如正中神经损伤）导致旋前圆肌和旋前方肌出现瘫痪或肌力下降时，可以通过三角肌和肩胛下肌的活动来代偿前臂旋前动作。在肩关节处于外展位置时，三角肌和肩胛下肌的协同作用使肩关节内旋，进而带动整个上肢内旋，形成类似于前臂旋前的代偿动作。

（四）前臂旋后的代偿运动

1. 主动肌及支配神经 前臂旋后运动是指在前臂处于中立位置时，前臂向身体外侧旋转的动作。该运动的主要动力来源为肱二头肌和旋后肌，而腕伸肌群、指伸肌群则作为辅助肌肉参与其中。与之相对抗的拮抗肌包括旋前圆肌和旋前方肌。肱二头肌的神经支配来自肌皮神经，而旋后肌则由桡神经控制。

2. 代偿运动模式 当由于肌皮神经或桡神经损伤等原因导致肱二头肌和旋后肌功能障碍或肌力下降时，冈下肌、小圆肌、腕背伸肌及拇伸肌的活动可作为代偿运动，以维持前臂旋后运动的进行。

（1）冈下肌和小圆肌代偿运动：通过冈下肌和小圆肌的协同作用，实现肩关节的外旋，进而带动整个上肢外旋，从而产生类似前臂旋后的代偿效果。

（2）腕背伸肌和拇伸肌代偿运动：在前臂旋前、拇指对掌的位置下，腕背伸肌和拇伸肌发挥作用，通过腕关节背伸和拇指伸展动作来完成前臂旋后的代偿运动。

四、腕关节的代偿运动

（一）腕关节屈的代偿运动

1. 主动肌及支配神经 腕关节屈是指当人体前臂处于旋后的位置时，手掌向上方抬起的运动。这种运动的执行需要依靠特定的肌肉群来完成。主要负责这一动作的肌肉是桡侧腕屈肌和尺侧腕屈肌。当屈腕运动伴随着尺侧屈时，尺侧腕屈肌成为主要的原动肌；而当屈腕运动伴随着桡侧屈时，桡侧腕屈肌则成为主要的原动肌。此外，掌长肌作为辅助肌参与其中，而拮抗肌则包括桡侧腕长伸肌、桡侧腕短伸肌和尺侧腕伸肌。桡侧腕屈肌主要受到正中神经的支配，而尺侧腕屈肌则主要受到尺神经的支配。

2. 代偿运动模式

（1）桡侧腕屈肌代偿运动：在某些情况下，如尺神经损伤，尺侧腕屈肌可能会瘫痪或肌力减弱，导致无法正常完成腕关节屈的运动。此时，身体会通过加强桡侧腕屈肌的运动来代偿这一功能。在这种代偿运动中，除桡侧腕屈肌外，指深屈肌、指浅屈肌和掌长肌也会参与进来，从而产生一种伴有桡偏的屈腕代偿运动。

（2）尺侧腕屈肌代偿运动：与桡侧腕屈肌代偿运动类似，当正中神经损伤或其他原因导致桡侧腕屈肌瘫痪或肌力减弱时，尺侧腕屈肌将承担起代偿腕关节屈运动的任务。在这种情况下，指深屈肌、指浅屈肌、掌长肌和尺侧腕屈肌会协同工作，产生一种伴有尺偏的屈腕代偿运动。

（二）腕关节伸的代偿运动

1. 主动肌及支配神经　腕关节伸是指人体前臂旋前位置时，手背向上方抬起的运动。这种运动在日常生活中非常常见，如在写字、绘画或使用键盘时，手腕需要向上抬起以保持手部的稳定和灵活。腕关节伸的主要原动肌包括桡侧腕长伸肌、桡侧腕短伸肌和尺侧腕伸肌，这些肌肉共同作用，使得手腕能够完成伸展动作。除原动肌外，辅助肌也起到重要的作用，包括指伸肌、小指伸肌、示指伸肌和拇长伸肌，这些肌肉帮助维持手指的伸展状态，从而更好地完成腕关节伸的动作。拮抗肌则是桡侧腕屈肌和尺侧腕屈肌，腕关节伸的主要原动肌桡侧腕长伸肌、桡侧腕短伸肌和尺侧腕伸肌，它们都受到桡神经的支配。

2. 代偿运动模式　当由于各种原因（如桡神经损伤）导致腕关节伸肌群瘫痪或肌力减弱时，人体可以通过其他肌肉群的代偿运动来弥补腕关节伸的功能。在这种情况下，前臂肌群中的指伸肌可以发挥作用，通过使手指的指间关节处于伸展状态，来完成腕关节伸的代偿运动。这种代偿运动模式虽然不能完全替代正常的腕关节伸功能，但在一定程度上可以减轻腕关节伸肌群瘫痪或肌力减弱带来的影响，帮助患者在日常生活中保持一定的手部功能。

▶知识拓展

警惕健身中的代偿运动

在健身过程中，避免代偿运动以防止损伤是至关重要的。例如，在进行深蹲时，保持背部挺直，利用腿部和臀部力量下蹲和站起，避免腰部过度弯曲；在进行胸部训练时，确保肩胛骨稳定，避免肩部过度代偿。使用合适的重量进行训练，避免重量过大导致动作变形和代偿。

在训练前进行充分的热身活动，提高肌肉的伸展性和弹性，减少受伤的风险。训练后进行适当的拉伸，有助于放松肌肉，减少肌肉紧张和疼痛。同时要加强核心肌群的力量训练，强大的核心肌群有助于保持身体稳定，减少在训练过程中因身体摇晃而导致的代偿运动，定期进行核心肌群的训练，如平板支撑、腹肌滚轮等。掌握正确的训练技巧，循序渐进增加训练强度，避免代偿运动的出现，可以更安全、更有效地进行健身训练。

第二节　头、颈、躯干的代偿运动

微课：头、颈部代偿运动

一、头、颈部的代偿运动

（一）头、颈部屈曲的代偿运动

1. 主动肌及支配神经　头颈部屈曲运动主要发生在寰枕关节、寰枢关节及 $C_2 \sim T_1$ 椎体间关节。这些关节的协同运动使得头部和颈部能够向前下方弯曲，形成一个整体的屈曲动作。在这个过程中，主要的原动肌包括额直肌、外侧头直肌、头长肌、斜角肌、胸锁乳突肌等，这些肌肉共同作用，使得头颈部能够顺利地向前屈曲。而在这个运动中起到拮抗作用的则是头颈部联合伸展肌群，它们在头颈部屈曲时保持紧张状态，以防止过度屈曲并维持头部和颈部的稳定。这些原动肌主要受到副神经和颈丛神经的支配，这些神经通过传递神经冲动来控制肌肉的收缩和放松，从而实现头颈部的联合屈曲运动。

2. 代偿运动模式　在某些情况下，如副神经和颈丛神经损伤，头部和颈部屈曲的主动肌可能会出现瘫痪或肌力减弱，导致无法正常完成头颈部联合屈曲运动。此时可以通过头颈伸的运动来代偿头颈部联合屈曲运动。这种代偿运动表现为头部向前方突出，同时进行头颈伸的动作，使得上部胸椎产生类似头颈部前屈的运动效果（图 12-8）。

（二）头、颈部伸展的代偿运动

1. 主动肌及支配神经　头部伸展运动主要发生在寰枕关节和寰枢关节，这两个关节位于颈椎的上部。当头部从点头位置仰起，向上抬起时，这种动作就体现了上部颈椎的伸展。而颈部伸展运动则主要发生在椎体间关节。当头颈部联合伸展运动时，寰枕关节、寰枢关节及椎体间关节都会出现伸展运动，共同协作完成整个动作。在肌肉方面，头部伸展的原动肌主要包括头后大直肌、头后小直肌、头上斜肌、头下斜肌、头长肌、头板状肌和头半棘肌。这些肌肉协同工作，使头部能够顺利地进行伸展动作。颈部伸展的原动肌则包括颈最长肌、颈半棘肌、颈髂肋肌和颈板状肌。这些肌肉在颈部伸展时发挥关键作用。与此同时，头颈屈肌群作为拮抗肌，起到相反的作用力，而颈及躯干伸肌则作为固定肌，保持身体其他部分的稳定。所有这些原动肌都受到颈丛神经及脊神经后支的支配，确保它们能够协调一致地工作。

2. 代偿运动模式　当由于各种原因导致颈伸肌群肌力减弱时，胸锁乳突肌可以介入进行代偿运动。胸锁乳突肌位于颈部两侧，其代偿运动的机制是使胸锁乳突肌的肌拉力线处于后伸运动支点的后方（图 12-9）。这样一来，胸锁乳突肌就能够加强头颈部的伸展运动，从而弥补颈伸肌群肌力不足的问题。

（三）颈部侧屈的代偿运动

1. 主动肌及支配神经　颈部侧屈的运动是指在人体头颈部处于中立位置时，不旋转头部的情况下，使耳朵向同侧肩部靠近的一种运动。这种运动的实现依赖于一系列肌肉的协同作用，这些肌肉包括同侧的胸锁乳突肌、颈长肌、外侧头直肌、斜角肌及头上斜肌。而肩胛提肌则作为辅助肌，帮助完成这一运动。拮抗肌为对侧颈部侧屈肌群。颈部侧屈运动的神经支配主要来自副神经和颈丛神

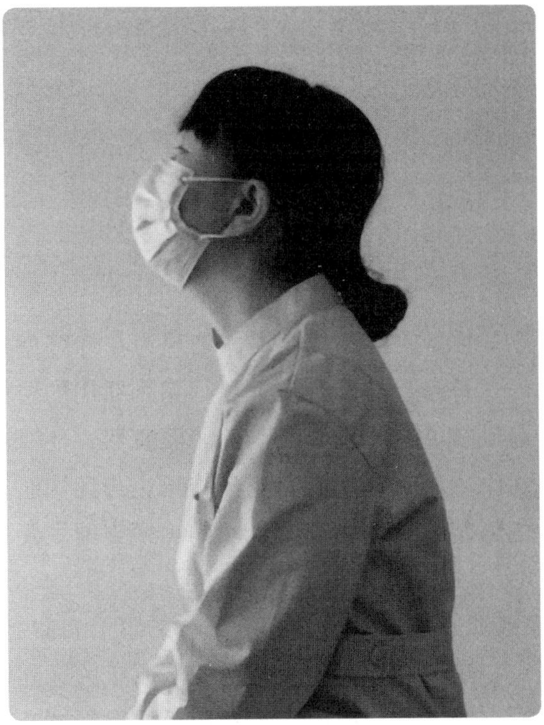

图12-8　头、颈部屈曲的代偿运动

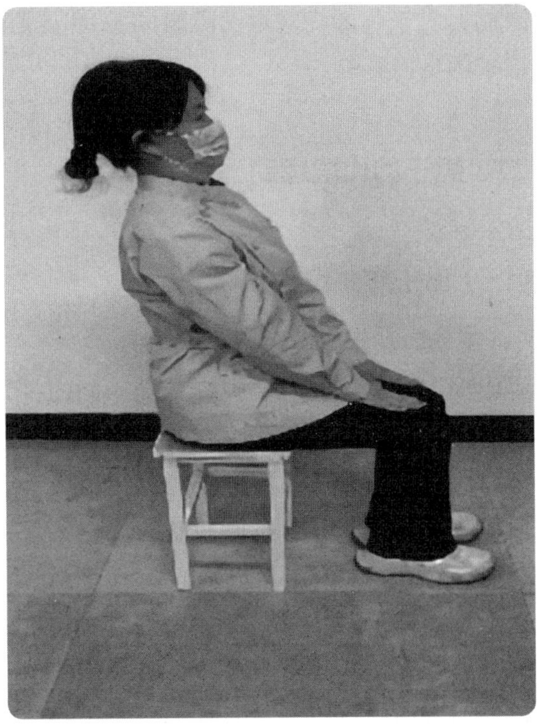

图12-9　头、颈部伸展的代偿运动

经。副神经主要支配胸锁乳突肌，而颈丛神经则支配其他相关的肌肉。

2. 代偿运动模式　当完成颈部侧屈运动的神经或肌肉由于各种原因，如神经损伤、肌肉瘫痪或肌力减弱等，无法正常工作时，人体就会通过其他运动模式来代偿颈部侧屈运动的缺失。代偿运动模式主要有两种。

（1）躯干侧屈代偿运动：指通过躯干的侧屈运动及上提同侧肩胛骨来模拟颈部侧屈的效果。这种运动方式可以产生一种视觉上的错觉，仿佛头部在向肩关节靠近，从而达到代偿的效果。

（2）颈椎旋转代偿运动：通过颈椎向对侧旋转的方式，来完成带有旋转动作的颈部侧屈代偿运动。这两种代偿运动模式都是人体在面对颈部侧屈运动障碍时，为了维持正常功能而采取的适应性策略。

（四）颈部旋转的代偿运动

1. 主动肌及支配神经　颈部旋转运动主要发生在水平面上，其运动主要依赖于寰枢关节及 $C_2 \sim T_1$ 椎体间关节的旋转能力。寰枢关节位于颈椎的第一节和第二节之间，是颈部旋转运动的关键部位。椎体间关节则是相邻颈椎椎体之间的关节，它们共同协作，使得颈部能够灵活地进行旋转动作。颈部旋转运动的原动肌包括头后大直肌、头下斜肌、头最长肌、头板状肌、头半棘肌、颈半棘肌、颈板状肌、头长肌、颈长肌、前斜角肌、后斜角肌和胸锁乳突肌。这些肌肉在颈部旋转过程中发挥着主要作用。而辅助肌则是颈髂肋肌，这些肌肉主要受到副神经和颈丛神经、脊神经后支的支配。

2. 代偿运动模式　在某些情况下，如颈部肌肉损伤、关节病变或神经功能障碍等，颈部旋转运动可能会受到限制或完全无法进行。此时，身体会通过代偿运动模式来弥补颈部旋转功能的不足。代偿运动模式通常表现为躯干的旋转运动，这种代偿运动虽然可以在一定程度上维持身体的运动需求，但长期依赖代偿运动可能会导致其他部位的肌肉和关节负担加重，甚至引发新的疼痛或功能障碍。因此，对于颈部旋转运动障碍的患者，及时的诊断和治疗是非常重要的，以避免长期依赖代偿运动带来的负面影响。

二、躯干的代偿运动

（一）躯干屈曲代偿运动

1. 主动肌及支配神经 躯干屈曲运动主要发生在胸椎和腰椎区域，具体表现为在仰卧位状态下，躯干向上抬起，同时肩胛骨离开床面的一种运动。这种运动的产生依赖于一系列肌肉的协同作用。其中，主要的原动肌是腹直肌，它在运动过程中起到核心的驱动作用。除了腹直肌，还有辅助肌肉群，包括腹内斜肌、腹外斜肌及髂腰肌，它们在运动中起到辅助和稳定的作用。与此同时，躯干伸肌则作为拮抗肌，对抗原动肌的作用，保持躯干的稳定性和平衡。腹直肌的神经支配主要来自第7～12对肋间神经。

2. 代偿运动模式 在某些情况下，若腹直肌瘫痪或肌力减弱，从而影响正常的躯干屈曲运动。为了弥补这一功能的缺失，身体会启动代偿运动模式。在这种模式下，通过髋关节屈肌的远固定运动来代偿原本由腹直肌主导的躯干屈曲运动。具体来说，髋关节屈肌的收缩和放松使得腰椎产生前屈的弧度，从而在一定程度上模拟出躯干屈曲的效果。

（二）躯干伸展代偿运动

1. 主动肌及支配神经 躯干伸展是指人体在俯卧位状态下，通过躯干向后上方挺起的一种运动形式。这种运动主要涉及胸椎和腰椎的活动。在进行躯干伸展运动时，主要的原动肌包括胸髂肋肌、腰髂肋肌、胸最长肌、胸棘肌、胸半棘肌、多裂肌、胸旋转肌及腰旋转肌。这些肌肉的协同作用使得躯干能够完成伸展动作。此外，辅助肌主要是伸髋肌，而拮抗肌则是躯干屈曲肌群。这些原动肌主要受到相应节段的脊神经后支的神经支配。

2. 代偿运动模式 当由于各种原因（如相应节段的脊神经后支损伤）导致躯干伸展肌出现瘫痪或肌力减弱时，人体可以通过伸髋关节伸肌及脊柱伸肌的运动来代偿原本由这些肌肉完成的躯干伸展运动。

（1）伸髋肌代偿运动：当躯干伸肌肌力减弱时，可以在俯卧位状态下，通过伸髋关节肌的远固定收缩来代偿，从而使得上半身得以抬起。在这个过程中，腰椎的前屈弧度会相应减小。然而，若固定住骨盆，那么这种代偿运动将无法顺利进行。

（2）脊柱伸肌代偿运动：当伸髋肌肌力减弱时，可以通过脊柱伸肌的作用，使腰背部过度伸展，从而增加腰椎的前屈弧度，产生躯干伸展的代偿运动。

（三）躯干侧屈代偿运动

1. 主动肌及支配神经 躯干侧屈运动是指人体在侧卧位的情况下，通过特定的肌肉群作用，使得躯干向上方抬起的一种运动方式。这种运动主要涉及人体的核心肌群，包括腰方肌、腹内斜肌、腹外斜肌、腹直肌及背阔肌等。其中，腰方肌是由腰神经前支所支配的，而背阔肌则由胸背神经所控制，腹内斜肌、腹外斜肌和腹直肌，则是由第7～12对肋间神经、髂腹下神经及髂腹股沟神经所支配的。这些神经的正常功能对于躯干侧屈运动的顺利进行至关重要。拮抗肌是对侧躯干侧屈肌群。

2. 代偿运动模式　在某些情况下，例如腰丛神经和胸背神经损伤，会导致躯干侧屈肌群出现瘫痪或肌力减弱，从而影响正常的躯干侧屈运动。为了弥补这一功能障碍，人体可以通过髋关节外展肌的运动来代偿躯干侧屈运动。髋关节外展肌通过其远制动作用，帮助完成躯干侧屈的代偿运动。这种代偿机制使得即使在躯干侧屈肌群功能受限的情况下，人体仍然能够实现一定程度的侧屈运动。需要注意的是，若骨盆和下肢被固定，那么上半身将无法独立完成侧屈运动，因为此时失去了髋关节外展肌的辅助作用。

（四）躯干旋转代偿运动

1. 主动肌及支配神经　躯干旋转是一种涉及躯干转动的运动形式。躯干旋转的主要原动肌包括同侧的腹内斜肌和腹外斜肌，它们在运动中起着主导作用。而辅助肌肉则包括背阔肌、腹直肌及背部的深肌群，这些肌肉为旋转运动提供额外的支持和稳定性。与此同时，拮抗肌，即对侧的腹内斜肌和腹外斜肌，它们在运动中起到相反的作用，帮助控制和平衡躯干的旋转。这些原动肌受到第7～12对肋间神经、髂腹下神经及髂腹股沟神经的支配，这些神经纤维负责传递运动指令，确保肌肉能够正常收缩和放松。

2. 代偿运动模式　当由于各种原因导致腹内斜肌和腹外斜肌出现瘫痪或肌力减弱时，身体会通过其他肌肉的运动来代偿失去的躯干旋转功能。在这种情况下，胸大肌和前锯肌会承担起更多的责任，以补偿躯干旋转的缺失。例如，在仰卧位下，对侧的胸大肌和前锯肌会收缩，从而代偿躯干旋转。这种代偿运动表现为肩胛骨向前伸展、肩关节内收，尽管这种代偿运动的效果有限，但能够在一定程度上实现躯干的旋转功能。此外，如果腹外斜肌的肌力减弱，可能会导致胸廓出现膨起的现象，这是身体为了适应肌肉功能缺失而产生的另一种代偿性变化。通过这些代偿机制，人体能够在一定程度上维持躯干旋转的功能，尽管可能无法达到完全正常的运动效果。

▶知识拓展

腰椎间盘突出症的重要体格检查方法

直腿抬高试验和加强试验是诊断腰椎间盘突出症的重要体格检查方法。

直腿抬高试验的操作步骤为患者仰卧，膝关节伸直，被动抬高患肢。当肢体抬高到70°以内时出现坐骨神经痛并有阻力，即为直腿抬高试验阳性，多见于腰椎间盘突出症、椎管内占位性病变、梨状肌综合征等。

直腿抬高加强试验的操作步骤为在直腿抬高至痛时，降低5°左右，再突然使足背伸，若再次出现同样的疼痛现象即为阳性。本试验是腰椎间盘突出的重要体征，80%的患者会出现。加强试验对于因肌肉等因素引起的病变常为阴性，因此，对鉴别椎间盘突出引起的神经根压迫特异性高于直腿抬高试验。

需要注意的是，在进行这些试验时，应避免使用止痛药物，以免干扰结果的准确性。同时，试验结果可能受到多种因素的影响，因而需要结合其他临床资料进行综合分析。如有相关症状或疑虑，需及时就医进行准确诊断和治疗。

—• 考试知识点总结 •—

—• 本章小结 •—

—• 协和云课堂……　拓展练习及参考答案 •—

（陈　硕）

参考文献

［1］段苗，史丽萍.肌肉减少症研究进展［J］.临床医学进展，2023，13（5）：8836-8844.

［2］刘以俊，寇玉辉，张殿英，等.神经源性异位骨化发病机制的研究进展［J］.中华创伤杂志，2020，36（9）：853-858.DOI：10.3760/cma.j.issn.1001-8050.2020.09.015.

［3］Alkner BA，Tesch PA.Knee extensor and plantar flexor muscle size and function following 90 days of bed rest with or without resistance exercise.Eur J Appl Physiol.2004；93（3）：294-305.doi：10.1007/s00421-004-1172-8.

［4］Berg HE，Eiken O，Miklavcic L，Mekjavic IB.Hip，thigh and calf muscle atrophy and bone loss after 5-week bed rest inactivity.Eur J Appl Physiol.2007 Feb；99（3）：283-289.doi：10.1007/s00421-006-0346-y.

［5］Campbell M，Varley-Campbell J，Fulford J，Taylor B，Mileva KN，Bowtell JL.Correction to：effect of immobilisation on neuromuscular function in vivo in humans：a systematic review.Sports Med.2019；49（6）：981-986.doi：10.1007/s40279-019-01100-1.

［6］Clark，B.C.In vivo alterations in skeletal muscle form and function after disuse atrophy［J］.Medicine & Science in Sports & Exercise，41（10），1869-1875.

［7］Narici，M.V.，& de Boer，M.D.Disuse of the musculoskeletal system in space and on Earth［J］.European Journal of Applied Physiology，111（3），403-420.